フロイト全集

18

1922-24年

自我とエス

みずからを語る

JN158629

岩波書店

1920年のフロイト．

フロイトが「17 世紀のある悪魔神経症」発表時に添付した彩色画.
悪魔の最初の登場(201, 206 頁), 2 度目の登場(裏, 211 頁).

2.
Das andere masl ist er in sollicher
gestalt mir erschinen oder vorkho„
men. Und zizwüngen, dass ich mich
mit meinem aignen bluett hab
miessen unterschreiben, die an„
dere seel zubekrofftigen, wel„
liches ich auss forcht
hab gethan.

凡例

・本全集は、フィッシャー社（ドイツ、フランクフルト・アム・マイン）から刊行された『フロイト全集』（全十八巻、別巻一）に収録された全著作を翻訳・収録したものである。

・収録全著作を執筆年代順に配列することを原則とした。ただし、後年に追加された補遺や追記の類いについては、内容上の関連を優先して当該著作の直後に配置した場合がある。また、各巻は、重要と判断される規模の大きい著作を前に、その他を「論稿」として後にまとめて収録し、それぞれのグループごとに執筆年代順で配列して構成した。なお、フロイトの著作には執筆年代を確定することが困難なものも多く、これらについては推定年代に基づいて配列順を決定した。詳細については、各篇の「解題」を参照されたい。

・本巻には、一九二二年から二四年に執筆された著作を収めた。そのうち『みずからを語る』については後年の追加を収録した。翻訳にあたって使用した底本は、以下のとおりである。

Sigmund Freud, *Gesammelte Werke*, XIII, Jenseits des Lustprinzips, Massenpsychologie und Ich-Analyse, Das Ich und das Es, herausgegeben von Anna Freud, E. Bibring, W. Hoffer, E. Kris, O. Isakower, Imago Publishing Co., Ltd., London, 1940, Zehnte Auflage, S. Fischer, Frankfurt am Main, 1998.

Sigmund Freud, *Gesammelte Werke*, XIV, Werke aus den Jahren 1925-1931, herausgegeben von Anna Freud, E. Bibring, W. Hoffer, E. Kris, O. Isakower, Imago Publishing Co., Ltd., London, 1948, Siebente Auflage, S. Fischer, Frankfurt am Main, 1991.

Sigmund Freud, *Gesammelte Werke*, XVI, Werke aus den Jahren 1932-1939, herausgegeben von Anna Freud, E. Bibring, W. Hoffer, E. Kris, O. Isakower, Imago Publishing Co., Ltd., London, 1950, Siebte Auflage, S. Fischer, Frankfurt am Main, 1993.

Sigmund Freud, *Gesammelte Werke*, Nachtragsband, Texte aus den Jahren 1885-1938, herausgegeben von Angela Richards unter Mitwirkung von Ilse Grubrich-Simitis, S. Fischer, Frankfurt am Main, 1987.

・本文の下欄に底本の巻数および頁数を表示し、参照の便宜をはかった。巻数は各篇冒頭に「GW-XII」などと示し、以降、底本における各頁冒頭に該当する個所にアラビア数字で頁数を示した。なお、フィッシャー社版『フロイト全集』の拾遺集として刊行された別巻(Nachtragsband, Texte aus den Jahren 1885-1938)については、「Nb」の略号を用いた。

・「原注」は「＊1」「＊2」の形式で示し、注本文を該当個所の見開き頁に収めた。

・「編注」は「(1)」「(2)」の形式で示し、注本文は巻末に一括して収録した。これは、各訳者が作成した本文の内容に関する注を各巻の担当編集者がまとめたものであり、ここには各種校訂本、注釈本、翻訳本に掲載されている注解を適宜、翻訳引用する形で収録したものと、本全集で各訳者が新たに執筆したものが含まれる。これらを区別するため、引用した個所については【　】を付し、冒頭にその出典を明示することとした。各出典を示すために用いた略号は、以下のとおりである。

GW　Sigmund Freud, *Gesammelte Werke*, 18 Bände und Nachtragsband: Bände I-XVII, Imago Publishing Co., Ltd., London, 1940-52; Band XVIII, S. Fischer, Frankfurt am Main, 1968; Nachtragsband, S. Fischer, Frankfurt am Main, 1987.

SA　Sigmund Freud, *Studienausgabe*, 10 Bände und Ergänzungsband, S. Fischer, Frankfurt am Main, 1969-75.

TB　Sigmund Freud, *Werke im Taschenbuch*, 28 Bände, Fischer Taschenbuch Verlag, Frankfurt am Main.

SE *The Standard Edition of the Complete Psychological Works of Sigmund Freud*, 24 Volumes, The Hogarth Press, London, 1953-74.

OC Sigmund Freud, *Œuvres Complètes*, 21 Tomes, Presses Universitaires de France, Paris, 1988- .

・フロイトの著作には、単行本、雑誌掲載論文などの刊行形態を区別することが困難なものが多く、本全集では村上仁監訳、J・ラプランシュ、J－B・ポンタリス『精神分析用語辞典』（みすず書房、一九七七年）所収の「フロイト著作年表」において単行本として刊行された旨が記されている著作は『 』を、その他の著作は「 」を付す形で表示した。

・本文および編注において用いた記号類については、以下のとおりである。

〔 〕　訳者によって補足された個所（欧文中の場合は［ ］）

《 》　原文においてイタリック体で表記されたドイツ語以外の術語など

傍点　原文におけるドイツ語の隔字体（ゲシュペルト）の個所

ゴシック体　夢の内容など、本文中にイタリック体で挿入された独立した記述（本巻では事典項目（「解題」参照）中の語のうち大文字で表記されている個所にも用いた）

目次

自我とエス

道籏泰三 訳

Das Ich und das Es

以下の論考は、一九二〇年の論文『快原理の彼岸』[*1]に始まった思考の歩み――すでにそこでも述べたように、私なりに心躍るような新たな意欲をもって開始したあの思考の歩み――を引き継ぐものである。この思考をあらためて取り上げ、これを精神分析の観察したさまざまな事実と結びつけることによって、その結合のなかからいくつかの新しい帰結を引き出そうというのがこの論考の試みであるが、ただし生物学からの新たな借用はいっさい行ってはおらず、その意味では、『彼岸』におけるよりもいっそう精神分析寄りのものに仕上がっている。その性格は、思弁的というよりはむしろ総合的であり、目標も高いところに掲げたような思いがある。むろん、この論考がまだごく荒削りの段階のものであることは言うまでもなく、私としても、そうした限界についてはしかとわきまえているつもりである。

この論考では、これまで精神分析的論究の的となったことがないことがら〔たとえばエスや超自我〕にも言及しており、そのため、そもそも精神分析家ではない人たちや、今では精神分析に背を向けているかつての分析家たちが打ち出した理論にも、いくつか触れないわけにはいかなかった。私としてはこれまではいつも、他の研究者たちから受けた借りをすすんで認めたものだが、ことこの論考に関しては、なにかその種の恩義を受けたような感じは、いっこうにない。これまでも精神分析はいろいろなことがらに評価の目を注いでこなかったが、それはけっして、そ

＊1　(GW-XIII)〔本全集第十七巻〕。

れらがもたらした功績を看過していたからでも、それらの意義を否認しようとしたからでもなく、精神分析がある断固たる道をたどっているからであり、その道がまだそれらの功績を正当に評価できるところにまでいたっていな 238
いからである。精神分析がそこまで達した暁には、それらのことがらも、精神分析に対して、他の研究者たちに対するのとは異なった様相を見せることになるであろう。

I　意識と無意識 239

この導入の節では、何か新しいことを述べるのではなく、これまで何度も述べたことをくり返すだけになろう。心的なものを意識的なものと無意識的なものに分けることは、精神分析のイロハであって、そのおかげで、もっぱら精神分析だけが、心の生活における頻繁かつ重要な病理的出来事を理解し、これを科学の枠組みのうちに組み入れることができるようになっている。言葉を換えれば、精神分析は、心的なものの本質を意識に置くことはできないということ、精神分析は、意識を、心的なもののもつひとつの質、他の質〔無意識および前意識〕に付け加わったり、あるいは付け加わらなかったりするひとつの質とみなさざるをえないということである。

仮にこの論考が心理学に関心をもっているすべての人に読んでいただけるものと想定できたとしても、それらの読者の一部は、早くもこのまさに第一歩のところで歩みを止め、これ以上先について来るのをやめるだろうことは、私としても覚悟のうえである。なにしろ、これこそが、精神分析に入れるかどうかの最初の仕切りとなるからである。哲学的素養のあるたいていの人にとっては、心的でありながら意識的ではないものなどおよそ不可解であり、馬鹿げた、ただの論理矛盾と映るにちがいあるまい。しかしそう映るのは、思うに、ただ、彼らが催眠や夢といったその種の現象の研究にこれまで取り組んだことがなかったからにすぎない。病理現象はさておくとしても、催眠や夢の現象について研究してみるなら、われわれのようなとらえ方をせざるをえないのは明らかなところである。しかし彼らの意識心理学では、この夢と催眠の問題も解決することができていないのである。

「意識されている」[1]とは、まず第一に、純粋に記述的な用語であって、もっとも直接的かつ確実な知覚に裏づけられている場合に使用されるものである。つづいて、経験の教えてくれるところからすれば、たとえば表象などの心的要素は、通常、持続的に意識されているとは言えない。この場合、特徴的なのはむしろ、意識の状態は瞬く間に過ぎ去るという点である。今意識されている表象は、次の瞬間にはもはや意識されなくなってしまう。とはいえそれは、ある一定の簡単な条件さえ整えば、再び意識されうるようになる。その間この表象がどのようなものだったかは、われわれには分からない。はっきり言えるのは、それは潜在的であったということ、つまり、いつでも意識されうるものだったということである。だから、それは無意識的であったという言い方をしても、記述の仕方としてはまちがいではなかったということになる。とすると、この無意識的という言い方は、潜在的でかつ意識されうる、ということと一致するわけである。が、そうなると、ここに哲学者たちからの異議が申し立てられることになる。なにを馬鹿な、その場合、無意識的という用語は使えない、表象が潜在的な状態にあったあいだは、それはそもそも心的なものなどではなかったはずだ、と。われわれとしては、ここでただちに彼らに反論をかえしてもいいのだが、そんなことをしても、何ら得るところのない不毛な言い争いに終わるのがおちであろう。

しかし、われわれが無意識という用語ないし概念に思い至ったのは、こうした哲学者たちとは違った道筋をとってのことであり、つまり、心の力動性なるものが何らかの役割を果たしている諸経験を整理することを通してであった。経験上われわれが知り、したがって受け入れざるをえなかったのは、きわめて強烈な心の出来事ないし表象――ここで問題となるのはまずは量的つまり経済論的な契機である――が存在しており、それらは、普通の表象と同じく心の生活にありとあらゆる影響をおよぼしうるし、またその影響が再び表象として意識されることもありうるが、ただしそれら自体は意識されることはないという事実であった。これについてはすでに何度も述べた[2]ので、ここであらためてその詳細を繰り返す必要はなかろう。ともかく、精神分析理論はこの地点から始まるのであって、その主張するところによれば、この種の表象は、何らかの力によって意識されることが妨げられているがゆえに意識されることができず、仮にそうした妨げがなくなるならば、意識されることができるだろうということ、そしてそうなれば、他の明々白々たる心的要素とほとんど違いがなくなってしまうということである。精神分析技法においてはすでに、この抗う力を除去し当の表象を意識化するための手段が見出されており、それによってこの理論は今では揺るがしがたいものとなっている。われわれは、これらの表象が意識化される以前に置かれていた状態を抑圧と名づけ、この抑圧を引き起こし保持しつづけてきた力は、分析作業中に抵抗として感取されると主張しているのである。

したがって、われわれが無意識という概念を手にしたのは、抑圧理論にもとづいてのことである。われわれからすれば、抑圧されたものこそが、無意識的なものの典型にほかならない。とはいえ、われわれは、無意識的なものには二種類あると考えている。ひとつは、潜在的だが意識されうるもの、もうひとつは、抑圧されたもの、すなわち、それ自体としては容易に意識されえないものである。ここで、心的力動性についてのわれわれの洞察が、用語法ならびに記述の面へと介入してくることになる。つまり、われわれは、力動論的な意味でではなく、たんに記述的に無意識的である潜在的なものを、前意識的と呼び、それに対して、無意識的という名称は、力動論的な意味で無意識的な抑圧されたものに限定して用いているということである。その結果、現在では、意識的、前意識的、無意識的という三つの用語、もはや純粋に記述的とはいえない用語が存在することになっている[3]。前意識的なものは、無意識的なものがそうであるよりも、はるかに意識的なものに近いと考えられるし、それに、われわれは無意識的なものも心的なものと称してきたわけだから、この潜在的な前意識的なものを、心的なものとみなすことにはいっそうためらいはない。しかしそれならむしろ、なぜわれわれも、哲学者たちと歩調を合わせて、前意識的ならびに無意識的なものを、意識されている心的なものときっぱり切り離そうとしないのだろうか。そうすれば哲学者たちも、前意識的なものと無意識的なものを、二種類ないし二段階の心もどき[4]なるものとして記述したらどうかなどと提案してくれ、それでなんとか折り合いもつくかもしれない。しかしながら、そうなると、叙述における困難な問題がとめどなく出てくることになり、これら二つの心もどきが、明々白々の心的なものと他のほとんどすべての点で一致している、というとてつもなく重要な事実が背後に押しやられて、かつての偏見、これら心もどきやそのきわめて重要な意義がまだ知られていなかった時代に発する偏見〔心的なものは意識的なものだけだという偏見〕が、優勢になってくるのは必定である。

　そのようなわけで、われわれとしては、記述的な意味では二種類の無意識的なものが存在するが、力動論的な意味ではひとつしか存在しない[5]という点を忘れさえしなければ、意識的、前意識的、無意識的という三つの用語を用いてなんとかうまくやり繰りできると考えている。何を叙述するかの目的いかんによっては、この記述的と力動論的といった区別は無視してよい場合もあるが、そうでない場合にはもちろん、この区別はどうしてもなしにはすまされない。ともあれ、われわれとしてはすでに、無意識的なもののこの二義性にはかなり慣れてしまっており、これでなんとか折り合いをつけられるようになっている。私の見るかぎりでは、この二義性を避けるのはおよそ不可能である。意識的なものと無意識的なものの区別は、つまるところ、イエスかノーかで答えられる知覚の問題に帰着するのであって、そして、知覚の行為そのものは、何かが知覚されたりされなかったりするのがどのような理由によるのかということについては、何ひとつ教えてくれないからである。力動論的なものが外にあらわれ出るときは、二義的なかたちで表現されるしかないのであって、そのことに苦情をこぼすわけにはいかないのである。*2

しかし、精神分析の研究がさらに進展してゆくなかで明らかになってきたのは、こうした区別をしてもなおじゅうぶんではなく、実践面で欠陥が出てくるということである。そのことを示している事態はいくつかあるが、とりわけ決定的なものとして強調しなければならないのは、次のような事態である。われわれは、心のさまざまな出来

＊2　ここまでについては、「精神分析における無意識概念についての若干の見解」〔本全集第十二巻〕参照。(6) ここで、無意識的なものに対する批判の最近の動向についていくらか論じておいてもよかろう。研究者のなかには、精神分析の発見したもろもろの事実を承認するには吝かではないものの、無意識的なものは認めようとしない人たちもいて、彼らは、それを説明するために、意識にもまた――現象としては――その強度ないしは明断度に一連の長い階梯が認められるという、みまがいようのない事実を援用している。非常に生き生きと鮮やかなかたちで明白に意識されている出来事が存在しているのと同じく、われわれは、ほとんど気づかれないほど微弱にしか意識されていない出来事も体験しているわけであるが、これらの研究者に言わせれば、このもっとも微弱にしか意識されない出来事が、ほかでもない、精神分析が無意識的という不適切な言葉を用いて表わそうとしている出来事ということになる。しかし彼らにとっては、そうした出来事はまた、意識的ないしは「意識内的」でもあるのであって、じゅうぶんに注意を張りつめれば、まるごと強く意識されうるようにな

るというわけである。

この種の問題はじっさい慣習か感情的要因によって左右されているのであるが、まっとうな議論によってこの問題の決着に影響を与えるためにも、以下これについていくらか述べさせていただくことにする。まず第一に、意識の明晰度に段階があるという指摘は、じつは何ら決定的なものではなく、たとえば次のような同様の命題と比べて、説得力が大きいわけでもないということ。（命題一）明るさには、このうえなくぎらぎらした目を射るばかりの光から、どんよりした仄明かりにいたるまで、非常に多くの階梯があるのだから、そもそも闇なるものなどは存在しない。（命題二）生命にはさまざまな度合いがあるわけだから、もとより死なるものなど存在しない。これらの命題はいずれも、たしかにある点では含蓄に富んでいるかもしれないが、実際面では却下すべきものである。そのことは、これらの命題から何らかの論理的帰結、たとえば、ゆえに明かりをつける必要はないだとか、ゆえにすべての有機体は不死であるなどといった論理的帰結を導き出してみるならば、おのずと明らかであろう。第二に、感知できないものをも意識的なもののうちに包摂してしまうならば、それによって、ほかでもない、そもそも心的なもののうちに存在しているはずの唯一の直接的確実性がだいなしになってしまうということ。私には、当人のまったく知らないような意識という存在のほうこそ、無意識的な心の存在に比べて、はるかに馬鹿げているように思える。最後にもうひとつ。このように、気づかれないものをそのまま無意識的なものと同一視するのは、明らかに、精神分析的見方にとって決定的となっている力動論的関係を顧慮しようとしないところに原因をもっている。というのも、ここでは二つの事実がなおざりにされているからである。第一に、この種の気づかれないものにじゅうぶんな注意を向けるのは、きわめてむずかしく、大変な労力が要求されるという事実、第二に、仮にこれに成功したとしても、以前気づかれていなかったものが、今や意識によって認識されるというのではなく、往々にして、意識のまったく見知らぬもの、いや意識に対立するものとして立ちあらわれ、意識によって徹底して拒絶されるという事実である。要するに、無意識的なものを、ほとんど気づかれなかったものやまったく気づかれなかったものに直結しようとすることは、何がなんでも心的なものを意識されたものと同一と見てはばからない偏見が作り出した産物にすぎないということなのである。

事をまとめあげる編成体を各個人のうちに想定し、これをその人の自我と呼びならわしている。この自我こそが意識のおおもとであって、それは、運動のための、すなわち興奮の外界への放散のためのスウィッチのような働きをしている。自我とは、それがかかわる個々すべての出来事をコントロールし、夜になって眠りに就いてもなお夢を検閲するのを怠らない心の審級である。心に生じるある種の追求を、意識から締め出すばかりか、異なった種類の価値づけや行為からも締め出すための抑圧もまた、この自我から発している。分析作業においては、こうして抑圧によって排除されたものが、自我に敵対するかたちで現出してくるのであり、それゆえ分析に課せられた課題は、この抵抗、つまり抑圧されたものとかかわらせないために自我が講じる手段としてのこの抵抗を取り除くということになる。さて、分析作業中に観察されることであるが、患者は、ある種の課題を突きつけられると、進退きわまってしまい、患者の連想がいよいよ抑圧されたものの核心に近づいてゆくべき段になると、連想はそこで頓挫してしまう。そのような場合われわれとしては、あなたは今抵抗に支配されていますよ、と患者に告げるわけだが、しかし患者のほうは、そんなことにまるで耳を貸しもしないし、仮に、自分の感じている不快感をもとに今自分のなかに抵抗が働いていることを推察できたとしても、その抵抗が何であるかを名指したり告げ知らせたりするすべを知らない。しかし、この抵抗はまちがいなく患者の自我に発するものであり、自我に属しているものなのであって、したがってそう考えると、ここでわれわれは、思いもよらぬ大変な事態に直面していることになる。つまり、自我それ自体のうちに、無意識的なものも見出されたということであり、それは、抑圧されたものとまったく同じように振る舞い、それ自体は意識されないままに強力な作用を引き起こすのであって、意識化するには特別な作業を必要とするということである。以上の経験によって精神分析の実践にもたらされた帰結はこうなる。すなわち、もしわれわれが、これまでなじんできた表現方法にあくまでこだわり、たとえば神経症の原因を、意識的なものと無意識的なものとの葛藤に求めようとするのであれば、われわれは数え切れないほどの不明瞭さと困難に立ち至らざるをえないということだ。われわれとしては、それゆえ、意識的なものと無意識的なものとのこうした対立に代えて、心の生活の構造的な連関についての洞察にもとづいて、これとは別の対立を導入せざるをえない。すなわち、統合する一貫した存在としての自我と、そこから分かれた抑圧されたものとの対立である。*3

しかしながら、よりいっそう重大なのは、これが無意識的なものについてのわれわれのとらえ方に対してもたらす帰結のほうであろう。つまり、われわれは、それまでにすでに、力動論的な考察をすることによって最初の修正をほどこしていたのであるが、ここに来てさらに、構造的な洞察を通して第二の修正がもたらされることになったということである。認めねばならないのは、無意識的なものは抑圧されたものと一致するわけではないという事実である。なるほど、抑圧されたものはすべて無意識的と言ってよいが、すべての無意識的なものが抑圧されたものであるとはかぎらない。自我の一部も——しかもそれはきわめて重要な一部なのだが——無意識的でありうる、いや、まちがいなく無意識的なのである。(7) しかも自我のなかのこの無意識的なものは、前意識的という意味で潜在的なのではない。でなければ、意識されることがないのにこのように活性化されるはずがなかろうし、また、意識化するのがかくも困難であるはずがないからである。かくしてわれわれは、第三の無意識的なもの、抑圧されていない無意識的なものをどうしても持ち出さざるをえなくなるわけであるが、そうなると今度は、無意識的であるとい

＊3　『快原理の彼岸』参照。(8)

う性格がわれわれにとって意義を減じてしまうということも認めざるをえなくなる。その性格は、ある種曖昧な質となってしまい、われわれがもともとこれを用いることで期待していた広範かつ専有的な帰結をもたらしてくれるようなものではなくなってしまうのだ。とはいうものの、われわれとしては、この曖昧な性格に目をつぶっておくわけにもいかない。なにしろ、意識的かそうでないかという特性こそ、つまるところ、深層心理学の暗闇を照らし出す唯一の灯火だからである。

II　自我とエス

これまでわれわれの病理学的研究は、もっぱら抑圧されたものにばかり関心を向けすぎてきた。が、自我もまた本来の意味で無意識的でありうることが判明した以上、われわれとしては、自我についてもっと通じておきたく思うようになっている。これまでわれわれの拠り所となっていたのは、唯一、意識的であるか無意識的であるかという目印だけであった。ところが、ここに至ってついに、その目印がいかに曖昧なものであるかが明らかになったわけである。

さて、知るということは、いかなるものであれ、つねに意識と結びついている。無意識的なものも、意識化されることによってしか知るようにはなれない。しかし、よく考えてみよう、これはいったいどのようにして可能なのだろうか。何かを意識化するとはどういうことなのだろう、それはどのようにして起こりうるのだろうか。

この問いにどこから手をつけるべきか、われわれとしてはすでに承知している。意識とは心の装置の表面であるというのが、かねてよりのわれわれの主張であり、われわれは、意識なるものを、機能としては、空間的に外界にじかに接している系に属するものと考えてきた。ちなみに、空間的とは、たんに機能の面から言っているだけでなく、そこには解剖学的な意味も含まれている。*4 われわれの研究も、つまるところ、この知覚する表面というものから出発するほかないのである。

もとより知覚はすべて例外なく意識的であって、外部からの知覚（感官知覚）も、感覚とか感情とか呼ばれる内部からの知覚も、ともにそうである。しかし、たとえば——大雑把で不正確ながらも——思考過程なるものとして一括されている内的な出来事についてはどうなのだろう。それは、行為へと向かう途上で心的装置の内部のどこかで心のエネルギーが遷移することによって生じるものといえるが、いったいこの場合、思考過程のほうが表面へとやってきて、この表面が意識を発生させるのだろうか。それとも、意識のほうが思考過程へと向かって来るのだろうか。すぐに分かるのは、これは、心の出来事を空間的ないし局所論的な表象として実体化しようとするところに起因するアポリアのひとつだということである。この二つの答えはいずれもありうるはずがなく、きっと第三の答えがあるにちがいあるまい(9)。

すでに別のところ*5で仮説として打ち出しておいたところであるが、無意識的表象と前意識的表象（思考）の実際上の違いは、前者が、しかと識別されていないものを素材として生じるのに対して、後者（前意識的表象）の場合には、これがさらに語表象と結びつくという点にある。この仮説は、前意識系と無意識系のそれぞれの表徴を、意識との

＊4　『快原理の彼岸』参照(10)。

＊5　「無意識」（*Internationale Zeitschrift für ärztliche Psychoanalyse*, III, 1915）（GW-X）〔本全集第十四巻〕。

関係とは別の観点から規定しようとするはじめての試みであった。これに照らせば、あるものがどのようにして意識的になるのかという先の問いは、あるものがどのようにして前意識的になるのかという、より答えやすい問いとなる。そしてその答えはこうなるだろう、すなわち、それに対応した語表象と結びつくことによって、と。

この語表象とは、想い出－残渣のことである。それは、かつて知覚されたことがあるものなのであって、それゆえ、すべての想い出－残渣がそうであるように、再び意識化されることが可能である。語表象の性質についてこれ以上詳しく立ち入るまでもなく、ここにぼんやりとではあるが、何か新たな洞察らしきものが浮かび上がってくる。すなわち、意識化されうるのは、かつて意識的知覚となったことがあるものに限られるということ、そして、内部からやってきて意識されることを求めるものは、感情は別にして、自らを外的な知覚のかたちに変換することを試みなければならないということである。この変換を可能にするのが想い出－痕跡だということである。

われわれの想定しているところでは、想い出－残渣は、知覚－意識系にじかに接している系のうちに蓄えられていて、そのため、これが備給を受けると、その備給は、内部からこの知覚－意識系の諸要素へとたやすく伝播していくことができるということである。[11] ここでただちに思い至るのは幻覚のことであり、想い出は、いかに鮮明であっても、外的知覚と異なっているだけでなく幻覚とも異なっているという事実である。[12] むろん、これもちょっと考えれば分かるように、想い出が再活性化されるときには、備給がなお想い出系のうちにも保持されつづけているのに対して、知覚と区別できない幻覚が発生する場合には、備給は想い出－痕跡から知覚要素へと波及してゆくばかりでなく、ひとつ残らずまるごと移行してしまうということである。

語残渣は、本質的には聴覚による知覚に由来するものであり、[13] そのため前意識系には、いわば特別の感覚源が与えられている。語表象のもつ視覚的成分は、読むことによって獲得される副次的なものとして、さしあたりは無視してよいし、同様に、語にともなう運動・身振り的な像も、聾啞者の場合以外には補助的な記号の役割しか果たしていないゆえに、無視してよい。もとより語とは、かつて聞いた語の想い出－残渣にほかならないのである。

むろん、ことを単純化しようとして、事物についての視覚的な想い出－残渣のもっている重要さを忘れてはならないし、また、思考過程の意識化が視覚的残渣への回帰によっても可能になるという事実、しかも多くの人にあってはむしろこちらのほうが優位を占めているようにみえるという事実も、否認してはならない。こうした視覚的思考の特性については、J・ヴァーレンドンクの観察(14)にもとづいた夢や前意識的空想《ファンタジー》の研究が、具体的に教えてくれている。それによると、そうした事態においては、たいていは思考の具象的な素材のみが意識化されるだけで、思考をきわだたせるものとしてのもろもろの関係づけは、視覚的に表現されえない。つまり、像による思考においては、意識化はきわめて不完全なものでしかないということである。じっさい像による思考は、語による思考よりもどこか無意識的過程に近く、個体発生的に見ても系統発生的に見ても、語による思考よりも古いことは疑えないところである。

本題にもどるが、以上が、それ自体として無意識的なものが前意識的になる道筋であるとするならば、抑圧されたものをどのようにして(前)意識化することができるかという問いには、こう答えることができる。すなわち、分析作業を通して、この種の前意識的な媒介項を作り出すことによって、と。つまり、意識はあくまでおのれの持ち場にとどまりつづけるということ、とはいえまた、無意識的なものが意識へとのぼってくるわけでもないということである。

外的知覚と自我の関係は申し分なく明白であるが、内的知覚と自我の関係を知るには、特別の探究が必要である。そしてこれを探究してゆくと、表面に位置しているあの一つの知覚－意識系に意識のすべてを関連づけるのが本当に正しいのかどうか、という疑いに再度突き当たってしまう。

内的知覚は、心の装置のきわめて深い層も含めてきわめて多様な諸層で生じた出来事について、さまざまな感覚を生み出す。それらの感覚についてはよく分かっておらず、その雛形といえるのは、一連の快・不快の感覚くらいのものである。それらは、外部に由来する感覚よりもいっそう本源的で荒々しく、しかも、混濁した意識状態においても、感覚として成立することができる。これらのもつより大きな経済論的意義と、その意義のメタサイコロジー的論拠づけについては、すでに別の個所で述べておいたところである。[15]これらの感覚は、外的知覚と同じく多場的であり、さまざまな場所から同時にやってきて、対立し合う質も含めてさまざまな質をもつことができる。

快の性格を帯びた感覚は、それ自体として衝迫的な傾向をもってはいないが、それに反して、不快な感覚はこのうえなく衝迫的である。不快感は、変化すなわち放散を迫ってくるのであり、それゆえ、われわれとしては、不快とはエネルギー備給の上昇、快とはエネルギー備給の低下であると解釈せざるをえない。[16]今、仮に、快および不快として意識されることになるその当のものを、心の出来事の推移における量的－質的な異和と呼んでおくなら、ここで問題となるのは、この種の異和はその場でただちに意識化されうるのか、それとも知覚系にまで連れ出されねばならないのかという点である。

臨床経験からすると、軍配があげられるのはこの後者のほうということになる。臨床の教えるところによれば、この異和は、抑圧された〔欲動の〕蠢《うごめ》きと同じような振舞いをする。それは、自我にその強迫が気づかれることなく、自らの駆り立てる力を発揮することができる。そして、強迫に対する抵抗、ないし放散反応に対する阻止が生じたとき、ここではじめて、ただちに不快として意識されるわけである。〔内的な〕諸欲求のもたらす緊張とまったく同様、痛み、この外的知覚と内的知覚のいわば中間体としての痛みも、いつまでも無意識的でありつづけることができ、外部に由来する場合でも、まるで内的知覚であるかのように振る舞う。つまり、感覚も感情も、知覚系に到達することによってしか意識化されないというのが正しいのであって、この知覚系への連れ出しが妨げられると、それらは、当該の異和の興奮の経過が同一である場合でも、感覚として成立しないということである。そのような場合、われわれはこれを、必ずしも正確ではない舌足らずな言い方ではあるが、無意識的な感覚などとして片付け、無意識的な表象とのアナロジーによってしまうのであるが、このアナロジーは必ずしも正鵠を射ているとはいえない。なぜなら、この両者にははっきりと違いがあって、無意識的な表象の場合には、これを意識にもたらすためには、まず連結項が作り出されねばならないのに対して、感覚の場合には、意識への連れ出しが直接的に生じるために、そうした連結項が作り出されることはないからである。言い換えれば、感覚の場合には意識と前意識の区別は意味をもたないということ、ここには前意識が抜け落ちており、感覚は二者択一的に、意識的か無意識的かのどちらかになるということである。感覚は、語表象と結びついている場合でも、語表象のおかげで意識化されるのではなく、あくまで直接的に意識化されるのである。(17)

以上でもって語表象の果たす役割は余すところなく明らかとなる。つまり、語表象は、内的な思考過程を知覚するための仲介者の役割を果たしているということである。とするなら、あらゆる知は外的知覚から発しているという命題も、これで証明されたも同然ということになろう。思考に過剰備給がほどこされると、思考内容は、現実のものとして――あたかも外部から来たかのように――知覚され、それゆえ真とみなされるのである。

外的および内的な知覚と表面をおおう知覚‐意識系との関係が、以上のように説明されたからには、われわれとしても、ここでようやく、自我についてのこれまでの考え方をさらに拡充する仕事にとりかかることが可能となる。われわれの考えによれば、自我は、知覚系を自らの核として伸び広がり、さしあたりは、想い出‐残渣をよりどころとする前意識を包摂している。しかし、この自我はまた、すでに知られたように、まさに無意識的でもあるのである。

さてここで、ある本の著者のお知恵を拝借して、ありがたく利用させていただくことにしよう。ご本人は、個人的なお考えのうえ、ご自身は厳密で高尚な科学などとはいっさい無縁であると言い切ってはおられるものの、むろんそんなことはあろうはずもない。言いたいのはG・グロデックのことである。(18) 彼がくり返し強調しているところによると、われわれがわれわれの自我と呼んでいるものは、生において本質的に受動的な振舞いをしており、彼の言い方を借りれば、われわれは、見知らぬ統御しがたい力によって「生きられて」いる。*6 われわれとしても、すみずみまでぴったり同じとまではいかないにしても、皆これと似たような印象をもっており、したがって、このグロデックの洞察に対して、学の殿堂のうちでしかるべき場を占めていただくのに、何らためらうところはない。その洞察に敬意を払うためにも、ここで私としては、知覚系に発し、まずは前意識的であるものを自我と呼び、それに対して、この自我と地続きでありながら、無意識的な振舞いをするこれとは別の心的なものを、グロデックの用語を借りて、エスと呼ぶことにしたいと思う。*7

こうした見方をすることで、記述し理解するためにプラスになるかどうかは、やがて判明することになるだろう。

ともあれこのように見ると、われわれにとって個人は、ひとつの心的なエス、何であるかしかと分かっていない無意識的な存在ということになり、このエスの表面に、知覚系を核として成長した自我が載っかっているという恰好になる。図解しようというのであれば、付け加えるべきは、自我は、エスの全体をすっぽり覆いつくしているわけでなく、覆っているのは、エスの表面が知覚系と化している範囲にのみ限られているということであり、そのさまは、たとえば胚盤葉が卵《らん》の上に載っているのに似ている。自我はエスとはっきり区分されているのではなく、下方でエスと合流してひとつになっているのである。

しかし、抑圧されたものもまたエスのなかに流れ込んでおり、エスの一部にすぎない。それゆえ、抑圧されたものは、抑圧抵抗を通して自我とはっきり分かたれてはいるものの、エスを通せば自我と通じ合うことができる。すぐ分かるように、われわれがこれまで病理学からの示唆にもとづいて記述していたさまざまな区分は、その大半が、心の装置の表面に広がる――われわれが唯一知っている――諸層にかかわるものにすぎない。以上の連関は、あえて次ページの図のように素描することも可能だろう。[19] むろんこの場合、輪郭線はあくまで叙述の便をはかるためだけのものであって、そこに特別の解釈がこめられているわけではない。もうひとつ付け加えておくと、自我は、「聴覚帽」[20]を被っており、しかも脳解剖学によって証明されているように、それは片一方の側だけに限られている。

＊6　G・グロデック『エスの本』国際精神分析出版社、一九二三年。
＊7　おそらくグロデック自身はニーチェの用例に従ったのだろう。ニーチェにあっては、われわれ人間のなかの非人称的なものやいわゆる自然必然的なものを指すものとして、このエスを用いた文法表現が広く用いられている。[21]

20

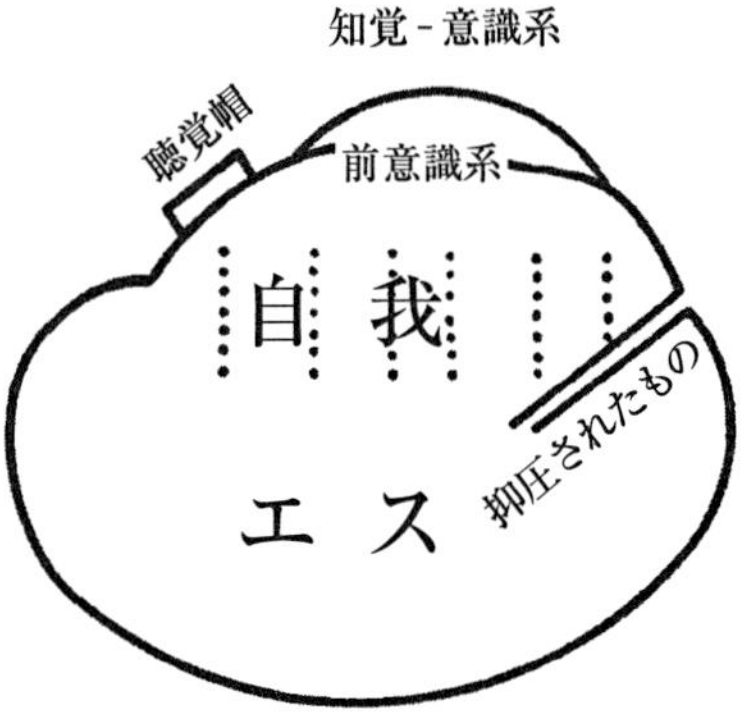

聴覚帽は、自我のいわば斜め上に載っているのである。

たやすく理解できようが、自我はエスの一部であって、エスが外界の直接的影響を通して知覚－意識による調停のもとに変容したもの、言ってみれば、エスの表面分化の延長上にあるものである。自我は、エスならびにエスの意図に外界の影響がきちんと反映されるよう努力し、エスのなかで無際限の支配をふるっている快原理を現実原理に置き換えようとする。自我にとっての知覚の役割は、エスのなかで欲動が占めている役割に等しい。つまり、自我は、激情をはらんだエスとは反対に、理性や分別と呼べるものの代理をしているということである。これらのことはすべて、よく知られている通俗的な分け方と重なってはいるが、しかし、あくまで平均ないし模範としてそうであるにすぎないと理解さるべきである。

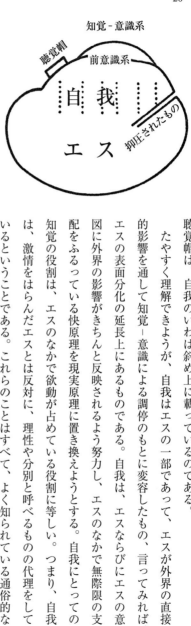

自我の機能面での重要性がよくあらわれているのは、自我には普段、運動のためのスウィッチ制御の働きが割り当てられている点である。エスとの関係でいえば、自我は、馬の圧倒的な力を制御しなければならない騎手にでも譬えられるが、ただし、騎手ならば自力でもってこれをなそうとするのに対して、自我はよそから借りてきた力でもってこれをなそうとする点が異なっている。この比喩はもう一歩進ませることができる。つまり、騎手は、馬と離れたくなければ、往々にして、馬の行こうとするところへ馬を導いてゆくほかないが、それと同じで、自我もまた通常は、あたかも自分の意志であるかのようにしてエスの意志を行動に移しているということである。(22)

自我がエスから発生し、エスから分離するためには、知覚系からの影響もさることながら、どうやらそれ以外の別の要因〔身体〕の働きかけもあっただろうと考えられる。われわれ自身の身体、とりわけその表面は、外的知覚と内的知覚が同時に発生することのできる場所である。それは、何か自分とはちがう対象のように見えるが、触れると二種類の感覚が生じ、そのうちのひとつは、内的知覚にあたるものだと言ってよい。自身の身体がどのようにして知覚世界から抜きん出た特別の存在となるのかについては、これまで精神生理学においてじゅうぶんに論じられてきた。身体がそうなるには、どうやら痛みというものもひとつの役割を果たしているらしく、もしかしたら、痛みをともなう病気にかかって身体器官の何たるかが新たに認識し直されるときの仕方が、そもそも自らの身体が表象されるようになるときの仕方の典型のようなものだと言っていいかもしれない。

自我とはとりわけ、身体的自我〔身体を通して自らを意識する自我〕なのであって、たんに表面に位置するものであるだけでなく、それ自体が表面の投射ともなっている(23)。ちょうどこれにあたる解剖学上の類似物を探してみると、すぐに思いあたるぴったりのものは、解剖学者たちのいう「脳中人《ゲヒルンメンヒエン》」(24)である。それは、脳皮質のなかで逆立ちして踵を上方に伸ばし後方を見ている小人で、よく知られているように左側に言語野をもっている。

意識に対する自我の関係についてはこれまでもくり返し論じられてきたが、ここであらためて重要な事実をいくつか記しておく必要がある。われわれは、あらゆるところに社会的ないし倫理的な価値判断の観点を持ち込むのが習慣になっているため、無意識のなかには低劣な激情が荒れ狂っていると言われても別段驚きもしないが、心の諸機能は、そうした倫理的、社会的な価値判断において高く評価されるものであればあるほど、それだけいっそう意識に達しやすいはずだと、つい期待してしまいがちである。しかし、精神分析の経験は、これが間違っていることを教えてくれる。ひとつ挙げれば、さまざまに裏付けることもできるが、ふつうなら張りつめた熟慮が必要な繊細かつ困難な知的作業でさえ、意識にのぼることなく、前意識的な状態のうちに成し遂げられることもありうるという事実がそうである。このような事例が生じるのはまさに疑問の余地のないところで、それはたとえば眠っている状態でも起こりうる。ある人が、前日解こうとしてもどうしても解けなかった数学等の難問を、朝目覚めた直後に解けたといった事例なども、そうしたあらわれのひとつと言えよう[*8][25]。

　しかし、もうひとつ、これとは別の経験で、これよりはるかに奇異な感じを与えるものがある。分析中に教えられることだが、ある人たちにあっては、自己批判だとか良心といったきわめて高く価値づけされている心の働きが無意識的であって、しかも、無意識的であるからこそ、このうえなく重要な作用を引き起こすのである。つまり、この種の状況は、分析中における抵抗が無意識的でありつづけるという事態だけに限られているわけではないということである。しかしこの新しい経験は、われわれを、よりまっとうな批判へと向かわせはするが、無意識的罪責感[26]という問題に直面させるものであり、われわれをよりいっそう混乱におとしいれ、新たな謎の前に立たせることになる。しかも、この種の無意識的罪責感が、数多くの神経症の場合に、経済論的な意味で決定的な役割を果たしており、それが治療の最大の障害となっている[27]ということが現在だんだんと判明してきているのだから、なおさらのことである。われわれのもっている価値尺度というものに話をもどすなら、われわれとしては、自我のもっとも低い部分だけでなく、そのもっとも高い部分もまた無意識的でありうると言わざるをえない。先にわれわれは、意識的な自我はとりわけ身体 - 自我であると言明したが、以上のことを鑑みると、この言明の正しさがはっきり証明されたようにも思えるのである。

III　自我と超自我(自我理想)

もしも自我が、知覚系の影響によって変容したエスの一部にすぎず、現実の外界を心において代表するだけのものだとするなら、話は単純だろう。しかしここにはさらに、これ以外の要因が付け加わってくる。自我理想ないし超自我と呼べるような自我のなかの一段階、ないし、自我の内部における一区分を想定せざるをえなくなった動機については、すでに別のところで詳しく論じておいた。[*9] それらの動機が、むろん今でも正当であることには変わりはない。[*10] 新しく出てきたのは、自我のこの部分が意識とさほど確たる関係をもっていないという点であり、この点については説明を要しよう。

以下、いささか間口を広げて考察する必要がある。かつては、われわれは、メランコリーのつらい苦しみを説明しようとして、そこでは、失われた対象が自我のなかに再び打ち立てられ、したがって対象備給が同一化に取って代わられると想定することによって、まずまずの成果をあげた。[*11] ところが、当時のわれわれにはまだ、この過程の

＊8　つい最近私は、「夢工作」に関する私の記述に対する異論として、この類いの事例の報告を受けた。

＊9　「ナルシシズムの導入にむけて」〔本全集第十三巻〕および『集団心理学と自我分析』〔本全集第十七巻〕。

＊10　ただし、この超自我に現実吟味の機能を割り当てたのは私の誤りであり、修正が必要である。(28) 自我と知覚世界の関係からすると、現実吟味はあくまで自我の専売特許とみるのがむしろ妥当であろう。——とすれば、自我の核なるものについての以前のかなり曖昧な内容の発言(29)も訂正されねばならず、知覚‐意識系のみを自我の核として承認せねばならなくなるだろう。

もつ十全な意義が見抜けていなかったし、これがいかに頻繁かつ典型的なものであるのかも分かっていなかった。後になって判明したことだが、この種の代替作業なるものこそ、そもそも自我の形成に大きくかかわり、一般に性格と呼ばれているものを作り上げるのに決定的に与っているのである。(30)

もともと、個人の原始的な口唇期においては、対象備給と同一化はおそらく区別不可能な状態にある。(31) これより後の時期になってはじめて、エスは、性愛的追求を欲求として感受し、おのれの内より対象備給を発すると考えられる。この場合、生まれたばかりでまだ弱々しい自我が、この対象備給を感知し、これを甘んじて認めたり、あるいは抑圧のプロセスを通してその求めをはねつけようとするわけである。*12(32)

さて、何らかの強制ないし必然の結果、この種の性対象が断念されねばならなくなった場合には、その代わりに、往々にして自我変容という事態が出来することになる。それは、メランコリーの場合に見られるように、その対象を自我のうちに打ち立てる操作とでも言わねばならない。むろん、この代替作業については、詳しい事情はまだ分かっていない。もしかしたら、自我は、口唇期の機制へのある種の退行ともいえるこの取り込みを通して、対象の断念を容易ないしは可能にしているのかもしれない。あるいは、そもそもこの同一化が、エスにその対象を断念させるための条件となっているのかもしれない。ともあれ、この出来事は特に早期の成長段階において頻発するもので、したがって、こう考えることも可能かもしれない。すなわち、自我の性格は、かつて断念された対象備給の沈澱したものであって、そこにはこうした対象選択の歴史が刻みつけられている、と。むろん、ある人の性格が性愛的な対象選択の歴史からのこうした影響をどの程度まではねつけ、どの程度まで受け入れているかといった耐性の強弱も、もとより加味して考えなければならない。豊富に恋愛経験を積んできた女性の場合には、概して、その性格特徴のうちに対象備給のさまざまな残留物が容易に見出せるようである。あるいはまた、対象備給と同一化の同時生起、すなわち、対象がまだ断念されていないときに起こる性格変容なるものも考慮されねばならない。この場合には、そうした性格変容が、対象関係が終わった後も存続して、その対象関係をいわば缶詰めにして保存することもありうるのである。

別の観点からいえば、性愛的な対象選択がこうして自我変容に転化するのは、自我がエスを制御し、エスとの関係を深めるための方策だということにもなる。むろんその際には、自我がエスの体験に対して従順に譲歩するという原則は犠牲にされる。自我は、対象の特徴を身にまとうと、いわば、エスに対しても自らを愛の対象として押しつけ、エスの損失を埋め合わせようとして、こう言うのである。「どう、私を愛してもいいのよ、私、対象《あのひと》にそっくりでしょう」と。

ここで生じている対象リビードからナルシス的リビードへの転化の際には、性目標の断念ないしは脱性化、つまり一種の昇華というものがともなっているのは言うまでもない。ここには、立ち入って論じる価値のある問いが浮

＊11　「喪とメランコリー」(33)。

＊12　食物として体内化された動物の特性が、それを食べた者の性格となっていつまでも残存するという原始人の信仰――ならびにそれにもとづくさまざまな禁止――には、対象選択を同一化に代替させる作業との興味ある並行関係が見てとれる。周知のように、この信仰は、食人の根拠ともなっているとともに、聖餐にまで至る一連のトーテム饗宴の慣習のなかにも生き続けている(34)。のちの性的対象選択の場合には、ここで口による対象制圧によってもたらされると想定されている帰結が、実際に生じるのである。

かび上がってくる。すなわち、これこそ昇華が行われるための一般的な道筋ではないのかという問い、昇華というものは例外なく自我の仲介によって行われ、自我がまず性的な対象リビードをナルシス的リビードに変化させ、その後でこのナルシス的リビードに別の目標を設定するという手順を踏むのではないのかという問いである。[*13] このリビードの変身は、たとえば融合している異なった欲動の分離を引き起こすなど、別の新たな欲動運命を結果として招くことになるのではないかとも考えられるが、これについては、またのちほど検討することにしよう。(35)

本稿のめざすところからはややはずれてはいるものの、自我の行うこの対象同一化の問題には、もうしばらく目を向けておく必要がある。この対象同一化が優勢になり、あまりにも頻繁かつ激しくなって、それぞれどうしの折り合いがつかなくなると、病的な結末に行き着くのは火を見るより明らかである。それぞれの同一化が、抵抗によってはばまれて相互に受けつけなくなると、自我は分裂状態に陥りかねないし、もしかしたら、いわゆる多重人格という症例の秘密も、それぞれの同一化が、入れ代わり立ち代わり意識を占領してしまうところにあるのかもしれない。そこまで至らずとも、自我の分散の結果としてのさまざまな同一化のあいだの葛藤、究極的にはまだ完全には病的といえないような葛藤が、考察すべきテーマとなることはまちがいないところである。

断念された対象備給のおよぼす影響に逆らおうとする耐性は、のちに性格が身につけることになるわけであるが、しかしこの耐性がいかなるかたちで形成されようとも、ともかく確かなのは、幼児期初期に生じた最初の同一化の影響はじつに広範かつ持続的なものになるということである。この事実はわれわれを、自我理想の発生現場にまで連れ戻すことになる。というのも、この自我理想の背後には、個人のもっとも重要な最初の同一化〔一次同一化〕、すなわち個人というものの太古の時期の父親との同一化[*14]がひそんでいるからである。この同一化は、まずはじめは、何らかの対象備給の帰結ないし結末ではないようであり、直接的かつ無媒介的であって、いかなる対象備給にも先立つものである。[36] しかしながら、父母に向けられた最初の性愛期の対象選択も、普通の経緯をたどった場合、どうやら結果的にこの種の一次同一化に行き着き、これを強化することにつながるようである。

ともあれこの関係はすこぶる込み入っているため、もう少し立ち入って述べておく必要がある。この複雑さを引き起こしているのは二つの要因、すなわち、エディプス状況の三角的構図と、個々人に体質的にそなわっている両性性である。

男の子の場合は、簡略化すれば次のような展開になる。男の子はごく早期に、母親に対して対象備給を繰り出す。それは、母親の乳房を出発点とするもので、依托型対象選択の典型である。[37] その一方で男児は、〔一次〕同一化を通して父親をわがものとして自らのうちに取り込む。この二つの関係は、しばらくのあいだ並行して続いてゆくが、

＊13　今や自我とエスを分離したわけであるから、われわれとしては、エスこそが、「ナルシシズムの導入にむけて」[38] で指摘したリビードの大貯蔵槽であると認めねばならない。上述の同一化によって自我へと流れ込んでくるリビードは、自我の「二次ナルシシズム」を作り出すのである。

＊14　もう少し慎重な言い方をすれば、両親との同一化ということである。というのも、性の区別、すなわちペニスの欠落というものをはっきりと知る以前には、父親と母親は異なった価値づけがされていないからである。最近、ある若い婦人が話してくれたことだが、彼女は、自分にペニスが欠落しているのに気づいてからずっと、すべての女性がこの器官をもっていないのではなく、劣っているとみなされる女性だけがもっていないのだと思っていた。彼女は、自分の母親にはこの器官があると思っていたらしい。[39] ここでは、叙述を簡単にするため、父親との同一化のみに話を限りたいと思う。

やがて母親に対する性的欲望が強くなり、父親がこの欲望に対する障害であることが感知されるようになると、ここにエディプスコンプレクスが発生することになる。*15 そうなると父－同一化は今や、敵対的なトーンを帯び、父親を排除し、自分が母親にとっての父親になり代わりたいという欲望に向き変わる。そしてその後は、父親に対する関係は両価的《アンビヴァレント》なものとなり、あたかも、もともと同一化に含まれていた両価性《アンビヴァレンツ》が今やはっきりと姿をあらわしてきたかのような観を呈することになる。父親に対する両価的な態度と、母親に向けられたもっぱら情愛的な対象追求、この二つが、男児にとって、表《おもて》にあらわれ出た単相のエディプスコンプレクスの内容なのである。

やがてこのエディプスコンプレクスは瓦解することになるが、そのとき母親に対する対象備給は断念されねばならなくなる。その代わりにあらわれるのは、母親との同一化か、父－同一化のいっそうの強化か、二つのうちどちらかしかありえない。われわれとしては通常、この後者の結末のほうをよりノーマルだとみなしているが、むろんその場合、母親に対する情愛的関係もある程度保持されていてさしつかえない。ともかくこうして、エディプスコンプレクスの没落を通して、(40) 男児の性格のなかに一般に男性性が強まることになると考えることができよう。そして、これとまったく同じようにして、(41) 女児の場合のエディプス的態度は、母－同一化の強化（ないしはその樹立）という結末に終わる場合が多く、これが女の子の女性的性格を確たるものとすることになるわけである。

しかし、これらの同一化はわれわれの期待したものではない。これらは断念された対象を自我のなかに導き入れる類いのものではないからである。(42) けれども実際のところ、その種の結末になる事例もあり、それは、男児よりも女児の場合に容易に観察できる。つまり、分析の結果、小さな女児が、愛の対象としての父親を断念しなければならなくなったあと、自らの男性性を持ち出してきて、母親とではなく父親、すなわち失われた対象と同一化するといったことが、非常にしばしば見られるということである。むろん、そうなるかどうかは、どうやら女児にそなわっている男性的素質——それが何であるかはともかく——がじゅうぶん強いかどうかにかかっている。

結局、エディプス状況が父−同一化で終わるか、母−同一化で終わるかは、男女どちらにおいても、男性性と女性性のどちらの素質が相対的に強いかにかかっているようである。これが、両性性がエディプスコンプレクスの運命に介入してくるひとつの道筋である。が、もうひとつ、より重要な介入の道筋がある。われわれの印象からすると、単相のエディプスコンプレクスなるものは、そもそも簡略化ないし図式化——もちろんこれらも分析の実践現場ではしばしば正当化されるものだが——の産物にすぎず、出現頻度がいちばん高いというわけではない。詳しく調査してみると、見出されるのはじつは、ほとんどの場合、もともと子供がもっていた両性性に依拠したかたちで表《おもて》と裏《うら》の両方をそなえもつ二層のエディプスコンプレクス、つまり、より完全なエディプスコンプレクスである。すなわち、男児は、父親に対して両価《アンビヴァレント》的な態度をとり、母親に対して情愛的対象選択を行うばかりでなく、同時に女児のようにも振る舞い、父親に対して情愛的な女性的態度を示すとともに、それに応じて母親に対して、女性としての嫉妬に満ちた敵対的態度を見せるということである。このように両性性の契機が介入してくるために、原初の時期の対象選択と同一化の関係を見通すのはたいへん困難になるし、これを分かりやすく叙述するのは、なおのことむずかしくなる。もしかしたら、両親との関係のうちに確認される両価性《アンビヴァレンツ》なるものは、じつは百パーセント両性性に帰さるべきものなのかもしれず、先に述べたのとはちがって、同一化から恋敵的態度を通して発生して

＊15　『集団心理学と自我分析』[43] Ⅶ節参照。

くるものではないのかもしれない。[44]

思うに、広く一般に、とりわけ神経症者の場合に顕著に見てとれるのは、どうやらこの完全なエディプスコンプレクスのほうであるようだ。とすると、この分析の経験が教えている事実はこうなる。すなわち、いくつかの事例では、この完全なエディプスコンプレクスの表《おもて》、裏《うら》のどちらか一方の要素が消失し、ほとんどその痕跡さえ認められないまでになっているということ、したがって、もともとは、一方の極にノーマルな表エディプスコンプレクス、もう一方の極に逆の裏エディプスコンプレクスが位置するといったかたちで一続きの列が伸びていて、その中間部が、両方の要素が不均等に混在する完全な形のエディプスコンプレクスを示しているということである。エディプスコンプレクスが没落するとき、もともとそこに含まれていたこれら四種の追求[45]が合算されて一本化し、その結果、ここから父－同一化なり母－同一化なりが出てくることになるのだろうし、父－同一化は表コンプレクスにおける母親対象を保持しつづけると同時に、逆の裏コンプレクスにおける父親対象を代替することにもなるのであろう。同様のことは、むろん母－同一化についてもあてはまる。これら二つの同一化があらわれる強度は人によってまちまちであるが、それは、二つの性的素質の不均等性を反映したものと言ってよかろう。

かくして、エディプスコンプレクスに支配された性的発展段階のもたらすもっとも一般的な結果として、こう仮定することができる。すなわち、このとき自我のうちにある種のしこりが生じ、それが、以上二つの——何らかのかたちで差引き合算されひとつに束ねられた——同一化〔父－同一化と母－同一化〕を作り出すということである。こうして生じた自我変容は、おのれの特権的地位を保持しつづけ、自我理想ないし超自我として、それ以外の自我の内容に対立することになるのである。

しかし超自我は、たんにエスの最初期の対象選択の残留物であるばかりでなく、この対象選択に対する断固たる反動形成という意味も持っている。超自我の自我に対する関係は、そのように（父のように）あるべし、という促しに尽きるものではなく、そのように（父のように）あってはならぬ、すなわち、父のすることを何でもしてよいわけではない、という禁止も含んでおり、多くのことを、父親だけの特権として留保しているわけである。自我理想がこうした二重の相貌をもっているのは、かつて自我理想がエディプスコンプレクスの抑圧に力を尽くしたという事実、いや逆に、この急変のせいではじめて生まれ出たという事実に由来する。エディプスコンプレクスを抑圧するのは、なまなかのことではなかったようである。エディプス的欲望の実現を阻もうとするのが両親とりわけ父親ということになるわけだから、幼い自我は、自らを強くしてこの抑圧の仕事を実行するために、自らのうちにこの父に匹敵する阻止者を打ち立てねばならなかった。言ってみれば、幼い自我はそのための力を父親から借用したということであり、この借用がのちにとてつもなく甚大な影響をおよぼすことになる。つまり、超自我は父としての性格を保持しつづけることになり、そして、エディプスコンプレクスが激しければ激しいほど、また、（権威、宗教の教え、教育、読書などの感化のもとに）その抑圧が行われるのが迅速であればあるほど、それだけいっそう超自我はのちに良心として厳格になり、ともすれば無意識的な罪責感となって自我を支配することになるのである。――超自我が、この自我支配のための力、定言命法（人間一般に無条件にあてはまるとされる命令）のかたちであらわれるこの強迫的な性格をどこから手に入れるのかについては、のちほどひとつの推測を述べることにする。[46]

以上述べた超自我の発生についてもう一度目を向けてみると、超自我は、きわめて重要な二つの生物学的要因がもたらした結果であることが分かる。ひとつは、人間にあっては寄る辺なく依存的な子供時代が長期にわたっているという事実、もうひとつは、人間にはエディプスコンプレクスが存在しており、これが、潜伏期を通じてリビードの発達を中断させ、それによって人間の性生活における二節性なるもののおとずれ[47]を引き起こすという事実である[48]。人間だけに特別のように見えるこの後者の特性は、ある精神分析関連の仮説[49]によると、厳しい氷河期のあいだに強制されて身につけた文化発展の遺産でもあるらしい。したがって、超自我が自我から分化したのは、けっして偶然などとして片付けることはできず、個人の発展と種の発展のきわめて重要な特徴を如実に示すものだと言わねばならないし、両親の影響を永続的に表現しているという意味で、おのれを産み落とした諸要因の存在を永遠化せんとするものと言わねばならないだろう。

これまで精神分析には、人間の内にある高尚なもの、道徳的なもの、個を超えたものに配慮していない、という非難が数え切れないほど浴びせかけられてきた。しかしこの非難は、それがたどってきた歴史の面からみても、それがとってきた方法の面からみても、ともに当たってはいなかった。歴史の面から言うと、精神分析は、そもそものはじめから、自我の内にある道徳的ないし美的傾向を、抑圧を引き起こす原動力として認めてきたし、また方法の面から言っても、精神分析研究は、哲学体系のようには完璧に出来上がった体系的学説をもって登場することができず、心のもつれを理解するために、正常ならびに異常現象の分析的検討を通して、一歩一歩道を切り開いてこざるをえなかったわけであり、世間はこの事実をきちんと見ようとしなかっただけのことなのである。われわれとしては、心の生活における抑圧されたものの研究に携わらねばならなかったのであって、そのかぎりにおいて、人間のなかに高尚なものがあるということについて、あれこれ細やかに配慮する必要がなかった。われわれは今、あえて自我の分析に踏み込んだところで、倫理意識を揺さぶられて「人間には高尚なものが存在するはずだ」と嘆きの声を挙げてきたすべての人に対して、こう答えを返すことができる。たしかに存在する、そしてその高尚なものとは、われわれの両親との関係を代理している自我理想ないしは超自我にほかならない、と。われわれは幼児期に、この高尚なものに出会い、これを賛嘆し、また恐れたのであって、そしてそのあとに、これをわれわれ自身のなかへと取り込んだのである。

自我理想とは、したがってエディプスコンプレクスの後継ぎであって、それゆえ、エスのきわめて強力な蠢《うごめ》きの表現、エスのきわめて重要なリビード運命の表現にほかならない。自我は、自我理想を打ち立てることによって、エディプスコンプレクスを制圧すると同時に、自らをエスに従わせることになったわけである。自我が本質的に外界ないし現実の代理表現だとすれば、それに対して、超自我は、内界ないしエスの代弁者(50)として、自我に対峙している。今やこう断じなければならないが、自我と理想のあいだの葛藤には、つまるところ、現実的なものと心的なもの、外界と内界の対立が映り出ているということなのである。

人類の生物学的運命がこれまでエスのなかに創り出し、そこに残してきたものは、理想形成を通して自我によって受け継がれ、自我において個々にくり返し体験される。自我理想は、その形成史を見ても分かるように、個々人が系統発生的に獲得した太古の遺産とじつに豊かに結びついている。個々人の心の生活においてかつてもっとも深部にあったものが、理想形成を通して、価値評価の点で人間の心のなかのもっとも高尚といえるものになるわけである。しかし、そうだとはいえ、自我に対して行ったのと同じように、自我理想の所在場所を確定しようとしたり(51)、あるいは自我理想を、自我とエスの関係を模した比喩〔騎手と馬の比喩など〕で言いあらわそうとしたところで、それはしょせん無駄骨でしかないだろう。

すぐ分かるように、自我理想は、人間の内にある高尚なものへと向けられたあらゆる要求を満たすものである。それは父親憧憬に代わる代替形成物として、あらゆる宗教形成のもととなった萌芽をはらんでいる。自我は、自らのいただく理想と比較して、おのれのいたらなさを痛感するわけであるが、そうした判断から、憧憬あふれる信仰者の土台となる謙虚な宗教感情が生まれる。さらに先に進むと今度は、父親の役割は、ひき続き教師や権威者たちに引き受けられ、彼らの命令や禁止が、理想自我のなかに強大な力となって存続し、ついには良心となって道徳的検閲を実施するにいたる。そして、この良心の要求と自我の行いのあいだに生じる緊張が、罪責感として感得されることになる。社会的感情の根底にあるのは、同じひとつの自我理想をいただく他の者たちとの同一化にほかならないのである。

宗教、道徳、社会的心情――これが人間の内にある高尚なものの主たる内容ということになろうが[*16]――は、そもそも同じひとつの根から発したものである。『トーテムとタブー』で立てた仮説[(52)]からすると、これらは、父コンプレクスをもとにして系統発生的に獲得されたものである。宗教と倫理的制限は、本来のエディプスコンプレクスの制覇によって、社会的感情は、下の若い世代に残存している対抗心を克服せねばならないという必要性によって獲得されたものなのである。こうした倫理的獲得においては、いずれの場合も、男性がまず範を垂れたようであり、交差遺伝によって女性にもその所有が伝播していったようである。社会的感情は今日でも兄弟姉妹《きょうだい》に対する嫉妬に満ちた対抗的蠢きを抑える上部構造として、個々人のうちに生まれ出る。敵意を充足させることは許されないわけで、それゆえ、もともとは競争相手であった者との同一化が作り出されるのである。軽度の同性愛者たちを観察していると、彼らのこうした同性愛的同一化も、攻撃的‐敵対的な態度に取って代わった情愛的対象選択を代替するものではと推測されてくる。*17

しかし、話が系統発生ということになると、できれば答えるのをはばかりたくなるようなさまざまな問いが新たに浮上してくる。むろん、回避してどうなるわけでもなく、われわれとしては、もがいても不十分さが露呈するだけのことかもしれないけれど、ともかく答える試みだけはやってみなければならない。新たに浮上してくる問いとはこうである。すなわち、その昔、父コンプレクスをもとにして宗教と倫理を獲得することになったのは、原始人の自我にあたるのかエスにあたるのかどちらなのか。もしそれが自我だったのなら、自我のうちでの遺伝ということで簡単に一件落着になるのではないか。もし獲得したのがエスだったのなら、それはエスの性格とどう折り合いがつくのか。あるいは、そもそも自我と超自我とエスの分化を、かくも昔の時代にまで持ち込んではいけないのだろうか。はたまた、自我におこる出来事について把握されていることはすべて、系統発生の理解には何ら役立つものでなく、系統発生の問題に適用できないということを、われわれは正直に認めるべきではないのか、等々といったことである。

まず、いちばん答えやすいところから答えてみよう。自我とエスの分化について言えば、これは、原始時代の人間のみならず、はるかに下等な生物にも生じていると認めざるをえない。それは、外界の影響をこうむったことの必然的あらわれだからである。超自我については、われわれはその発生を、ほかでもない、トーテミズムを生み出

＊16　ここでは学問と芸術は除外しておく。
＊17　『集団心理学と自我分析』ならびに「嫉妬、パラノイア、同性愛に見られる若干の神経症的機制について」参照。(53)

したあの体験〔原父殺し〕から導き出した。その経験をして獲得物を手にしたのは自我なのかエスなのかという問いは、すぐに、問いとして成立していないことが分かる。少し考えれば分かるように、エスは、自らの隣で外界を代表している自我を通さないかぎり、外からの運命を体験したり味わったりすることはできない。しかし反面、自我のうちでの直接的な遺伝ということもまた問題にならない。ここには、現実の個と種の概念とのあいだに深い溝がぽっかりと口を開けているのである。それにまた、自我とエスの区別をあまり固定的に考えてはならず、自我が、特別なかたちに分化したエスの一部であることを忘れてはならない。自我の体験したことは、さしあたりは、遺伝する力をもっていないように見えるが、しかしその体験も、何世代にもわたって連綿とつづく数多くの個のもとで、じゅうぶんな頻度と強度をもってくり返されることになれば、それはいわばエスの体験に転化し、その体験がもたらした印象は、遺伝を通して保持されることにもなる。すなわち、遺伝可能なエスには、自らの内部に自我の無数の生の残渣が宿っているということであり、自我が、エスから超自我を生み出すときには、かつて自らがまとったさまざまな形態を再度呼び起こし、それらを復活させているだけのことなのかもしれないのである。

超自我の成立史を考えればおのずと分かるように、自我がエスの対象備給とのあいだで行ってきた幼児期の葛藤は、のちに、この対象備給の後継ぎである超自我との葛藤となって継続されてゆく。自我がエディプスコンプレクスの制覇にきちんと成功しきれていない場合には、エスに発するこのエディプスコンプレクスのエネルギー備給は、自我理想が繰り出す反動形成というかたちで作用することになる。この理想とこうした無意識的な欲動の蠢きのあいだに、以上のように夥しい交流があるということを考えるなら、理想それ自体があくまで大部分無意識的であって、自我の手の及ばないものであるという謎も、おのずと解けることになろう。かつて深層で猛威をふるい、迅速な昇華と同一化によって終結させられることのなかった闘いは、今や、カウルバッハの描くフン族との戦闘の絵にあるように、より上位の圏域で継続されることになるのである[54]。

IV　二種類の欲動

すでに述べたように、心という存在をエスと自我と超自我に分割することが、われわれの洞察を前進させるものだとするなら、この分割はまた、心の生活における力動論的諸連関をより深く理解し、より適切に記述するための手段ともなってしかるべきである。加えて、これもすでにはっきり確認したように、自我は知覚の特別な影響のもとにあり、雑な言い方ながら、自我に対する知覚の関係はエスに対する欲動の関係に等しい。しかしながらその反面、自我はまた、特別なかたちに変容したエスの一部にすぎず、エスと同じく、欲動の影響を免れることができないのである。

欲動については先般（『快原理の彼岸』において）ある見解を展開したが、以下ここでは、その見解をしかと保持しながら、これをもとにさらなる議論をつなげていきたいと思う。まずは、欲動の種類は二つあるということ。一方は、性欲動ないしはエロースと称されているもので、他方の欲動に比べてはるかに賑やかで目立っており、それと分かりやすい。この欲動には、制止されていない本来の性欲動、ならびに、そこから転じて目標制止されたり昇華されたりした欲動の蠢きが含まれているばかりでなく、自我がもっているとみなさざるをえない自己保存欲動も含まれている。精神分析研究の初期には、この自己保存欲動は、それなりの理由をもって、性的な対象欲動に対立するものとされていたものである。これに対して、もう一方の種類の欲動は、はっきりそれと指し示すのがなかなかむずかしく、われわれとしては結局、サディズムを、この種の欲動の代理表現とみなすことになった。生物学に依拠した理論的考察にもとづいてわれわれが仮定したのは、有機的生命体を生命なき状態へ引き戻すことを使命としている死の欲動である。その使命は、エロースが、小片となって飛び散った生命基質をどんどん大きくまとめあげることによって生命をより複雑なものにし、むろんそうすることで生命を保存しつづけることを目標としているのと対極にある。が、その一方で、この二つの欲動はともに、きわめて厳密な意味で守旧的に振る舞い、生命の発生によって乱された状態を修復することをめざす。つまり、生命の発生は、言ってみれば、さらに生きつづけてゆくことの原因となると同時に、死へと突き進んで行こうとすることの原因でもあるのであって、生命そのものは、この二方向の追求のあいだで生じる闘争と妥協にほかならないということである。生命の由来についての問いはあくまで宇宙論的[55]な問いでしかないのであって、生命の目的と意図についての問いは、二元論的な答えとなると言えよう[56]。

こう考えてさしつかえないだろうが、この二種類の欲動には、それぞれ特別の生理学的プロセス（建設と解体のプロセス）が割り当てられており、生命基質のどの部分にもすべて、この二種類の欲動が二つながらに働いている。ただし、その混合が均一でないために、あるひとつの基質が、主としてエロースを代表する役割を引き受けることも、むろんありうる。

この二種類の欲動が、いかなる仕方で結び合い、混ざり合い、化合するのかについては、今のところまだまったく想像もつかないが、しかしわれわれとしては、そうしたことが規則的かつ大規模に起こっているということを不可避の前提として論を進めるほかない。もしかしたら、原初の単細胞生物が互いに結び合って多細胞生物となった結果、個々の細胞に宿る死の欲動がうまく中和され、破壊的な蠢きが何らかの特別の器官を介して首尾よく外界へとそらされることになったのかもしれない。むろんこの特別の器官とは筋肉組織のことであって、とすれば死の欲動は——おそらくはその一部であろうが——外界ならびに他の生物を標的とする破壊欲動として姿を現わすということになる[57]。

ともあれ、こうしてこれら二種類の欲動の混合という考え方を受け入れたからには、当然ながら、この両者の——多少の差はあれ完全な——分離の可能性も認めざるをえなくなる[58]。性欲動に含まれているサディズム的成分が、目的に役立てられる欲動混合の典型と言えるとすれば、それだけで単独化した性倒錯としてのサディズムが、極限形態とはいえないにせよ分離の模範とみなせるかもしれない。こうして分離の可能性を認めることになると、これまでまだそうした照明を当てられたことのなかった事実の領域が広大に広がっているのが見えてくる。破壊欲動が放散をめざすことによってエロースに奉仕させられるのが通例であることが分かってくるばかりか、癲癇発作が欲動分離の産物ないし徴候ではないか[59]との予想も出てくるし、さらには、強迫神経症などいくつかの重度の神経症のもたらす帰結のうち、欲動分離ないしは死の欲動の出現こそ、特に考察しなければならないものであることも理解されてくる。性急な一般化を承知のうえで推測するに、たとえば性器期からサディズム肛門期へのリビード退行の本質は何らかの欲動分離にあるのかもしれないし、逆に、前性器期から決定的な性器期への発展のためには、エロース的成分が付け加わることが条件となっているのかもしれない[60]。神経症を引き起こしやすい素質の人に非常にしばしば強く見られるあのいつもの両価性《アンビヴァレンツ》なるものも分離の結果として解釈していいのではないか、という問いもここに生じてくるが、しかし、この両価性はきわめて根源的なものであるため、これはむしろ、欲動混合が完全になされなかったために生じたものとみなされねばならないだろう。

われわれの関心が収斂してゆく先は、言うまでもなく次のような問いである。すなわち、自我、超自我、エスといった仮説的形成物とこれら二種類の欲動とのあいだに、何か啓発的な関係が見出せないだろうかという問い、さらには、心の出来事を支配している快原理が、これら二種類の欲動ならびに分化した心の三領域に対して、何らかの確たる位置づけをもちうるのかという問いである。だが、これらの問いについて論じる前に、問題設定そのものがまちがっているのではないかという疑いを晴らしておく必要がある。快原理については疑問の余地はないし、自我の区分(61)についても、その正しさは臨床的にしかと裏付けられてはいるが、しかし、二種類の欲動の区別については、じゅうぶん確実とはいえないようであり、もしかしたら、臨床的分析のもたらす事実いかんによっては、こうした区別の要請など、そもそも取り消されることになるかもしれない。

じっさいその種の事実が提示されているようでもある。これら二種類の欲動の対立をあらわすものとして、愛と憎しみの対極性を持ち出すことは許されるだろう(62)。われわれとしては、むろんエロースの代理はいくらでも挙げることができるのに対して、およそとらえがたい死の欲動を代表するものとしては、せいぜいのところ、憎しみを先頭にいただく破壊欲動を挙げるくらいが関の山である。さて、臨床での観察が教えている事実であるが、憎しみは、意外なほど規則的に愛に同行している(両価性《アンビヴァレンツ》)だけでなく、さまざまな人間関係において往々にして愛の先駆けともなっているし、それればかりか、さまざまな事情に応じて、憎しみは愛に、愛は憎しみに変身したりもする。ここでいう変身が、たんなる時間的な連続以上のもの、すなわち一方から他方への交替であるのなら、エロース的欲動と死の欲動といった区別のような、正反対の生理学的過程からくる根本的区別など、おそらく根底から成り立た

なくなるであろう。(63)

ある人を最初は愛し、やがてのちに——その当人によってきっかけを与えられて——その人を憎むようになる事例、あるいはその逆の事例などは、ここでは当然論外である。あるいは、まだ顕在化していなかった恋着《れんちゃく》が、まず敵意と攻撃傾向を通して表面化してくるといったような事例もまた、問題とするにあたらない。対象備給の際に、まず破壊的成分が先行し、そのあとでこれにエロース的成分が付け加わるようなこともありうるからだ。しかし、神経症の心理学が教えてくれるところによれば、いくつかの事例では、まさに変身という事態を想定するのが当然であるような場合が見られるのである。たとえば迫害パラノイアの場合、患者は、ある特定の人に対する強すぎる同性愛的拘束からある種の方法で身を守ろうとし、その結果、その当の最愛の人を迫害者に仕立て上げ、この迫害者に対して、しばしば危険なまでの攻撃を向けることになる。しかも付け加えるなら、この場合、迫害妄想があらわれる前の段階ですでに愛が憎しみに変貌しているということなのである。もうひとつ、つい最近の精神分析研究が教えてくれたところによると、同性愛、ならびに脱性化された社会的感情が生まれる際には、攻撃傾向にまで達しかねない激烈な対抗感情が存在しているということであり、この対抗感情を克服してはじめて、それまで憎まれていた対象が、愛の対象もしくは同一化の標的に変じるということである。(64)ここで問いとして迫ってくるのは、これらの事例に、憎しみから愛への直接的転化という事態が受け入れられるのかどうかということである。じっさい、ここで起こっているのは、純粋に内的な変化であって、対象の側の振舞いの変化はまったく関与していないのである。

しかし、パラノイアに見られる急変の過程についての分析的探究は、われわれに、そうした直接的転化とは別の機制の可能性があることを教えてくれる。すなわち、パラノイアにおいては、そもそもの初めから両価《アンビヴァレント》的な態度といったものが存在していて、変身は、反動的な備給遷移によって生じるということ、つまり、エロースの蠢きからエネルギーが奪い取られ、それが敵対するエネルギーの側に補給されることによって生じるということなのである。

敵対的な対抗関係を克服して同性愛の発現にいたるような場合にも、これと同じとまではいかないにせよ似たようなことが生じていると考えられる。すなわち、敵対的な態度が満足させられる見込みがなく、そのために――つまり経済論的な動機から――これが、満足つまり放散可能性の見込みがより大きい愛情的態度に交替するということである。そう考えると、われわれとしても、これらの事例のいずれにおいても、憎しみから愛への直接的な変身――それはあの二種類の欲動が質的に異なっているということと断固相容れないものである――といったものを受け入れる必要がなくなるのである。

しかし、言い添えておかねばならないが、われわれは先に、愛から憎しみへの変貌というこれとは別のパラノイアの機制を持ち出すにあたって、そこに暗黙のうちに、もうひとつ別の仮定をひそませておいた。それについては、ここではっきりと述べておいてしかるべきだろう。つまり、われわれはこう考えていたということだ。心の生活には――自我においてかエスにおいてかは決定できないにせよ――何かしら遷移可能なエネルギーが存在しており、それは、それ自体としては中立的であるが、エロースの蠢きであれ破壊欲動の蠢きであれ、質的に異なったその双方どちらに付加されても、それぞれがもつ備給の総量を増大させることができるにちがいない、と。われわれは、こうした遷移可能なエネルギーという仮定なしには、もはや一歩も進めないところに来ているのである。(65) ここで唯一問題となるのは、この遷移可能なエネルギーがどこから発して、何に属し、何を意味しているのかということである。

二種類の欲動の蠢きがもつ質の問題、ならびに、その質がさまざまな欲動運命のもとでどのように保持されてゆくのかという問題については、なお非常に不分明なところがあり、今のところまだほとんど手がつけられていないのが現状である。とはいえ、性的部分欲動はとりわけ観察しやすいということもあるため、これを手がかりにすれば、この問題圏に属するいくつかの出来事を確認することもできる。たとえば、もろもろの部分欲動は、いわば相互に交流し合っているという事実、ある特別の性源に発するひとつの欲動は、それ以外の性源に発する何か別の部分欲動を強めるために、自らの強度を譲り渡すことができるという事実、あるいは、ひとつの欲動の充足が他の欲動の充足の代わりをするという事実、等々である。われわれとしては、こうしたことに勇気をえて、思いきってある種の仮定を立ててみようという気にもなるわけなのである。

当面の議論においても、提示できるのはあくまでひとつの仮定にすぎず、けっして証明などではない。自我とエスの双方で働いていると考えられるこの遷移可能な中立エネルギーは、おそらく、備蓄されているナルシス的リビードから由来するものであって、したがって脱性化されたエロースと言えるだろう。そもそもエロース的欲動は、破壊欲動よりも柔軟で、方向転換しやすく、遷移しやすい。そう考えると、その先はおのずとこうなる。すなわち、この遷移可能なリビードは、快原理のために働くものであって、鬱滞を避け、放散を容易にするためのものだということである。その際、見まがいようがないのは、ただ放散さえされればいいということ、放散がなされる道筋などどうでもいいということである。周知のように、この特徴は、エスにおける備給過程に特有のものである。それは、対象が何であってもかまわないという特別の無頓着さを示しているエロース的備給に見られるもので、とりわけ、分析中にあらわれる転移現象——それはいかなる人に対しても無差別に向けられている——にはっきり見てとることができる。最近ランクがみごとな例[66]で示してくれたように、神経症者の復讐行動は、だれかれかまわず標的にする。無意識的なもののこうした振舞いを見ていると、お笑い仕立ての小咄を思い出してしまう。ある鍛冶屋が死刑に値する罪を犯したが、鍛冶屋は村に一人しかいないため、代わりに、村に三人いる仕立て屋の一人が処刑されるというあの笑い話である。[67] 罰は、罪を犯した当人に対してなされなくとも、ともかくなされねばならないというわけだ。われわれがこれと同じルーズさにはじめて気づいたのは、夢工作において一次過程にあらわれるさまざまな遷移を目の当たりにしたときのことであった。夢では副次的にしか問題とならないのは、さまざまな対象であるが、それと同じように、今問題にしている事例では、放散活動の道筋が副次的なものとしかみなされないわけである。もし当事者が〔エスならぬ〕自我であったなら、当然ながら、放散の対象の選択および放散の道筋の選択の点で、もっと厳密さにこだわることであろう。

　この遷移可能なエネルギーが、脱性化されたリビードであるとするなら、それはまた昇華されたリビードと称してさしつかえないだろう。なぜならこのエネルギーはあくまで、統合し結合するというエロースの主たる意図に従いつつ、自我のきわだった特徴——ないしは努力目標——としての統一性を作り上げるのに使われるからである。広義の思考過程というものもこうした遷移に含めるなら、思考作業なるものもまた、性愛的欲動の力の昇華を通してなされるということになるだろう。

　ここで再びわれわれが直面しているのは、昇華が通常は自我の仲介を通して行われるのではないかという、先に少し触れた可能性である。[68] 思い当たるのは、思考作業とは別の昇華の事例、すなわち、この仲介者としての自我が、エスの最初の対象備給、ならびにその後の対象備給のリビードを自らのうちに取り込み、同一化によってもたらされる自我変容のためにこれを差し向けることによって、[69] これら対象備給を処理するといった事例である。〔対象リビードから〕自我リビードへのこうした転換は、言うまでもなく、性目標の断念、すなわち脱性化ということと結びついている。ともあれこうして、エロースとのかかわりという面での自我の重要な働きが洞察されることになる。つまり、自我はこのような方法で対象備給のリビードを制圧し、われこそが唯一の愛の対象であると僭称して、エスのリビードを脱性化ないし昇華するのであり、それによって、エロースの意図を妨害し、これと反対の欲動の蠢きに仕えるということである。エスの対象備給の他の残りの部分に関しては、自我は、当然ながらこれを承認し、いわばこれと共同作業しなければならない。こちらのほうの自我の活動がもたらすもうひとつの可能な帰結については、のちほど述べることにしよう。[70]

ともあれ、かくなるうえは、ナルシシズムの理論に、重要な仕上げがほどこされねばならないだろう。リビードは、もともとはすべてエスのなかに蓄えられており、そのとき自我はなお形成途上か、あるいはなお脆弱な状態にある。エスは、このリビードの一部を性愛的な対象備給のために送り出すのであるが、これに対して、強くなった自我はこの対象リビードを制圧し、自らを愛の対象としてエスに押しつけようとする。自我のナルシシズムはこうして、二次的なもの、対象から奪い取られたものとして成立するわけである。[71]

くり返し経験されるところであるが、われわれが追跡できる欲動の蠢きは、エロースの蘖《ひこばえ》でしかない。『快原理の彼岸』での考察がなかったならば、そしてつまるところ、エロースに貢献するサディズムが見出されていなかったならば、欲動についての二元論的な基本見解を維持しつづけるのは困難となるにちがいあるまい[72]。しかし、われわれとしては、じっさいこうした二元論的見解をとるほかなく、そうなるとどうしても、死の欲動は本質的に沈黙し、生の騒音はほとんどがエロースから発しているといった印象を受けざるをえないのである[*18]。

いや、正確には、エロースに対する闘争から発しているのだ。快原理は、生の流れの攪乱者としてのリビードに対する闘争においていわば羅針盤として働くことによって、エスに奉仕しているのであり、この見方は退けることはできない。フェヒナーのいう恒常性原理[73]が生を支配しているとすれば、生とは死への滑走だということになるのだろうが、だとすると、そうしたエネルギー水準の低下を阻止し、新しい緊張を導入する欲動欲求こそが、エロースすなわち性欲動の要求ということになる。エスは、快原理、すなわち不快の知覚に導かれて、さまざまな方法でこのエロースの要求から身を守ろうとする。その際、まずなされるのは、脱性化されていないリビードの要求にできるだけ迅速に譲歩すること、つまり、他ならぬ性的追求を満足させるために奮闘することである。これよりはるかに実りが多いのは、いわば性愛的緊張を満載した運び手である性基質を射ち出す方法であるが、これはそうした満足の一形態として、あらゆる部分的要求を一気にまとめてかなえさせるやり方である[74]。性行為における性物質の射出は、いわば肉体と胚形質の分離にあたる。だからこそ、完全な性的満足のあとの状態は死と類似しているし、いくつかの下等動物では、死と生殖行為が一致することにもなるわけである。これらの下等動物が生殖がもとで死にいたるのは、満足によってエロースが排出された後では、死の欲動が、思いのたけおのれの意図を貫徹することができるようになるからである。自我がエスにこうしたエロース制覇の仕事を容易にさせるもうひとつの最後の方法が、すでに見てきたように、自我がリビードの一部を、われとわが目的のために昇華するということなのである。

V　自我の依存性

見出しがどれも各節の内容ときちんと合致しておらず、新たな連関について検討しようとするごとに、すでに片のついたところへくり返し立ち戻らねばならないのは、扱っている材料がもつれ合っているゆえであり、この点、どうぞご容赦願いたい。

そういうわけで、ここでも、すでに述べたことをくり返すことから始めるが、自我は、そのほとんどの部分が、エスの放棄された備給を受け継いで生じる同一化をもとにして形成される。そして、これらの同一化のうち最初のものが、通例、自我のなかの特別の審級として振る舞い、超自我として自我に対立するようになる。むろん、やがては自我のほうも強くなって、この最初期の同一化の勢力に対して、だんだんと耐性をもつようになってはくる。ともあれ、超自我が、自我のなかでの特別な位置、ないし自我に対する特別な位置を占めるようになる要因については、二つの面から考察する必要がある。第一に、超自我は、自我がまだ脆弱だったころに生じた最初の同一化であるという点、第二に、超自我は、エディプスコンプレクスの跡継ぎであり、したがって自我のなかにきわめて重要な対象を引き入れたという点である。超自我と、その後に生じる自我変容との関係は、いわば、幼児期の一次的〔性器期前の〕性段階と、思春期以後の性生活との関係に匹敵している。つまり、超自我は、のちのあらゆる影響を

*18　われわれの考えによれば、外へ向けられた破壊欲動も、エロースの仲介を通してその当人自身の自己〔Selbst〕から外へと転じられたものなのである。

受け入れはするものの、父コンプレクスからの出自によって与えられた性格、すなわち、自我に対立して自我を制御するという能力については、一生涯これを保持しつづけるということである。超自我は、自我のかつての脆弱さと依存性の記念碑であって、そのため、成熟した自我に対しても支配権をふるいつづける。子供が理屈ぬきで両親に従わなければならない強迫のもとにあったように、自我は、超自我の定言命法に従順に従うわけである。

しかし、超自我がエスの最初の対象備給、すなわちエディプスコンプレクスに出自をもっていることは、超自我にとってさらに多くのことを意味している。つまり、超自我は、この出自のゆえに、すでに詳しく述べたように(75)、エスがこれまで系統発生的に獲得してきたさまざまなものとつながりをもつことになり、エスのなかに沈澱物となって残存してきた以前のもろもろの自我形態の再来ということにもなる。こうして超自我は、たえずエスの近くにあって、自我に対してエスの代役をつとめることができる。それはエスの奥深くに潜り込んでおり、したがってその分だけ、自我と比べて、意識から遠く離れているのである。*19

以上の連関をきちんととらえるには、臨床上のある事実に目を向けてみるのがいちばんだろう。それは、もうずっと久しく目新しいものではなくなってはいるものの、今なお理論的消化が待たれているものである。

分析作業中にじつに不可解な振舞いをする人たちがいる。われわれ医者が彼らに希望的観測を伝え、治療の進み具合が満足のいくものであることを明かすと、彼らは逆に不満な様子をあらわし、きまって病状を悪化させる。最初のうちは、われわれはこれを、自分の病気のほうが力が強いことを医者に見せつけようとする反抗と努力のあらわれくらいに考えていた。しかし後になって、より深く、より正しい理解にこぎつけることになった。つまり、はっきりしたのは、これらの人たちは、称讃されたり高く評価されたりするのに耐えられないばかりでなく、治療の進展に対して逆の反応を起こす、ということであった。ふつうなら、何であれ部分的な解決でももたらされれば、症状の改善ないし一時的停止につながるはずだし、じっさい他の人たちの場合にはそうした結果を引き起こしているのであるが、これらの患者たちにあっては、それは逆に、病状を一時的に強める結果に終わってしまうのであり、治療によって病状が好転するのではなくて、逆に悪化するわけである。つまり彼らには、俗にいう負の治療反応なるものが見られるということである。

疑いの余地のないところであるが、彼らにあっては、何かが治癒に逆らっており、治癒に近づくことが何か危険でもあるかのように恐れられているということである。よく言われるように、これらの人たちの場合、治癒への意志ではなく、むしろ病気への欲求のほうが優勢になっている。この人たちの抵抗をいつもの方法で分析し、医者に対する反抗的態度や、さまざまなかたちの疾病利得への固着といったものを、ここから取り除いたとしても、抵抗の大部分はなお残存しつづけ、これが回復に対するもっとも強力な障害となることが判明する。この障害は、ナルシス的な一人よがり、医者に対する陰性的態度、疾病利得へのしがみつきといったわれわれのすでによく知っている障害よりも強力なのである。

かくしてついに判明してくるのは、ここで問題になっているのは、いわゆる「道徳的」なファクター、罪責感であって、この罪責感が、病気であることに満足を覚え、病苦という罰を断固手放そうとしないということである。

＊19　精神分析ないしメタサイコロジーのいう自我も、「脳中人《ゲヒルンメンヒェン》」としてのあの解剖学的自我のように逆立ちしていると言うことができよう。(76)

これは、ありがたいとはいえない説明ではあるが、究極的にはそうとしか考えられない。とはいえ、この罪責感は、患者に対して沈黙しており、患者に有罪宣告したりはしない。患者は、自分が、罪があるとは感じておらず、病気であると感じているにすぎない。この罪責感は、あくまで治療に対する執拗な抵抗というかたちでしか姿をあらわさない。さらにまた、病気が治らないのはこうした動機があるせいであることを患者に納得させるのがとりわけむずかしく、そのため患者はえてして、分析治療は自分に合った治療方法ではない、といったより手軽で分かりやすい説明に飛びついてしまうわけである。[*20]

以上のことは、ごく極端な事態といえようが、しかし規模は小さくとも、神経症の非常に多くの事例で、重症の場合にはともすればそのすべての事例で観察できる。それどころか、もしかすると、神経症の重度を決定しているものこそ、ほかでもないこのファクター、すなわち自我理想の振舞いなのかもしれない。それゆえ、われわれとしては、さまざまな条件のもとでの罪責感のあらわれについて、さらにいくつか述べておかないわけにはいかない。

通常の意識的な罪責感(良心)の場合、解釈はむずかしくない。それは、自我と自我理想のあいだの緊張にもとづくものであり、自我のなかの批判をこととする審級による自我に対する断罪の表現である。神経症者によく見られる劣等感も、ここからさほどかけ離れてはいないかもしれない。この罪責感が過度に意識されるのが、われわれのよく知っている二つのタイプの疾患であり、そこでは、自我理想が、特別の厳格さをあらわにし、自我に対して、しばしば残酷なまでに猛り狂うことになる。しかし、これら強迫神経症とメランコリーの二つの病態には、たしかにこうした一致が見られるものの、それと同時に、自我理想の振舞いにおいて、それに劣らぬほど重大な相違も見られる。

強迫神経症（ないしは強迫神経症のある種の形態）においては、罪責感がきわめて声高ではあるにもかかわらず、自我はその正当性を承認しようとしない。それゆえ患者の自我は、不当に罪ありとされることに抗い、この罪責感を断固はねつけることができるよう力をつけてくれと医者に求める。むろん、その言い分を聞いてやろうとするの

＊20　分析家にとって、この無意識的罪責感という障害に対して闘うのは容易なわざではない。これに対しては直接的な方策はなく、ただ間接的な対処法としてなしうるのは、この罪責感が無意識のまま抑圧された理由を一歩一歩突き止め、無意識的罪責感を徐々に意識的罪責感に変えてゆくくらいしかない。こうした対処法が効果をもちうるうえで特に有望なのは、この無意識的罪責感が、いわば借り受けられたものであるような場合、すなわち、かつて性愛的備給の対象であった他の人物との同一化がもたらした結果であるような場合である[77]。この種の受け継がれた罪責感は、往々にして、かつて断念された愛情関係の、判別しがたいが唯一の残渣であることが多い。メランコリーの場合に生じる事態との類似は見まがいようのないところである。無意識的罪責感の背後にひそんでいるこうしたかつての対象備給を発見できれば、しばしば治療上の課題はみごとに解決されることになるのであるが、そうでない場合には、いくら治療努力を重ねようとも、その結末はけっして保証できるものではない。結末がどうなるかは、何よりもまず罪責感の強度いかんにかかっており、治療はしばしば、対抗できるだけの強さでもって、これに立ち向かうことができないのである。もしかしたら結末は、患者が分析家の人格を自らの自我理想の代わりとすることを、分析家の人格が許容するかどうかにもかかっているのかもしれないが、むろん、そんなことを許容すれば、分析家は、患者に対して、預言者、魂の救済者、はたまた救世主の役割を演じたいという誘惑に屈しかねない。精神分析の規則は、医者の人格をそのように使用することを断じて認めておらず、それゆえ、正直にいえば、この点で精神分析の効果には、もうひとつ新たな制約が課されていると認めねばなるまい。じっさい、精神分析は、病的な反応をともかく出さないようにするためのものではなく、患者の自我に、あれこれ自分で決定する自由をもたらすためのものなのである[78]。

は馬鹿げている。そんなことをしても何ひとつプラスになるところがないからである。この場合、分析により判明しているのは、超自我は、自我のあくまであずかり知らない出来事によって動かされているという事実である。本当に突き止めねばならないのは、罪責感の原因となっている抑圧された衝動である。この症例では、自我ではなくむしろ超自我のほうが、無意識的なエスについてより多くを知っているのである。

メランコリーの場合は、超自我が意識をのっとってしまった観がいっそう強烈である。しかしこの場合、自我は、あえて異議をとなえることができず、自ら罪ありと認めて、罰に服している。われわれは、この違いがどこからくるのかについては理解できている。すなわち、強迫神経症の場合には、超自我にとっての不快な心の蠢きがあくまで自我の管轄外にありつづけるのに対して、メランコリーの場合には、超自我の怒りが向けられる対象が、同一化を通して自我のなかへ取り込まれてしまっているということである。

この二つの神経症的疾患双方において罪責感がかくもけたはずれに強くなるのは、なるほど自明だとは言えないが、しかし、この状況がはらんでいる主たる問題は、別の点〔死の欲動との結びつきといった点〕にある。しかし、これについて論じるのは少し後にまわして[79]、その前に、罪責感が無意識的なままでありつづける他の事例を取り上げておくことにしよう。

この種の事態は、本質的に、ヒステリーないしヒステリー型の病状に見出せる。この場合、罪責感が無意識的であり続ける機制は、容易に推測できる。すなわち、ヒステリー性の自我は、超自我の批判を呼び起こすおそれのある苦痛な知覚を寄せつけないようにするため、耐えがたい対象備給から防御しようとするときに普通用いられるのと同じ方法をとって、抑圧という行為に打って出るということである。罪責感が無意識的なままにとどまるのは、したがって自我のせいだということになる。周知のように、普通なら自我は、超自我に奉仕するために、超自我の依頼を受けて抑圧を行うのであるが、しかしここで生じているのは、自我が、抑圧というこの同じ武器を、自らの厳格な主人に対して用いるという事例なのである。よく知られているように、強迫神経症の場合には、反動形成という現象が圧倒的になっているが、ここヒステリーにおいては、自我は、罪責感を引き寄せるような素材をうまく遠ざけておくにとどまっているのである。

さらに一歩進めて、あえてこう前提してよいかもしれない。すなわち、良心の発生は無意識に属しているエディプスコンプレクスと密に結びついているのだから、罪責感の大部分は通例は無意識的であるにちがいない、と。だとすると、ノーマルな人間は自分が思っているよりもずっと非道徳的であるばかりでなく、自分が自覚している以上にずっと道徳的でもある、といった逆説的な命題を主張したくもなろうが、むろんそのように主張されたとしても、この主張の前半の見方の出処でもある精神分析としては、この後半部に対しても、異論をはさむいわれなどあろうはずもない[*21]。

こうした無意識的罪責感が強まると人間は犯罪をおかしかねないという事実が見出されたのは、じつに驚くべきことであった。しかしこの事実には疑問の余地はまったくない。多くの犯罪者、とりわけ若年の犯罪者の場合には、

＊21　この命題が逆説のように響くのは、見かけだけのことである。これが意味しているのはただ、人間の本性は、善においても悪においても、自分自身が思っているところ、すなわち、自我が意識的知覚を通して知っているところを、はるかに越え出ているということにすぎない。

強い罪責感の存在が立証されており、しかもその罪責感は、犯行がなされる前にすでに存在していたものであって、犯行の結果ではなくて、その動機となっている。ちょうど、この無意識的罪責感を、何か現実的で実際になされたことがらのせいにすることができれば、ほっとした感じになれるとでもいうかのようなのである。(80)

以上のことから判明するのは、超自我は、意識的な自我には左右されず、無意識的なエスと密接につながっているということである。さてここで、自我のなかの前意識的な語残渣に与えておいた意義(81)を考慮に入れるなら、次のような問いが頭をもたげてくる。すなわち、超自我は、無意識的だとするなら、そうした語表象から成り立っていないのではないか、そうでないなら、いったい何から成り立っているのか、という問いである。控え目ながら、これに対する答えはこうなるしかなかろう。つまり、超自我もまた、耳で聞かれたものから発したという自らの出自を否認できるわけではなく、じっさいそれは、自我の一部として、こうした語表象(概念、抽象概念)から生まれて意識に食い込んでいるのであるが、ただし、超自我の内容に備給エネルギーを供給しているのは、聴覚知覚や教育や読書ではなくて、エスの内部の源泉なのである、と。

ここで、答えを先送りにしておいたあの問い(82)にもどろう。超自我が、本質的に罪責感(いや、批判と言ったほうが正確だろう、なぜなら罪責感とは、この批判に応じて自我の側が感知するものだからだ)としてあらわれ、その際、自我に対して異常なほどの苛酷さと厳格さを向けることになるのは、どのような事情によっているのかという問いである。まずメランコリーに目を向けてみると、そこでは、強すぎる超自我が意識をのっとり、まるで、個人がそなえているありったけのサディズムをわがものとしたかのように、容赦ない激しさでもって、自我に対して怒り狂っているということが分かる。サディズムについてのわれわれの見解に即して言えば、超自我のなかに破壊的成分が堆積して、これが自我に対して鉾先を向けたということにでもなるかもしれない。この場合、超自我のなかで支配的になっているのは、死の欲動が純粋培養されたような状態であって、自我が事前に躁に転化することによってこの暴君から身を守らないかぎり、じっさい超自我は往々にして、自我を死にまで駆り立ててゆくことになる。

ある特定のかたちの強迫神経症の場合、良心による咎め立ては、このメランコリーの場合と同じほどつらく苦しいものであるが、状況はメランコリーの場合ほど分かりやすくはない。ここで注目すべきは、メランコリーの場合とは反対に、強迫神経症者はけっして自殺への一歩を踏み出さないという点である。強迫神経症者は、自殺の危険性に対しては免疫をもっているかのようであり、ヒステリー患者と比べても、はるかに自殺のおそれは少ない。われわれの理解しているところでは、この場合、自我の安全が保証されているのは、対象がそれとしてきちんと保持されているからにほかならない。強迫神経症の場合は、性器期以前の性的編成への退行が生じており、それによって、愛の衝動が対象に対する攻撃衝動に転化するという事態が起こっている。ここではまたもや破壊欲動が全開になっており、対象を殲滅しようとしている、あるいは少なくともそのような意図をもっているかのような外観をとっている。自我は、そうした動向を受け入れてはおらず、反動形成と予防措置でもってこれに対抗するわけであるが、いかんせんこの動向はいつまでもエスのうちにとどまりつづける。一方、超自我のほうは、まるでこの動向を引き起こした責任が自我にあるといわんばかりの振舞いをし、そうしながら、この殲滅の意図をとことん責めたて、その真剣さを通して、今生じている事態が、退行によって引き起こされてそう見えているのではなくて、愛を憎しみによって代替する現実の行為であることを、われわれに見せつけるのである。自我は、二つの側から攻め立てられて切羽詰まりながらも、残忍なエスの過大な要求と、処罰を求める良心の非難の両方に対して身を守ろうとあがくが、しょせんは無駄である。自我にできるのは、せいぜいエスと超自我の最悪の乱暴を制止するくらいで、その結果出てくるのは、まずは、際限のない自虐であり、さらに度が進むと、少しでも目につけば対象を徹底して責め苛むという行為になるのである。

危険な死の欲動は、個人のうちでさまざまなやり方で処理される。一部は、エロース的成分と混合させられて無害にされたり、また一部は、攻撃というかたちで外界に逸らされたりするが、大部分は、妨げられないまま内部で働きつづける。メランコリーの場合には、超自我がこの死の欲動の一種の集合場所のようなものになるわけであるが、では、それはいったいどのようにして起こるのだろうか。

欲動制限、すなわち道徳性という見地から言うなら、エスはまったくの無道徳であり、自我は道徳的であろうと努めているのに対して、超自我は過度に道徳的であって、しかもその際、エスにしか見られないほどの残酷性を発揮しうる。注目すべきは、人間は、外界に対する攻撃性を制限すればするほど、それだけいっそう自我理想において厳格になり、したがって攻撃的になるという点である。通例の見方からすれば、これはあべこべであり、まず自我理想の要求があって、そこにはじめて、攻撃性を抑え込まねばならぬという動機が出てくるはずである。しかし事実はあくまで今述べた通りであって、人間が自らの攻撃性を制御すればするほど、それだけいっそう、自我に対する理想の攻撃傾向は強まるのである。(83) それはちょうど、遷移のようなもの、おのれの自我への向き直りのごときものと言えよう。ありふれた平均的道徳でさえ、厳しく制限し、無慈悲に禁止するという性格をそなえている。仮借ない罰を下す高次の存在という発想は、こうした自我への向き直りから生まれてくるのである。

さて、この事情についてさらに説明をつづけるには、私としても、どうしてもここで新たな仮定を導入せざるをえない。超自我は、父親という模範との同一化によって生まれたものである。この種の同一化には例外なく、脱性化という性格、あるいは昇華という性格さえつきまとっている。とすると、この種の転化が生じる際には、欲動分離なるものも同時に起こっているように思える。昇華がなされたあとでは、エロース的成分は、追加されたすべての破壊欲動を拘束する力をもはやもっておらず、破壊欲動は、攻撃傾向ないし破壊傾向として野放し状態になる。理想はそもそも、こうした分離の事態から、汝なすべしと命令する厳しく残酷な特徴を取りこんでくるのかもしれない。

強迫神経症に関してひとこと断わっておくが、そこでは事情はこれとは異なっている。この場合、愛が分離して攻撃に転じてしまっているわけであるが、それは自我のなせるわざではなく、エスのなかで生じた退行の結果である。ところが、この分離の出来事がエスから超自我へ伝わり、その結果、超自我が、罪のない自我に対する厳しさを強化することになるわけである。むろん、この場合、メランコリーの場合におとらず、自我は、同一化によってリビードを制覇してしまっているため、その制覇の代償として、それまでリビードと混ざりあっていた〔今や分離した〕攻撃欲動を通して、超自我から罰を与えられる、とも考えられるのである。

こうして自我についてのわれわれの考え方がはっきりしてくると、自我にかかわるさまざまな連関も明瞭になってくる。ここで、自我の強さと弱さについて見ておくことにしよう。自我には重要な機能がいくつか託されている。知覚系との関係にもとづいて、心のなかのさまざまな出来事に時間的配列を割り振り、これらを現実吟味(84)にかけるのは、れっきとした自我の仕事である。自我はまた、思考過程を差し挟むことによって、運動によるリビード放出を首尾よく延期し、それによって運動へのスウィッチを制御する。(85)むろん、このスウィッチ制御は、事実上というよりもむしろ形式としてということであって、その意味では、自我は、行為との関係からみて、たとえば立憲君主のような働きをしていると言ってよい。立憲君主の認可がなければいかなるものも法律として成立しないが、君主は、議会の提案に対して拒否権を行使する前には、大いに考えあぐねるのである。自我は、外界から人生経験を得て、そのたびごとに豊かになってゆく。しかし、自我にとっては、エスもまたもうひとつの外界であって、自我はこれを自らの支配下に置こうと努める。自我は、エスからリビードを引き出し、エスの対象備給を自我形成のために変形する。自我はまた、超自我の助けを借りて、われわれにはまだはっきりしない方法で、エスに蓄えられた太古の経験を汲み上げたりもするのである。

エスの内容が自我のなかへ入り込んでゆく道筋には二通りある。ひとつは、直接的な道、もうひとつは自我理想を経由しての道であって、心のなかで生じる活動にとっては、この二つのうちのどちらの道筋で行われるのかが決定的な意味をもつ場合もある。自我は、成長するにつれて、欲動の知覚から欲動の支配へ、欲動に対する服従から欲動の制止へと進んでゆく。自我のこの働きに大きく関与しているのが、エスの欲動過程に対する反動形成の一部としての自我理想である。精神分析は、自我が一歩一歩エスを征服してゆくのを可能にするための道具なのである。

しかし反面、この同じ自我はまた、みじめな存在でもある。自我は三つの奉仕の仕事を負わされており、その結果、外界からの危険、エスのリビードからの危険、および超自我の厳格さからの危険といった三つの危険に脅かされている。この三つの危険には三つの種類の不安が対応している。なぜなら、不安とは、危険からの撤退の表現だからである。自我は、境界的存在として外界とエスを仲介し、エスを外界に従わせるとともに、筋肉活動によって外界をエスの欲望にかなうように作り変えようともする。もとより自我の振舞いは、分析治療中の医者の振舞いのようなものであり、現実の外界のことを考慮したうえで、エスに対して自身をリビード対象として推挙し、エスのリビードを自分のほうへと向けさせようとする。自我は、エスの援助者であるばかりでなく、エスの忠実な召使いでもあり、主人であるエスの愛顧を求める。自我は、可能なかぎり、エスとの協調関係をつづけようとして、エスの無意識的な指示に自らの前意識的な合理化の被いをかぶせ、エスが現実からの警告に対して頑として譲らない場合でも、その警告に従順であるかのような外見をエスに装わせ、それによって、エスと現実との葛藤をもみ消し、可能ならば、エスと超自我の葛藤をももみ消そうとする。自我は、エスと現実を仲介する位置にあるため、余りにもしばしば、おべっか使い、日和見主義者、嘘つきになりたいという気持に駆られる。それはちょうど、すぐれた見識をもちながらも、世論に気に入られることに汲々としている政治家に似ている。

自我は、二種類の欲動のあいだで不偏不党の態度を保つことはできない。自我は、同一化と昇華の作業をなすことによって、エスのなかの死の欲動に加勢し、リビードを制覇しようとするのであるが、それによって、自らが死の欲動の対象となって死んでしまう危険に陥る。そこで自我は、何とか我が身を助けるために、自らをリビードで満たさざるをえなくなり、それによって今度は自身がエロースの代弁者となって、生きて愛されることを欲するようになる。

しかしながら、自我による昇華の作業は、超自我のなかの破壊欲動の欲動分離ないしはその全開をも引き起こすわけであって、それゆえ自我は、リビードに対するこうした闘いを通して、自らを虐待と死の危険にさらすことになる。自我が、このように超自我の攻撃に苦しみ、あるいはそれに負けて滅んでゆくものだとするなら、その運命は、自身の作り出した分解生成物によって滅びてゆく原生動物の運命にも匹敵するものだと言ってよい(86)。経済論的な意味でこうした分解生成物に相当するものこそ、超自我のうちで作用している道徳にほかならないのである。自我の依存性のうちでもっとも興味をひくのは、おそらくこうした超自我に対する依存性ということになるだろう。

自我は、不安の宿る本来の場所である。(87) 自我は、三つの危険に脅かされているため、反射的に逃走しようとする傾向を発達させており、脅威となるような知覚や、エスにおける同様の出来事に遭遇すると、そこから自身の備給を撤収し、この備給を不安として発出する。この原初的な反応は、のちに高じると、防護備給の配置という反応に取って代わられることにもなる（恐怖症の機制）。外界の危険ならびにエスのリビードによる危険によって、自我がいったいその危険のうちの何を恐れているのかは、しかと名指すことはできない。恐れられているのは、きっと、打ち負かされ滅ぼされるということなのだろうが、いかんせん、分析によってつかみ出すことはできない。(88) 自我はただ快原理の警告に従っているにすぎないのである。しかし、これに対して、超自我すなわち良心に対する自我の不安の背後に何が潜んでいるのかは、しかと言いあてることができる。かつて、あの高位の存在〔父〕――自我理想に姿を変えたあの存在――から脅威として迫ってきたのは、去勢であったが、おそらくこの去勢不安が、のちの良心に対する不安を沈澱させる核となるものであって、良心に対する不安としてのちのちまで継続されてゆくのは、この去勢不安なのである。

すべての不安はそもそもは死の不安である、などといった大仰な命題は、ほとんど何の意味も持っていないし、少なくとも正しいと認めるわけにはいかない。(89) むしろ私には、死の不安は、対象不安（現実不安）や神経症的なリビード不安とは別物であると見るほうが、断然正しいように思える。死の不安は、精神分析に難しい問題を課している。なぜなら、死は消極的内容をもった抽象概念であって、これに対応する無意識的あらわれが見出せないからである。思うに、死の不安の機制とは、自我が自らのナルシス的リビード備給を大量に放出して、自分自身を放棄するというだけのことなのかもしれない。それはちょうど、他の不安の場合に、自分とは別の対象が放棄されるのと同じである。言いたいのは、死の不安は、自我と超自我のあいだで起こるということである。

他の不安増長の場合とよく似ているが、死の不安が出現する条件にも二つある。ひとつは、外的危険に対する反応として、もうひとつは、たとえばメランコリーの場合のように内的な出来事としてである。ここでもまた、後者の神経症的事例が、前者の現実的事例を理解する手助けとなるかもしれない。

メランコリーにみられる死の不安は、こう説明するしかない。すなわち、自我が、自分は超自我によって愛されておらず、憎まれ責められていると感じているゆえに、自らを放棄するということである。自我にとって生とはつまり、愛されること、超自我――ここでもまたこれはエスを代表するものとして登場している――によって愛されることと同義である。超自我は、かつては父親が、そしてのちには神意だとか運命だとかがもつようになったのと同じ庇護的、救済的な機能を代表するものだからである。しかし、自我はまた、圧倒的な現実的危険にさらされ、自力でその危険に太刀打ちできないと思うような場合も、これと同じ結論を下さざるをえない。自我は、すべての庇護してくれる力から見放されたとみなし、自らを死ぬにまかせるわけである。ちなみに、出生時の最初の大きな不安状態や幼児の思慕不安を生み出したのも、やはりこれと同じ状況と言ってよく、庇護してくれる母親から引き離される状況ということになるのだろう。(90)

以上の説明から、死の不安は、良心に対する不安と同じく、去勢不安が加工されたものと理解することができる。

神経症にとって罪責感がもっている重大な意義を考えると、普通の神経症的不安も、重度になると、自我と超自我のあいだでの不安の増長(去勢不安、良心に対する不安、死の不安)によっていっそう強まるという見方も、あながちはねつけるわけにはいかないだろう。

最後にエスの話に戻るが、エスは、自我に対して愛や憎しみを表明する手段をもっていない。エスは自分の欲するところを言うことができないし、そもそも統一的と言えるような意志を形成したこともない。エスのなかではエロースと死の欲動が闘争している。この二つの欲動がいかなる手段を用いて防御しあっているかは、すでに述べたところである。そのさまを見ると、エスは、沈黙しているが強大な死の欲動、自ら休息を求めるとともに、快原理の合図にしたがって平和を攪乱するエロースを休息させようとしている死の欲動の支配下にある、とでも言いたくなる。しかし、そのような言い方をすれば、エロースの役割を過小に評価することになるかもしれないのが、気がかりではある。

みずからを語る

家高 洋・三谷研爾 訳

»Selbstdarstellung«

I

この「みずからを語る」シリーズの寄稿者のなかには、与えられた課題の特質と困難について省察を加えつつ稿をおこす人も少なくない。私にとってこの課題は、なおさらむずかしいと言ってよいだろう。ここで求められているような文章を、私はすでになんども発表しているからだ。またそこでのテーマの性質からして、他の場合ならば普通もしくは当然と思われるより多く、私個人がはたしてきた役割についてふれてしまっているからだ。

私が、精神分析の発展と内容について語ったのは一九〇九年、マサチューセッツ州ウスターにあるクラーク大学で、開学二十周年の記念式典に招待されておこなった五回連続講演が最初である。[*1] また最近、誘惑に抗しきれず、アメリカで出されたさる論集に同種の内容の原稿を寄せた。「二十世紀のはじまり」についてのその本では、精神分析の意義を認めて、特別に一章が設けられたからである。[*2] この両者のあいだに、一九一四年に発表した「精神分析運動の歴史のために」[*3] がくる。本来ならここで語るべきであろう本質的な事柄は、そこにすべて述べてある。だ

＊1　英語では一九一〇年の『アメリカ心理学雑誌』に、ドイツ語では、『精神分析について』というタイトルで、ウィーンのF・ドイティケ書店から一九二四年に第七版が出版されている(GW-VIII)〔本全集第九巻〕。

＊2　『激動の年月――開拓者たちが語る二十世紀のはじまり』全二巻。ロンドン‐ニューヨーク。エンサイクロペディア・ブリタニカ社。私の論文〔「精神分析梗概」〕は、A・A・ブリル博士によって翻訳されて第二巻の第七三章にあたる(ドイツ語版は(GW-XIII 403 ff.)〔本巻二四五頁以下〕参照)。

＊3　*Jahrbuch der Psychoanalyse* Bd. VI(GW-X)〔本全集第十三巻〕。

から私としては、すでに書いたものとのあいだで矛盾をきたしてはならず、またいっさいの変更なく同じ話をくりかえしたくはないので、主観的記述と客観的記述のあいだに、つまり伝記的関心と歴史的関心のあいだに、新しい混合率を見いだすべく努めねばなるまい。

私は(1)一八五六年五月六日、現在はチェコスロヴァキア領の小都市である、モラヴィアのフライベルクに生れた。両親はユダヤ人で、私もまたユダヤ人としてすごしてきた。父方の家系についてたしかと思われるのは、彼らが長いあいだライン河畔(ケルン)で生活していたこと、十四世紀ないし十五世紀にユダヤ人迫害をきっかけに東方へ逃れたこと、やがて十九世紀をかけて、リトアニアからガリツィアを経てオーストリアのドイツ人地域へ向かって後戻りの移動をしてきたことだ。私は四歳でウィーンにやって来て、そこで学業をおえた。ギムナジウム(2)では七年間首席でとおして特待生として遇され、試験はあらかた免除された。わが家の暮らし向きは困窮いちじるしかったけれども、私が職業選択をするにあたり、父は好きな道に進めばよいと言ってくれた。若かったあの時代、医師という立場や活動がとりたてて好きだったわけではないし、後年に好きになったこともない(3)。むしろ私は知識欲というべきものに突き動かされていたが、それは自然界の事物よりも人間のありように向かっていた。また当の知識欲も、それを充足すべき中心手段たる観察の価値を知らぬままだった(4)。とかくするうち、当時流行のダーウィンの理論が私を惹きつけるようになった。それは、世界の理解を格段に深めると謳っていたからである(5)。そして、ギムナジウム卒業試験の直前、ある一般向けの講演会(6)で聴いたゲーテのうるわしい論文「自然」(7)についての話が機縁となって、私は医学部進学を決意したことを覚えている。

私が大学に進んだのは、一八七三年である。入学当初、はっきり幻滅を感じることにいくつか出くわした。とりわけこたえたのは、ユダヤ人である以上、国民には属さない劣等な存在であることを自覚せよという不当な要求だ。私は断固として、劣等存在たることを拒絶した。なぜ自分がその出自を、あるいは当時用いられはじめていた言葉でいえば人種を、恥じねばならないのか、いまにいたるまでまったく理解できない。私を受け入れようとしない国民共同体のほうは、さして無念に思うこともなく見切りをつけた。肩をならべて懸命に仕事に励めば、国民に帰属せずとも、人類という枠組のなかにささやかな居場所があるはずだ、と考えたからである。ともあれ、大学から受けたこうした最初の印象は、のちのち重大な結果をもたらすことになった。つまり私は、野党的な立場にたち「安定多数派[8]」からは追放されるという運命に、あまりに早く親しんでしまったのだ。〔私が〕ものごとを判断するさいのある種の自主独立性は、こうして準備された。

そのうえ私は大学での最初の数年間のうちに、青年らしくありあまる熱意にもえて幾多の学問分野に飛び込みながら、自分の才能の特異さと幅の狭さゆえに、まったくの不首尾に終わるという経験をするはめになった。おかげで、メフィストフェレスの警告の正しさが身にしみてわかったものである。

学問から学問へさまよいまわっても無駄だ。
ひとは各々できることしか学びはしない。[9]

やっと最後に、私はエルンスト・ブリュッケ[10]の生理学研究室に落ち着き先をえて、おおいに満たされた心地がした。尊敬でき、手本にできる人物たちにもめぐり会えた[11]。ブリュッケが神経系組織学の課題を与えてくれたので、私はそれを解いて彼を満足させ、さらに自力でも問題を深めることができた。一八七六年から一八八二年まで、短い中断をはさみながらも、この研究室で研究をすすめた私は、ポストに空席ができしだい次の助手に任命されるものと、周囲から思われるようになった。[12] 本来の医学の諸分野には、精神医学は別として、さして関心がもてなかった。私は医学の勉強によくよく手を抜いたものである。じっさい一八八一年になってようやく、はなはだ遅ればせながら、一般医学の学位をとった。

転機が訪れたのは一八八二年のことである。尊敬おくあたわざるわが師が、父の大まかで無頓着な考えに軌道修正を加えてくれた。つまり、私の苦しい経済状態を斟酌するなら、理論研究分野でのキャリアは断念すべきだ、と厳しく戒められたのである。この助言にしたがって、私は生理学研究室を去り、採用候補者としてウィーン総合病院に入った。しばらくして医局員(インターン)に昇任した私は、いろいろな診療科に勤めた。すでに学生時代からその業績と人物に強く惹かれていたマイネルト[13]のもとで半年以上働いたのも、このときのことである。

しかしながら、私はある意味では、最初に手を染めた研究方向に忠実でありつづけた。ブリュッケから与えられた課題は、最下等の魚類(ヤツメウナギの稚魚)の脊髄の研究[14]だったが、そこから私は人間の中枢神経の研究にすすもうとしたのだ。おりしも当時は、中枢神経の繊維構造について、髄鞘の形成は同時的ではないというフレクシヒ[15]の発見により、一条の光明が投じられたところであった。私がはじめて、まったくひとりで延髄を研究対象に選んだのも[16]、当初の出発点の延長線上である。だが、大学での最初の数年間に私の研究が示した拡散的な性格とはまったく正反対に、いまや私は、ひとつの材料もしくは問題に集中するという傾向を深めていった。この傾向はずっと残り、のちに研究の仕方が一面的で偏っているという非難を浴びる原因になった。

さて私は、かつて生理学研究室にいたときとかわらぬ熱意を傾けて、脳解剖学研究室で研究に励んだ。延髄内の神経の走行経路および起始核について、ちょっとした仕事をまとめて、なんとかエディンガー[17]に認めてもらったのもこの病院時代である。マイネルトは、私が彼のもとを離れてからも研究室への出入りを認めてくれていたが、ある日のこと、これからは脳解剖学に専心してはどうか、と提案してくれた。つぎつぎにあらわれる新しい方法を駆使するには自分は歳をとりすぎていると思うので、講義を私にまかせることにしたい、とまで言うのである。仕事の重みに仰天した私は、辞退した。そのときすでに、この非凡な人物がけっして私に好意をいだいているのではなさそうだ、とうすうす感じていたかもしれない。

実際的観点からすれば脳解剖学は、生理学と比べると、まったく進歩していなかった。そこで私は神経病の研究からはじめることで、素材を集めようと考えた。当時のウィーンでは、この専門分野にたいする配慮が不十分で、研究素材は内科系の各部門に散在していたのである。教育機会も恵まれている状態にはほど遠く、独学で取り組むほかなかった。脳局在論の著作によって認められ、しばらくまえにウィーンに招聘されたノートナーゲル[18]にしても、神経病理学[19]が内科学の他の諸分野によく伍するものとはみていなかったのである。だがはるか彼方では、シャルコー[20]の偉大な名前が燦然と輝いていた。そこで私は、ウィーンで神経病学の講師資格を得たうえで、さらなる研鑽のためにパリへ行くという計画を立てた。

つづく数年のあいだ、私は医局員をしながら、神経系の器質疾患についての症例報告をいくつも発表した。しだいにこの分野に通じるようになり、病理解剖学の専門家も付け加えることがないほど正確に、延髄内の病巣を特定できるようになった。ある症例に急性多発性神経炎という診断をくだして病理解剖に付したのは、ウィーンでは私が最初である。剖検によって診断の正しさが裏付けられることが重なるとともに私の名は知れわたり、アメリカの医師たちがつぎつぎに私を訪ねてきた。彼らにたいしては、私の診療科の患者を例にして、ドイツ語まじりの英語で研修をおこなったものである。〔しかし〕私は、神経症がまったく理解できていなかった。あるとき、頑固な頭痛に悩む神経症患者を診た私は、聴講者にむかって慢性の限局性髄膜炎の症例であると説明した。すると彼らは、当然のことながら反対の声を上げてひと波瀾が巻き起こり、みな私のもとから去っていった。こうして、私の早すぎた教育活動は終わりを告げたのである。ひとこと弁解させてもらうなら、あの時代のウィーンでは大権威さえも、神経衰弱を脳腫瘍と診断するのが普通であった。

一八八五年の春、私は組織学と臨床学の業績を認められて、神経病理学講師の資格を取得した。その直後、ブリュッケの懇切な推輓のおかげで、かなりの奨学旅費を支給されることになった(21)。同年秋、私はパリへと旅立ったのである。

私は、実習生としてサルペトリエール病院に入った。だが最初は、外国から押し寄せるたくさんの見学者のひとりとして、さしたる注目も集めなかった。ある日、私はシャルコーが、自分の講義録のドイツ語訳者が普仏戦争以来なにも連絡してきてくれなくて残念だ、というのを耳にした。だれかが『新講義録』のドイツ語訳を引き受けてくれるとありがたい、という話である。さっそく私は手紙を書いて、その役目を買って出た。手紙のなかで、私のフランス語が陥っている失語症はたんに運動性のもので、感覚性のものではありません、という言い回し(22)を使ったことを、いまも覚えている。シャルコーはこの申し出を受け入れ、私を個人的な交友相手に加えてくれた。それ以来、私は病院内のあらゆる活動にすみずみまで関わるようになった。

この文章を書いているあいだにも、数多くの論文や新聞記事がフランスから私のところに届いている。それらは、精神分析の導入にたいする根強い反発を示すとともに、私とフランス学派との関係について不当きわまる主張を展開している場合が多い。たとえば今も、次のような内容を読んだばかりだ。すなわち、私のパリ留学はP・ジャネの学説に習熟するためのもので、それを盗みとってウィーンへ逃げ帰った、云々。[23] そういうわけで、ここではっきり述べておくが、サルペトリエール病院に滞在していたあいだ、ジャネの名前が出たことは一度もない。

シャルコーのもとで遭遇したことのうち、もっとも強い印象を受けたのは、ヒステリーに関する研究であった。これは彼の業績としては晩年のものにあたり、その一部はげんに私の目の前ですすめられたのである。シャルコーは、ヒステリー現象が真正のものであり、また規則性を有するものであること《汝ら入るべし、ここにも神々のいますなればなり》[24]、さらにしばしば男性にもおこることを明らかにした。彼は催眠術の暗示によって、ヒステリー性の麻痺と拘縮をおこしてみせた。人為的に作り出されたこれらの症状は細部にいたるまで、外傷が引き金となることの多い自発的発作と同じ性質を示すというのが、彼の結論である。シャルコーの説のなかには、私も他の客員の研究者たちも最初は奇妙に思い、異論を立てたくなるところが少なくなかった。私たちはそうした異論を、当時支配的だった理論のひとつを援用して、展開しようと試みたものである。これにたいしてシャルコーは、いつも丁重かつ忍耐強く、しかしまた確固たる調子で、疑念をひとつずつ解いていった。そうした議論のおり、《それは厳として存在しているのだ》[25]と彼が漏らしたことがある。この言葉は、私に忘れがたい印象を与えた。

周知のとおり今日では、当時シャルコーが私たちに示した理論は、もはやすべてそのまま通用するわけではない。確実性が薄らいでしまった議論もあれば、時の吟味にはっきり耐えがたくなった議論もある。そうは言っても、今後とも残っていく科学の成果と評価される部分も、まだまだ多く含まれている。パリから引き上げるさい、私は恩師とのあいだで、ヒステリー性麻痺と器質的麻痺との比較研究をすすめようという約束をかわした。ヒステリーにおいて個々の身体部位に生じる麻痺および感覚脱失が限局的であるのは、それが人間のありふれた(つまり非解剖学的な)表象と対応しているのと同じであるという法則を攻究してみたいというのが、私の考えだった。(26)彼はこの研究プランに同意してくれた。しかし彼には、神経症の心理学にさらに深く踏み込んでいきたいという気持ちがとくにあるわけでないのは、容易に見てとれた。つまるところシャルコーは、病理解剖学出身の学者だったのである。

ウィーンへ戻るまえに、私は数週間をベルリンですごして、小児疾患一般についての知識をいささか身につけた。ウィーンで公立小児科病院の院長をしていたカソヴィッツ(27)が、院内に小児神経症部門を開設したら、それを私にまかせようと約束してくれていたからである。ベルリンでは、Ad・バギンスキー(28)が温かく私を受け入れ、励ましてくれた。つづく数年のうち私は、片側性および両側性の小児脳性麻痺についての長い論文を何篇も、カソヴィッツの病院から発表した。じっさいそのおかげでのちの一八九七年に、ノートナーゲルからの依頼で、彼の浩瀚な『治療学総論各論ハンドブック』のなかの当該テーマ部分を加筆修正したことがある。(29)

一八八六年秋、ウィーンに腰を落ち着けた私は、医師の仕事に戻った。そして、遠い街で四年以上も私を待っていてくれた女性(30)を妻に迎えた。今にして思えば、わが花嫁のおかげで、私は青年時代に名声をあげそこなったと言えるかもしれない。一八八四年、本来の研究テーマからは逸れるが、けっして浅からぬ関心から、当時はあまり知られていなかったメルク社(31)製造のアルカロイド・コカインを取り寄せて、その生理学的効果を調べたことがあった。

ところがこの研究の最中、二年来会えずじまいでいた恋人に再会する旅行に出られそうな雲行きになったのである。そこで私は論文中で、いずれこの薬剤のさらなる適用法が見つかるであろうと予言して、さっさとコカイン研究を切り上げた。だが、友人の眼科医L・ケーニヒシュタイン[32]には、麻酔剤的な性格をもつコカインが病眼にどの程度利用できるか調べてみてはどうか、と勧めておいた。旅行休暇から戻った私は、彼ではなくて、また別の友人が、動物の眼にたいして実験をおこなって決定的な成果を挙げ、それをハイデルベルクでの眼科学会で公表したことを知った。その友人カール・コラー[33](現在はニューヨーク在住)にも、コカインの話はしてあったのだ。そういうわけで当然ながらコラーが、小外科にとって不可欠の、コカインによる局所麻酔の発見者とみなされている。もっとも私が、あのとき好機を逸したことで[34]わが花嫁を恨みに思ったことは、ついぞない。

さて、一八八六年に神経科医としてウィーンに腰を落ち着けたころに、話題を戻そう。私は、シャルコーのもとで見たり学んだりしたことを「医学会」で報告する義務を与えられた。ところが、そこで散々な目にあったのである。会長を務める内科学者バンベルガー[35]をはじめとする大物たちは口々に、私の話は信憑性が低いと言った。マイネルトは、私が説明したような症例をやはりウィーンでも探しだして、医学会に供覧するよう求めた。じっさい私もまた、そうしたいと考えた。ところが、症例を見つけても、その診療科の医長たちは患者を観察することも対診することも許可してくれなかったのである。そうしたひとりのある老外科学者などは、露骨に言い放ったものだ。「それにしても、君、どうしてそんな馬鹿げたことが言えるのかね。ヒュステロン[36](ママ)は、子宮を意味するのですぞ。いったいどうすれば、男がヒステリーにかかれるのですかな」。これにたいして私は、症例を自分でも扱わせていただきたいのであって、私の診断に同意していただくには及ばないと応えたが、通じる相手ではなかった。

けっきょく私は、病院の患者ではないひとりの男性に古典的なヒステリー性片側感覚脱失の症例を見つけだし、「医学会」で供覧した。[37] 今度は喝采を博したけれども、それ以上はなんの反響もなかった。大権威たちが私の新発見に否定的であったようだという印象は、もはや覆らなかったのである。男性にもヒステリーがある、また暗示法によってヒステリー性麻痺を発生させうると述べたせいで、どうやら私は野党的立場に押し込められたのだ。[38] その後まもなく脳解剖学研究室から閉め出された私には、学期中に講義のできる場所がなくなってしまった。[39] つまり、大学での研究生活からも各種団体の生活からも退いてしまったわけである。以来三十年、私はもはや二度と「医学会」に顔を出していない。

神経病患者の治療で生計を立てていこうと思えば、なんらかの処置ができなければいけないのは、明らかだった。私が治療法として持ちあわせていた武器はただふたつ、すなわち電気治療と催眠術である。患者を一回だけ診察し、あとは水浴治療施設送りにするというのでは、収入源として不十分であった。電気治療では、W・エルプの便覧[40]がおおいに頼りになった。それは、およそ神経疾患のあらゆる症状の処置方法を詳述した、痒いところに手が届く本だった。ところが残念ながらほどなく、これらの処置方法に従っていても効果が見られないこと、克明な観察の記述と思っていたものが空想の所産にすぎないことを思い知らされる結果となった。ドイツ神経病理学の第一人者の著作が、たとえばそこらの大衆向け書店で売られている「エジプト式」の夢占い本とかわらないくらい、現実から遊離していると悟ったときはショックだった。反面、私がまだ囚われていた、権威にたいする素朴な信頼が、またなにがしか除去されたのである。こうした経験をへて、私は電気治療装置を用いるのをやめた。のちにメービウス[41]が、神経病患者の治療における電気療法の成功――そもそも成功がありうるとして――は、医師からの暗示の効果があるからだと指摘してくれて、救われたような気持ちがしたものである。

これに比べると、催眠術はかなりましだった。まだ大学生だったころ、「磁気師」ハンゼン(42)の公開施術会に行き合わせたことがある。私の見たところ、被験者のひとりの女性は死んだように蒼ざめて、カタレプシー(43)性の硬直状態に陥り、催眠状態のあいだじゅうずっとそのままであった。この経験は、催眠現象は真正のものだという私の確信に、十分な根拠を与えてくれた。やがてハイデンハイン(44)が、こうした見方をとる学者の先頭に立つにいたった。にもかかわらず精神医学の教授たちは長きにわたって、催眠術が詐術まがいであるばかりか、いちじるしく危険なものだと説き、催眠術師を軽んじ見下しつづけたのである。私はすでにパリで、患者に症状をおこしたり消したりする方法として、催眠術がなんら懸念なく用いられているのを見ていた。そのうち、催眠術に頼る場合もあれば頼らない場合もあるが、ともかく暗示を治療目的に大々的に利用して、めざましい成果を挙げている学派がナンシーに誕生したというニュースが飛び込んできた。そういうわけで、医師としての仕事をはじめた最初の数年間、催眠術による暗示が私の主たる治療手段になったのは、ごく自然のなりゆきであったのだ。心理療法も用いはしていたが、それは多分に偶然のなせるわざで、体系的と言えるものではなかった。

こうしたことから、器質的な神経疾患の治療から手を引いたわけだが、それはさほどさしさわりなかった。だいたいこの種の病状の治療には明るい見通しが立たないうえ、都会で診療活動にあたっている開業医にしてみれば、器質的神経疾患の患者は神経症患者に比べると、ものの数ではなかったからである。それどころか神経症患者は、救われないまま医者から医者へと渡り歩いてくるので、何倍にもなっているのだった。だが、ともあれ、催眠術を利用した仕事は、じつに誘惑的であった。はじめて無力感に打ち勝つことができたし、また奇跡をおこなう医者だという評判もわれながら耳に心地よく響いた。この手法の弱点がどこにあるのか分かったのは、ずっとあとになってからである。さしあたり苦労したのは、二点だけだった。ひとつは、すべての患者が催眠術にかかるわけではないこと、もうひとつは、個々の患者の催眠状態の深さを思いどおりにすることができないことである。自分の催眠術の技法を完璧なものにしたいと考えた私は、一八八九年の夏、ナンシーを訪ねて数週間をすごした。老リエボー(45)が、労働者階層の貧しい女性や子供たちの治療に従事している姿は感動的だった。ベルネーム(46)が自分の病院患者におこなった驚くべき実験を、目の前で見せてもらった。だがなにより強い印象を受けたのは、人間の意識には閉ざされたままになっているさまざまの強力な心の出来事があるのではないか、という点であった。私は教えを受けるために、自分の女性患者のひとりにナンシーに来るように勧めた。彼女は、気品に満ち、非凡なところのあるヒステリー患者で、だれの手にも余ったため、私のところに回されてきた人である。私は催眠術によって、くりかえし彼女を悲惨な状態から助け出し、人間らしい存在を取り戻させていた。だがいつも、しばらくするとまた症状がぶり返してくるのだった。知識の浅かった当時の私はそれを、催眠術が不十分で、健忘をともなう夢遊状態の段階にまで到達していないせいだと考えていたのである。このときはベルネームが、なんどか彼女に催眠術を施してくれたものの、はかばかしい進展はなかった。暗示によって目に見えて治療成果を上げられるのは、院内での治療においてのみであり、個人患者にたいしては同じようにはいかないのだと、彼は率直に打ち明けてくれたものである。ベルネームとおこなった多くの対話は刺激に富んでおり、私は暗示とその治療効果についての彼の二冊の著作(47)をドイツ語に翻訳しようと約束した。

一八八六年から一八九一年のあいだは、学問的な成果は少なく、発表したものもほとんどない。新しい職業に慣

れ、また自分自身だけでなくだんだん増えてきた家族の経済状態を揺るがぬものにすることが、先決だったからで
ある。一八九一年、友人でもある助手のオスカー・リー博士[48]との共著のかたちで、小児脳性麻痺にかんする最初の
論文が出た。同じ年、ある医学便覧書[49]の共同執筆の依頼が舞い込んだことから、失語症についての議論を検討して
みた。当時は、ヴェルニケ[50]とリヒトハイム[51]による、純粋に局在論的な見解が支配的だった。『失語症の理解にむけ 42
て』と題した批判的かつ思弁的な小著は、このときの努力の賜物である。だがいまや、学問研究がふたたび私の人
生の主要関心となっていたしだいをあとづけねばならない。

II 43

ここまでの補足として述べておかねばならないが、じつは私は最初から、暗示を与える以外に、もうひとつ別のやりかたでも催眠術を用いていた。つまり、覚醒状態にある患者がしばしばまったく語りえない、もしくはきわめて不完全なかたちでしか語れないような、症状の発生史を探りだそうとして、催眠術に頼ったのである。この手法は、暗示による単なる命令や禁止よりも効果的であるばかりでなく、医師の知識欲をも満たすものであった。医師には、くりかえし暗示を施してなんとか取り除こうとしてきた現象が、どこに由来するのかを知る権利があるからだ。

私がこのもうひとつの手法に行き着いたのは、つぎのような事情による。まだブリュッケの研究室にいたころ、私はヨーゼフ・ブロイアー博士[52]と知りあった。彼は、ウィーンでもっとも声望ある家庭医のひとりであるとともに、学者としても経歴を積んでいた。呼吸生理や平衡器官についてのその業績の数々は、永く残る価値あるものである。

卓越した知性の持ち主ブロイアーは、私よりも十四歳年長だった。私たちの交友はやがて親密なものとなった。彼は、しばしば苦しい生活状態にあった私のよき友人にして援助者になってくれたのである。ふたりのあいだでは、学問的関心をすべて共有するのがふつうとなった。こうした関係で恩恵をこうむったのは、当然ながら私のほうだった。だが、精神分析のその後の発展が、彼の友情を私から奪い去ってしまった。精神分析のために友情を犠牲にするのは、容易なことではなかったが、それは避けられなかったのである。

ブロイアーは、私がパリに留学するよりもかなりまえに、一八八〇年から一八八二年にかけて特殊な仕方で扱ったあるヒステリーの症例について、いろいろと教えてくれた。ブロイアーはこの症例をつうじて、ヒステリー症状の原因と意味にかんする深い洞察を得ていたのである。それは、ジャネの研究がまだあらわれていない時代のことであった。彼はその病歴のあちこちを、私にくりかえし読み聞かせてくれた。そこに示された神経症の理解は、いまだかつてないものだという印象であった。私は、パリに行ったらシャルコーにこの発見を知らせようとひそかに決心し、じっさいまたそうしたのである。ところが師は、私が最初それとなく話した内容に、まったく関心を見せなかった。そのため私がこの話題を蒸し返すことはなく、自分のなかからも消えるにまかせておいた。

私はウィーンに帰ってきてから、ふたたびブロイアーの観察に目を向け、彼からさらに話を聞かせてもらった。患者は、ひとなみはずれた教養と才能に恵まれた若い娘で、彼女が心から愛していた父親を看病するうちに発症したという。(53) ブロイアーのもとに回されてきたときの患者の病像は、拘縮をともなった麻痺、制止、心的錯乱状態といった、多彩なものであった。ふとした観察からブロイアーは、いままさに患者を支配している、情動をともなう空想《ファンタジー》を言葉で表現させてみれば、彼女はこのような意識障害から解放されるのではないか、と思いついた。この経験をもとに、彼はひとつの治療方法を会得した。患者を深い催眠状態に入らせては、なにが彼女の気分を塞いでいるのか、そのつど語らせたのである。それによって抑鬱性錯乱の発作が出なくなってしまうと、ブロイアーは同じ手法を用いて患者の制止と身体的な障碍を取り除こうとした。この女性は、覚醒状態にあるときには、他の患者と同じく、自分の症状がどのようにしておこってきたかを言うことができない。それらの症状とこれまでの人生で得てきたなんらかの印象とのあいだに、結びつきを見つけることもできない。ところが催眠状態にあると、彼女は求めている関連をたちどころに発見するのだった。ここから明らかとなったのは、彼女の症状はすべて、病気の父親を看病しているあいだの印象深い体験に帰することができ、つまりはなにか意味があるということである。彼女の症状は、そうした情動的状況の残渣もしくは追憶と対応していたのだ。彼女は、父親の病床近くにいるときには、なんらかの思念ないし衝動を抑え込まざるをえないのが常だった。症状は、そうした思念や衝動のかわりに、つまりその代理として、遅れて出現したのである。だがその症状は通例、あるひとつの「外傷的」な場面が沈殿したものではなく、類似のさまざまな状況が合わさった結果であった。さて患者は催眠状態に入ると、そうした状況のひとつを幻覚としてふたたび想起し、事後的ながら情動を自由に伸べひろげるうち、当初は抑え込まれていた心の動きを終わらせる。そうすると症状は消失し、再発することはなかった。ブロイアーはこの手法を用いて、長期にわたる困難な治療に取り組んだすえ、患者をあらゆる症状から解放することに成功したのだった。

患者は回復して以後は健康であり、それどころか有意義な活動ができるようになった(54)。とはいうものの、催眠術による治療成果には、よく分からない部分があった。それをブロイアーは、けっして明かしてくれなかった。まことに得がたいものと私には思われたこの知見を、彼がきわめて長年にわたって秘密にし、科学に裨益しようとしなかったのも、腑に落ちぬことであった。それになにより、彼がたったひとつの症例から発見したものを、一般化してよいかどうかが問題だった。私のみるところ、ブロイアーの発見はヒステリーの根本にかかわる性質のものであって、たったひとつとはいえ、ある症例で立証された以上、他の症例にあてはまらないとは思われなかった。とはいえ、ことを決しようとすれば、経験を蓄積するよりほかなかったのである。そこで私は自分の患者を相手に、ブロイアーにならった探究をなんども試みるようになった。もっぱらこの方向に徹するようになったのは、とりわけ一八八九年にベルネームのもとを訪れたさい、催眠術による暗示の効果には限界があると教えられてからである。数年のうちに私は、こうした治療が適応となるヒステリーの症例ではかならず、ブロイアーの観察と同様の結果を示す素材が十分に得られることを確認しえた。そこで彼に共著での成果公刊を提案してみたところ、最初は強硬に反対された。だが彼は、最後には折れてくれた。というのもその間にジャネが、ヒステリー症状は実生活で受けた影響に由来する、またその症状は、催眠術でヒステリーの《発生状態そのままに》[55]再現すれば除去されるというブロイアーの研究成果の一部を先回りして発表してしまったからである。一八九三年、私たちは「ヒステリー諸現象の心的機制について」と題する、さしあたりの報告を出した[56]。やがて一八九五年、共著『ヒステリー研究』[57]の刊行に漕ぎつけた。

ここまでの話からすると読者は、『ヒステリー研究』が、そこに集められた素材の本質のすみずみにいたるまで、ブロイアーの精神的財産だと思うことだろう。それこそ、私がつね日ごろから主張し、ここでもまた明言したいところなのである。同書が提出している理論のどこまでが私の働きによるものだったのか、いまとなっては見分けることがむずかしい。その理論は控えめなもので、観察結果のそのままの提示という域をいくばくも出ない。それは、ヒステリーの本態解明をめざすものではなく、たんにその症状の成り立ちに光を当てたにすぎない。そこでの力点は、情動生活の意義、および無意識的な心のふるまいと意識的(より正確には、意識化可能な)なそれとの区別を強調することにある。また、ヒステリー症状をなんらかの情動の鬱滞により生じるものとみる点では、力動論的要因を、さらにその症状を通常なら他のかたちで用いられるエネルギー量が転用された結果(いわゆる転換)と考える点では、経済論的要因を導入するものだった。ブロイアーは、私たちの手法をカタルシス法と名づけた。治療におけるその狙いは、誤った方向に入り込み、そこでいわば身動きならなくなって、いつまでも症状を引き起こしつづける情動量を、正常な経路へ導いて放散に至らせる(浄化反応させる)ことである。カタルシス法の実際的な効果はめざましかった。いろいろ弱点があることは、あとになってから判明したが、それらはいずれも催眠術による治療の弱点と同じものだった。精神療法家のなかには今なお、ブロイアーの意味でのカタルシス法にこだわり、あいかわらず推奨している人びとがそこそこいる。同法はまた世界大戦中、E・ジンメル[58]の手によって簡易化されて、戦争神経症を発症したドイツ兵の治療に用いられ、あらためてその効果が立証された。カタルシス理論では、性欲はあまり問題にならない。私が『ヒステリー研究』に提供した病歴例では、性生活に由来する動因がなにがしかの役割を果たしているものの、その位置づけは他の情動性の興奮とさして異ならない。ブロイアーは同書冒頭で紹介されて有名になった患者について、性的なものは彼女の場合、驚くほど未発達のままだった、と語っている。『ヒステリー研究』からでは、神経症の病因探究にあたって性欲がどのような意味をもつかは、簡単には察知できなかっただろう。

さて、このあとにくる精神分析の発展の場面、すなわちカタルシス法から本来の精神分析への移行については、いままでに何度も詳しく書いたことがあるので、ここで新しい事柄をつけくわえるのはむずかしそうだ。この移行期の端緒となった出来事は、ブロイアーが私たちの共同研究から手を引いたことであった。そのため私がひとりで、彼の遺産を管理しなければならなくなったのである。すでに以前から、私たちのあいだには見解の相違があったが、それが理由で訣別にいたったわけではない。ある心の経過が病原性をおびる、つまり正常に処理されえなくなるのはいつの時点からか、という問題についてブロイアーは、生理学的理論とでも呼ぶべきものを重視した。彼のみるところ、常軌を逸した——つまり類催眠的な——心の状態[59]に生じたそうした過程というものは、普通の運命の手を離れたものだという。だとすると、その類催眠状態がどこから来るのかという問題に答えなければならなくなる。これにたいして私は、むしろさまざまな力の作用、つまり正常な生活でも見受けられる意図なり傾向なりの働きがあるものと推定してみた。こうして、「類催眠ヒステリー」と「防衛神経症」とが対立することになったのである。しかし他の動因がなかったならば、こうした、もしくは同種の対立がブロイアーに手を引かせる結果にはならなかっただろう。そうした原因のひとつはまちがいなく、彼が内科医として、また家庭医として多忙をきわめ、私ほどには、カタルシス法研究に全力を傾注することができなかったことにある。おまけに彼は、私たちの共著がウィーンならびにドイツで受けた評価に一喜一憂した。つまり、ブロイアーの自己信頼と抵抗力は、それ以外の自身の精神的編成ほど高くはなかったというわけだ。たとえば、『ヒステリー研究』がシュトリュンペル[60]から酷評されたとき、私はその批評の理解の浅さを笑ったものだが、彼は気に病み、すっかり意気阻喪してしまった。だが、ブロイアーに撤退の決意を固めさせた最たるものは、私自身のその後の研究が、彼にはどうしても馴染めない方向へ進展していったことである。

私たちが『ヒステリー研究』で打ち建てようとした理論は、まだまだ不完全だった。とりわけ病因論、すなわち病的過程が成立する基盤はいったいなにかという問題には、まったくといってよいほど踏み込めなかった。さてしかし、急速に経験を重ねていくうちに、神経症のいろいろな発現形態の背後で働いている情動興奮はなんでもよいわけではなく、かならず性的なものであること、つまり現実の性的葛藤もしくは過去の性的体験の影響であることが、はっきりしてきた。これは予期せざる結論であって、そうあってほしいという勝手な思い込みが反映したものではない。私が神経症患者の診察を手がけるようになったのは、まったく底意のないことであった。一九一四年に「精神分析運動の歴史のために」を書いているとき、ブロイアーやシャルコーやフロバク(61)の発言が、あれこれ想い出された。それらの発言がよくわかっていたら、私はもっと早くに同じ結論に辿り着けていたかもしれない。だが当時の私には、これら大家たちの見解のなんたるかが理解できていなかった。彼らは、自分たちが気づいており、また主張しようとしていたよりも多くのことを、私に話してくれていたにもかかわらず。彼らから聞かせてもらった事柄は、私のなかでそのまま静かにまどろみつづけ、やがてカタルシスの研究にさいして突然、あたかも独創的な知見であるかのような顔をして姿をあらわしたのである。じっさい、そのときにもなお私は、ヒステリーの原因を性欲に求めていくと古代の医学にまで遡り、プラトンに至りつくという事実を知らないままだった。これは後年、ハヴロック・エリスの論文(62)を読んで、はじめて教えられた。

自分でも仰天するような発見に触発されて、私は重大な結果にむすびつく一歩を踏み出した。つまり、ヒステリーにとどまることなく、いわゆる神経衰弱の患者の性生活の探究に着手したのである。この症状の患者は、診察時間にはいつもたくさんやってきていた。この試みをはじめたせいで、医者としての人気は落ちたけれども、私の確信はますます深まっていき、三十年後の今にいたるまで揺るがない。乗り越えていかねばならない虚偽や秘密はたくさんあったが、それらを克服してみると、この病気の患者全員に、性機能の深刻な乱用があるのは明らかだった。一方にきわめて頻繁なこの種の乱用があり、他方に神経衰弱がある。だがむろん、両者が揃っている場合が多いというだけでは、証明としては十分ではない。じっさい、この大雑把な事実ではどうにもならなかった。そこで、さらに丹念に観察した結果、神経衰弱という名称が与えられているまことに紛々多彩な病像から、根本的に性格を異にするふたつのタイプを抽出できると思い至った。この両者は、現実には適度に混じり合って出現するが、それぞれを純粋な発現として観察可能である。ひとつのタイプでは、不安発作が主たる現象だが、その等価症状、痕跡的形態、慢性的な代替症状をも随伴する。そこで私は、このタイプを不安神経症と呼ぶことにした[63]。神経衰弱という呼称は、もうひとつのタイプに限定して用いた。こう考えると、両タイプそれぞれに対応する引き金的な動因として、ちがった性生活の逸脱があることを確認するのは簡単だった(不安神経症に対応する動因として性交中絶、欲求不満からくる興奮、性的節制が、神経衰弱に対応する動因として過度のマスターベーション、頻繁な遺精がある)。また事例のうちには、ひとつのタイプからもうひとつのタイプへの病像の激変を示すきわめて示唆的なものが若干あったが、これについてはその根底に、対応する性生活の態勢の交替があることも証明された。乱用を停止し、正常な性的行動によって代替できれば、状態の著明な改善をみることができた。

こうして私は、神経症一般を性機能の障害とみなす立場に辿り着いた。それはまた、いわゆる現勢神経症を毒物の直接的表現とみなし、精神神経症を性機能障害の心的表現とみなす立場でもあった。こうした知見は、私の医師としての良心を満たしてくれた。つまり私は、生物学的にみてきわめて重要な機能について、感染もしくは解剖学上の明白な損傷による以外、いかなる障碍も取り扱おうとしない医学の欠点を補ってやろうと思うようになったのである。他方、性欲はたんに心的事柄にとどまるものではないという点が、医師たる私に理解しやすかったのもたしかだ。性欲に身体的側面がある以上、そこになんらかの特殊な化学機序が想定された。また性的興奮は、まだ知られていないけれど、なにか特定の物質が存在しているために起こると考えられた[64]。真正で自然発生的な神経症が、他のさまざまな疾病とのあいだでは、中毒症や禁断症とのあいだで、またバセドー病とのあいだで見られるほどの強い類似性を示さないという事実にも、十分な根拠があるにちがいないと思われた。中毒症や禁断症は、ある種の毒性物質の摂取もしくは欠乏によって引き起こされるものだし、バセドー病には甲状腺の分泌物が深くかかわっていることが知られている。

後年、私が現勢神経症の探究に立ち戻る機会はもはやなかった[65]。他のひとが、私の仕事のこの部分の研究をさらに引き継いでくれることもなかった。当時の成果を今日、振り返ってみるなら、それは、じっさいにははるかに複雑にちがいない事態を図式化しようとした最初のこころみ、それも粗雑な図式化のこころみだったと言えよう。とはいえその図式は、今から見ても、おおむね間違っていないと思われる。のちにも私は、真正の若年性神経衰弱の症例を得られれば、精神分析的な検討をくわえてみたいと考えた。だが残念ながら、そういうめぐり合わせには恵まれなかった。誤解のないよう強調しておきたいが、私がこの種の神経衰弱にかんして心的葛藤や神経症的コンプレクスの存在を認めない、というのではまったくない。ただ、こうした神経衰弱の症状は心的に規定されているものではなく、したがって分析によって解消できるものではない、それはむしろ中毒によって障碍された性の化学機序からの直接的な帰結と理解されるべきものだ、と言いたいのである。

このようにして私は、『ヒステリー研究』刊行後の数年のあいだに、性欲が神経症においてはたしている病因としての役割についての知見を深めていった。だが、医師たちの会合の場で私の知見について講演する機会を数回得たものの、そこで待ち受けていたのは不信と反論ばかりだった。そのころはまだブロイアーも幾度か、その声望の重みを発揮して私に有利になるよう働きかけてくれたものの、効果はなかった。じっさい、性欲のうちに病因を認めるという見方が、彼の性向に馴染まないのは容易に見てとれた。ブロイアーは、自分で手がけた件の最初の女性患者を実例にして、私を撃ち砕いたり道に迷わせたりすることもできたはずである。あの症例では、性という動因は、なんの役割もはたしていないように見えていたわけだから。だが彼は、そうはしなかった。私がその理由に気づいたのはずっとのち、つまりこの症例を正しく解釈し、ブロイアーの以前のコメントにしたがって、彼の治療が至り着いた道を再構築できるようになってからである。件の女性には、カタルシス法による治療が終了したと思われたあとになって、突然に「転移愛」の状態が発生していたのだ。それをブロイアーは、患者の病状とはもはや無関係なものと考えた。狼狽した彼は、患者を投げ出してしまったのである。この一見したところの災難を想い出すのは、彼にはつらいことだったにちがいない。その後しばらく、私にたいする彼の態度は、是認と批判のあいだを揺れ動いた。やがて、緊迫した状況にはつきものの偶然がいくつも重なって、私たちは袂を分かったのである。

さて、神経症全般の多様なすがたを追う私の取り組みは、さらなる結論に到達した。すなわち、カタルシス法の修正である。私は催眠術を放棄し、それに代わる別の方法を求めた。催眠術では、治療がヒステリー様の状態に限定されている点を克服したいと考えたからである。また、経験を重ねるにつれて、催眠術をカタルシスに用いることにたいにも、ふたつの重大な懸念が生じてきた。そのひとつは、〔この療法の〕まことにめざましい成果も、患者との人間関係があやしくなってくると、たちどころに雲散霧消することである。だが、関係修復の道がひらけてくると、治療効果もまた回復される。ここからして、つまるところ個人的な情動関係こそがカタルシス法の治療よりも強力であって、制御をまぬがれている動因そのものだと悟った。もうひとつは、長年の推測内容を白日のもとに晒すことになった、ある日の経験である。催眠術に適応しやすい女性患者のうちのひとりに、施術によって見事な技芸を発揮するほどのひとがいた。その日私は、彼女の苦痛発作の原因にまでさかのぼって、発作を解いた。すると彼女は、覚醒状態に戻るといきなり、私の頸に抱きついてきたのである。たまたま使用人がひとり入ってきたので、私たちは気まずい言い合いをせずに済んだ。しかしこの日以降、私たちは暗黙のうちに了解しあって、催眠術治療をつづけることを断念したのである。私はいたって冷静で、自分という人間にそなわる抗いがたい力がこの椿事を招いたなどとは考えなかった。しかし、今こそ、催眠術の背後に働いている神秘的要素の特性をみきわめるべきときがきた、と思った。そうした要素を除去する、ないしすくなくとも分離するには、催眠術を放棄しなければならなかった。

とはいえ、カタルシス法治療にたいする催眠術の貢献は絶大であった。催眠術によって、患者の意識野は大きく広がり、覚醒時には手の出せない知識が操れるようになった。こうした点で催眠術に代わるものは、おいそれとは見つかりそうになかった。私は途方に暮れるうち、ベルネームのもとでよく一緒に観察した実験を、ふと想い出した。夢遊状態から覚醒した被験者は、夢遊中の出来事にかんする想い出をいっさい失っているように見えたのである。だがベルネームの意見では、被験者はちゃんと覚えているという。だから彼は被験者に、想い出すように求めた。ベルネームは、あなたはすべて覚えている、それを口にすることができるはずだと断言し、さらに額に手を置いてやると、はたして失われていた想い出がほんとうに戻ってくるのである。しかも、最初こそつかえがちだったものが、やがて淀みなく、きわめて明晰に語られるのだった[66]。自分でも、これと同じことをやってみよう。私の患者たちが、ふだん催眠術によってようやく明らかになることを、すべて「覚えていて」おかしくはない。そして私の保証や鼓舞、つまりたとえば額に手を置くといったような助けが、忘れている事柄や連関を意識にのぼらせる力を発揮するはずだ。もちろんこれは、催眠状態に導き入れるよりもたいへんそうだが、教えられるところもおそらく多かろう。こうして私は催眠術を放棄した。ただ、患者を寝椅子に横臥させるというところだけは、残しておいた。私は寝椅子の向こう側に座るようにした。そうすれば、私は患者を見ることができるし、患者からは私のすがたが見えないことになった。

III

首尾は上々であった。おかげで私は催眠術から解放されたわけだが、技法のこうした切り替えは、カタルシス研究の様相を一変させた。催眠術が蔽い隠していたさまざまな力の作用が、いまやあらわとなったのである。この作用の解明によって、理論にいっそう確実な根拠が与えられることになった。

患者が、内的および外的に体験したあれほど多くの事実を忘れてしまっていながら、すでに述べたような技法を用いると、それらを想い出せるのはなぜなのだろう。この疑問にたいしては、観察が十分な解答をもたらしてくれた。忘れられていた事柄はみな、なんらかの点でつらいものだったのである。つまり、そのひとが自分をあらわすにあたって気が引ける、苦しい、あるいは恥ずかしいと感じたことばかりであった。〔これに気づいたとき〕目の前がおのずと開ける思いがした。そうであればこそ、忘れ去られている、つまりは長らく意識されてこないのだ。だが、それをもういちど意識させるとなると、患者の内部にあって抗っているものを克服しなければならない。こちらから努力して、患者に迫り強いなければならない。じっさい、医師に求められる努力はケースバイケースであって、想い出されるべき内容の困難さに比例して大きくなった。医師の尽力は明らかに、患者側の抵抗を測る尺度であった。いまや、これまで自分でうすうす気づいていたことを、言葉に置き換えるだけでよかった。こうして、抑圧の理論が獲得されたのである。

ここまでくれば、病的症状が発現する過程を再構築するのは簡単だった。ごく単純な例を示すにとどめよう。心の生活のうちに、なにかある追求傾向があらわれるが、それに対抗して別の強力な追求傾向もあらわれる。ここに心の葛藤が生じる。そして、私たちのみるところ、それぞれ力動論的な量をそなえたこの両者——あとの説明のために欲動と抵抗と呼んでおく——は、意識のきわめて強い関与がある場合には、しばらくのあいだ角逐を展開するが、最後には欲動が拒否され、この追求傾向からはエネルギー備給が失われてしまう。さしずめこれが正常な事態解決であろう。ところが神経症になると——理由はまだよくわからないが——葛藤は別の出口に向かってしまうのだ。自我はいわば、厭わしい欲動の蠢《うごめ》きに遭遇すると身を引いてしまって、欲動が意識に至り着き、そのまま動いていって放散に至る道筋を閉ざす。そうなると欲動は、エネルギー備給をまるまる保持したままとなる。こうした過程を私は抑圧と名づけることにした。これはまさしく新知見で、心の生活において、同様のことは従来いっさい知られていなかった。抑圧は明らかに、逃避のこころみに匹敵する一次的な防衛機制であり、あとからの判断で解決へとすすむ正常な過程の先触れである。抑圧を最初の動きとして、さらなる展開がつづいていく。まず自我のほうでは、抑圧されている蠢きがいまにも殺到してきそうな形勢に抗して、エネルギーの恒久的な消費、すなわち対抗備給によって自己防衛を図り、そのせいで窮乏化する。他方、無意識的に抑圧されているものは、迂回路をとおって放散と代替充足を得て、抑圧状態を維持しようという自我のもくろみを挫く。転換ヒステリーの場合、この迂回路が身体の神経支配につながり、抑圧されていた蠢きがどこかある個所で暴発して、症状を生みだす。こうした症状は、つまるところは妥協の産物である。それは、たしかに代替充足にはなるが、自我の抵抗によって歪曲されてしまい、蠢きの目標からはずれることになるのである。

この抑圧説が、神経症理解の土台となった。治療課題も、それまでとは違ったものと理解されねばならなくなった。つまり治療の目的はもはや、迷い道に入り込んでしまった情動を「浄化反応」することではなく、抑圧を発見して解消することにおかれたのである。そのさいに判断をさまざまに働かせれば、当初は拒否していたものを受け入れたり、あるいは棄却したりできるはずだ。こうした事態を勘案して、私はこの探求と治療の手法をもはやカタルシス法とは呼ばず、あらたに精神分析と命名した。

抑圧[67]をちょうど中心におくと、そこを起点にして、精神分析の学説のあらゆる部分と関連させることができる。だが、そこに筆をすすめるまえに、いますこし論争的なコメントを書き添えておきたい。ジャネにいわせれば、女性ヒステリー患者とは、体質虚弱で心のさまざまな動きを統御できない、哀れむべき人間とされた。患者が、心の分裂と意識の狭窄に陥るのはそのためだというのである。しかしながらこれらの現象は、精神分析の成果に照らしてみると、心の葛藤ならびに抑圧の完結という、ふたつの力動論的要因によってもたらされたものなのだ。この見解の相違は、それぞれかなり違った結論を導くことになると思う。また、精神分析のうち傾聴に値するのはジャネの主張を借用した部分にとどまるという、性懲りもなく繰り返される愚説に終止符を打つものとなろう。ここまで述べてきたことを読んでもらえば、精神分析は〔その成立の〕歴史からしてジャネの発見とまったく無関係であろうえ、内容的にみても相違があるどころか、彼の説を凌駕していることが、一目瞭然となるにちがいない。じっさい、精神分析を精神科学にとってかくも重要たらしめ、また精神分析にきわめて広範な関心を呼び起こすような成果が、ジャネの仕事から生まれるはずもなかった。私がジャネ本人にたいして、かわらぬ敬意を払って接してきたのは、彼の発見がブロイアーのそれとまるまる一致するからである。ブロイアーはジャネよりも早く発見していながら、彼に遅れて発表したのだった。けれども、フランスでも精神分析が論議の的になったときのジャネの振舞いは、いただけなかった。認識不足をさらけ出したばかりか、論法が見苦しかった。彼は、自分は「無意識的」な心の行動という言い方をしたが格別の意味を込めてのことではなく、たんなる《言葉のあや》[68]にすぎないと明言したのだ。私にいわせれば、ついに化けの皮が剥がれたわけで、彼の研究じたい値打ちを失ったのである。

だが精神分析は、病因となる抑圧やこのあと述べることになる現象の研究をとおして、「無意識」の概念と真剣に向き合わねばならなくなった。精神分析の立場では、心的なものはすべて最初は無意識的であり、あとになってから意識的な性質が、そこに加わる場合もあれば、加わらないままの場合もあると考えられた。そうなると、いきおい哲学者たちと対立するはめになったのである。哲学者にとっては、「意識的」であることと「心的」であることは同義であった。彼らのみるところ、「無意識的な心」などという無意味なものは考えられないという。だが、こんな議論は無益であり、哲学者たちならではの特異体質だと思って、肩をすくめてやりすごすほかなかった。自分には分からないが、外界の事物同様に解明されるべき感情の蠢きは、まままあるもので、しかも強力なのだ。哲学者たちが知るよしもない、そうした病理学的素材に即した経験には、有無をいわせぬものがあった。だとすると、それまでいつも他者の心の生活にたいしておこなってきたことを、もっぱら自分自身の心の生活についておこなうことができるはずだ。しかし、他者の心的活動にかんして直接的に意識することはできず、ただ外にあらわれた言動や行為から推察するほかないけれども、他者にもそうした心的活動が生じていると考えることはできる。他者にかんして正しいことは、とうぜん自分にも妥当するはずだ。このように議論をすすめたすえ、自分につかめていない活動とは、まさにこの第二の意識に属しているのだという結論を導き出そうとするとき、自分の知らない意識、すなわち無意識的な意識という概念にたどり着くのである。とはいえこの概念が、無意識的な心という仮説に比べて、いちじるしく大きな長所があるわけではない。また別の哲学者たちとともに、病理学的な出来事の意義は認めるが、ただ根底にある活動は心的ではなく、類精神的[69]と呼ばれるべきだ、といったところで、その違いは用語をめぐる不毛な争いにすぎない。ここはやはり、「無意識的な心」という表現でとおすことにするほうが、目的にかなっている。つまり、この無意識そのものはなんぞやという問いは、意識とはなんぞやという昔からある、もうひとつの問いよりも賢明で、展望ゆたかなものではないのだ。

　無意識の存在を認めた精神分析は、さらにすすんでそれを前意識と本来的な無意識とに区分することになったが、その経緯を手短に説明するのは、なかなかむずかしい。ひとことだけ言わせてもらうなら、材料を狙いどおりに駆使して、直接的観察の相手になりえないさまざまな状況に関連する仮説を立て、経験をそのまま表現する理論を補足するのは、不当なこととは考えられない。精神分析以前の諸科学でも、こうした手法がとられるのがつねであった。無意識にさらに区分を与えることは、心という装置がいくつかの審級もしくは系からなっているという発想と結びついている。これらのあいだの関係は、空間的表現を用いて語られるが、だからといって、じっさいの脳の解剖とのあいだにつながりを求めるわけではない(それをおこなうのはいわゆる局所論の立場だ)。こうした表象、あるいはまた同様の表象は、精神分析の思弁的な上部構造に含まれている。上部構造はどの個所であれ、もしなにか不備が立証されたならば、ただちに放棄もしくは交換されてかまわない[70]。それで瑕疵が生じるわけではないし、遺憾であるとも思われない。より観察に即していて、報告しなければならないものは、まだまだたくさんあるからだ。

さきにいちど述べたように、神経症のきっかけと背景の研究をすすめているうち、人の性の蠢きと性欲にたいする抵抗とのあいだで生じる葛藤に辿りつくことが、ますます頻繁になった。性欲への抑圧がおこり、抑圧されているものの代替形成としてさまざまな症状があらわれた病因状況を探っていくと、患者の人生のよりいっそう早い時期へと遡行して、ついには幼年期最初の段階に至りついた。かねてから作家たちや人間生態に通じた人びとが主張していたことだが、人生の早い段階で受けた印象は、たいてい健忘に陥っているものの、個人の発達のうちに拭いがたい痕跡をとどめる。とりわけ、後年の神経症的疾患の素因を固定してしまうのである。だが、こうした幼児体験においてはつねに性的興奮やその興奮にたいする反動が問題になったので、幼児期の性という事実に向き合うことになった。これまた新発見であると同時に、人間のもっとも根強い先入見にたいし異を唱えることを意味していた。というのも、幼年期とは「無垢」なもので、激しい欲情からは自由なはずであり、「官能性」の魔力との闘いは思春期の疾風怒濤とともにようやくはじまるとされていたからである。ときたま子供にも性的活動を認めざるをえない場合もあったが、それは退化や早期的な堕落、あるいは自然の気まぐれと理解されてきたのだった。精神分析がえた探究成果のうち、性機能は人生開始とともにはじまり、幼年期のうちに重大な現象となってあらわれるという主張ほど、一般から激しく拒否され、また憤激を買ったものもすくない。しかしまた、精神分析によってこれほど容易かつ完璧に立証できる発見はほかにない。

さて、さらに幼児期の性の意義について立ち入って述べるまえに、私がしばらくのあいだ囚われ、ほっておけばやがて私の研究全体にとって取り返しのつかないことになったかもしれない誤りについてふれておかねばならない。その当時私が技法を用いて強く迫ると、私の患者たちのほとんどは、成人男性による性的誘惑を内容とする場面を再現してみせた。女性の場合、誘惑者の役割を演じるのは、ほとんどつねに父親であった。私は、こうした話を鵜呑みにしてしまい、幼年期の性的誘惑の体験のうちに後年の神経症の原因を見つけた、と思い込んだのである。いくつかの事例では父親、叔父、兄との関係が、想起があやふやでなくなる年齢にいたるまでつづいていたので、私の確信は深まった。もし誰かが、私の軽信ぶりを怪しみ首をかしげようとしても、そのひとの態度を不当とすることはとうていできない。ただあの当時は、毎日のように出てくる新事実の山を片寄りなく、そのまま受けとめようとして、批判力の行使をわざと控えていた、とだけ言っておこう。しかしやがて私は、そうした誘惑の場面はじっさいに起こったものではけっしてなく、患者たちが創作した空想《ファンタジー》にすぎないことを認識せざるをえなくなった。それも、どうやら私自身が彼らに強要した結果らしいのである。しばらくのあいだ、私は途方にくれた。(71) 自分の技法およびその成果にたいする自信は、手痛い打撃をこうむってしまった。けれども、ああした場面を得ることができた技法がまちがっているとは思えないし、その内容が私の探究の出発点となったさまざまな症状と関連しているのは、疑いようがない。気をとりなおした私は、この経験から正しい結論を引き出した。すなわち、神経症の症状は現実体験と直接に結びついているのではなく、欲望空想《ヴンシュファンタジー》と結びついている。また、神経症にとっては、物質的現実よりも心的現実のほうが重要な意味をもっているのである。いまでも私は、自分が患者たちに誘惑空想《ファンタジー》を強要した、つまり「暗示」にかけたとは思っていない。あのとき初めて、エディプスコンプレクスに突き当たっていたのだ。それは、のちになって他にまさる大きな意味をもつことになるのだが、空想という仮装をまとっていたために、まだ見破れなかったのである。じっさいまた幼児期における誘惑は、その程度は控えめなものながら、病因論の一角を占めつづけた。ただ、たいていの場合、誘惑者は年長の子供だったのである。

私の誤りとはまさに、リウィウスの語った帝政ローマ期の伝説をその本当のすがた、つまり悲惨で、かならずしも栄誉に満ちてはいなかったであろう時代と状況の想い出にたいする反動形成とみずに、歴史的真実とみてしまったようなものだった。この誤りが明らかになってしまえば、あとは幼児の性生活研究への道を遮るものはなにもなかった。こうして、精神分析を別の学問分野に応用する立場、すなわち精神分析のデータから従来知られていなかった生物学的現象のひとつを推定する立場に逢着したのである。

性機能というものは、もとから存在していたが、最初のうちは生存に必要な他のいろいろな機能に依存しており、それがやがて自立していったのだ。性機能は、成人の正常な性生活として知られるものになるまでに、長期にわたる複雑な発達を経なければならなかった。それはまず、一連の欲動成分の活動としてあらわれる。欲動成分は身体の性源域に従属していて、部分的には対立対《つい》(サディズムとマゾヒズム、窃視欲動と露出欲動)となって発現し、それぞれ独自に快の獲得をめざしてすすんでいく。そしてたいていの場合、自身の身体にその対象を見いだす。つまり性機能は、最初は中心化されておらず、もっぱら自体性愛的であった。やがて性機能のなかに統合化がはじまる。最初は、口唇成分が支配する編成段階である。サディズム肛門期がこれにつづき、そのあと到来する第三期がはじめて性器の優位をもたらす。これによって性機能は、生殖の役割を果たすようになった。こうした発達過程で、少なからぬ欲動部分が、最終目標からみれば不要となって棄て去られたり、他の用途にふり向けられたりした。また別の欲動部分は、それぞれの目標をはずれて、性器的編成へと移行していった。私は性欲動のエネルギーを——そしてただそれのみを——リビードと呼ぶことにした。さて私が認めざるをえなかったのは、リビードはここまで説明してきたような発達を、つねに申し分なく完遂するわけではない、という点である。個々の成分が強すぎたり、あまりに早く充足を経験したりすると、リビードが発達過程のある個所で固着する結果となる。そうなるとリビードは、あとになって抑圧を受けた場合、なんとかその個所へ戻ろうとする(退行)。症状の突発もまた、そこから生じる。後年に得られた洞察をつけくわえるなら、固着個所の定位は神経症の選択、つまりあとから発現する疾患がどのような形態をとるかという問題にとっても、決定的に重要となるのである。

リビードの編成に並行して、心の生活において大きな役割を与えられている、対象発見の過程もまたすすんでくる。自体性愛段階を経たあとの最初の愛の対象となるのは、両性いずれにとっても母親である。その栄養供給器官はおそらく、はじめのうち自身の身体と区別されていない。のちになると、といっても幼児期の最初の数年のあいだに、エディプスコンプレクスの関係が成立し、男児はその性的欲望を母親という人物に集中させるとともに、父親をライヴァルとみなして敵対的な興奮を示すようになる。女児にもこれと同様のことが生じる。[*4] エディプスコンプレクスのあらゆる変異と順序はその意味を深めていく。つまり、生まれつきの両性的体質がみずからを主張しはじめ、また同時的にあらわれるさまざまな追求を増大させる。こうした状態がしばらくつづいたあと、子供は性差の存在をはっきり知るようになる。この性探究の時期に子供が打ち立てる典型的な性理論は、自分の身体的編成の不完全さにもとづいているために、正誤が混ざりあっていて、性生活の諸問題（子供はどこからくるのかといった、スフィンクスの謎かけ）を解きえない。そういうわけで、子供の最初の対象選択は、近親相姦的なものとなる。ここまで述べてきた発達全体の進行は速い。人間の性生活のもっとも注目すべき特質は、それが中間休止をはさんで二節的に起動することである。性生活は四、五歳のときに最初のピークを迎える。だが、この早咲きの性欲はやがて減衰し、それまで活発だった追求が抑圧されて、思春期にいたるまで潜伏期に入る。このあいだに道徳、羞恥心、嫌悪といった反動形成がおこなわれる。*5 性発達のこうした二節性は、あらゆる生物のなかで人間にのみあらわれるようだ。それがおそらく、神経症にかかる素質の生物学的条件になっていると思われる。思春期を迎えると、以前にみられた追求や対象備給がふたたび活発化する。エディプスコンプレクスの感情拘束もまた、活動を再開する。幼児期の性発達には欠陥があるために、思春期の性生活では、以前にあらわれた興奮と潜伏期に獲得された制止とが、激突することになる。幼児期の性発

＊4　〔一九三五年の追加〕幼児性欲についての発見は、成人男性を手がかりに得られたものであり、そこから導かれた理論を男児に適用したのである。両性のあいだに広範な並行関係があるだろうという予測はむろん、十分に考えられたけれども、成り立たないことが証明された。さらなる検討と考察によって、男性と女性の性的発達には深甚な差異があることが明らかとなったのである。女児にとってもまた母親が最初の性対象となる。だが、正常な発達の目的に達するためには、女性は性対象のみならず、主導的な性器域を変更しなければならない。男性には起こらない、さまざまな困難やありうべき制止もそこから生じる。(72)

＊5　〔一九三五年の追加〕潜伏期は生理学的現象である。潜伏期が性生活の完全な中断を招くのは、しかし、幼児性欲の抑え込みを計画的にすすめる文化編成においてのみである。これは、たいていの未開人には当てはまらない。

達のピークがつづいていたとき、すでに一種の性器的編成が作り上げられていたが、そこでは男性性器のみが重要であった。女性性器はまだ、発見されていなかったのである（いわゆるファルス優位）。その時点での両性の対立は、まだ男性的か女性的かにはなく、むしろペニスを有しているか去勢されているかにあったのだ。これに関連する去勢コンプレクスが、性格ならびに神経症の形成にとって、すこぶる重要となる。

ここまで、人間の性生活について私が発見してきた事柄について、要約して説明してきた。理解の便を考えて、別々の時期に成立し、『性理論のための三篇』〔本全集第六巻〕が版を重ねるごとに補遺もしくは訂正として収録したものも、あわせて述べた。以上を読んでもらえば、しばしば強調されまた異論をも呼んできた性欲概念拡張の眼目がどこにあるか、無理なく納得いただけよう。この概念拡張は、二重のものである。一方で性というものは、性器とのあまりに狭い関係から解き放たれて、より包括的な快追求の身体機能と位置づけられる。この機能が生殖に奉仕するのは、二次的なことにすぎない。他方、私たちがふつう「愛」という曖昧な言葉をあてがっている、たんなる情愛や親しみもまたすべて、性的興奮に算入される。だが思うに、こうした拡張は新機軸ではなく、再建なのである。それは、これまで私たちを惹きつけてきたが、そのじつ目的からはずれて、意味を狭くしてきたこの概念の用法を棄て去ることである。性というものを性器から解き放てば、子供の性活動および倒錯者の性活動を正常な成人にたいするのと同じ観点からみることができるようになる、というメリットが得られるのだ。前者はこれまで、完全に等閑視されてきたし、後者は道徳的憤激を買いこそすれ、まったく理解されずにきた。精神分析の見地からすれば、もっとも奇妙で厭わしい倒錯も、性器優位から逸脱し、リビード発達の原初期そのままに独自に快獲得を求める性的な部分欲動のあらわれとして説明できる。こうした倒錯のなかでいちばん重要とされる同性愛には、倒錯という名称は当たらない。それは、両性性という体質およびファルス優位の後発作用からくるものである。精神分析を用いれば、誰についてであれ、同性愛的な対象選択の片鱗を証明できるのだ。子供を「多形倒錯[73]」と呼んだことがあったが、それは一般的に用いられている表現にたよったにすぎない。それでもって、なんらかの道徳的な価値評価を披瀝しようと思ったわけではない。そうした価値判断は、そもそも精神分析とは無縁のものである。

いうところの概念拡張のもうひとつの面は、精神分析によるつぎのような探求結果を示せば、その正しさが明らかになる。つまり、情愛の感情はすべて本来的に、完全に性的な追求であったが、やがて「目標制止」を受けたり「昇華」されたりしたものなのである。性欲動が多様な文化的所産に活用されてきたのは、まさにこのような影響を及ぼしたり方向転換を促したりする力を有しているためである。性欲動こそは、文化にもっとも大きく寄与しているのだ。

幼児期の性についての驚くべき発見は、最初は成人を分析することによって得られた。しかし、だいたい一九〇八年以降は子供を直接に観察して、こまかな点に至るまで、また思いどおりの範囲まで検証することができた[74]。子供に規則的な性活動があることを了解するのは、じっさいきわめて容易である。人間がこの事実を見逃し、幼年期は性とは無関係であってほしいという欲望にもとづく伝説をかくも長きにわたって保持してきたのは驚くべきことで、その理由を問わずにはいられない。これは、たいていの成人が自分の幼年期にたいして健忘に陥っていることと関わっているにちがいないのである。

64

IV 65

抵抗と抑圧、無意識、性生活の病因論的意義、さらには幼児期体験の重要性についての理論は、いずれも精神分析の学説体系の主要な構成要素である。残念ながらここでは、それらを別々のものとして述べることしかできず、おたがいどのように組み合わされ、また結びついているかを説明することはできない。さしあたり、分析の手法の技法的側面に徐々に生じた変化に目を向けておきたい。

当初は、患者に迫っては確認をしていく作業をつうじて、抵抗を克服しようとしたものだ。こうした抵抗の克服は、期するところのある医師にとっては、最初の方向づけを確立するうえで不可欠だった。だがそれはときとともに、患者と医師の双方にとってあまりに負担の大きなものになり、またよく考えるといささか怪しいところもなくはないように思われた。そこでこのやり方は、ある意味でそれとはまったく対極にある、別の方法と交代することになったのである。ある特定のテーマについて話すよう患者に強いるかわりに、いまや自由な「連想」に身を任せる、つまり、意識的な目的表象からすべて離れたときに脳裏に浮かぶことを話すように求めたのだった。患者の義務とされたのはただ、その自己知覚に生じるものを、ほんとうにあまさず伝えることと、批判的な異議申し立てに譲ってしまわないことだけである。異議申し立てとは、脳裏に思い浮かぶことどもを、これはさして重要ではないとか、無関係であるとか、そもそもまったく意味がないといった理由づけをして、排除しようとすることをいう。もっとも、話すにあたっては率直さが求められているということを、ことさらに繰り返すまでもなかった。それが、
分析による治療の前提だったからだ。 66

自由連想というこの手法こそは、精神分析の根本規則に服しつつその所期の目的を達成するべきもの、すなわち抑圧されたうえ、抵抗によって遠ざけられてしまっている素材を意識に導き入れてくれるものであった。この点を奇妙に思う人もあるかもしれない。しかしよく考えてみれば、自由連想はじっさいは自由ではないのである。患者は、その思考活動をある特定のテーマに向けていなくとも、精神分析という状況の影響下にあることにかわりはない。患者にはこの状況に関連するもの以外は思い浮かばない、と推測してさしつかえない。このとき患者は、抑圧されているものを再生産することに抵抗しようとするが、それは二様のかたちであらわれる。ひとつのかたちは、精神分析の根本規則が標的にしている、かの批判的な異議申し立てである。だが患者が、規則に服することでこの妨害を乗り越えてしまうと、抵抗はもうひとつのかたちをとる。抵抗は分析を受けている患者にたいして、抑圧されている当のものではけっしてなく、それらしい別物しか思い浮かばないように、一種の教唆を与えようとするのである。そして、こうした抵抗が大きくなるにつれて、代替として思い浮かんで語られることは、目当てとなる本来のものから遠ざかる一方になるのだ。注意を集中しながら、しかし無理なく耳をかたむけている分析家、しかもそれまでの経験一般からして先で起こることに対処の用意がある分析家であれば、この時点でふたつの可能性に照らして、患者が明らかにしてくれる素材の利用が可能だ。つまり、抵抗がさほど強くない場合には、教唆されたさまざまな内容から抑圧されているものじたいを突き止めることができる。抵抗がかなり強い場合でも、テーマからはずれているように見える思いつきを手がかりにすれば、この抵抗がどのような性質のものかを認識することができる。そうなれば分析家は患者に、抵抗を説明すればよいわけだ。いずれにせよ抵抗を発見することが、その克服の第一歩となる。だからこそ、解釈術というものが精神分析の仕事の枠内に入ってくるのである。これを駆使して成果を挙げるためには、センスのよさとトレーニングが欠かせないが、その習得は困難ではない。自由連想法には、以前の方法にくらべて労苦が少ないというだけではない、大きな利点がある。この方法は、被分析者に無理強いすることがほとんどなく、現実の現在との接点を失うこともない。また、神経症の構造のなかで動因となっているものをひとつも見逃さないし、そこに自分の予断からなにかを持ち込んでしまうこともない点も、十分に保証されている。自由連想法の場合、分析のすすめ方や材料のならべ方の決定は、本質的に患者任せである。そのため、ひとつひとつの症状ならびにコンプレクスを体系的に加工することはできない。催眠術にたよる、あるいは患者に力をかけていく手法の経過とはまったく正反対に、治療のさまざまな段階や局面をへるうちに大きな関連が経験されることになるのだ。だから、もしそばで聞いているひとがいたとしても——じっさいには、そういう人物はいてはならないが——、彼には分析による治療はまったく先の見えないものだろう。

自由連想法のもうひとつの利点は、そもそもこの手法が不調をきたす場合を考える必要がない点である。患者にたいし、どんなものを脳裏に思い浮かべるかについてあれこれ口を出さずとも、患者にはたったひとつのことしか思い浮かばないというのは、理論的にはいつもありうるにちがいない。とはいえこうした不調は、あるひとつの症例のなかで、きわめて規則的にあらわれ、まさにこのようにしかあらわれないということによって、こうした症例もまた解釈可能となるのである。

さてそろそろ、精神分析のすがたに本質的特色を与え、技法的にも理論的にも最重要部分をなしているといってよい動因について、立ち入って述べよう。精神分析の治療においては患者の側に、医師がそう仕向けたわけではないのに、現実からすればまったく説明することができない、分析家そのひとにたいする強い感情関係がかならず生じる。こうした関係は、陽性の場合もあれば陰性の場合もあり、情熱的でまったく官能的な恋着《れんちゃく》から反抗、憤慨、憎悪といった極端な表現にいたるまで、かたちはさまざまだ。これが簡略的に「転移」と呼ばれるものであって、患者にあっては、やがて回復への欲望にかわっていく。転移は、情愛豊かでかつ適度なものにとどまれば、医師の影響を運搬してくれるものとなり、精神分析という共同作業ほんらいの原動力になる。だがそれは、情熱的になってしまったり、敵意に満ちたものに転じたりしてしまうと、抵抗の主たる道具になる。そうなると、患者がなにかを思い浮かべる活動は停頓し、治療の効果も危うくなる。とはいえ、転移を避けようとしても無意味であろう。転移をともなわない精神分析はありえないからだ。転移は精神分析の所産であるとか、精神分析をおこなった場合にのみ発現すると考えてはいけない。転移は精神分析によって発見され、単独に取り出されたにすぎない。それは、人間なら誰にでもおこる現象であり、医師が患者になんらかの影響を及ぼそうとする場合、かならずその成否を決定する。つまり転移とはそもそも、ある人とその周囲にいる人びととの世界との関係を制御しているのである。催眠術者が被暗示性と呼んでいる力動論的な要因を、転移のうちに認めることはむずかしくない。その力動論的要因こそ、催眠術者と被催眠者との緊密な結びつきを左右するものだが、カタルシス法にたよっていたときにも、その予測ができないことが悩みの種となった。早発性痴呆やパラノイアのように、こうした感情転移傾向が乏しい、もしくは完全な陰性を示す場合には、患者に心的影響を行使しうる可能性もまたなくなる。

精神分析もまた、その仕事をすすめるにあたって、他の精神療法と同じく暗示という手段を用いているのはまったくそのとおりだ。だが精神分析にあっては暗示や転移は、治療が効を奏するかどうかの決め手にならないという点が、ちがいなのである。暗示や転移はむしろ、患者を心的作業へと向かわせる――つまり転移のかたちをとった抵抗の克服へと向かわせる——ために用いられる。そうした作業の意味するところは、患者の心の経済の持続的変化である。精神分析家は、患者に転移を意識させる。患者は、自分がとっている転移の態度は、最初期におこった、つまり抑圧をうけた幼年期以来の対象備給に起因する感情関係を再体験しているのだと了解する。こうした了解に達すると転移は解消される。このような方向転換があれば、転移は抵抗の最強の武器から精神分析の治療のための最良の道具になるのだ。ともかく、転移をどのように扱うかが、精神分析の技法のなかで最大の難所であるとともに勘所であることにかわりはない。

自由連想法ならびに、それと結びついた解釈術を援用することによって精神分析が挙げてきた業績は、実地の場合には有意義でないように見えたかもしれない。だがじっさいにはそれは、まちがいなく学問的営為におけるまったく新しい立場と重みへと至りついたのである。すなわち、夢とは有意味なものであり、しかもその意味を読みとることは可能だと立証したのである。夢は古典古代にあっては、未来を告知するものとして重んじられていた。だが近代科学は、夢と取り組もうとはしなかった。夢は、迷信扱いされるか、たんなる「身体的」な活動、つまりふだんは休眠している心の生活におきる一種の痙攣として説明された。まじめに学問研究をしてきたひとが「夢の解釈者」になるなど、とんでもないことであった。しかし、夢に向けられたこうした非難弾劾をものともせず、理解しにくい神経症症状のひとつ、すなわち妄想観念ないし強迫観念のようなものとして夢をとらえ、表面的な内容は無視して、ひとつひとつのイメージを自由連想法の対象にしてみると、これまでとは違った結論にたどりついた。夢をみるひとの脳裏に浮かぶさまざまな思いを検討してみると、夢とは馬鹿げた、ないし錯乱したものと呼ぶだけではすまない思考形成体だという知見が得られたのである。この形成体は、ひとつの十全な価値をもつ心的機能に対応するものであって、顕在的夢とは、それが歪曲や短縮、さらには誤解をうけて翻訳された結果、しかも多くの場合、視覚的イメージに翻訳された結果だったのだ。これらの潜在的夢思考こそが夢の意味を含んでいた。それにたいして顕在的夢内容は、偽りやみせかけにすぎず、なるほど連想が結びつくことはあっても、解釈には至りえなかったのである。

このように考えてくると、解くべき一連の問いに直面することになった。そのなかでもっとも重要なのは、夢形成には動機があるのか、夢形成はどのような条件のもとで生じるのか、豊かな意味を含んでいるのがふつうの夢思考が、ときおり無意味な夢に転じるのはどのような経路によるのか、などの問題だった。これらの問題にすべて決着をつけようとしたのが、一九〇〇年に公刊した『夢解釈』である。ここでは、同書でおこなった探究について、ごく簡略に要点だけふれておこう(75)。夢の分析から知られる潜在的夢思考を検討してみると、理解しやすく、夢をみた人にとっても熟知のものから画然と区別される、もうひとつの夢思考に出くわす。前者は、目覚めている生活の残渣(日中残渣)である。これにたいし、およそ脈絡のない後者のうちには、きわめて不愉快なことが多い欲望の蠢きが認められる。それは、夢をみた人の目覚めている生活にとっては異様なもので、そのために本人もまたびっくりしたり、立腹して否認したりする。この蠢きこそは、夢を形成するものの正体にほかならない。これが、夢の産出のためのエネルギーを調達し、また日中残渣を素材に用いるのである。こうしてできあがる夢は、欲望の蠢きにとってひとつの充足状況を表象する。つまり、その欲望成就なのである。このような過程は、もし睡眠状態の本性のうちにひそむなにかが促進要因にならなければ、そもそも起こりえないであろう。睡眠にとっては、自我を睡眠欲望へと調整し、生活のあらゆる利害関心から備給を撤収することが、その心的前提となる。そのさい同時に、運動機能にいたる経路が遮断されるので、自我は、ふだん抑圧を維持するために投入している労力を減らすこともできる。無意識の蠢きは、抑圧がこのように夜間に低下することを利用し、夢となって意識のうちにわけいってくる。ところが自我の抑圧抵抗は、眠っているあいだも停止してはおらず、低下しているにすぎない。その残っている部分は夢検閲として働きつづけ、無意識の欲望の蠢きが本来それにふさわしいかたちで表出することを禁じる。きびしい夢検閲をまえにして、潜在的夢思考は、夢の禁じられた意味を分からなくするような変更と緩化を受け入れざるをえない。顕在夢にいちじるしく奇妙な性格を与える夢の歪曲は、このように説明できよう。夢は（抑圧された）欲望の（偽装された）成就である、という命題は以上をもって立証される。いまや私たちは、夢とは神経症症状と同じように生れてくるもので、抑圧された欲動の蠢きと自我内部の検閲的な力による抵抗とのあいだの妥協形成であるという認識に達したのだ。じっさい夢は、神経症症状と同じ発生のしかたをするために、同様に理解がむずかしく、また同様の解釈を必要としているのである。

　夢をみることの一般的な機能を見いだすのはたやすい。それは、目を覚ますように促す外的あるいは内的な刺激に一種の緩和作用をくわえて防ぎとめ、妨害から睡眠を守るためのものである。外的刺激は解釈し直され、なんらかの無害な状況に織り込まれることで、防ぎとめられる。眠っている人は、欲動の要求である内的刺激はそのままにしておき、夢形成によって充足することを認めてやるが、それは潜在的夢思考が検閲の馴致に服しているかぎりである。だが〔この馴致が効かなくなる〕危険が迫り、夢があまりに生々しくなると、眠っていた人は夢を中断し、びっくりして目を覚ます（不安夢）。外的刺激が強すぎてもはや斥けられないときにも、夢機能は同様に不首尾に終わる（目覚まし夢）。夢検閲と協力しあいながら潜在的思考を顕在的夢内容へと移行させる過程を、私は夢工作と呼ぶことにした。夢工作の本質は、前意識的な思考素材の独特な取り扱い方にある。そこでは、思考素材のさまざまな部分が縮合され、その心的なアクセントは遷移される。そうなると全体は視覚的イメージに変換され、ドラマ化され、さらには誤解の種ともなる二次加工をへて補完される。夢工作は、私たちが熟知している正常な思考過程とはいちじるしく異なるもので、心の生活のはるかに深いところにある、無意識の層で生じる過程のすぐれたモデルなのだ。それはまた、太古の時代の特質を多くおびている。たとえば、もっぱら性的な象徴表現を用いることはその一例である。これはのちに、精神活動の他の領域においてもくりかえし見いだされることとなった。

夢の無意識的な欲動の蠢きは日中残渣、つまり目覚めている生活のなかの未解決な関心と結びつくと、この蠢き自身の所産である夢に、精神分析の仕事をすすめるうえでの二重の価値をもたせることになる。一方では夢は、抑圧された欲望の成就と解釈される。他方で夢は、日中の前意識的な思考活動をおしすすめ、思いどおりの内容でみずからを満たす。すなわち、なんらかの決意や警告や熟慮、そしてまたもや欲望成就をあらわにするのである。精神分析はこれらふたつの方向に沿って、つまり被分析者の意識過程と無意識過程をともに知るべく、夢を利用するわけだ。精神分析はまた、夢をとおして幼児期の生活の忘れられている材料に近づくことができるという事態を、おおいに活用する。幼児期健忘は、夢解釈と結びつくことで克服される場合がほとんどである。夢はこの点では、以前なら催眠術が負わされていた任務の一部を果たしている。とはいえ私は、夢解釈をすすめた結果、あらゆる夢は性的な内容を持っている、ないし性的欲動の諸力に帰着すると言い立てていると思われがちだが、しかしそのように主張したことなど一度もない。飢えや渇き、あるいは排泄圧迫もまた、なんらかの抑圧をうけている性的な、あるいは自己中心性の蠢きと同じく充足夢を生み出すことは、容易に知られよう。幼い子供の場合だと、私たちの夢にかんする理論の正しさを証明するために、手軽に試験をおこなえる。子供は、さまざまな心的な系がまだ画然とは分化していないし、抑圧の形成もまだ深くは進行していないので、日中から残っているなんらかの欲望の蠢きをあからさまに成就する夢を聞きだせる場合が多い。成人もまた、いろいろな強圧的欲求のもとにおかれると、幼児型の夢を作り出すことがある。[*6]

精神分析は、夢解釈と同様に、人間がよくおかす些細な失錯行為や症状行為の研究をも駆使するものである。そのために私は一書をあてた。一九〇四年に初めて公刊した『日常生活の精神病理学にむけて』〔本全集第七巻〕がそれである。おおいに読まれたこの著作の内容は、そうした現象はけっして偶発的なものではないこと、それらは生理学的には説明できないが有意味かつ解釈可能であること、抑制もしくは抑圧されている蠢きや志向を想定すると正しく位置づけられることを明らかにするものだった。この研究や夢解釈のすぐれた価値は、しかし、精神分析を補強する点にあるのではない。そうではなくて、精神分析のもうひとつ別の特性にかかわっている。それまでの精神分析は、もっぱら病理的現象の解決にのみ取り組み、その説明のために、扱った素材の軽重に不釣りあいな、遠大な推論を重ねざるをえなかった。これにたいして、いまや取り組みがはじまった夢は、病的症状ではなく、正常な心の生活におこる現象であり、どんな健康な人にも生じうるものであった。夢のなりたちが症状と同じなら、また、夢を説明するのに症状の場合と同じく、欲動の蠢きの抑圧、代替形成や妥協形成、さらにまた意識と無意識それぞれに応じた心的な系を仮定する必要が出てくると、精神分析はもはや精神病理学の補助学問にとどまらない。むしろ、正常人を理解するうえでも欠かすことのできない、新しい、しかもより基底的な心理学の端緒となるのである。精神分析のさまざまな前提や結論は、心や精神の出来事にかかわる他の領域に移してもさしつかえない。精神分析の前には、広大な領野へわけいる道、世界への関心の道が開かれているのだ。

V

精神分析の内的発展についての説明はいちど打ち切り、その外的な運命に目を向けてみよう。ここまで述べてきた精神分析の知見とは、おおむね私ひとりの研究成果であった。しかし、前後の関連からして、後年に得られた成果も合わせ述べてきたし、また私の門人や支持者の寄与を私自身のそれと区別してきてはいない。

ブロイアーと訣別してから十年以上にわたって、私にはひとりの支持者もなかった。私はまったく孤立していたのである。ウィーンではみな私を避けていたし、国外でも私を知る人はなかった。一九〇〇年に発表した『夢解釈』をとりあげて書評した専門誌もほとんどなかった。私はいちど論文「精神分析運動の歴史のために」のなかで、ウィーンの精神医学者仲間がとっていた態度の例として、さる助手との対話を紹介したことがある。彼は私の理論に反駁する本を書いたというのに、『夢解釈』を読んでいなかった[76]。大学病院で、読むに値しない本だと言われたというのだ。この人物は員外教授に昇進したのち、あのときの対話の内容はおかしいと言いだした。それどころか、そもそも私の想い出の確かさを怪しみさえしたものである。だがあの一件を紹介した私の文章は、一言一句たりと

＊6 〔一九三五年の追加〕夢機能がしばしば不成功に終わることを考慮すると、夢を欲望成就の試行と性格づけるのが適切だろう。夢とは眠っているあいだの心の生活だというアリストテレスの古い定義には、いまも異論はない。私が自著に『夢』ではなく『夢解釈』という表題を与えたのも、それなりに意味があってのことだ。

もまちがっていない。

　自分が直面している事態がみなそれぞれどうしようもないことだと了解すると、私のささくれだった気持ちもかなり鎮まった。じっさいまた私の孤立も、しだいに終わりがみえてきた。最初はウィーンで、門人たちがサークルを作ってくれた。一九〇六年以降、チューリヒの精神医学者E・ブロイラー(77)とその助手のC・G・ユングをはじめとする人びとが、精神分析にさかんに関心を示しているというたよりが聞えてきた。個人的な関係があいついで結ばれ、一九〇八年の復活祭には、この若い学問に親しんでいる人びとがザルツブルクに集まって、そうした私的会合の定期的な開催と機関誌の発行を取り決めた。誌名は『精神分析・精神病理学研究年報』とし、ユングが編集実務にあたることになった。編集責任者はブロイラーと私が務めた。だが同誌は、世界大戦の勃発とともに休刊となってしまった。スイス人たちの参加と時を同じくして、ドイツ各地でも精神分析にたいする関心が目覚め、さまざまな論評の的になったり、学術的会合での活発な論議の的になったりした。だがそれは友情あふれる、ないし好意的に迎え入れる姿勢ではまったくなかった。ドイツの学問は、精神分析にごくわずかふれただけで、一斉に論難をはじめたのである。

　精神分析が精神医学、心理学、そしてそもそも精神科学一般にたいして有するであろう価値について、後世の人びとが最終的にどのように判断するかは、いまはむろん知るよしもない。しかし、いずれ私たちが生きてきたこの時代の歴史を書こうという人があらわれたなら、彼は当時の代表的な学者たちの態度が、ドイツの学問にとって名誉となるものではなかったことを認めないわけにはいかないだろう。私がいうのは、彼らが精神分析を拒んだという事実、またその拒絶の頑なさではない。それはよくわかることだし、まず予想どおりだった。すくなくとも論敵の性格の汚点となるものではなかっただろう。それにたいして、そのいちじるしい傲岸さや良心のかけらもない論理軽視、論駁のさいの下品さや悪趣味ぶりには、弁解の余地はない。私が十五年たったいまもなお、このようなささくれだった気持ちを吐露することには、子供じみているという咎め立てもあるかもしれない。これ以上つけ加えるべきことがなかったならば、私とてこんなことはしないだろう。あのあと数年たって世界大戦になったとき、敵国からはドイツ国民は野蛮人だという非難の大合唱がおこった[78]。こうした非難は、ここまで述べてきたこととぴったり重なり合っている。みずからの経験からして、この非難の大合唱に抗弁することができなかったのは、なんとも心苦しいかぎりだった[79]。

論[80]敵たちのひとりは、患者が性的な事柄を口にしだすと話を切り上げさせる、と大威張りだったものである[81]。そんなやり方では、神経症において性がはたしている病因論的な役割を判断する権利から遠ざかってしまうのは明らかだ。情動的抵抗は、精神分析の理論によってごく簡単に説明できるので、私たちを誤らせることはありえない。それとは別に、精神分析の理解を阻んでいた主な障碍はどうやら、論敵たちが精神分析を私の思弁的空想の所産とみなし、理論構築のために長い時間をかけて辛抱づよく、いかなる前提も設けずに進められた仕事だとは考えようともしなかった点にあったと思われる。彼らにいわせれば、精神分析は観察と経験とは無縁なものであるから、みずから治験をおこなわずとも論難してかまわない、というのだった。これほどのはっきりした確信がない他の人びとは、自分が容認できないものを見ずにすますため顕微鏡を覗こうともしないという古典的な抵抗術を繰り返した。いったい、新たな事柄に接して自分の判断をくださねばならないとき、人間の大半がいかに不公正なふるまいに及ぶかは、注目に値する。私は多年にわたって、また今日でもなお、精神分析に「好意的」な批判者の声を耳にしている。精神分析はこれこれの点までは正しいが、そこから先になると行き過ぎ、つまり不当な一般化をはじめる、というのだ。しかし私にいわせれば、そのような線引きほどむずかしいものはないし、また批判者自身ほんの数日前あるいは数週間前まで、精神分析をなにひとつ知らなかったりするのだ。

精神分析にたいして公然たる破門が下された結果、分析家のほうではますます結束を固めることになった。一九一〇年にニュルンベルクで開かれた第二回の会議ではS・フェレンツィ(82)の提案に基づいて、いくつかの地方支部からなり、全体を事務総長が指導する「国際精神分析協会」が組織された。この協会は世界大戦を乗り越えて今も活動しており、ウィーン、ベルリン、ブダペスト、チューリヒ、ロンドン、オランダ、ニューヨーク、全米、モスクワおよびカルカッタの各支部がある。(83)私は初代事務総長にC・G・ユングを選出させたが、あとになってはっきりしたように、これはまことに不幸な船出であった。そのころ精神分析は、アードラーとシュテーケル(84)が編集する『精神分析中央誌』というふたつめの雑誌にくわえ、まもなく第三の雑誌『イマーゴ』も得た。『イマーゴ』は、医師ではないH・ザックス(85)とO・ランク(86)が編集を担当し、分析の精神科学への応用研究にあてられた。そのあとすぐに発表されたのが、精神分析擁護のためのブロイラーの著作（一九一〇年刊の「フロイトの精神分析(87)」）である。論戦のさなかにいちどであれ公正な態度とまっとうな論理が語られたのは喜ばしいかぎりだったが、ブロイラーの仕事は私を完全に満足させるものではなかった。この本は不偏不党という見かけを求めるに急でありすぎたのだ。両価性《アンビヴァレンツ》という貴重な概念を私たちの学問に導入するにいたったのは、まさしくこの著者のおかげだったというのは、偶然ではなかったのである。ブロイラーはのちになって発表した論文のなかでは、精神分析の学説体系に否定的な態度をとるようになり、しかもその本質的な部分について疑問を呈したり、非難を浴びせたりした。だから私は、彼が精神分析に与えた承認のうちいったい何があとまで残るものやら、不思議に思ったものだ。だがもっとあとになると、ブロイラーはまた「深層心理学」のために誠意ある発言をしてくれたのみならず、深層心理学のうえに統合失調症《シゾフレニー》の浩瀚な研究[88]を打ち立てた。ちなみに、ブロイラーが「国際精神分析協会」にいた期間は短かった。彼はユングとうまくいかず、協会を去ってしまったのである。「ブルクヘルツリ[89]」は、精神分析から失われたのだ。

公然たる反対も、精神分析がドイツと他の国々に広まっていくのを押しとどめることはできなかった。私は別稿（「精神分析運動の歴史のために」）でその展開の段階をあとづけ、代表的人物としてきわだつ人びとの名前を挙げたことがある。一九〇九年、ユングと私は、G・スタンリー・ホール[90]からアメリカへ招かれた。ホールが学長をしていたマサチューセッツ州ウスターのクラーク大学で、その開学二十周年行事として一週間の（ドイツ語での）連続講義をするためだった。ホールは、尊敬に値する心理学者でありまた教育学者でもあって、数年来すでに精神分析を授業に取り入れていた。彼にはいささか「キングメーカー」めいた風貌があり、大物たちを将棋の駒のように動かすのが好きだった。私たちはウスターでハーヴァード大学の神経学者ジェームズ・J・パットナム[91]にも出会った。彼は高齢にもかかわらず精神分析に夢中になっていて、誰からも敬愛されるその重厚な人柄で精神分析の文化的価値とその意図の純粋さを擁護してくれた。このすばらしい人物には強迫神経症の素地があり、その反動からいたって倫理的な態度を持していて、精神分析を特定の哲学体系に結びつけ、道徳的企図に役立てたいといわれたときには、私たちもさすがに閉口した。哲学者ウィリアム・ジェームズとの出会いもまた、あとあとまで印象に残った。ささやかな情景を私はいまも忘れることができない。散歩の途中、彼は不意に足をとめ、鞄を私にあずけて先にいってくれといったのだ。「いま狭心症の発作が起こりかけていますが、治まったらあとから追いかけますからね」。

一年後、ジェームズは心臓病で亡くなった。私はそれ以来、遠からず死に直面するときには、彼のような恐れのない態度でありたいと願ってやまない。

当時私はようやく五十三歳になったところで、われながら若々しく健康だと自負していた。新世界の短期滞在は、私の自我感情にとってたいがい快適であった。ヨーロッパでは破門同然と感じていた私だったが、ここでは最もすぐれた人たちから対等に遇されていると思えたのである。ウスターで「精神分析五講[92]」のために壇上に登ったときは、信ずべからざる白日夢が実現したかのようだった。つまり、精神分析はもはや妄想の産物ではなく、現実の大切な一部分になったのである。私たちが訪問してからというもの、精神分析がアメリカで地盤を失うことはもはやなかった。分析は非専門家のあいだに広く行き渡り、また公職にある多くの精神科医から医学教育の重要な構成要素として認められている。ただ残念なことに、精神分析はアメリカではずいぶん希釈されてしまった。精神分析とはなんの関係もない濫用がかなりおこなわれ、しかもそれが精神分析の名を騙っているのだ。また技法と理論について、徹底的な教育を受ける機会に乏しい。くわえてアメリカでは、精神分析は行動主義としのぎを削っている。行動主義は単純素朴にも、心理学の問題一般にけりをつけたと豪語しているのである。

一九一一年から一九一三年にかけてヨーロッパでは、精神分析から離反するふたつの動きがおこった。主導者となったのは、それまでこの若い学問において大きな役割をはたしてきたアルフレート・アードラーとC・G・ユングである[93]。ふたつの動きはなんとも危険に思われたし、またたちどころに多くの追従者を集めた。だが両者の強みは、その内容によるのではない。それは、精神分析が集めた素材が事実であることはもはや否定しないが、不快感を催させるその結論にとらわれないようにと誘いかける点にあったのだ。ユングは、精神分析が明らかにした事実を、抽象的なもの、非人格的なもの、非歴史的なものへと解釈し直そうと試みた。それによって彼は、幼児性欲ならびにエディプスコンプレクスの重視と幼児期分析の必要性を、ともにないものにしようと望んだのである。アードラーは、精神分析からさらにいっそう遠ざかると思われた。彼は性一般の重要性を斥け、性格形成と神経症形成はもっぱら人間の権力追求ならびにその体質的劣等感の代償への欲求に発するとしたのだ。精神分析が獲得した心理学的な新知見を、ことごとく捨て去ったわけである。ところが、アードラーが斥けたものは、名前を変えて彼の閉鎖的体系のなかに入ってこざるをえなかった。たとえば、彼のいう「男性的抗議」とは、不当にも性別を与えられてしまった抑圧のことにほかならない。ところが世評は、このふたりの異端者にきわめて温かく接した。私にできたのはアードラーとユングに、それぞれの説が「精神分析」を名乗るのをやめさせることぐらいだった。あれから十年たった今日、彼らの試みは精神分析になんら傷を与えることなく通りすぎていったと断言できる。

ある団体が、いくつかの重要な点についての合意のうえに成り立っている場合、こうした共通基盤を放棄してしまった人びとが団体を去るのはあたりまえだろう。ところが、古くからの門人たちの離反は、私の狭量さのあかしであり、責めは私にあるとしばしばいわれてきた。私が背負っている特異な宿命のあらわれだ、という声もあった。これらにたいしては、私から離れていったのがユングやアードラー、シュテーケルおよびその他若干名にすぎないのと対照的に、アブラハム[94]、アイティンゴン[95]、フェレンツィ、ランク、ジョーンズ[96]、ブリル[97]、ザックス、牧師プフィスター[98]、ファン・エムデン[99]、ライク[100]など大多数は、ほぼこの十五年にわたって忠実に協力してくれ、たいてい曇りない友情で私につき従っているとだけいっておけば十分だろう[101]。ここで名前を挙げた人たちはみな、精神分析の研究文献ですでに名を轟かせている、もっとも古くからの門人ばかりである。その他の人びとにはふれないが、彼らを軽くみるつもりはない。むしろ、あとから加わった若い人たちのなかにこそ、大きな希望を託するにたる才能がひしめいている。とはいえ、心ひそかに言ってもよいだろうが、狭量なうえ無謬性の臆断にとらわれている人間には、かくも多くの精神的に卓越した人物たちを惹きつけておくことはできまい。実践面で私にまさって魅力的でないのなら、なおさらだ。

　世界大戦はきわめて多くの他の組織を破滅に追い込んだが、私たちの「国際精神分析協会」に被害を与えることはできなかった。戦後第一回目の会議は、一九二〇年に中立地のハーグで開催された。飢えと困窮にあえいでいた中欧の人びとを受け入れたオランダ側のもてなしは心温まるものだったし、破壊しつくされた世界にあって、イギリス人とドイツ人が学問的な関心から親しく同じテーブルについたのは、私の知るかぎりこれがはじめてだった。おまけに戦争のおかげで、ドイツでも西欧諸国でも精神分析への関心が高まっていた。戦争神経症の患者の観察から、医師たちの目はやっと、神経症障碍の心因性の意味にたいして開かれたのである。私たちが心理学用語にしていた「疾病利得」や「疾病への逃避」などの概念は、急速に広まった。敗戦前の最後の会議が一九一八年にブダペストで開かれたとき、中欧諸国の政府連合は公式代表団を送り込んできて、戦争神経症患者の治療用に精神分析病棟を開設することを約束した。だが話はそれ以上は進まなかった。私たちのもっともすぐれた会員のひとりアントン・フォン・フロイント博士[102]は、ブダペストに精神分析の理論と治療のための中央機関を設けようという遠大な計画をもっていたが、こちらもまた、その後すぐにおこった政治的激動とこのかけがえのない人物の早逝で頓挫した。彼の提案の一部は、のちにマックス・アイティンゴンによって実現された。一九二〇年、アイティンゴンはベルリンに精神分析の外来診療所を開いたのである。短命に終わったボルシェビキ政権下のハンガリー[103]でも、フェレンツィが大学における精神分析の公式代表として教育活動をつづけ、大きな成果をあげた。戦後わが論敵たちは、精神分析の主張の正しさを覆す決定的な証拠が経験的に得られたと発表して、おおいに気をよくしていた。彼らによると戦争神経症は、神経症疾患の病因論において性という動因がいらないことを証明した、というのである。しかしながらこの勝利宣言は、いかにも軽率で拙速であった。だいいち、戦争神経症の症例の徹底的な分析をおこなえた人は誰もおらず、したがってその動機について確実なことはなにもわかっていない。こうした未解明状態から結論を引きだすことはまちがいである。他方、精神分析はすでにナルシシズムおよびナルシス的神経症の概念を得ていた。この概念は、リビードが対象にではなく、みずからの自我に付着している状態を指している。(104) いずれにせよ論敵たちは、かねてから精神分析が性の概念を不当に拡張しているといって非難してきたが、論争のうえで好都合だと思えば、そうした点で精神分析を咎めだてしてきたことなど知らぬふりで、こんどは精神分析が性の意味を狭めているといって非難したのである。

私にとって精神分析の歴史は、カタルシス法にたよっていた前史の段階を別にすると、ふたつの時期に分かれる。最初の時期、私はひとりきりで、あらゆる仕事を自分ですすめなければならなかった。これは一八九五年から九六年にかけてはじまり、一九〇六年ないし一九〇七年までつづいた。それから現在にいたるまでが第二の時期で、門人ならびに協力者の寄与がますます重みを増してきている。おかげで私は、病気が重く人生の終わりも近いと告げられているいま、自分自身の仕事が途切れてしまうと思っても心穏やかだ。(105) この『みずからを語る』で精神分析の発展の第二期について、私ひとりの活動で分析がしだいに組み立てられていった第一期ほどには詳論するつもりがないのも、そのためである。このさきは、私がなおも重要な貢献を果たした新知見についてふれておくだけでよいだろう。それはとりわけナルシシズム、欲動理論、精神病への応用といった領域での知見である。

忘れずに述べておかねばならないのは、神経症の核をなしているのはエディプスコンプレクスだということが、経験が深まるにつれてますますはっきりしてきた点である。エディプスコンプレクスは、幼児期の性生活の頂点であるとともに、あとのあらゆる発達がそこに発する結節点でもあった。だがそうなると、精神分析によって神経症に特有の動因を探り当てるという見込みはなくなってしまった。まだ精神分析に参加していたころのユングが的確に述べてくれたように、神経症には神経症ならではの特殊で固有な内容はなく、患者は正常人がさいわい制覇できたのと同じ事柄で引っかかっている、といわざるをえなかった。だがこの洞察は、〔私たちの〕期待が裏切られたことを意味するものではまったくない。それは、分析をとおして発見された深層心理学は、正常な心の生活の心理学そのものだといういまひとつの洞察と、みごとに合致したからだ。私たちは、まるで化学者のようだった。化学物質が示すいちじるしい質的多様性とは、同じ元素の化合比率の量的変動から生じるものである。

エディプスコンプレクスでは、リビードは両親という人格的表象と結びついてあらわれた。だがそれ以前に、こうした対象がまったくない時期があったのだ。ここからリビード理論の基礎となる概念、つまりリビードが自身の自我を満たし、その自我じたいを対象としていた状態にかんする概念が生れたのである。この状態が、「ナルシシズム」あるいは自己愛と呼ばれるものであった。その後の議論によって、ナルシシズムは本来、完全に廃棄されることはないという説明が与えられた。生涯のあらゆる時期において、自我こそはつねにかわらずリビードの一大貯蔵槽なのである。対象備給が送り出されてくる元には自我があり、リビードが対象から還流していける先もまた自我である。(106) つまりナルシス的リビードはたえず対象リビードに転じるし、またその逆も起こるのだ。このような転換がどの程度に達しうるかを示す好例は、自己犠牲にまでいたる性的な、もしくは昇華された恋着である。従来は、抑圧過程において抑圧されているものだけに注目してきたが、こうした表象のおかげで、抑圧するものの適切な評価が可能となった。抑圧は、自我のなかで働いている自己保存欲動（「自我欲動」）によって起動され、さまざまなリビード的欲動にふれていくうちに完結する、というのが従来の説明だった。だがいまや、自己保存欲動もまたリビード的性質を持つもの、つまりナルシス的リビードとして認識された以上、抑圧過程はリビードじたいのなかで起こるひとつの過程ということになった。ナルシス的リビードは対象リビードと対立し、自己保存の関心は対象愛の要求にたいして、したがってまた狭義の性欲の要求にたいして、防御態勢をとるのである。

心理学においては、さらなる展開が可能な、射程の長い欲動理論以上に急を要すると思われるものはない。だが、その種のものはまだないので、精神分析は手さぐりで欲動理論の確立に努めざるをえないのである。精神分析が最初に考えたのは、自我欲動（自己保存、食欲）とリビード的欲動（愛）との対立だった。のちにはそれにかえて、ナルシス的リビードと対象リビードとの対立をあらたに考えた。それでもまだ最終結論に達しなかったのは明らかである。生物学的に考えると、欲動はたった一種類しかないと想定してこと足れりとするわけにはいかないように思われる。

近年の仕事（『快原理の彼岸』、『集団心理学と自我分析』（いずれも本全集第十七巻）、『自我とエス』（本巻所収））では、私は長いあいだ抑えてきた思弁的傾向を存分にすすめてみた。欲動の問題についても新たな解決の端緒を得たいと考えてのことだった。そこで私は、自己保存と種の保存をひとまとめにしてエロースの概念でとらえてみたのである。そして、エロースと対立するものとして、それと知られることなく働いている死の欲動ないし破壊欲動を考えた。欲動というものをごく一般的にとらえれば、それはおよそ生命あるものがかならず備えているある種の弾性、つまりかつて存在していながら、外的障碍によって失われてしまった状況を復元しようという衝迫である。欲動がこのようにその本質において保存的な性質をおびていることは、反復強迫の現象から説明されよう。エロースと死の欲動がときに共働的に、ときに拮抗的に作用しあうことから、私たちの生のすがたは生まれるのだ。

こうした〔思弁的な〕構築が、治験によって実用に堪えるものとされるかどうかはわからない。それはたしかに、精神分析のもっとも重要な理論的表象のいくつかを確定しようという努力に導かれていたが、精神分析をはるか超え出ている。リビードや欲動といった最上位の概念すら明確でない精神分析のごときは学問の名に値しない、という侮蔑的発言は、これまでさんざん耳にしてきた。だがこうした非難は、事態の完全な誤解に基づくものだ。明晰な根本概念や明確な定義というのは精神科学だけの話であり、しかもそれがある事実領域をひとつの知の体系形成の枠内でとらえようとするかぎりにおいてのことである。だが心理学もその一員である自然科学においては、最上位概念のこのような明晰性は不要なものであるどころか、そもそもありえない。動物学と植物学は、動植物について正確かつ十分な定義を下してから出発するものではないし、生物学は現在でも、生物の概念に確実な内容を与えることができていない。物理学にしても、物質、力、重力などの概念が期待どおりの明晰性と精密性を得るまでまたねばならなかったとしたら、およそ発展しなかっただろう。自然科学の諸分野における根本表象あるいは最上位概念は、最初はいつも規定されておらず、さしあたりそれらが出てくる現象領域が存在するとだけ説明される。観察素材の分析が進展してはじめて、概念のほうも明確化され、内容豊かで首尾一貫したものになっていくのである。[107]

私はすでに研究の早い段階で、精神分析的観察からより一般的な知見を得ようとしたことがある。一九一一年、

「心的生起の二原理に関する定式」〔本全集第十一巻〕と題する短い論文で、心の生活に占める快‐不快原理の優越、およびいわゆる「現実原理」によるその交代を、独創性豊かとはいえないやり方ながら強調してみたのである。後年には思いきって「メタサイコロジー」を試みた。心に生ずるあらゆる出来事を力動論、局所論、経済論という三つの座標から評価する考察方法をそう呼んだのである。これこそ、心理学が到達しうるもっとも高い目標と考えたのだ。この試みは未完成にとどまり、論文をいくつか書いただけで終わってしまった(「欲動と欲動運命」、「抑圧」、「無意識」、「喪とメランコリー」〔以上、本全集第十四巻〕ほか)。だが、それはそれでよかったと思う。そのような理論を確立するのは、まだ時期尚早だったからである。近年の思弁的な著作のなかで私は、病理学的な事実を精神分析に利用して、人間の心の装置のなかに区分を設けた、つまりそれを自我、エス、超自我に三分して考えたのである(一九二三年の『自我とエス』(108))。超自我とはエディプスコンプレクスのあとを継ぐもので、人間の倫理的要求を代表する。

(109)これら近年の仕事では私が根気のいる観察に背を向け、まったくの思弁にふけっていると考えないでいただきたい。むしろ私は、かわることなく精神分析の素材にまぢかく接しているし、特殊な臨床的ないし技法的なテーマに取り組みつづけてきた。観察を離れているときでも、本来の意味での哲学に近づかないように用心している。もともと哲学には不向きな私であったから、こうした態度を貫くのはいとも簡単なことだ。私はかねてからG・Th・フェヒナーの見解に親しんでおり、重要な事柄になるとこの思想家に依拠してきた(110)。精神分析とショーペンハウアーの哲学との大幅な一致――彼は感情の優位と性のきわだった重要さを説いただけでなく、抑圧の機制すら洞見していた――は、私がその理論を熟知していたがためではない。ショーペンハウアーを読んだのは、ずっとあとになってからである。[11] 哲学者としてはもうひとりニーチェが、精神分析が苦労のすえにたどりついた結論に驚くほどよく似た予見や洞察をしばしば語っている。だからこそ、私は彼をひさしく避けてきたのだ。私が心がけてきたのは、誰かに先んじることにもまして、とらわれのない態度を持することである。

　神経症は精神分析の最初の対象であるとともに、長いあいだその唯一の対象だった。精神分析家の見るところ、この疾患を精神病とは別物とみて、器質的な神経疾患に結びつける医学的実践がまちがっているのは疑うべくもなかった。神経症の理論は精神医学の一部であり、入門的知識として欠かすことはできないのである。それにたいして、精神病にかんする精神分析的研究となると、これは治療の見とおしが立たないので、努力をしても無駄だと思われているようだ。一般に精神病患者は陽性転移の能力を欠いており、そのために分析の主要技法は適用できない。とはいっても、手も足も出ないわけでもないことがわかってきている。転移がまったく起こらず、なんの進展も得られないというケースばかりではないのである。周期性の気分変調、軽度のパラノイア性変化、部分的な統合失調症《シゾフレニー》では、分析によって確実な成果があがっている。精神神経症なのか早発性痴呆なのか、診断の見きわめまでにかなりの時間を要する場合も多いが、それもすくなくとも学問研究にとっては有益だった。治療をはじめたものの中断せざるをえなかったときも、かなり重要な知見が得られた。だがなにより留意すべきは、神経症では苦労して深みから掘り出さねばならないものの大半が、精神病ではおもてにあらわれていて、誰の目にも明らかだという点だ。だからこそ精神科の診察室が、精神分析のさまざまな主張にとって最良の実地検証の対象を生み出してくれることになるのである。精神分析がやがて精神医学的観察の対象へと向かう道を見いだしたのも、ゆえなしとしない。私はごく早い段階で(一八九六年)、ある妄想性痴呆《パラノイド》の症例において、神経症にみられるのと同じ病因論的動因、同じ情動的コンプレクスの存在を確認していた[112]。ユングは、痴呆症患者にみられる不可解な常同症を、患者の生活史をさかのぼって関連づけ、説明してみせたことがある[113]。ブロイラーも、精神分析が神経症患者において突き止めたのと同じ機制が、各種の精神病において働いていることを明らかにしている[114]。こうした積み重ねにより、精神病の理解に挑む分析家の努力はもはや押し止めようがなくなった。とりわけナルシシズム概念を駆使する研究がおこなわれるようになってからは、そこかしこで壁のむこうへ視線を投じることができるようになったのである。そのなかでもっとも先進的な仕事は、アブラハムによるメランコリーの解明だろう[115]。この分野の現状ではむろん、知識がすべて治療の武器になるわけではないが、たんに理論として得られたものであっても、過小評価してはいけない。それは実地に応用されることを待ち望んでいるのである。時がたてば精神医学者も、患者という素材が発揮する証明力に反論できなくなるだろう。現在のドイツ精神医学界で進行しているのは、精神分析のさまざまな知見の、一種の《平和的侵入》[116]なのだ。これにたいしては、精神分析家になるつもりはないだの、「正統派」には与しないだの、「正統派」の行きすぎにはついていけないだの、とくに性という動因が絶大な力を振るうとは考えられないだの、さまざまな声明が絶え間なく飛び交っている。そうしたさなかにも多くの若手研究者は、精神分析理論のあれこれの部分を自家薬籠中のものとし、それぞれの仕方で素材への応用をこころみているのだ。それらの兆候はみな、さらなる発展がこの方向で起こるであろうことを予示しているのである。

VI

精神分析は、長いあいだ冷淡な態度をみせてきたフランスに進出中だが、そのさいどのような反応症状が見られるのか、遠くからではあるが追いかけてみよう。それはまるで、以前に体験したことの再生産のような印象だが、フランスならではの特徴もある。融通がきかないうえに鈍重な精神分析の用語法(だが、レッシングの不滅のシュヴァリエ・リコー・ド・ラ・マルリニエール[117]のことを考えてもみよ)は、フランス人の繊細な感覚には受け入れがたいなどという、信じがたいほどの単純素朴さに発する異論の声が大きい。多少ともまじめな意見もある。こちらは、ソルボンヌの心理学教授にすら、品位にかかわるとは思えなかったものだ。つまり、そもそも《ラテン的精神[118]》には、精神分析の思考方法が耐えがたいというのである。そうなると〔フランスは〕、精神分析の信奉者と目されるアングロサクソンの連合軍諸国とは手切れということになろう。こんな話を耳にした人は誰しも、《古ゲルマン精神[119]》は誕生したばかりの精神分析を、最愛児として胸に抱きしめてくれた、と思わずにはおれまい。

フランスで最初に精神分析への興味を示したのは、文学者たちだった。この点を理解するには、精神分析は夢解釈を手はじめに、純粋に医師の仕事とされていた範囲を踏み越えてしまったことを、想い出す必要がある[120]。精神分析がドイツに登場してから現今のようにフランスに登場するまでのあいだに、文学や芸術学、宗教史や先史学、神話学や民俗学や教育学など、じつにさまざまな領域への応用がこころみられてきた。それらはみな、医学にはほとんど無関係で、ただ精神分析によって媒介されてのみ医学と結びついている。だから私には、ここでそうした事柄に立ち入ってふれる権利はない。とはいえ、まったくふれずじまいというわけにもいかない。それらは、精神分析の価値と本質を正しく表象するうえで不可欠である一方、わが生涯の仕事を語ることがここでの課題だからだ。こうした応用の大部分は、私の研究がその端緒になっている。じっさい私のほうでも、そうした医師として以外の関心を充足させるために、道を一歩踏み出すようなことがときどきあったと思う。他の人びとは医師のみならず専門家までも、私が歩いたあとを追いかけてきて、それぞれの分野にさらに深く分け入ってくれた。だが、自分で精神分析の応用に寄与してきたところを述べるにとどめておきたいので、こうした応用の広がりと意味について、読者にはまったく不十分な見取り図しか示すことができない。

私にとって、一連の展開の出発点となったのはエディプスコンプレクスであった。それが広範囲にみられることに、しだいに目を開かれていったのである。身の毛もよだつような題材の選択、いや創作が謎めいていても、またそうした詩的表現の心をゆさぶる作用や運命悲劇一般の本質が謎めいていても、そこでは心の出来事の法則性があますところない情動的意味においてとらえられていることを見抜いてしまえば、すべて説明がつくのだった。宿命や神託とは、内的な必然性が具現したものにすぎなかった。英雄が知らずしらずのうちに、また意図に反して罪を犯したのは、まさしくその犯罪的追求という無意識の本性があらわれたものと理解される。この運命悲劇理解からほんの一歩踏み出すだけで、『ハムレット』の性格悲劇を解明することができた。この作品は三百年来称賛されてきながら、その意味は知られておらず、また作者のモティーフも明らかではなかったのである。作者が創造した〔ハムレットという〕神経症患者が、現実世界に無数に存在する同病者とおなじく、エディプスコンプレクスにつまずいていることこそ、注目すべき点であった。というのもハムレットは、あるひとりの人物にたいしてふたつの行為への復讐をするという課題に直面している。このふたつの復讐が、彼のエディプス的追求の内容をかたちづくっており、しかもそこではうしろ暗い罪責感が彼の腕に手をかけて、動けなくしているらしいのだ。シェイクスピアが『ハムレット』を書いたのは、その父親が亡くなった直後だった。[*7] 私はこの悲劇を分析してはどうだろうと言ったものだが[121]、その仕事はのちにアーネスト・ジョーンズが徹底的にやりぬいてくれた[122]。さらにオットー・ランクによる劇作家たちの題材選択の考察も、この事例を出発点としている。「近親相姦モティーフ」を扱った大著[123]で彼が明らかにしえたのは、しばしば作家たちがまさしくエディプス的状況のモティーフを主題に選び、また世界文学をつうじてこの題材の転換、変更、婉曲化をすすめてきたという点である。

こういうことから、文学創作や芸術創造の全般に分析をくわえる仕事をしてみようという話になった。空想《ファンタジー》の領分とは、苦しい思いをして快原理から現実原理に移行するにあたって設けられた「保護区」であって、そこでは現実の生活では断念を余儀なくされている欲動充足の代替が認められる。芸術家は、神経症患者と同じく、充足されない現実から空想《ファンタジー》世界へと撤退したわけだが、神経症患者とちがってそこからの帰り道を探りあて、ふたたび現実をしかと踏まえるすべを心得ているのだ。彼の創造物、すなわち芸術作品は夢とまったく同様、無意識の欲望の空想《ファンタジー》充足であった。それが妥協という性格を有しているところも、夢とかわらない。芸術作品もまた、抑圧のさまざまな力とのあいだのあからさまな葛藤は回避しなければならないからである。しかし芸術作品は、非社会的でナルシス的な夢生産とはちがって、他の人たちの関与を考慮にいれる。また彼らのうちに、夢と同一の無意識的な欲望の蠢きを活性化し、充足させることができる。くわえて芸術作品は、形式美を知覚する快を「ときめきの報奨」として利用する。精神分析は、生のさまざまな印象、運命の偶然、ならびに芸術作品の重層関係から、その芸術家の素質およびそのなかに働いている欲動の蠢きを構築してみせることができた。それはつまり、芸術家を手がかりとして人間すべてに共通のものを構築することでもあった。[124]私がたとえばレオナルド・ダ・ヴィンチを取り上げて研究したのも、こうした意図があってのことである。[125]この研究は、彼がたったいちどだけ語った子供時代の想い出に基づくもので、本質的には、その作品『聖アンナと聖母子』の解明をめざした。その後、私の友人や門人が手がけた、芸術家とその作品にたいする同様の分析は、膨大な量にのぼる。このようにして得られた精神分析の知見が、芸術作品の享受を損なうというのは当たらない。とはいえ、ことによると精神分析にあまりに多くを期待しているかもしれない非専門家にたいしては、おそらく最大の関心事であるふたつの問題に光を投じることはできないと告白しなければならない。すなわち精神分析は、芸術家の天分についてなにも説明することができないし、芸術家の仕事の手段、つまり芸術技法の解明も分析にはなじまないのである。

W・イェンゼンの『グラディーヴァ』[126]は、それじたいとしてはたいして価値ある短篇小説ではないが、私はこの作品を手がかりにして、創作された夢にも、現実の夢と同じような解釈をくわえられることを立証した。[127]つまり、作家の創造において、夢工作から明らかになった無意識の機制が働いていることがわかったのである。

『機知——その無意識との関係』〔本全集第八巻〕は、『夢解釈』からまっすぐ脱線したようなものだ。そのころ私の研究に関与してくれていたただひとりの友人[128]が、私の夢解釈からしばしば「機知に富んでいる」という印象を受ける、といってくれた。この印象を解明するために、私は機知の検討をはじめ、機知の本質がその技術的手段にあること、だがその手段は「夢工作」の工作のしかたと同じものであること、つまり縮合や遷移、また対立するものやきわめて瑣末なものなどの呈示だということに気づいた。このあとに、機知の聞き手側での大きな快獲得はどうし

＊7　〔一九三五年の追加〕これは、私がはっきり取り消しておきたい構想である。私はもはや、ストラトフォード出身の俳優ウィリアム・シェイクスピアが、長年にわたって彼のものと見なされてきた作品の著者とは考えていない。I・Th・ルーニーの著作『シェイクスピアの正体』が刊行されて以来、この名前の背後にじつはオクスフォード伯爵エドワード・ド・ヴィアーが身を潜めているものと、私はほぼ確信している。[129]

て生じるかという、経済論的な探究がつづいた。提供された快報奨（予快）のいざないに応じて、抑圧消費が一時的に停止されるからだ、というのがその答であった。

だが、自分としてより高く評価できるのは、宗教心理学への寄与のほうである。一九〇七年、強迫行為と宗教儀礼（祭儀）とのあいだの驚くべき類似性を確かめたことが、その発端になった[130]。さらに深い関連はまだわからないながら、私は強迫神経症とは歪められた個人宗教であり、宗教とはいわば遍在する強迫神経症だと考えた。しばらくたった一九一二年、ユングが神経症患者の精神的所産と未開人のそれとのあいだには広範な類似があるとはっきり指摘した[131]ことをきっかけに、私はまたこのテーマに注目するようになった。近親相姦忌避が文明人よりも未開人により強くあらわれ、きわめて特殊な防衛規則を呼びだすことを詳論したのが、『トーテムとタブー』〔本全集第十二巻〕にまとめた論文四篇である。そのなかで私は、最初の道徳規制が登場するさいの形式であるタブー禁制が感情の両価性《アンビヴァレンツ》とどのような関係にあるのかを検討した。そして、アニミズムという未開人の世界体系のうちに、心の現実を過大評価するという原則、すなわち「思考の万能」の原則を発見したのである。魔術の根底にあるのもまた、この原則なのだ。強迫神経症との対比をあらゆる点からおこなってみると、この注目すべき疾患において、未開人の精神生活の前提をなしているものがいかに多くいまだ力を振るっているかが明らかとなった。だが、とりわけ私を惹きつけたのはトーテミズムである。これは未開諸族の最初の組織化の体系であって、そこでは萌芽期の社会秩序が、いまだ痕跡をとどめている宗教、およびさして多くもないタブー禁制の容赦ない支配と結合している。「崇拝」されているのは、ここでは本来的に動物であって、氏族というものもまたそれに由来すると伝えられている。さまざまな表徴からしてあらゆる民族は、もっとも高い段階に達しているものも含めて、かつてこのトーテミズムの段階をへてきたと思われる。

[132]この分野の研究で主に参照した文献は、J・G・フレイザーの名著（『トーテミズムと族外婚[133]』、『金枝篇[134]』）である。両書とも、貴重な事実と知見の宝庫であった。だが、トーテミズムの問題の解明にフレイザーが貢献したところは小さい。このテーマについて彼は、その見解をなんども根本的にかえている。ほかの民族学者や先史学者もまた確たることがいえず、ひとつの結論に達していないようである。私の出発点となったのは、トーテミズムのふたつのタブー原則とエディプスコンプレクスのふたつの内容との一目瞭然たる一致だった。つまりトーテミズムでは、トーテムを殺してはならないし、また同じトーテム氏族に属する女性を男性に供してはいけない。エディプスコンプレクスでは、父親を倒して母親を娶る。そこで、トーテム動物を父親に等置して考えてみようということになった。じっさい未開人たちは、トーテム動物を氏族の祖先として崇拝することで、はっきりそう等置していたのだ。やがて精神分析サイドではふたつの事実が明らかになって、私に役立ってくれた。ひとつは、フェレンツィによる子供の観察のたまもので[135]、おかげで幼年期におけるトーテミズムの回帰を論じることができるようになった。もうひとつは、子供が小さいうちに示す動物への恐怖の分析である。こうした恐怖は、動物とは父親の代替であって、エディプスコンプレクスに根拠をもつ父親への恐れが遷移したものであることを示している場合が多い。さてこうなると、父親殺しこそがトーテミズムの中核をなしており、また宗教形成の発端になっていることに気づくまで、もうあと一歩というところにたどりついた。

この一歩をすすめてくれたのが、W・ロバートソン・スミスの『セム族の宗教[136]』から得られた知見である。物理学者にして聖書学者でもあったこの天才的な人物は、トーテム宗教の本質部分としていわゆるトーテム饗宴があることを明らかにした。いつもは聖なるものとみなされているトーテム動物は、年に一回だけ、部族の全成員が参加するなかおごそかに屠られ、食べられたのち、悼まれるのである。そして、この哀悼のあとに大きな祝祭がつづく。人間はもともと群族をなして生活していたが、それぞれの群族にはただひとり強く、暴力的で、嫉妬深い男性の支配が打ち立てられていたというダーウィンの推定[137]を受け入れると、これらさまざまな成分を材料に以下のような仮説、あるいはむしろ幻想といってもよさそうなものが、私のうちにかたちづくられた。すなわち、太古の群族の父親はかぎりない専制者として、あらゆる女性を独占していて、自分のライヴァルとなる危険な息子たちを殺害もしくは追放したのだ。しかしある日、息子たちは自分たちの敵にして理想像でもあった父親を、力を合わせて打ち倒して殺害し、みなで食べてしまう。だが、こうした行動が終わるとたがいに足を引っぱりあった彼らは、ひとりとして父親の遺産を継げなかった。彼らはこの失敗と後悔をうけて、たがいに我慢しあうすべを学び、トーテミズムの規約を介してひとつの同種氏族に結集したのである。この規約こそは、あのような行動がふたたび起こらないようにするはずのものだった。かくて彼らはみな、父親殺しの原因になった女性占有をそもそも断念した。そして、異なる氏族の女性たちに向かうことにしたのだ。これが、トーテミズムと密接に結びつく族外婚の起源である。トーテム饗宴とは、人類の罪責意識（原罪）が由来し、社会組織や宗教、さらには道徳的制約もまた同時にそこにはじまる、あのとほうもない行動の記憶をたしかめる祝祭だったのだ。

さて、以上を歴史的にありうべきこととして受け入れるかどうかにかかわりなく、これによって宗教形成は父コンプレクスという地盤に据えられ、またこのコンプレクスを支配している両価性《アンビヴァレンツ》のうえに築かれた。トーテム動物が父親の代替をつとめることがなくなってしまうと、恐れられかつ憎まれ、崇められかつ嫉まれていた原父親じたいが、神の先行型となった。父親にたいする息子の反抗と憧憬は、あい争ってはたえず新たに妥協を形成し、その妥協によって父親殺しの行動があがなわれる一方、父親殺しによって獲得されたものもまた保持されることになったのである。こうした宗教理解は、まさにトーテム饗宴の儀礼をほとんど歪曲することなく聖体拝領として維持しているキリスト教の心理的基礎に、とりわけ明るい光を投じるものだ。はっきり断っておくが、こうした由来説明は、私が言い出したことではなく、すでにロバートソン・スミスとフレイザーが述べている。

Th・ライクと民族学者G・ローハイム[138]は、『トーテムとタブー』に発する思考の脈絡を手がかりにして、かずかずの注目すべき仕事をなしとげてきた。彼らはそれを敷衍、深化し、ときには修正してくれたのである。私自身もまたのちに、幾度もそこに立ち返ることになった。神経症的疾患の動因のなかできわめて重要な意味をもつ「無意識的な罪責感」を探究したときがそうであったし、また社会心理学を個人の心理学といっそう緊密に結びつけようと腐心したときもそうだった(『自我とエス』および『集団心理学と自我分析』)。催眠の施術可能性を説明したときにも、人間の太古の群族時代以来の原初的遺産を引き合いに出したものである[139]。

きわめて広範な関心にかなう精神分析のさらなる応用ということになると、私が直接に関わった部分は小さい。個々の神経症患者の空想《ファンタジー》からは、神話や伝説やメルヒェンにはっきりみられるような、集団や民族の空想《ファンタジー》創出にいたる広い道が通じている。神話学は、オットー・ランクが研究領域にしてきた。神話の解釈、神話をいまや広く知られるようになった無意識的な幼年期コンプレクスにまで遡らせる作業、星辰の動きによる説明にかえて人間的動機づけを明らかにする仕事の大半は、彼が苦心して分析をすすめた成果であった。象徴表現もまた、私の同志のうちに多くの論者を得たテーマである。だが象徴表現が、精神分析の敵を増やしてきているのも事実だ。あまりに謹厳な研究者たちのなかには、精神分析が夢解釈から取りだしてきたような象徴表現をどうしても是認できない人もすくなくない。しかしながら、象徴表現法は精神分析が発見したものではない。それは他の分野では、すでに以前から知られており、そこ（民俗伝承、伝説、神話）では「夢の言語」以上に大きな役割すらはたしているのである。

精神分析の教育学への応用については、私個人はなんら寄与するところがなかった。とはいえ教育家たちが、子供の性生活および心の発達にかんする精神分析の探究に注目し、それによって自分たちの問題を新たな光のもとでとらえるようになったのは、当然のことであった。教育学の分野でこうした方向に先鞭をつけ、倦むことを知らぬ闘士としてきわだっているのは、チューリヒのプロテスタント牧師O・プフィスターである。彼は、精神分析の振興は、むろん昇華されたものとしてではあるが、宗教性を保持することと同じだと考えていた。[140] 彼に匹敵するのは、ウィーンのフーク＝ヘルムート博士[141]やS・ベルンフェルト博士[142]などである。[*8] 精神分析を健常な子供にたいする予防教育に、また神経症をまだ発症してはいないけれども、その発達に逸脱が見られる子供の矯正に利用したところ、実践面からみて重要な成果が上がってきた。精神分析への取り組みは、もはや医師だけのものにしておくことはできないし、非専門家をそこから排除することもできない。じっさい医師も、医師免許をもっていたところで特別な教育を受けていなければ、分析にかんしては素人なのだ。医師でない人でも、相応の準備をして臨み、おりにふれて医師のサポートを仰げば、神経症患者の分析治療ができるのである。[143]

抗おうにも抗いえない成果が上がっていくことがある。精神分析とは、まさにそうした成果を挙げてきた発達のひとつであり、おかげで精神分析ということばそのものが、いろいろな意味合いを帯びるようになった。もともとは、あるひとつの治療手法の呼称が、いまではひとつの学問、すなわち無意識的な心にかかわる学を指すにいたったのだ。この学問がそれだけで、問題を完全に解決できるケースはごく稀だろうが、他のさまざまな学問分野にたいし大いに貢献するよう求められていると思う。精神分析の応用範囲は、心理学の応用範囲と同じく広大だ。前者は後者の足りない部分を補い加え、その射程を強化するものである。

ここまで、わが人生の中途半端な仕事ぶりを回顧してきた。われながら、じつにいろいろなことに手を出してきたし、そこそこ問題提起もしてきたと言えそうだ。いずれ将来、そこからなにかが生まれてほしいものだ。それがどれほどのものとなるかは、自分ではわからない。とはいえ、希望を語ってよいのなら、人類の認識における重要な進歩のために、私が道を拓いたことになればよいと思っている。(144)

＊8 〔一九三五年の追加〕それ以降まさにこの幼児分析は、メラニー・クライン夫人および私の娘アンナ・フロイトの研究によって、飛躍的発展をとげた。

『みずからを語る』補筆
Ergänzungen zur *Selbstdarstellung*

【GW 三四頁二一三行〔本巻六六頁一三行の「知らぬままだった」の後に挿入される〕。】
読むことを学ぶとすぐに早くも聖書の物語に没頭したことが、後からわかったように、私の関心の方向を後々まで決めてしまった。後年に政治家として知られた年長のギムナジウムの友人[1]との友情の強い影響のもとで、私もまた法学を学び、社会で活動しようと考えていた。

【GW 三四頁二一六行〔本巻六六頁一五行の「ある一般向けの講演会」の前に挿入される〕。】
カール・ブリュール教授[2]の

【GW 三五頁一六行〔本巻六七頁一五行の「手本にできる人物たちにもめぐり会えた」の後に挿入される〕。】
それは、恩師のブリュッケ自身と、その助手のジークムント・エクスナー[3]、それからエルンスト・フォン・フライシル＝マルコフ[4]である。特にフライシル＝マルコフは素晴らしい人物で、私を交際に値する人であると認めた。

【GW 三九頁九―一〇行〔本巻七三頁八行の「私が、あのとき好機を逸したこと」をフロイトが以下のように訂正〕。】

あのときに妨げになったこと(5)

【GW　五六頁三一行〔本巻九一頁九行の「あや(manière)」をフロイトが以下のように訂正〕。】

あや(façon)

【GW　八五頁八行〔本巻一二〇頁一六行の「首尾一貫したものになっていくのである」の後に挿入される〕。】

精神分析が他の自然科学と同様に扱われないことを、いつも私はひどく不公平だと感じていた。このような拒否は非常に頑迷な反論のなかに表れていた。観察にもとづいた学問はその成果を少しずつ作り出し、その問題を一歩一歩解決する他にはありえないのであるが、精神分析に対してはその完璧さや完全さが少しでも欠けていれば非難されるのである。さらに、性の機能に長いあいだ拒まれてきた承認をわれわれが与えようとしたとき、精神分析の理論は「汎性愛主義」だというレッテルが貼られたり、また、少年期の偶然の印象が果たす役割がこれまで見過ごされていたのでそれをわれわれが強調したとき、精神分析は体質や遺伝を否定するという意見を聞かなければならなかった。もちろん、われわれはそんなことをまったく考えていない。結局それは、何が何でも反対するということだったのだ。(6)

（家高　洋　訳）

『みずからを語る』その後――一九三五年[*1]

Nachschrift 1935 zur „Selbstdarstellung“

この「みずからを語る」シリーズの編者は、しばらくたってからその続きを執筆させるという予定にしていなかったと思う。このようなことは今回初めてであろう。この企画のきっかけは、アメリカの出版者[1]が、この小著を新版で読者に供しようと望んだからであった。この小著は、アメリカでは最初一九二七年(ブレンターノ出版)「自伝的研究」という表題をつけられて公表されたが、まずいことに別の試論と一緒に本に収録され、この試論の題『素人分析の問題[2]』のほうがこの本のタイトルになってしまったのである。この著作で一貫している二つのテーマは、私の生涯の運命と精神分析の歴史であり、これらのテーマは非常に緊密に結び合っている。『みずからを語る』では、精神分析がいかにして私の人生の内実になったのかが示されているが、その際に私の個人的な出来事は、学問への私の関与と同等の関心には値しないという正当な前提に従っていた。『みずからを語る』を執筆する少し前までは、悪性疾患の再発のために私の生涯は間もなく終わるだろうと思われていた。しかしながら、一九二三年、外科医の技倆のおかげで私は命を取りとめ、苦痛からは免れないが何とか生きていて仕事もできるようになった。それ以来十年以上経っているが、私は精神分析の仕事や論文の発表をずっと続けている。それは十二巻で完了した『著作集

*1　『みずからを語る』(GW-XIV)〔本巻所収〕を参照。

成』（ウィーンの国際精神分析出版社刊）が明らかにしている通りである。しかし私は、自らが以前とかなり変わってきていると思っている。私の発展のなかでもつれ合ってきた糸が解け始めたのだ。あとから得られた関心が退いて行き、より根本的なもともとの関心が再び押し出されてきた。この十年で確かに私は、一九二六年の『制止、症状、不安』（本全集第十九巻）という著作において不安の問題を修正したように多くの重要な精神分析の研究を企てたし、また一九二七年には性的な「フェティシズム」についてのわかりやすい解明を行った。[3] だが、二種類の欲動（エロースと死の欲動）を提案し、（一九二三年に）心的な人格を自我、超自我とエスとに分解して以来、[4] もはや精神分析に決定的な寄与を行っていないと言ってよい。私がその後で述べたことは、述べなかったとしても大したことはないし、早晩、他の人たちが発見していたであろう。このことは、私のある変化、あるいは退行的な展開とも呼ばれうることに関係していた。生涯にわたって自然科学、医学、精神療法へのまわり道を経てきた後で、私の関心は、かつて思索にも目覚めていなかった青年を魅了したあの文化的な問題に帰っていったのである。すでに精神分析研究の絶頂期の一九一二年に、私は『トーテムとタブー』（本全集第十二巻）において、宗教と道徳の根源の究明のために、新たに得られた精神分析の洞察を利用しようと試みたことがある。この研究の方向は、一九二七年の『ある錯覚の未来』と一九三〇年の『文化の中の居心地悪さ』（いずれも本全集第二十巻）という後年の二つの試論に引き継がれている。私にますます明晰に認識されてきたことは以下のことである。つまり、人類史上の出来事、すなわち人間の本性と、文化の発達と、宗教として表れて広まっている原始時代の体験の残滓との間の交互作用は、自我とエスと超自我との力動論的な葛藤の反映に他ならないということである。この葛藤を精神分析は個々人において研究しているのであって、同様の過程がもっと大きな舞台で反復されているのだ。『ある錯覚の未来』のなかで私は宗教をとりわけ否定的に評価した。だが後に宗教の正当性をより適切に示す定式を見つけ出した。つまり、宗教の力はもちろんその真理の内容に依拠しているのであるが、この真理は歴史的なものであって実質的なものではない、という定式である。

精神分析から生じたがはるかにそれを越え出てしまっているこれらの著作は、ひょっとすると精神分析自身よりもずっと読者に気に入られたのかもしれない。ドイツ国民のような偉大な国民が耳を傾けようとしている著者に私が含まれているというような束の間の錯覚が生じたのは、これらの著作のためであろう。一九二九年に、ドイツ民族の天才的で代表的な作家のトーマス・マンが、好意的で内容も充実した論稿で私に近代精神史上のひとつの位置を割りあててくれた。ゲーテ賞が私に授けられたのはそのすぐ後の一九三〇年で、娘のアンナは私の代理として受賞をするためにフランクフルト・アム・マインに行き、その市庁舎で祝賀を受けた(5)。これが、私の市民生活の最頂点であった。それからまもなくわれわれの祖国は窮迫し、ドイツ国民はわれわれの言うことを聴こうとはしなくなったのである。

さて、私の自伝的な報告をこの辺りで終わることを許していただきたい。その他の私の個人的な境遇や争い、幻滅、成果に関してこれ以上、世の中の人々には知る権利がない。そうでなくても、いくつかの著作——『夢解釈』〔本全集第四巻、第五巻〕、『日常生活〔の精神病理学にむけて〕』〔本全集第七巻〕——のなかで、私は、同時代あるいは後世の人々のために自らの生涯を書き記した人たちが普通に行う以上に率直で誠実であったからである。だが、そのために私は感謝されることはなかった。だから、経験上、私の真似を私は誰にも勧められない。

さらに最近十年間の精神分析の運命について少々付言しておこう。精神分析がずっと存続していくであろうということは、もはや何の疑いもないし、学問の分野としても療法としてもその生存と発展の可能性についてはすでに証明済である。「国際精神分析協会」に集っている信奉者は著しく増加した。ウィーン、ベルリン、ブダペスト、ロンドン、オランダ、スイスという古い支部[6]に加えて、新しい支部がパリ、カルカッタ、日本に二つ、合衆国に多数、最近エルサレムと南アフリカに一つ、スカンジナビアに二つできた。これらの支部は自らの資金によって教育施設と外来治療施設を維持している。教育施設においては統一的な教育プランにしたがって精神分析が教授されており、外来治療施設では経験を積んだ分析家が弟子たちといっしょに困窮している人たちに対して無料で治療を施している。また、これらの施設を所有していない支部は、それを造るために尽力している。国際精神分析協会の会員は、二年ごとの国際会議に集まる。この会議では学問的な講演が行われ、組織の問題が決定される。第十三回の国際会議は一九三四年にルツェルンで催されたが、私自身はもはや参加することができなかった。会員たちの努力は全般的で共通なものから多種多様な方向性にまで拡がっている。ある会員たちは、心理学的な認識の解明と深化に主要な価値を置いているが、別の会員たちは、内科医学と精神医学との関連の育成に励んでいる。実践的な観点において、ある分析家たちは、精神分析が大学によって承認され、医学教育のプランに組み込まれることを目標としている。また別の分析家たちは、これらの制度の外部に留まっていることに満足し、精神分析の教育学的な意義を、その医学的な意義に対して劣らないものとしようとしている。ときおり、しかも繰り返し起こることは、精神分析の発見や視点のなかのただ一つだけを強調して他のすべての発見や視点を犠牲にしようとするために、精神分析の共同研究者が孤立してしまうことである。しかし、全体的には、高いレベルの学問的研究が真摯に行われているという好ましい印象を受けている。

（家高　洋　訳）

論稿（一九二三―二四年）

「精神分析」と「リビード理論」
»Psychoanalyse« und »Libidotheorie«

Ⅰ　精神分析

精神分析とは、一、他のやり方ではほとんど近づくことのできない一連の心の出来事を探究するための手法、二、この探究に基づいて神経症の障害を治療する方法、三、こうした道を歩む途上で得られ、科学の新しい一専門領域へと徐々に結実しつつある一連の心理学的認識、に対する名称である。

歴史　精神分析を理解するには、いまいちどその成り立ちと展開をたどるのが最良の道である。内科医で実験生理学者として知られていたウィーンのヨーゼフ・ブロイアー博士は、一八八〇年から一八八一年にかけて、病気の父親を看病している間に重いヒステリーを発病し、運動性の麻痺、制止、意識障害の複合からなる病状を示す、一人の若い女性の治療に従事していた。彼は非常に知的であったこの患者の誘いに応じて、彼女を催眠状態に移した。すると彼女は、こういう気分や観念に自分が囚われている、と彼に伝え、そのたびに通常の心の状態に戻るということを繰り返した。骨の折れる手法ではあったが、これを徹底して繰り返すことにより、彼女をすべての制止や麻痺から解放することに彼は成功した。ついには、彼は自分の労苦が報いられ、大きな治療的成果を得るとともに、予期していなかったことながら、謎の多い神経症の本質についての洞察をも手にしたことを悟った。ところが彼は、自ら発見したことをさらに追究しようとはせず、およそ十年間このことについて発表を一切行わなかった。しかし、筆者(一八八六年、シャルコー[1]学派のもとでの研修からウィーンに戻ったフロイト)の個人的な働きかけが功を奏し、彼はこの研究対象を取り上げなおして、共同で研究する気になった。こうして、ブロイアーとフロイトの二人は、一八九三年に暫定報告「ヒステリー諸現象の心的機制について」〔本全集第一巻〕を、一八九五年に『ヒステリー研究』〔本全集第二巻〕(一九二二年に第四版が出された)という著書を出版し、そこで、この治療手法を「カタルシス法」と名づけた。

カタルシス　ブロイアーとフロイトの研究の基礎となった調査研究を通して、とりわけ二つのことが明らかになり、この二つはその後に得られた経験によっても揺らぐことはなかった。第一に、ヒステリーの諸症状は、それらが心の通常の働きを代替する[2]ことに意味と意義をもつ。第二に、この知られていない意味が発見されると、同時に症状も解消する。つまりこの場合、科学的な探究と治療の努力とが軌を一にする。ブロイアーの最初の患者と同じように、一定数の患者に対しても深い催眠状態に移して治療が行われ、そのことが観察された。その成果は輝かしいと思われたものの、後にはその弱点も明らかになった。ブロイアーとフロイトが当時作り上げた理論的構想は、外傷性ヒステリーに関するシャルコーの学説に影響を受けており、また、彼の弟子P・ジャネ[3]がつきとめたことに依拠することも可能であった。事実、ジャネの研究は『ヒステリー研究』よりも早く公表されたけれども、時期としては、ブロイアーの最初の症例よりも後になされたものだった。彼ら〔ブロイアーとフロイト〕の研究では、最初から情動的契機が前面に押し出されていた。つまり、強度の情動を負荷された心の出来事が、何らかのかたちで意識と運動にいたる通常の道を通って清算（浄化反応）されないままになり、いわば「身動きのとれなくなった」情動が迷い道に入りこみ、身体神経支配へと放出口を見出すこと（転換）によって、ヒステリー症状が生じる。そのような病原となる「表象」が生ずるきっかけとなるものは、ブロイアーとフロイトによって「心的外傷」と名づけられた。そしてそれらのきっかけは遠い過去となった時期のものであることがしばしばであったので、ヒステリー患者はたいていの場合（未済のままとなっている）追想のせいで苦しんでいるのだ、と著者は述べたのであった。

ところで、「カタルシス（浄化）」が結果として生じたのも、この治療のもとで意識にいたる道が開通し、情動が正常に放出されることによってであった。一見して分かるように、無意識的な心の出来事というものを仮定してみることは、この理論にとって欠くことのできない部分であった。ジャネもまた、心の生活における無意識的な作用を利用して作業をしていたのだが、後になって精神分析に対する論争が起こったときに彼が強調したとおり、これは彼にとってあくまでもその場かぎりの表現、《言葉のあや》[4]に過ぎず、これによって新しい洞察をほのめかす意図はなかったのである。

『ヒステリー研究』の理論を扱った章において、ブロイアーは心に生じる興奮過程に関していくらか思弁を展開した。それは依然として未来への方針を与えるものでありながら、今日もまだ十分に評価されるには至っていない。この学問領域に対する彼の貢献にはここで終止符が打たれ、それからしばらくして彼は共同研究から身を退いたのだった。

精神分析への移行　二人の著者の見解がいくらか対立していることは『ヒステリー研究』においてすでに示されて

いた。ブロイアーの想定によれば、心の働きが特別な制約の下に置かれる「類催眠状態」のもとで病原となる表象が生じるために、〔後になって〕その表象が外傷作用として現れる、と考えられる。この説明を筆者は拒否し、むしろある表象が病原となるのは、その観念の内容が心の生活を支配している傾向に抗い、そのためにそれが個体の「防衛」を引き起こす場合である、と認めるべきだと考えた（ジャネは、ヒステリー患者には心的内容を束ねあげる能力が体質的に不可能になっていると考えていた[5]。この点においてブロイアーとフロイトはジャネと袂を分かったのである）。〔以上から〕二つのことを革新することによって、筆者はその後間もなくカタルシスという地盤から離れることになったが、この二つの革新に関してもすでに『ヒステリー研究』において言及されていた。ブロイアーが身を退いた後になって、この二つがさらなる発展の出発点となったのである。

催眠の放棄　これら革新のうち、一つは、診療上の経験に基づいておこなわれ、結果として技術を変更することになった。もう一つは、神経症についての臨床的認識が進んだことによるものである。催眠下でなされるカタルシス療法に対して期待されていた治療効果が、ある意味では現れないままであることがすぐに分かった。確かに、カタルシスと並行して症状は消滅する。だが、こうした効果全体が、患者の医者に対する関係に全面的に依存しているのは明らかであり、それゆえ「暗示」の効果であるように見えるが、この関係が崩壊すると症状がすべて再発し、それらはまるで一度たりとも解消したことはなかったかのようになってしまう。さらにまた、深い催眠に移行できるのはごく少数の人々だけであり、それではカタルシス法を適用するにあたって医療上ゆるがせにできない制限が加えられることになる。こうした理由から、筆者は催眠を放棄することを決心した。しかし同時に、筆者は、催眠を用いたさいに得た印象をもとに、催眠の代替となる手段を手に入れたのである。

自由連想 催眠状態におかれると、患者の連想能力は大幅に飛躍し、患者は、意識を集中させて考え込んでも到達することができなかったのに、症状を起点にして、症状に結びついている思考と想起へと通ずる道をただちに発見することができた。催眠を廃止すれば、寄る辺ない状況に陥ると思われた。だが、筆者はベルネームのある証言を思い起こした。それは、夢遊状態で体験したことが忘れられているのは、ただうわべだけのことであり、われわれはそれを知っていますよと医者が強い調子で確証してやると、いつでも患者はそのことを想起することができた、というものであった。そこで筆者は、催眠下にない患者たちにも連想について話すよう強く迫り、連想されたことを素材にして、忘れられたもの、あるいは、防衛されたものにたどり着く道を発見しようと試みたのである。後に筆者が気づいたように、そのような圧迫は必要なく、患者の脳裏に浮かぶことはほとんどいつでも豊富にあるのである。だが、患者が自分自身に対して異議を唱えてしまうために、こうして思いついたことは話されないままになる、いやむしろ、意識そのものから遠ざけられるのであった。患者があることを出発点として思いつくことはすべて、この出発点と内的関連をもっているに違いないと予想されたが、この予想は当時まだ証明されておらず、後になって豊富な経験を得て確証されることとなった。こうしたことから技法が生まれた。患者には批判的態度をすべて放棄するように教え、そうすることによって明るみに出されてくる思いつきを素材として、探し求める関連を発見するために利用するのである。心のなかでは決定が厳密になされていると強く確信していたことが、催眠の代替となるこの技法への転換に確実に関与していたのである。

「技法の根本規則」「自由連想」というこの手法が、その後精神分析の作業のなかで手放されることはなかった。この治療をはじめるにあたって、患者は次のように求められる。観察者の立場に身を置き、注意深くそして冷静に自分を観察し、いつも自分の意識の表面〔に浮かび上がるもの〕だけを読み上げる。まず、義務として全面的に率直でなければならない。また、たとえ、一、自分にとってあまりに不愉快だと感じられるものであっても、さらに、二、常軌を逸している、三、あまりにも下らない、四、探しているものではない、と判断せざるを得ないものであっても、思いついたことはどれも除外することなく〔分析家に〕伝えなければならない。いつも決まってそうなのだが、いまあげた、非難したくなるような思いつきこそ、忘却されたものを発見するにあたって特別な価値をもっているのである。

解釈術としての精神分析　この新しい技法のおかげで治療に対する印象は大きく変わり、医者と病人の関係も新しくなり、驚くべき成果が多くもたらされた。そのため、この手法に名前をつけてカタルシス法から区別するのが正当であると思われた。今や多くの他の形態の神経症的障害にまでその範囲を拡大することのできるようになった、この治療法に対して、筆者は精神分析という名前を選んだ。さて、この精神分析は何よりもまず解釈の術であり、ブロイアーの偉大な発見のうち第一のものを深めることを自ら課題とした。その発見とは、神経症の症状は、行われないままである別の心の作用を意味深い仕方で代替している、というものであった。患者の思いつきによって提示された素材について、あたかもそれが隠された意味を暗示しているかのように考え、この素材からその意味を推察することが重要になった。分析をする医者は、漂いわたる注意[6]のもとに、自分の無意識の精神活動に自身を委ね、じっくり考えたり意識的に期待したりするのをできるだけ避け、患者から聞いたことについては何もことさら記憶のうちに固着させないようにし、このような仕方で、患者の無意識を自分自身の無意識で捉えるようにすることが、最も目的に適った振舞いである、ということがやがて経験を通して明らかになった。そして、事態がよほど都合の悪い場合でないかぎり、患者の思いつきが、いわば何かをほのめかすように、ある特定のテーマの方へ手探りで近づいていることが分かった。そして、そのままもう一歩だけ先に進みさえすれば、患者自身にとって隠されていることを探り当て、患者にそれを伝えることができた。たしかに、この解釈の作業は、厳密に規則というかたちで捉えることはできず、医者の機転と手腕に任される部分が大きい。だが、不偏不党さと熟練とが結びつきさえすれば、信頼すべき結果が得られるのが常であった。すなわち、同様の症例においても同じ結果が繰り返され、その正しさが確認されたのである。当時は、無意識、神経症の構造、それらの背後にある病理学的過程について、まだごく僅かのことしか知られていなかったので、たとえこのような技法が十分な理論的な基礎をもっていなくても、その技法を利用できるということで満足せざるを得なかった。ところで、今日の分析でもこの技法は同じ仕方で実施されているが、ただし、それに対して信頼感は増し、その技法の限界に対する理解もより深められている。

失錯行為と偶然行為の解釈　正常な人間にしばしば起こるある種の心の作用に関しては、これまで心理学的説明というものが求められたこともなかったが、それについても、神経症患者の症状と同様に理解することができる。すなわち、こうした活動には何らかの意味があり、その意味は当人には知られていないけれども、分析の努力によって容易に発見することができる。このことをうまく証明できたのは、精神分析の解釈術にとって一つの勝利であった。これに該当する現象としては、普段はよく知っている語や名前を度忘れする、意図を忘れる、かなり頻繁にしてしまう言い違い、読み違い、書き違い、物の紛失、置き忘れ、少なからぬ思い違い、一見すると偶然に思われる自分を傷つける行為、最後には、故意でなく何げなくなされるような、習慣的な身体の動き、「何も考えずに」口ずさむメロディなどがある。これらすべてについて、そもそも生理学的に説明しようとする試みがあったとしても、それによって説明されるべきものではない。それらは、厳密な決定に従っていることが示され、また、本人の抑え込まれた意図の表出であるか、あるいは、常であるにせよ一時であるにせよ、二つの意図のうち、その一方が意識されていない場合に、この二つの意図が干渉しあう結果であることが認識された。このことが心理学にもたらした貢献は数倍の価値をもっていた。これによって、心においてなされる決定の範囲は予想もしなかったほど広がり、心における正常な現象と病的現象との間に想定されていた裂け目は狭められた。多くの症例において、それら現象の背後に推定せざるをえない、心の諸力の働きをたやすく洞察することができた。無意識の心的なものという仮説を奇異に思う人々、いやそれどころか、それを不合理とさえ感じている人々を相手に、無意識の心の作用が存在することを信じさせるのに、他の何よりも適した素材をついにわれわれは手にした。自分の身に生じる失錯行為と偶然行為について研究してみるのは、大多数の人にとっていくらでも機会があるし、今日もなお精神分析を深く知るための最良の準備となる。重要性は劣るにせよ、思いつきに対する解釈とならんで、失錯行為の解釈は分析治療のなかで無意識を解明する手段としての地位を確保している。

夢の解釈　自由連想の技法が自分自身の夢や分析を受ける患者の夢に応用されることにより、心の生活の深層にいたる新しい通路が開かれた。実際のところ、心の無意識の層において生じている出来事についてわれわれが知ることがらのうち、最大かつ最善のものが夢の解釈に由来する。精神分析は、かつて古代に広く認められていた意義を夢に与え直したが、夢を取り扱う仕方は異なっている。精神分析は、夢解きをする者の才気を当てにするのではなく、その務めの大部分を夢見た当人に委ね、夢の個々の要素から連想するものについて当人に問い尋ねる。この連想の行く先をさらに追跡すると、いくらかの思考に出くわす。これら思考は夢を隈無く覆っているが、しかし覚醒時の心の活動の一部として、価値がそのまま損なわれることなく、完全に理解できるかたちで――ある点までは――認識することができる。したがって想い出される夢は、顕在的夢内容として、解釈によって発見された潜在的夢思考に対置される。潜在的夢思考が顕在的夢内容、まさしく「夢」に転換される過程は、解釈の作業によって逆さ回しにたどることができるが、この過程は夢の工作と名づけられてしかるべきである。

潜在的夢思考は、覚醒時の生活に関わりをもつことから日中残渣とも呼ばれる。夢の工作には「創造的」性格があるといってしまうと、それはまったく不当なことになるだろうが、日中残渣はこの夢の工作によって奇妙な仕方で縮合され、心的強度が遷移することによって歪曲され、視覚像となって呈示されるべく整えられる。そしてこれに加えて、この残渣は、顕在夢として仕立てられるに先だって二次加工の影響下に置かれるが、この二次加工が新しく形成されるものに意味や脈絡といったものを与えようとする。本来ならば、この過程はもはや夢の工作に属するとはいえない。(7)

夢形成の力動理論　夢が形成される力動を洞察することにそれほど大きな困難はなかった。夢を形成するための原動力を供給しているのは、潜在的夢思考あるいは日中残渣ではなく、日中は抑圧されている何らかの無意識の追求傾向である。日中残渣はこの追求傾向と手を結ぶことができるうえに、追求傾向の方も潜在的思考を素材にして、欲望成就のために手筈を整えるのである。このようにどのような夢も、一方で、無意識の欲望成就であるとともに、他方で、夢が睡眠状態を妨害することなく保っている限りは、睡眠を引き起こした通常の睡眠欲望の成就である。夢形成に無意識が貢献していることから目を転じ、夢というものをその潜在的思考に限って見るならば、覚醒時の生活を覆っているすべてのこと、すなわち、熟考、警戒、意図、近い将来に対する準備、同様に、成就されなかった欲望の満足などを、夢は代わって行うということができるのである。顕在夢は識別しがたく、奇妙で、不合理に見える。一つには、夢思考が古代的《アルカイック》と名づけられるべき表現方法へと移されるためである。また他方で、制限を課し、批判し拒絶する審級が、睡眠の間も完全には休むことなく影響を与え続けるからである。夢思考が顕在夢へと歪曲されることに対して、まず第一に責任があるとわれわれが考える「夢の検閲」は、昼の間、無意識の欲望の蠢きを引き止め抑圧していた心の力があるかたちで現れ出たものである、と仮定することができる。

　夢の解明は、さらに立ち入って行われる価値がある。というのも、夢形成の力動は症状形成のそれと同じであることが、分析の仕事によって明らかになったからである。このどちらにも、二つの傾向の間の抗争、すなわち、満足——欲望成就——を追求する普段は抑圧されている無意識的傾向と、おそらくは意識される自我に属していて、拒否し、抑圧する傾向との間の抗争と、この葛藤の結果としての妥協形成——夢や症状——とが認められ、この妥協形成には二つの傾向が不完全なままに表現されているのがわかる。このように両者が一致していることの理論的な意義は明白である。夢は病理学的現象ではないことから、この一致によって以下のことが証明される。つまり、病気の症状を作り出す心の機制が、正常な心の生活にも存在していること、正常なものも異常なものも、同一の規則性のもとに包括されていること、神経症患者あるいは精神疾患患者についての研究の成果は、健康な心《プシュケ》というものの理解のために無意味ではないこと、である。

象徴表現　夢の工作によって作り出される表現のありようを研究していたとき、驚くべき事実にわれわれは突き当たった。夢の中では、いくつかの対象や行為や関係がそのまま現れずに「象徴」によって呈示されるが、夢を見ている本人は、その意味も知らずにそれら象徴を使用し、彼の連想も、それらに関して通常何も提供しないのである。象徴の翻訳は分析家によってなされねばならないが、分析家自身は、ただ経験的に、脈絡の中に試みにはめ込んでみるというやり方でしか、その翻訳を見出すことができない。言語慣用や神話、民間伝承などに、夢の象徴に類するものがきわめて豊富に含まれていることが、後に明らかになった。象徴というものは、われわれの関心を惹いて止まず、また未解決の問題とも結びついているが、それは、太古からの心の相続財産の一部であるように思われる。象徴の共同体は言語の共同体を超えて広がっているのである。

性生活の病因論的意義　催眠の技法に代わって自由連想を採用した後に明らかになった、二つ目の新しい点は、臨床的性格のものであり、ヒステリーの症状がそこから生じているらしいと思われる外傷体験を、さらに詳しく調べていた際に見つけられた。〔連想を通して〕入念に追跡すればするほど、そのような病因として重要な意味をもつ印象が、連鎖しながらよりいっそう内容豊かに現れてきた。しかし、それら印象はそれだけいっそう遠く、神経症患者の思春期あるいは幼児期にまで遡るものでもあった。同時に、それら印象は一つのまとまりをもった性格をもって現れ、遂にわれわれは、その明白さの前に身を屈し、あらゆる症状形成の根底には初期の性生活における外傷的な印象が発見されることを承認せざるを得なかった。このようにして性的外傷がありふれた外傷に代わって姿を現した。そして、後者は、それに先行する前者に対して連想的あるいは象徴的関係をもつがゆえに、病因としての意味をもつのである。神経衰弱および不安神経症として分類される、一般的な神経過敏の諸例の探査が同時に取り組まれ、それにより、これらの障害は、現在性生活のなかでなされている濫用に起因するのであり、それを止めさせることで取り除くことができることが解明された。それゆえ、容易に推察することができるように、神経症とは概して性生活における障害を表現するものである。いわゆる現勢神経症は、この機能の現在における損傷を(化学的に媒介されて)表現している。精神神経症は、遠い過去に受けた損傷を(心的に加工を施されて)表現するものであり、この機能は、生物学的には非常に重要であるが、学問からは今日まで不当に無視されてきたのである。精神分析が主張したことのなかで、神経症に対して性生活が病因論的に意味をもっているとするこの主張ほど、頑固な不信と激しい抵抗に出会ったものはない。しかしながら、精神分析が今日まで発展するなかで、この主張を取り下げねばならなくなったことは一度もなかった、ということははっきりと述べておかねばならない。

幼児期の性　精神分析は、病因論に関する研究を通して、分析以前にはその存在がほとんど推測されることもなかった主題に取り組むようになった。それまでの科学では、性生活は思春期とともに開始されると考えるのが通例であり、子供の性欲が現れ出ることは、まれに見られる異常な早熟と変質の兆候であると判断されていた。だがそこで、精神分析は、奇妙ではあるが規則立ってもいる現象をふんだんに掘り起こした。これらの現象によってわれわれは、子供における性的機能の開始は、子宮の外で生活を開始するのとほぼ一致することを認めざるを得なかった。いったいどうしてこれだけのことをすべて見過ごすことができたのだろうかと、驚き問い返したのであった。確かに、子供の性を洞察するにあたり、当初成人の分析を通して研究がなされ、そのためにずっと後になってからの回顧に頼ることになるため、そこに疑いと誤りの源泉があったことがわかる。しかしながら、その後(一九〇八年以後)子供自身を分析し、偏見のない目で子供を観察することを始めたとき、この新しい見解の具体的内容のすべてに対して、直接的な確証が得られたのであった。

子供の性はかなりの点において成人の性とは異なった様相を呈し、驚くべきことに、成人であれば「倒錯」と判定されるような特徴を無数に見せた。われわれは性的なものの概念を拡大し、それが性行為における両性の合一あるいは性器における一定の快の喚起を追求する志向以外にも、もっと多くのものを包含すると考えなければならなかった。だがこの概念を拡大したおかげで、子供の性生活、正常な性生活、倒錯的な性生活を一つに関連づけて把握することができるようになった。

筆者の分析的研究は、最初、誘惑が子供の性的表出の源泉であり、神経症の症状形成の芽であると考え、それをあまりに過大に評価するという過ちに陥っていた。この思い違いを克服することができたのは、神経症にとっては外的現実よりも明らかに決定的な力を持っている空想《ファンタジー》活動が、神経症患者の心の生活のなかで異常なまでに大きな役割を果たしていることが認識されたときであった。それからこのような空想の背後に、性的機能の発達について次のように描写することを許す素材が現れてきた。

リビードの発達　性欲動が心の生活において力動論的に表出されたものは「リビード」と名づけられる。性欲動はもろもろの部分欲動から組み立てられており、再び部分欲動に解体されることもあり得る。これらの部分欲動は徐々に一定の編成のかたちにまとめられることになる。部分欲動の源泉となるのは身体器官、とくにある際立った性源域であるが、しかし身体全体の重要な機能過程からもリビードへの貢献はなされる。個々の部分欲動は、当初は相互に無関係に満足を追求するが、発展するに連れて次第に統合され、ひとつに集中される。第一の（性器期前の）編成段階として、口唇的編成の段階が認められ、そこでは乳児の主要関心に応じて口唇域が主役を演ずる。これに続くのがサディズム肛門的編成であり、ここではサディズムの部分欲動と肛門域がとくに傑出している。性差はここでは能動と受動という対立によって代表される。第三の、そして最終的な編成の段階では、性器域の優位のもとに大部分の部分欲動が統合される。この発達の道筋は、通常、速やかにかつ目立たずに辿られる。しかしながら、欲動の個別の部分は終局点に到達する手前の段階に留まり、こうしてリビードの固着が生ずる。この固着は、抑圧された追求が後になって突破して出てくる際の素因として重要な役割を果たし、後に神経症や倒錯が発生するのに関係している。（リビード理論〔Ⅱ節〕を参照）

対象発見とエディプスコンプレクス　口唇的部分欲動は、まず、栄養摂取の欲求を満たすことに依托する[8]かたちで満足を見出し、その対象を母親の乳房に見出す。次に、この部分欲動は分離し、そのままひとりでに自体性愛的になる。すなわち、対象を自分の身体のもとに発見するのである。他の部分欲動も、はじめは自体性愛的に振る舞いながら、後になってある外の対象に向けられるようになる。性器域における部分欲動が、決まって強度の自体性愛的満足の時期を通り抜けるということには、特別な意味がある。リビードが最終的に性器的編成を遂げるにあたって、すべての部分欲動が同じように利用可能になるとは限らない。それゆえにそれらのなかのいくつかのもの（例えば、肛門的部分欲動）は無視されたり、抑え込まれたり、複雑な変転を強いられたりするのである。

幼年期の最初（およそ二歳から五歳まで）においてすでにもろもろの性的追求が一つに統合され、男の子の場合には、追求の対象は母親となる。このような対象選択、ならびにそれとともに生ずる父親に対する競争と敵対の態度が、いわゆるエディプスコンプレクスの内容であり、このエディプスコンプレクスが、すべての人間の愛情生活が最終的にとる形態にとって極めて重要な意義をもっている。神経症患者はこのコンプレクスから離れきれないままであるのに対し、これを制覇する術を学ぶのが正常な人間の特徴であるとみなされた。

性的発達の二節的起動　このような性生活の初期は通常五歳ぐらいまでに終わりを迎え、多少程度の差はあれ、完全な潜伏期に取って代わられる。この潜伏期間中に、エディプスコンプレクスの欲望の蠢きからの保護を形成するものとして倫理的制約が築き上げられるのである。これに続く思春期に、エディプスコンプレクスは無意識のなかで復活し、さらにその形が変えられる。ようやく思春期において、性欲動は完全な強度を持つまで発達する。しかしこの発達の方向とそれに伴うすべての素因は、それ以前に終了した幼児期の性の初期開花によって、すでに決定されている。このように性機能が潜伏期によって中断され、二節性の発達を遂げることは、人類の生物学的特性であり、そこに神経症が発生するための条件が含まれているように思われる。

抑圧説　以上のような理論的認識を、分析の作業を通して得られる直接的印象とともにまとめて考えるならば、神経症に関する一つの見解に辿り着く。荒削りではあるが概略はおよそ次のようになる。性的な追求が自我にとって、自我の統合またはその倫理的要求と相容れないものとして現れるとき、そうした性的追求と自我との間の葛藤を表現するものが、神経症である。自我は自我にとって正当と認められないこれらの追求を抑圧した。すなわち、自我は、みずからの関心がこれらの追求に向かうのを止めさせ、それらを意識されることからも、満足へ向かう運動性の放散からも、隔離した。分析の作業のなかで、これら抑圧された蠢きを意識に上らせようと試みると、抑圧している力を抵抗として感知することができる。ところが性欲動に関しては、抑圧の働きはあっけなく不首尾に終わる。堰止められた性欲動のリビードは、無意識のなかから別の出口を自ら作り出す。つまり、リビードは以前の発達段階と対象関係に向かって退行し、幼児的固着が見出されるところで、リビード発達の弱点を突破し、意識と放散へ向かうのである。そのようにして発生するのが症状であり、したがってそれは結局のところ一つの性的満足の代替物である。しかしこの症状もまた、自我の抑圧する力の影響からまだ全面的に免れることができないので——夢がそうであるのと全く同じように——性的満足という性格が識別できないよう、変更や遷移を受け入れざるを得ない。このようにして症状は、抑圧された性欲動と抑圧する自我欲動のあいだの妥協形成という性格、つまり、欲望成就が葛藤している双方にとって同時に生ずるが、双方にとってともに不完全なままであるという性格をもつのである。このことはヒステリーの症状に全く厳密に当てはまる。他方で、強迫神経症の症状ではしばしば、反動形成

（性的満足に対する防御）を作り出すというかたちで、抑圧する審級が関与していることがよりはっきり表現されている。

転移　神経症の症状形成の原動力は性的な性質をもつ、という命題のためにまださらに証明を加える必要があるならば、それは、分析の治療のあいだに決まって患者が医者に対して特別な感情関係をもつ、という事実のなかに見出されるであろう。その感情関係は理性の尺度をはるかに超え、情愛にあふれた献身から非常に頑な敵意に至るまでさまざまな姿をとるが、その特徴はすべて、それ以前の無意識となってしまった患者の愛情態度から借りてこられている。この転移は、陽性・陰性いずれも、抵抗のために奉仕しているのであるが、これが医者の手にかかると、治療のための最も強力な補助手段となり、治療過程の力動のなかでもどれほど評価しても足りない役割を演ずるのである。

精神分析理論の基本柱　無意識的な心の出来事という想定、抵抗説と抑圧説についての承認、性とエディプスコンプレクスの評価、これらが精神分析の主となる内容であり、その理論の基礎である。これらすべてを是認することができない者は、自分を精神分析者のうちに数え入れてはならない。

精神分析のさらなる運命　精神分析は、十年以上ものあいだずっと独りでこれを背負ってきた筆者の業績によって、以上に述べたようなところまで歩みを進めていた。一九〇六年にスイスの精神科医E・ブロイラーとC・G・ユングが精神分析に活発に関与し始め、一九〇七年[9]にはザルツブルクにて精神分析の信奉者たちの初めての集会が開催された。そしてこの若い学問は、すぐさま精神科医や専門外の人たちの関心の的となった。権威に執着するドイツでの受け入れ方は、ドイツの学問にとってけっして名誉あるものとは言いがたく、E・ブロイラーのように、熱心な信奉者のなかでも冷静な者ですら、断固として防衛に努めなければならないほど挑発的なものであった。しかしながら、会議でのいかなる公式の非難と粛正も、精神分析の内的成長と外的拡大とを押しとどめることはできなかった。その後、十年が経過するうちに、精神分析はヨーロッパの国境を越えて遠くまで広がり、とりわけアメリカ合衆国では広く知られるようになった。少なからずこれは、J・パットナム(ボストン)、アーネスト・ジョーンズ(トロント、後にロンドン)、フルルノワ(ジュネーヴ)、フェレンツィ(ブダペスト)、アブラハム(ベルリン)その他多くの人々の奨励と協働のおかげであった。精神分析に破門が宣告されたのをきっかけに、その信奉者たちは一つの国際的組織を結成した。この組織は今年(一九二二年)第八回[10]の非公式会議をベルリンで開催し、現在、ウィーン、ブダペスト、ベルリン、オランダ、チューリヒ、ロンドン、ニューヨーク、カルカッタ、モスクワに地方支部をもっている。この発展は世界大戦によっても中断されることはなかった。一九一八年から一九一九年にかけてアントン・v・フロイント博士(ブダペスト)により国際精神分析出版社が創設され、精神分析に貢献する雑誌および著書を発行し、一九二〇年には、M・アイティンゴン博士によって、資産のない神経症患者を治療するための最初の「精神分析診療所」がベルリンに開設された。筆者の主著のフランス語、イタリア語、スペイン語への翻訳がちょうど今準備されているが、これはロマンス語圏においても、精神分析に対する関心が高まっていることを証言している。一九一一年から一九一三年までのあいだに、精神分析から二つの方向が分岐した。見たところこの二つは、精神分析が人々の感情を害するところを緩和しようと努めているようであった。その一つ、C・G・ユングが選んだ道はこうである。彼は倫理的な諸要求を満たそうとし、エディプスコンプレクスを象徴化し価値を改変することによって、このコンプレクスから現実的な意味を奪い取った。また治療においても発見された「前史的」と呼ぶべき忘れ去られた幼児期〔の性〕を重視しなかった。ウィーンのAlf・アードラーをその主導者とするもう一方は、精神分析のいくつかの要素に別の名前を与え、例えば、性を割り振って抑圧を解釈し「男性的抗議」と名づけた。ところがそのほかについては、無意識も性欲動も無視し、性格の発達も神経症の発生も力への意志に還元しようと試みた。この意志が器官劣等性ゆえに迫りくる危険を過剰補償によって阻止しようと努力するというわけである。体系的な仕方で改造されたこの二つの方向は、精神分析の発展に対し持続力をもって影響を与えることはなかった。アードラーの方向に関しては、それが取って代わろうとした精神分析との共通点があまりにも僅かしかないことがただちに明らかになった。

精神分析の新しい歩み　精神分析はこれほどまで多くの者が見守る研究領域になり、それ以来、精神分析に豊かさと深まりがもたらされた。それについて、残念ながらこの論文では、きわめて簡単にしか言及することができない。

ナルシシズム　最も重要な理論的進歩は、やはり、抑圧する自我にリビード理論が適用されたことであった。われわれは、自我そのものが――ナルシス的と名づけられた――リビードの貯蔵槽であり、この貯蔵槽から流れ出て対象へのリビード備給が行われ、この備給が再びそこへと回収されると想定するようになった。この想定をもとに、自我の分析に着手し、精神神経症を臨床的に転移神経症とナルシス的疾患とに分離することが可能になった。前者(ヒステリーと強迫神経症)では、外的対象に転移する追求傾向のために一定量のリビードが利用される。そしてこのリビードは分析的治療を行うために必要となる。また、ナルシス的障害(早発性痴呆、パラノイア、メランコリー)は反対に、対象からリビードが撤収させられていることが特徴であり、したがって分析療法によって近づくことはほとんどできない。しかしこのように療法が不十分であっても、精神病に起因すると思われる苦しみをより深く理解するために、精神分析が最も内容豊かな手がかりを得たことには変わりはない。

技法の転換　解釈の技法が完成され、分析家のいわば知識欲が満たされた後、当然のこととして、最も目的に適った仕方で患者に影響を与えることができるためにどのような方法があるのか、という問題に関心が向けられた。治療のあいだに抵抗が患者に生じても、それは初めのうち患者本人に意識されていない。こうした抵抗に患者が気づき、後になってそれを克服できるように助けることが、まず取りくむべき医者の課題であることが直ちに分かった。それと同時に、治療作業の本質的な部分はこの抵抗の克服にあり、それを行わないことには、患者の心に生じた変化を持続させるのに成功しないということもまた認識された。分析家の作業がこのように患者の抵抗に焦点を合わせるようになってから、分析技法は外科技術に比肩し得る明確さと精巧さとを手に入れた。したがって、何人も厳しい訓練を受けなければ精神分析の治療を行ってはならないと、直ちに忠告しなければならない。そして、国家によって認められた免許だけを頼りに、危険を冒して治療を行う医者は、素人と何ら変わらないのである。

治療方法としての精神分析　精神分析は万能薬であると自称したり、奇蹟を行うと自ら主張したりしたことは一度もない。医療活動のなかで最も困難な領域の一つにおいて、精神分析はいくつかの病苦にとっては唯一可能な方法であり、他の病苦にとっては最善の、あるいは最も持続的な効果をもたらす方法であり、そしてそのためにも必要な時間と作業を費やさなければならない。医者は救助するという使命のもとに完全に埋没するわけではない。医者に対し精神分析は、心の生活の混乱や心と肉体のあいだの関係について予期せぬ洞察を与え、その労苦に十分に応えてくれるのである。目下のところ援助となることはなく、理論的な理解を提供するしかできない領域においても、ひょっとすれば、神経症的障害に対してもっと後になってより直接的な効果をもたらす道を精神分析は切り開くかもしれない。精神分析は、とりわけヒステリーと強迫神経症という二つの転移神経症を作業領域にして、それらの内的構造と働いている機制を発見するのに貢献した。それ以外に、あらゆる種類の恐怖症、制止、性格畸形、性的倒錯、愛情生活における困難など〔にも取り組んでいる〕。何人かの分析家の報告によれば、重度の器質的疾患に関しても、その病状の成立と持続には心的要因も関与していることが稀でないので、分析による治療の見込みがないことはないという（ジェリフ、グロデック、フェーリクス・ドイッチュ）。精神分析は患者にある程度の心的可塑性があることを要求するので、患者の選択に際しても、一定の年齢の限度を越えない範囲で行わなければならない。また精神分析は、個々の患者を、長期間にわたり、集中的に治療することを条件とするので、〔他の病を患いながら〕神経症を併発しているような、意義のまったく認められない患者に、それほど時間を費やすことは不経済なことである。精神分析の治療手法をもっと広範な社会階層にも利用可能なものにし、知性において劣る人々にも適合させるために、どのような修正が必要であるかは、まず診療所での素材をもとにした経験から学ばなければならない。

精神分析と催眠法・暗示法との比較　精神分析の手法が、暗示療法、説得療法、その他のすべての手法と異なるのは、患者に生ずるどのような心の現象も、権威によって抑え込もうとしないことにある。この手法によって、現象を引き起こす原因を究明し、それが発生する条件を変え、その変化を維持することで、この現象を廃棄しようと努める。医者が暗示によって患者に影響を与えることは避けることができないが、精神分析では、その影響の向かう先が、自分の抵抗を克服する、つまり、治療の作業を行うという患者自身に課せられた課題になるようにする。患者が想起したことを報告するときに、暗示によって改竄が加えられるという危険から身を守るために、われわれ医者は技法を用心深く操作する。しかし一般的には、人はまさしく抵抗を喚び起こすことで、暗示の影響によって惑わされることから身を守っているのである。治療の目標として掲げられるのはこうである。患者の抵抗を止めさせ、患者の抑圧を吟味し直すことによって、患者の自我を最大限統一し、強化できるようにすること。患者が内的葛藤のために心的に消耗しないようにすること。患者の素質と能力に応じて、そのなりうる最良のものに患者を仕立て上げ、そのようにして患者を出来る限り、よく働き、よく楽しむことのできる者にすることである。病苦の症状が解消するのは、特別な努力目標として目指されるのではない。むしろ、規則通りに正しく分析を実行すると、いわば副収益として症状が解消されるのである。分析家は、患者の独自性を尊重し、彼——つまり医者——の個人的な理想のとおりに患者を改鋳しようとはしない。忠告をしないですみ、その代りに分析を受ける者の主導権を目覚めさせることができれば、それが喜ばしいのである。

精神分析の精神医学への関係　精神医学は現在のところ、記述と分類を本質とする科学であり、依然として心理的なものよりむしろ身体的なものに方向を定め、ある現象が観察されてもそれを説明する手立てをもたない。精神分析はしかし、精神病医たちのほぼ一致した態度からそう思われるように、精神医学と対立しているわけではない。むしろそれは深層心理学、すなわち、心の生活のなかの意識を免れた過程に関する心理学として、精神医学に不可欠な土台を提供し、今日の精神医学の制約を克服する手助けをするに適格な科学である。おそらく将来、科学的精神医学というものが創設され、精神分析はその導入として役に立つことであろう。

精神分析に対する批判と誤解　学問的著作においてさえ、精神分析に対抗して申し立てられる意見のほとんどは、不十分な情報に基づいており、そしてこの不十分さもまた抵抗の情動に根ざしていると思われる。したがって、精神分析を「汎性愛主義」であると非難したり、精神分析は心の事象すべてを性から導き出し、性に還元する、と陰口をたたいたりすることは誤りである。精神分析は、むしろそもそもの初めから、性欲動を他の欲動から区別し、他のものを暫定的に「自我欲動」と名づけた。「なんでもかんでも」説明してみせたいなどと、精神分析は一度として思いついたことはなく、神経症でさえ、性だけではなく、性的な追求と自我とのあいだの葛藤に由来するのである。リビードという名前は精神分析においては(C・G・ユングの場合を除いては)、単なる心的エネルギーを意味するものではなく、性欲動の原動力を指している。どのような夢も性的な欲望成就である、というような主張がなされたことはそもそも一度もない。心における無意識に関する科学として、特定の限定された研究領域をもつ精神分析に対して、一面的であるという非難を投げつけることは、例えば化学に対してそうするのと同じくらい不適当なことである。性欲の赴くまま「自由放埒に生きる」ことで神経症の苦痛から快癒すると、精神分析が期待している、などと考えられているとすれば、それは悪意のある、そして無知によってしか正当化されない誤解である。分析を通して、抑圧された性的な情欲を意識に上らせることができれば、むしろ先行して働いていた抑圧が妨げていた情欲の制御も可能となる。分析は神経症患者を性欲の枷から解放する、と言う方がより正しいだろう。さらに、すべて科学がそうであるように、精神分析は完全に不偏不党であり、現実の一端を矛盾なく把握するというただ一つの目的しか知らないのであるから、それが宗教、権威、道徳の足下を掘り崩すのに適しているか否か次第で、精神分析に判定を下すのは、全く非科学的である。最後に、研究、芸術、愛情、道徳的および社会的感情という、いわば人類にとっての最高の財産が、基本的で動物的な欲動の蠢きに由来することを精神分析が示すことができるといって、そのせいでそれらの価値もしくは威信が損なわれてしまう、との危惧の念を抱くとすれば、それこそまさしく単純と呼ばれて然るべきである。

医学外の分野への精神分析の応用と関連　精神分析は、医学の分野のなかでも、唯一、精神科学に対してきわめて広範にわたる関係をもち、精神医学において達成された意味を、同様に、宗教史、文化史、神話学、文芸学においても獲得しようとしている分野である。これを報告するのを怠れば、精神分析に対する評価は不完全なものとなるであろう。もとより精神分析の目標は、神経症の症状を理解し、それに影響を与えること以外にはなかったことを考慮すると、それは驚くべきことといえよう。しかし、精神科学への架け橋がどの個所に築かれたかを指摘するのは簡単である。夢の分析が、無意識の心の出来事に対する洞察をあたえ、病的症状を生み出す機制が正常な心の生活にも働いていることを示したとき、精神分析は深層心理学となった。そして、深層心理学として精神科学に応用することが可能となり、学校で教えられる意識の心理学が、その前では立ち止まって途方に暮れざるをえなかった、数多くの疑問を解決することができた。すでに早い時期から、人間の系統発生への関係づけはなされていた。病理的機能というものは、正常な機能がずっと初期の発展段階へと退行することに他ならない、と認めざるを得ないのもしばしばであった。C・G・ユングがまず、早発性痴呆患者の混沌とした空想《ファンタジー》と原始民族の神話形成とのあいだに驚くべき一致がみられることを強調して示した。筆者は、エディプスコンプレクスを構成している二つの欲望の蠢きが、トーテミズムの二大禁止（先祖を殺めてはならない、同族の女性と結婚してはならない）と内容として完全に合致することに注意を喚起し、そこから射程の広い推論を導き出した。エディプスコンプレクスのもつ意味は巨大な規模にまで拡大しはじめ、人間の原始時代の国家秩序、道徳、法律、宗教は、ともにエディプスコンプレクスに対する反動形成として発生したのではないか、と予感された。オットー・ランクは精神分析の洞察を応用することで、神話学と文芸学の上に、また同様に、Th・ライクは道徳と宗教の歴史の上に、光明を投げかけた。（チューリヒの）牧師O・プフィスターは教導者と教師たちの関心を目覚めさせ、教育学にとって精神分析の視点がもつ価値を理解させた。精神分析のこうした応用について、ここでこれ以上詳しく述べるのは適当でない。この応用がどこまで拡大するのか、まだまだ見通しはつかない、と述べておくだけで十分だろう。

経験科学としての精神分析の性格　精神分析は、哲学のように、緻密に定義されたいくつかの基本概念から出発し、それらの概念によって世界全体を把握しようとし、そして、いちど完成した暁には、新しい発見やより優れた洞察のための余地はもはや残されていない、といった体系ではない。むしろそれは、研究領域のなかの事実から離れず、観察されたことに直結する問題の解決に努め、経験を頼りに手探りで進み、常に未完成であり、常に自分の学説を再整備するあるいは修正する用意がある。精神分析は、物理学や化学がそうであるのと同じように、その最上位概念が不明確であり、それが前提にしているものも暫定的なものであるが、それらについてより厳密な規定がなされることを将来の研究に期待している。

II　リビード理論

リビードとは、欲動説に由来する術語であり、性欲が力動論的に表現されたものを指し示すものとして、すでにA・モル[11]によってこの意味に用いられ（『性的リビードに関する研究』一八九八年）、筆者によって精神分析に導入された[12]。以下において、まだ終結をみるには至っていないけれども、この欲動説が、精神分析においてどのような発展を遂げたか、せめてそれだけでも叙述することにしたい。

性欲動と自我欲動の対立　精神分析は、心に生じる出来事がすべて、基礎となる欲動の諸力の働きに由来することを、大本から解明しなければならない。そのことは直ちに認識されたものの、周りは最悪の事態になっていた。心理学に欲動説というものが存在せず、欲動というものがいったい何であるかを、誰も示すことができなかった。まったくの恣意というものが幅を利かせ、心理学者はそれぞれに自分の気に入った欲動を、好きなだけ想定するのが常であった。精神分析が研究した最初の現象領域は、いわゆる転移神経症（ヒステリーと強迫神経症）であった。こうした神経症の症状が発生するのは、性的な欲動の蠢きが人格（自我）によって拒絶（抑圧）されており、無意識を迂回してその表現手段を手に入れることによってであった。このように、性欲動に自我欲動（自己保存欲動）を対置させればちょうどよく、そうすれば、世の機構は「空腹と愛とによって」維持されている、というよく知られるようになった詩人の言葉[13]とも一致することになった。空腹が自己保存欲動の力を表明しているのと同じ意味で、リビードは愛の力を表明している。それでも、自我欲動の性質は当初明らかではなく、自我の他のすべての性格と同様、精神分析には近づきがたいものであった。この二種類の欲動の間に質的な違いがあるのか、あるとすれば、どのような違いが想定されるのかを示すことはできなかった。

原リビード　このような不明瞭さを克服しようとして、C・G・ユングは思弁の道を進み、ただ一つの原リビードというものを仮定するにいたった。これは、性化されたり、脱性化されたりすることができるもので[14]、したがって本質としては心のエネルギー一般と同じものとみなされる。この変革は方法の点から見ても議論の余地があり、多くの混乱を引き起こし、リビードという用語を余計な同義語に格下げしてしまった。にもかかわらず、治療においては、性的リビードと非性的リビードは相変わらず区別されざるをえなかった。性欲動とその他の目標を持つ欲動との間の区別は、何らかの新しい定義を試みる途中ですら、破棄されることはなかったのである。

昇華　そうこうするうちに、分析によってしか近づくことができない性的追求を慎重に研究することによって、注目すべき洞察が一つ一つもたらされた。性欲動と名づけられたものは、高度に合成されており、再び部分欲動に解体することができるものであった。それぞれの部分欲動はその源泉から、すなわち、部分欲動がそこから興奮を引き出してくる身体部位あるいは領域から、変わることのない性格を与えられていた。その上、部分欲動においては対象と目標とが区別されねばならなかった。その目標は常に満足放散であるが、それが能動から受動へと転換することがあった。対象と欲動との結びつきは最初考えられていたよりも緩やかであり、対象は容易に別の対象と取り換えられた。また外的な対象を持っていた欲動が、我が身に向き直ることもできた。個々の欲動は相互に依存しないままのこともあり、また――まだ想像も及ばない仕方で――結合したり、合体して共同作業を行ったりすることもあった。それはまた相互に擁護しあったり、相互にリビード備給を転移しあったりし、結果、ある欲動の満足が他の欲動の満足の代りをした。最も重要と思われたのは昇華という欲動のたどる運命である。この場合、対象と目標とが取り換えられ、もともと性的であった欲動が、もはや性的でない、社会的あるいは倫理的により高い評価を受ける働きのうちに満足を見出すのである。これらはすべて〔欲動理論の〕特徴を描いてはいるものの、まだ一つの全体像を構成するに至っていない。

ナルシシズム　早発性痴呆およびその他の精神病疾患の分析に敢えて踏み込み、自我そのものの研究に着手したとき、われわれは決定的に前進した。これまで、自我は抑圧し抵抗する審級としてしか知られていなかった。痴呆の病状を惹き起こす過程として認められたのは次のことである。リビードが対象から撤収させられ、自我の内にとり込まれるが、その間、対象に戻る道を見つけようとするリビードの努力が徒労に終ることから、症状が騒々しく現れるのであった。したがって対象リビードは自我備給に変転することができ、その逆も可能であった。さらに検討を重ねるなかで明らかになったように、こうした過程はさらに大規模な範囲で生じていると想定するべきであり、自我は、むしろリビードの大きな貯蔵槽と見なされねばならず、そこから対象へリビードが送り出され、またこの貯蔵槽は、対象から流れ帰ってくるリビードを受け入れる準備を常にしているのであった。したがって、自己保存欲動もまた、リビードの本性に従うのであり、外的な対象の代りに自分の自我を対象として選ぶのは性欲動だったのである。私たちは臨床的経験から、はっきりとこれと分かる仕方で自分自身に恋着《れんちゃく》してしまったように振る舞う人たちを知っており、このような倒錯をナルシシズムと名づけていた。今や自己保存欲動のリビードはナルシス的リビードと呼ばれ、そのような自己愛がかなりの程度見られることは、一次的で正常な状態であることが承認された。そうすると、転移神経症に関する以前の公式を、訂正するとまではいかないが、一つだけ修正する必要が生じた。性欲動と自我欲動のあいだの葛藤という代りに、対象リビードと自我リビードのあいだの葛藤といった方がよく、あるいは、欲動としての本性は同じであるので、対象備給と自我のあいだの葛藤といった方がよいのである。

ユングの見解への外見上の接近　このようにして、精神分析の研究はゆっくり進みながらも、原リビードというユングの思弁の後を追っているかのように見えた。それというのも、とりわけ対象リビードのナルシシズムへの変転に、ある種の脱性化と特殊な性的目標の放棄が不可避に結びついているからである。しかし、自我の自己保存欲動がリビード的であると承認されたとしても、まだそれだけでは、自我の内にその他の欲動が働いていないことの証明にはならない。このことは依然として検討されなければならない。

群棲欲動　ある特別な、生得的な、そしてそれ以上分解することのできない「群棲欲動」というものが存在し、それが人間の社会的行動を規定し、より大きな共同体のかたちをとってまとまるよう個々人を衝き動かしている、という主張が多方面からなされている。精神分析はこのような立論に対して反対せざるをえない。仮に社会的欲動が生得のものであるにせよ、それでもその欲動は、もともとリビード的である対象備給へと難なく連れ戻して考えることができる。社会的欲動は、個体としての子供のもとで、敵意ある対抗的態度への反動形成というかたちで発達する。社会的欲動は他者との同一化のなかでも一つの特別な種類に基づくものである。

目標制止された性的追求　社会的欲動は、欲動の蠢きの一つのグループに属しているが、この欲動は昇華に近接するとはいえ、まだ昇華されたとはいえない。それは直接の性的目標を放棄してしまったわけではないが、この目標を獲得するのを内的抵抗によって引き止められたまま、満足に何とか近づくことに甘んじざるをえない。そしてそれゆえにこそ、人間のあいだにとくに堅固で永続的な拘束が作り出される[15]。このような種類のものとして、とりわけ、もともとは完全に性愛に満ちた両親と子供のあいだの情愛関係、友愛の感情、性的な好意から生じた夫婦の感情拘束がある。

心の生活における二種類の欲動の承認　精神分析の研究は、その他の点では、他の学問の学説とは可能な限り無関係に自身の学説を発展させようと努めているが、それにもかかわらず欲動説のためには、生物学に拠り所を求めざるをえないことを自覚している。生命を構成し、死へ導くもろもろの過程に関する、より広範な検討に基づくならば、こう考えるのがもっともだろう。つまり、有機体における構築と崩壊という相対立する過程に応ずるかたちで、二種の欲動を承認しなければならないのだ。一方の欲動は、奥底で音もなく働き、生物を死に導くという目標に従う、したがって「死の欲動」と名づけられるに相応しい。そしてそれが多細胞の基礎的有機体が協働することによって外へ向けられると、破壊傾向あるいは攻撃傾向として現れ出ることになる。他方の欲動は、分析によってわれわれがよりよく知っている、リビード的性欲動あるいは生の欲動であり、エロースとして一まとめにするのが最も適切であろう。このエロースは、生命基質からより大きな統一体を形成し、それによって生命が存続するよう維持し、生命をより高度な発展へ導くことを意図していることになる。生物の中ではエロース的欲動と死の欲動が一定の割合で混合し、合金をなすが、この二つの欲動の分離[16]もまた可能であろう。生命とはこの二種の欲動の葛藤あるいは干渉が現れ出ることから生じ、それは死によって個体に破壊欲動の勝利をもたらし、しかしまた、生殖によってエロースの勝利をもたらすといえるのであろう。

欲動の本性　このような理解を基盤にすることによって、欲動に対して次のように性格づけをすることができる。すなわち欲動とは、以前の状態を復原しようとする、生命体に内在する傾向であり、したがって歴史的に条件づけられており、守旧的本性[17]を持っている。そしてそれはいわば有機的なものが持っている慣性あるいは弾性の表れである。この二種類の欲動は、エロースも死の欲動もともに生命が初めて地上に発生したときから活動し、相互に対抗して働いてきたのであろう。

（本間直樹　訳）

夢解釈の理論と実践についての見解

Bemerkungen zur Theorie und Praxis der Traumdeutung

『夢解釈』の最近の版では、活版を作り直した[1]。この偶然のめぐりあわせを機に、以下の見解を独立させて発表しておこうと思う。それらはいずれも、通例なら訂正ないし追加として、本文中に組み込まれるはずのものである。

I

精神分析は夢を解釈するにあたって、いくつかの技法のあいだで選択をおこなってきた[2]。

a、時系列に従う方法。夢が語られるとき、その夢の構成要素には順序があり、夢をみた人は、これら構成要素の思いつきをこの順序で提示することができる。これはもともとある古典的な方法で、自分自身の夢を分析しようとするとき、いまなお最適だと思う。

b、夢から目立ったある要素を単独にとりだして、解釈のきっかけとする。たとえば、いちばん奇妙な部分、あるいは非常な明確さや感覚的強度をそなえた部分に注目して、夢のただなかからそうした要素をとりだす。またたとえば、夢に含まれている話題を糸口として、それを覚醒時に由来する話題の想い出にまで導いていくことも、できるかもしれない。

c、そもそもまず顕在内容からいったん離れる方法。そのかわり夢をみた人に、語られた夢を連想させるような、近日の出来事について尋ねる。
最後にdとして、夢をみた人がすでに夢解釈の技法に通じている場合、指示はいっさいあきらめて、夢の思いつきのどれから始めたいかを当人に任せることもありうる。以上の技法のうちいずれかが他に優っているとか、おおむね好成績を挙げているとかはいえない。

II

なによりも重要なのは、解釈作業が高次の抵抗圧のもとにあるのか、それとも低次の抵抗圧のもとにあるのか、ということである。この見きわめにあたって、精神分析家はいつまでも迷っていてはいけない。抵抗圧が高次の場合、夢がどういう事柄を問題にしているかは分かるかもしれないが、その事柄について夢がなにを言っているかを推定することはできない。それはいわば、遠いところでの会話、あるいは声をひそめた会話に聞き耳をたてるようなものだ。そういうときには、夢をみた人との共同作業はうまくいきそうにないと考えることにする。深入りしすぎないよう、また夢をみた人に手を出しすぎないよう心を決めて、蓋然性が高いと思われる象徴翻訳をいくつか提示することで、よしとしなければならない。

分析がむずかしい夢の大半はこの種のものであり、そこからは夢形成の本性や機制について多くを学び知ることはできない。だがすくなくとも、夢の欲望成就がいったいどこに潜んでいるのかというおなじみの問いについては、いささかの消息が得られる。

抵抗圧が極端に高次の場合、夢をみた人の連想は深まらず、むしろ拡がるという現象がおこる。語られた夢に結びついて欲望される連想のかわりに、それじたいは連想を伴わない、新しい夢の断片が入れかわり立ちかわりおもてだってくるのである。解釈作業といえば、夢をみた人の連想が、いくつかの顕在的要素からスタートして最初のうちは広範に分散し、さまざまなテーマや表象群にふれていく。やがて、そこからはじまる連想の第二の系列が、探し求められていた夢思考へ急速に収束していくというのが、よく知られた姿だ。そのとおりにことがはこぶのは、抵抗が適度な範囲に収まっているときだけである。

そうした場合には、夢をみた人と精神分析家との共同作業もまた可能となる。だが高次の抵抗圧があるかぎり、共同作業すらできないだろう。

分析をしていて出会う夢のなかには、抵抗をあらわに見せつけるわけではないけれども、翻訳不可能なものがある。根底にひそむ潜在的夢思考を自在に加工してみせるこうした夢は、よくできた、芸術的に練り上げられた文学作品に比肩する。文学作品の場合、基本モティーフはまだなんとか理解できるものの、攪乱や変形が意のままに加えられていると気づかされる。夢の場合は、内容そのものを考察できなくても、夢をみた人の思考や想起の端緒として治療に役立つ。

III

あまり厳密に区別するつもりはないが、夢は上からの夢と下からの夢とに分けられる。下からの夢とは、何らかの日中残渣のなかに代わりを入手した、無意識の(抑圧された)欲望の力によって引き起こされるものをいう。そうした夢は、抑圧されたものの覚醒時の生活への侵入に対応している。これにたいし上からの夢とは、自我から切り離され抑圧されたものから、夜のあいだに増強を得た日中の思考や意図とみてよい(3)。この場合、精神分析は原則として、無意識のそうした介在を度外視し、潜在的夢思考を覚醒時の思考の構成に組み込んでいく。以上のように区別できるからといって、夢解釈の理論を修正する必要はない。

IV

分析をいくつか手がけていくうち、あるいは分析がある段階に立ちいたったとき、夢の生活と覚醒時の生活とがはっきり分かれることがある。それはちょうど、《連続ストーリー》(白昼夢小説)を語りつづける空想《ファンタジー》活動が、覚醒時の思考から分かれていくのに似ている。そうなると夢の生活は、ある夢をまた別の夢に結びつけたり、先行する夢のなかでは付随的にしかふれられていない要素を中心に据えたりなどする。しかし、夢どうしはたがいに関連することなく、継起する覚醒時の思考の切片に挟み込まれていく場合のほうがはるかに多い。

V

夢の解釈は、ふたつの局面からなる。すなわち、翻訳とその判断ないし評価である。前者に取り組むあいだに後者まで考慮してしまい、それに左右されるということがあってはならない。いわばそれは、外国語の著作家、たとえばリウィウスのある一節を手に取るようなものだ。まずは、リウィウスがその個所でなにを語っているのかを知ろうとする。その後ではじめて、読み終えたのが歴史記述なのか伝説なのか、はたまた著者の脱線なのかを論じることになる。

だが正しく翻訳された夢からは、どのような結論を導けばよいのだろうか。私の印象では、実地の分析はこの点で、誤謬や過大評価を避けきれているとはいえない。しかもそれは、ときとして「謎ふかき無意識」(4)をありがたがりすぎることに由来する。

ともすれば忘れてしまいがちだが、夢というものはたいてい、いろいろある思考のひとつにすぎない。それは、検閲の働きの低下と無意識の増強によって生じ、また検閲の影響と無意識の加工によって歪曲を受けている。

いわゆる回復夢の例を引いておこう。ある患者が、神経症による束縛から解放されたように思える、たとえば恐怖症を克服するとか感情拘束がなくなるといったたぐいの夢をみたとする。そうした場合私たちは、患者が長足の進歩をとげて、新しい生活状況を迎える用意をととのえ、健康が戻りつつあると感じはじめているなどと考えがちだ。それが当たっていることもままあるが、この種の回復夢が無精の夢の価値しかおびていない場合も、同じくらいよくある。(5)こうした夢は、なんとか健康を取り戻して、目前に迫った、さらなる分析の作業から逃れたいという欲望を意味しているのである。このような意味での回復夢は、患者が転移のあらたな、つらい局面に入ることになっているとき、じつに頻繁にあらわれる。回復夢をみる患者のふるまいは、何時間か分析を受けただけで治癒したという神経症患者とまったく同じである。彼らは、まだ分析の場で話さなければならない不快を、とにかく避けたいと思っているのだ。軍医による治療を受けてみて、前線での任務のほうが病気よりもましだと考えて、症状を受け入れてしまっている戦争神経症患者(6)もまた同じ経済論的条件に服している。これらの場合いずれも、治癒は長つづきしなかった。

VI

正しく翻訳された夢の価値について、一般的な判断をくだすことはそう簡単ではない。患者の側に両価的《アンビヴァレント》な葛藤がある場合、その心中に生じる敵対的な思考は、情愛の蠢きの持続的克服、つまり葛藤の決着を意味しない。同様に敵対的な内容の夢も、そうした意味を持たない。こうした両価的《アンビヴァレント》な葛藤があるあいだは、毎晩それぞれ異なる立場に与するふたつの夢をみることも多い。そのようなときの治療の進展は、真っ向からむかいあっている蠢きを根本的に分離したうえで、そのおのおのの無意識を増強させて極端なところまで追求して、正体を究明することにある。ときには、両価的《アンビヴァレント》な夢のうちの片方が忘れられている場合もある。それにだまされて、一方が有利になるよう決着がついたのだと考えてはいけない。片方の夢を忘れているというのは、なるほどその時点ではある方向が優勢であることを示している。しかしそれは、その日いちにちの話にすぎず、入れ替わりがあっておかしくない。翌晩には、正反対のものがおもてだってくるかもしれない。葛藤がじっさいどのような状態にあるかは、覚醒時の生活を含め、他のあらゆる徴候を考慮してのみ推測されうる。

VII

夢をどのように評価するかという問題は、医師の「暗示」がどれほど影響力を与えうるかという、いまひとつの問題と深く関連している。精神分析家は、はじめてそういう可能性にも意を用いるよう戒められたときには驚くかもしれない。(7) だがより詳しく考察するうち、患者の夢に影響を与えることは、分析家にとってもはや不幸でもなければ恥辱でもなく、むしろ患者の意識的思考を導くことだと知れば、最初の驚きも鎮まるだろう。

夢の顕在内容が精神分析による治療の影響を受けることは、いまさら証明するまでもない。それは、夢は覚醒時の生活と結びついており、覚醒時に受けた刺激を加工するという知見から、すでに明らかである。分析による治療をとおして起こることは、当然ながら覚醒時の印象に含まれるものだし、やがてそのなかでももっとも印象深いもののひとつになる。それゆえ患者が、医師から語りかけられた事柄や、医師によって呼び覚まされた期待を夢にみるのは、不思議ではない。それは、すくなくとも「実験」夢というよく知られた事実以上に不思議だというわけではないのだ。

いまや興味深いのは、解釈をとおして明らかにされるべき潜在的夢内容もまた、分析家から影響されたり、暗示されたりするものかどうかという問題である。この問いにたいしてもまた、「むろんそのとおり」と答えざるをえない。というのも、そうした潜在的夢思考の関与部分は、前意識的で、徹底的に意識可能な思考形成に対応しているからである。この思考形成によって、夢をみた人が覚醒時にも医師から受けた刺激に反応するということがありえよう。被分析者の応答は、医師の刺激に同調するかもしれないし、抵抗を示すかもしれない。夢をそのなかに保持されている夢思考と置き換えてみるなら、夢にどれくらいまで暗示を及ぼすことができるかという問題は、患者が精神分析においてどこまで暗示に近づいてくれるかという、より一般的な問題と重なり合うのである。

〔ただし〕夢形成の機制それじたい、すなわち本来の夢工作にたいして影響を与えることはけっしてない。この点は銘記しておいてよいだろう。

右に述べた前意識的な夢思考の関与部分を別とすれば、まともな夢はいずれも、みずからを形成するに足るだけの、抑圧された欲望の蠢きへの示唆を含んでいる。これを疑う人はいうであろう、欲望の蠢きが夢のなかにあらわれるのは、夢をみた人が、そういう蠢きを提示しないといけない、つまり精神分析家がそれを待ち望んでいると承知しているからにほかならない、と。しかし分析家自身がそう考えないのは、十分な根拠あってのことである。

夢が、その夢をみた人の過去のさまざまな場面に関連づけて解釈されうる状況をあらわしている場合、こうした夢内容にまで医師の影響が関与するものかどうかという問いは、とりわけ重要と思われる。この問いがもっとも切実になるのは、いわば確認的な、つまり分析を後追いする夢の場合である。すくなからぬ患者に、まさしくこうした夢があらわれる。彼らは、症状や思いつき、ほのめかしから構築される自分たちの幼年期の体験を教えてもらってはじめて、忘れていたそうした体験を再生産する。そこから確認的な夢が生じるのである。だがこれにたいして、そのような夢は、夢をみた本人の無意識から歩みでてきたのではなく、医師の刺激に応じて空想されたものかもしれないから、なんの証明力も持たないのではないかという疑念が浮上する。精神分析では、このような曖昧な状況を避けきることはできない。〔しかし〕この種の患者が相手でも解釈し、構築し、告知することをしなければ、彼らのなかで抑圧されているものに近づく糸口は見あたらない。

それまで忘れていたことへと向かう想起感情がこうした後追い的、確認的な夢の分析と直接に結びつくときには、事態は好都合に進むものである。

そうなっても懐疑家は、それは想起の偽装であろうと言い抜ける。じっさいまたたいていの場合、こうした想起感情ははっきりあらわれない。抑圧されたもののうち通過を許可されるのはごく断片的で、すこしでも不完全なところがあるかぎり、確信の形成は制止されたり、遅延させられたりする。また、実際に存在していたのだが忘れられている出来事の再生産ではなく、無意識の空想《ファンタジー》が促されて出て来るということが問題になっている場合もありうる。無意識の空想《ファンタジー》にたいしては、想起感情を期待することはまったくできないが、当人の主観的な確信が残っているということは、場合によっては考えられる。

つまるところ確認夢は、ほんとうに医師の暗示の成果、すなわち好都合な夢なのであろうか。もっぱら確認夢をみたといってくる患者は、疑念が抵抗の主役を演じているような患者とかわらない。権威をふりかざしてこうした疑念を屈服させよう、あるいは理路整然と論破しようと試みてはならない。疑念は、分析が進行する過程で解かれてしまうまで、のこらざるをえない。分析家自身も、個別事例においてこのような疑念をいだきつづけてかまわない。分析家の直面している課題の紛糾こそが、彼を最終的に確かなものへと導いてくれる当のものなのだ。それは、パズルと呼ばれている子供の遊戯をひとつ解くのに似ている。パズルでは、色あざやかな絵が描かれている木板が、てんでに曲がった輪郭線にふちどられた小さなピースに分かれて、木枠にぴったりはまっている。ピース一個をみればわけの分からない絵の一部が描かれているのだが、そうしたピースの山を整序して、有意味的な絵に仕上げること、継ぎ目に隙間がないようにすること、木枠全体をしっかり一杯にすることをめざす。こうした条件がすべて満たされたとき、パズルが解けたことになるのであって、それ以外の解決はない。

むろんこのような比喩は、分析作業が完結していない被分析者にとっては無意味かもしれない。ここで私が想い出すのは、いちじるしい両価的《アンビヴァレント》態度が極度に強迫的な疑念のかたちであらわれている患者と交わした議論である。彼は自分のみた夢の解釈に異議をはさまず、夢が私の述べた推測と一致することにいたく心を動かされていた。だが彼は、そうした確認夢は私の意を迎えていることのあらわれではないのかと尋ねてきたのだ。私は、彼のみた夢は予想もできなかった個別的な事柄の総和であること、治療中の彼のふだんの行動は、迎合に由来するものではまったくないことを、弁じたてたものである。すると彼は別の理論を持ち出して、健康になりたいというナルシス的な欲望が、自分があのような夢を生産するきっかけになっているのではないか、と尋ねた。彼が私の示した構築を受け入れられるとすれば、それは私が彼に回復の見込みがあると言ったからこそだ、という。私としては、夢形成のそうした機制は自分にはまだ分からないと答えるほかなかった。しかし決着は、別の仕方でついたのである。この患者は、分析をはじめる以前、それどころか分析についていささか見聞する以前にみたことのある夢を想い出してくれた。そして、私の暗示を受けてしまっているのではないかという疑念とは無関係なこの夢を分析してみると、分析開始後の夢と同じ解釈が得られた。反論しなければならないという彼の強迫は、なお別の逃げ道をさぐりあて、以前の夢は治療中にみている夢と比べると、明快さの点で劣ると言い立てた。だが私には、分析以前の夢の解釈と以後の解釈とが一致したことで十分であった。人間は精神分析が登場するはるか以前から夢をみているということに、ときおり思いをいたすのは、たいへんよいと考えるしだいである。

VIII

抑圧されたものがおもてだってあらわれる程度は、精神分析を受けていないときにみる夢よりも、受けていてみる夢のほうが大きいようである。だが、これを立証することはできない。というのも双方の状況は比較できないからだ。夢を利用しようという分析のねらいは、夢にしてみれば本来まったく縁遠いものである。一方、分析をすすめていくと、他の方法にたよるよりはるかに多くのことが、夢とのつながりで明らかになるのは疑いない。夢のこうした豊かな働きにはなんらかの動力源があるはずだ。それは、ある無意識的な力であって、他の状態にもまして睡眠状態において、分析のさまざまな意図の支えとなる。ところで、そのために利用できる要素は、父母コンプレクスに由来する、被分析者が分析者の意を迎えようとする態度、つまり私たちのいう転移の陽性的関与以外にはほとんどない。じっさい、忘却されているものや抑圧されているものを再現してみせる多くの夢からは、夢形成の原動力のもとと考えてもよさそうな、他のいかなる無意識の欲望も発見されない。だからだれかが、精神分析で利用可能な夢は大半が都合のよいものばかりで、医師の暗示によって起こったものだと主張しても、分析理論の側で反論はできない。それについては、『精神分析入門講義』での検討(8)を参照されたいというにとどめる。同書では転移と暗示との関係を取り上げ、私たちのいう意味での暗示の作用を認めようとも、私たちの結論の信憑性はほとんど損なわれないことが示してある。

論文『快原理の彼岸』では、幼児期の性の、あらゆる点からみてつらい体験が、どのようにしてなんらかの再生産にたどりつきうるかという経済論的問題を論じた。私は「反復強迫」のかたちであらわれるそうした体験のなかに、とてつもなく強い揚力を認めざるをえなかった。この強い揚力は、「治療作業が抑圧されたものに歩み寄り抑圧を緩和する」まで快原理に仕え、体験にのしかかっている抑圧を制覇する。[*1] ついでに言い添えるなら、反復強迫にたいしてそうした助けとなるのは、陽性転移である。その場合、治療は反復強迫と結びつく。この結びつきはさしあたり快原理に対抗するが、最終的に目指すところは、現実原理の支配を打ち立てることである。さきの論文で

＊1　〔GW-XIII 18〕〔本全集第十七巻、七〇頁〕。

詳しくみたように、反復強迫がこの結びつきの義務から逃れて、抑圧されたものが夢のイメージというかたちで回帰してくることに甘んじない場合は、きわめて多い。

IX

私がいままで知るところでは、夢にそなわる欲望成就傾向のただひとつのほんとうの例外は、外傷性神経症における夢である。(9) これにたいし、見かけだけの例外を示すのが懲罰夢である。(10) この後者の場合、奇妙な事態がおこるのだ。すなわち、潜在的夢思考から顕在的夢内容へ取り入れられるものは、そもそもなにひとつない。それにかわって、夢思考にたいする反動形成、つまり夢思考を拒絶し、それと完全に矛盾するものとして記述せざるをえない、まったくの別物が登場してくるのである。夢にたいするこうした干渉を許すかどうかはひとえに、批判をこととする自我審級にまかされており、それゆえ、この審級が無意識の欲望成就から刺激を受けて、睡眠状態のあいだ一時的に再生したと想定せざるをえない。この審級は、そうした欲望されざる夢内容にたいして反応し、〔夢をみていた人を〕覚醒させることもできたかもしれない。だがじっさいには、懲罰夢形成のうちに、睡眠の中断を回避する道を見いだしたわけである。

だからたとえば、私が『夢解釈』でふれた文学者ローゼガー(11)の有名な夢[*2]についても、高慢でこれみよがしの中身を抑え込んだテクストと考えることができる。じっさいの夢では彼は、「おまえは能なしの仕立て屋見習いだ」と指弾されている。なにかある抑圧された欲望の蠢きを、この顕在的な夢の欲動力にあたるものとして探し求めても、むろん無意味だろう。自己批判が欲望成就を果たしていると考えて、よしとしておかねばならない。

夢のこの種の構成は奇妙に思えるが、検閲に仕えて夢を歪曲するさい、個別の要素がなんらかの意味で正反対のものや対立するものと入れ替わることはよくあると考えると、それも軽減される。そこから、夢内容の特徴的な部分を防衛的な矛盾によって代替するところまでは、ほんの一息の道のりだ。さらにもう一歩すすめば、不快な夢内容をまるごと懲罰夢で代替することになる。顕在的夢内容の偽装の中間にあるこれらの段階について、ひとつふたつ典型例をあげておこう。

まずは、強度の父親固着をともなっていて、分析でもなかなか話してくれないある娘の夢の場合。彼女は日本の着物を一枚羽織っただけで、女友達とふたりで部屋に座っている。ひとりの男性が入ってきて、彼女はもじもじする。だがその男性は、「このひとは、私たちがまえにいちど、とても美しく服を着ているのを見た娘さんだよ」という。——この男性というのが私なのだが、さらに遡ってみると彼女の父親であった。この夢は、私たちが男性の口にした言葉のもっとも重要な部分を正反対のものと入れ替えてみようと思い立たないかぎり、とるにたりない。すなわち、「これは、私がすでにいちど服を脱がしてみて、とても美しいと思った娘だ」。彼女は子供のとき三歳から四歳まで、しばらくのあいだ父親と同じ部屋で寝ていた。そしてすべての徴候は、当時彼女がいつも服を脱いで寝て、父親に気に入られていたことを示している。そのとき以来の露出快の抑圧が、いまでは治療のさいの打ち解けなさ、自分をあからさまにあらわすことへの嫌悪の動機になっているのである。

同じ夢の別の場面の場合。彼女は印刷された自分の病歴を読んでいる。そこには、ある若者がその恋人——名前

＊2　(GW-II/III)〔本全集第五巻〕。

をココアという——を殺した、とある。これは肛門性愛にかかわっている[12]〔と彼女は思う〕。そういう理解は夢のなかにココアという名前が出てきたときに、彼女自身が得たものである。この夢の解釈はさきの夢よりもむずかしい。だがとうとう、彼女が就寝まえに「ある幼児期神経症の病歴より」(『神経症学小論集』第五篇)[13]を読んでいたことを聞き出せた。そこで中心になっているのは、両親の現実の、もしくは空想された性交の観察である。そうした病歴を彼女は以前にいちど自分に引きつけて考えたことがあった。だがそれは、彼女の場合にも同様の観察行為が問題になる唯一の徴候とはいえない。さて、恋人を殺す若者というのは、性交場面のサディズム的理解をはっきりと暗示している。だがそれにつづく要素——つまりココア——は、そこからは大きくはずれている。ココアについて彼女が連想しえたのは、ココアを飲むと頭痛がするという母親の口癖だけだった。同じことを他の女性からも聞いたという。おまけに彼女は、同じような頭痛にみまわれたことから、自分を母親と重ね合わせていた時期もあった。これらふたつの夢の要素を結びつけようとした私は、性交観察からくる結論を彼女がそらせようとしているとしか考えられない。ただし、それは生殖と関わるものではない。子供たちは(メルヒェンにおけるように)、食べ物のなかから生まれてくるのである。彼女は肛門性愛を持ちだして夢解釈をこころみたように見えるが、ここで大事なのは、肛門からの誕生〔という要素〕が加わることだ。そう考えると、援用された幼児期理論は完結する。

X

夢をみる人の自我が、顕在夢のなかに二度あるいはそれ以上登場する、つまりあるときは自分自身として登場し、またあるときは別の人物の陰にかくれて登場する[14]ということについては、不思議がる声をときどき耳にする。いかなる場面状況にもけっして適合しない、こうした複数の自我を選りわけようとする努力が、夢形成のあいだ、二次加工をつうじておこなわれるのはまちがいない。だが解釈作業は、自我の複数性を再現するものである。夢に複数の自我が登場することじたいは、覚醒時の思考のなかに自我が複数あらわれる場合と比べて、はるかに奇異とはいえない。そのさいとりわけ、自我が主体と客体とに分離するとか、観察と批判の審級としての自我がもう一方と対決するとか、現在のあり方をかつての自我のすがた、つまり想い出される過ぎ去ったものと対照するといったことになる。だからたとえば、「かつての私がこの人物にしたことを、いまの私なりに考えると」、あるいは「私もかつては子供だったということを、いまの私として考えると」などという言い方があるわけだ。とはいえ、夢にあらわれる人物全員が固有の自我の分裂したすがたであり代弁者である、などという無内容かつ無根拠な思弁は斥けたい。私たちとしては夢解釈にあたっても、自我と観察し批判し懲罰する審級（自我理想）との弁別が考慮されるべきことを銘記しておけば、それでことたりる。

（三谷研爾・吉田耕太郎　訳）

十七世紀のある悪魔神経症

Eine Teufelsneurose im siebzehnten Jahrhundert

幼児期の神経症への取り組みから学び得たのは、徹底的な調査の末に素性が明らかになることの多くを、容易にそしてありありと、そこにみてとることができることであった。数世紀前の神経症が現在とは違った名前をもっていたと思い切って認めてしまうならば、過去の神経症について、幼児期の神経症と同じ期待を抱くことができるのではないだろうか。心理学が遠ざけられる現在では、神経症は心気症《ヒポコンデリー》や器官疾患という形で発病するが、数世紀遡ってみると同じ神経症が、魔的な言説《デモノロギー》をともなってあらわれるからといって驚く必要はない。シャルコー(1)を先頭に一連の研究者たちは、今日に伝えられる芸術作品のうちに表現された憑依や恍惚状態を、ヒステリーの発症と診断した。過去の病気により多くの関心が向けられていたとすれば、病気の歴史のなかに神経症的なものを特定する作業も、これほど困難なものにはならなかったと思われる。

かつての蒙昧な時代の魔的《デモーニッシュ》な言説は、身体に基礎をおく「厳密なる」科学時代において駆逐されたとはいえ、今日でもなお正しいと認められている。かつて憑依と呼ばれた現象は、現在の神経症に相当している。この神経症の解明のために、心的な力のような考え方が再び必要になっているのである。精神分析にとって悪魔は、悪しき欲望または棄却された欲望、つまり却下され抑圧された欲動の蠢きの蘖《ひこばえ》そのものなのだ。中世にあっては、人々はこの心のうちなるものを、悪魔という外的世界の存在へ投射していた。現在の精神分析は、この投射を受け入れず、この心のうちなるものを、病人の内面生活のうちに、つまり病人を住処とし、病人のうちに息づく病因と理解するのである。

I　画家クリストフ・ハイツマン(2)の病歴

このような十七世紀の悪魔神経症に目を向けることになったきっかけは、かつてウィーンのオーストリア＝ハンガリー帝国記録文書館の館長を務めていた宮廷顧問官ルードルフ・パイヤー＝トゥルン博士(3)の、好意的な配慮のおかげである。この図書館でパイヤー＝トゥルン博士は、巡礼地マリアツェル(4)に由来するひとつの写本を発見した。この写本には、悪魔との間に結ばれた契約が聖母マリアの恩寵によって奇跡的にも解約されるという話が事細かに記録されていた。その内容がファウスト伝説と関係があることに博士は関心を抱き、写本を編集し詳細な形で公表する予定でいる(5)。この写本に登場する悪魔払いをうける人物が、痙攣発作と幻覚をわずらっていることに気づいた博士は、医師としての所見を私に求めるに至ったのである。博士と私は、お互いの研究が独立しており、別個に研究を公表することについて了承している。私の研究への激励ならびに写本読解における数々の助言に対して、ここで博士に謝意を表明しておきたい。

普通は精錬の末にやっとのことで取り出される金属を、はじめから混じりけのない形で含む鉱脈が少なからず存在する。この魔的な言説の病歴も、こうした鉱脈のようなもの、つまりこの病歴に含まれる価値ある内容は、多くの説明を費やすまでもなく明らかになると期待しているのである。

私の手元には、この写本の正確な写しがある。その全く異なる性格から、この写本は大きくふたつに大別することができる。ひとつは修道院の書記または写本の編纂者の手になるラテン語で書かれた報告であり、もうひとつは病人の画家が書き残した、ドイツ語による日記の断片である。ラテン語の部分には、前書きと本題である奇跡の治癒についての記録が含まれている。画家の日記は、疾病についてのはっきりしない判断を確実にするためにとても役立つが、当時の聖職者たちは、私たちが認めるほどの重要性をそれに認めていなかったことであろう。むしろ日記のような記録は、彼らの関心からすれば何の役にも立たないもの、破棄されて当然のものである。この理由から、日記を後世に残してくれた僧侶たちにたいして、われわれは感謝しなければならない。

『《マリアツェルの勝利》[6]』

と題された小さな手稿の構成を詳述する前に、前書きから、その内容の一部を紹介しておく必要がある。

一六七七年九月五日、バイエルンの画家クリストフ・ハイツマンは、（低地オーストリアの村）ポッテンブルン[7]の司祭の紹介状を手に、そこからほど近いマリアツェルに連れてこられた。[*1] その紹介状によると、ハイツマンは絵描きとして数カ月間ポッテンブルンに滞在していたが、この年の八月二十九日、ポッテンブルンの教会で激しい痙攣に襲われた。発作は数日間にわたり繰り返し起こり、《ポッテンブルン管区長[8]》は、何が苦しめているのか、許されざる悪魔との交渉に手を染めているのではないかと詰問した。[*2] すると画家ハイツマンは、実のところ九年前、自ら

＊1　画家の年齢については一切記載されていない。状況から判断するに、三十歳から四十歳の間、たぶん三十に近い男性だと思われる。彼は、後に言及することになるが、一七〇〇年に死亡している。

＊2　この詰問が、苦しむ画家に、悪魔との契約という空想《ファンタジー》を与えた、つまり「吹き込んだ」可能性もあることを、ここで指摘しておきたい。

の画才に不安を覚え、生きる自信も喪失し、九度にわたり誘いをかけてきた悪魔に屈して、この失意の時期が過ぎさった後に身体も心も悪魔に捧げる内容の契約書を書き渡したと告白した。契約書に記された期日は、今月〔九月〕の二十四日に迫っている。[*3]この不幸な画家は今では罪を深く悔い、マリアツェルの聖母の恩寵によってのみ自らが救われる、聖母の恩寵だけが悪魔に抗して血で記された契約書を取り返すことができると深く信じている。こうした理由から、この《この哀れな、あらゆる援助から見放された男》[9]に、マリアツェルの方々のご配慮をお願いしたい。

以上の内容は、ポッテンブルンの司祭レオポルドゥス・ブラウンの手になる、一六七七年九月一日付の紹介状に依拠している。

写本の分析をつづけるが、詳しくみてみると、写本は次に述べるような三つの部分から構成されていることがわかる。

第一部を構成しているのは、悪魔と契約書を取り交わす場面、そしてマリアツェルの礼拝堂における救済の場面が描かれた彩色の扉絵、続いてあとで言及する悪魔の出現を描いた八つの小さな彩色画[10]である。それぞれの絵にはドイツ語の説明が添えられている。残されている絵は、画家ハイツマン自身の手になるオリジナルではなく、その写しであるが、写本の格式張った文句によれば、忠実な写しであるとのことである。

第二部が、写本『マリアツェルの勝利』[11](本文ラテン語)と呼ばれるべき本文に相当し、マリアツェルの僧侶が編纂したもので、その終わりに《P. A. E.》と署名を残している。この署名に続いて編纂者の経歴を謳った四行の詩が添えられている。本文の後には、一七二九年九月九日の日付で、[12]聖ランベルト修道院長キーリアンの証言がくる。[13]これは他の個所とは異なる筆蹟で書かれており、この写しが文書庫に保管されている原本およびオリジナルの彩色画と完全に一致している旨の言葉が書き込まれている。この『勝利』が執筆された時期についての記録は見当たらないが、修道院長キーリアンの証文が執筆されたとされる一七二九年、編纂者がまとめた本文に出てくる最後の年号が一七一四年であることから、編纂者は一七一四年から一七二九年の間に『勝利』を編纂したと考えて差し支えないであろう。この写本のおかげで忘却されることなく今日まで伝わることになった奇跡は一六七七年、つまり編纂より〔一七一四年から数えて〕三十七年前から〔一七二九年から数えて〕五十二年前の間に起こったことになる。

残りの第三部分は、ドイツ語で書かれた画家の日記であり、礼拝堂での救済から、その翌年の一六七八年一月十三日までのことが記されている。この日記は、『勝利』の終わりに挿入された形になっている。

『勝利』の本体をなす第二部の中心となっているのは、既に紹介した一六七七年九月一日付、ポッテンブルン司祭レオポルドゥス・ブラウンの紹介状と、その数日後の一六七七年九月十二日の日付が打たれた、当時のマリアツェル礼拝堂ならびに聖ランベルト修道院長フランツィスクスなる人物による、奇跡の救済の報告である。P.A.E.と名乗る編纂者が執筆したのは、上記ふたつの記録を結び付けるための緒言と、ふたつの記録の間に挟まれた重要度の低いつなぎの言葉、そしてふたつの報告のあとにくる、一七一四年の時点で得られた情報に基づく、画家ハイツマンのその後の身上報告である。*4

以上のことからもわかるように、画家ハイツマンがマリアツェルに連れてこられるまでの出来事について、『勝

＊3　《その期日はこの月の二十四日に迫っている[14]》。

＊4　この事実は、一七一四年が『勝利』編纂の年であることを語っているとも言えるだろう。

利』では次の三つの文書のなかで言及されていることになる。

一　ポッテンブルンの司祭の紹介状

二　荘重な調子で書かれた修道院長フランツィスクスの報告

三　編纂者の緒言

議論が進むにつれて明らかになるように、この三つの記録を比較することで、ある不一致が浮かび上がってくるのだが、この不一致の検証が、とても大きな意味を持つことになる。

まずは画家の病歴を追うことにしたい。画家はマリアツェルで懺悔と祈りを十分に重ね、九月八日つまり聖母マリア生誕日の真夜中十二時に、聖なる礼拝堂に翼の生えた竜の姿であらわれた悪魔から、血で書き記された契約書を取り返すことになる。奇妙なことになるのだが、画家クリストフ・ハイツマンの病歴には、悪魔との契約書が二通あらわれてくる。最初の契約書は黒インクで、二通目の契約書は血でしたためられたものであった。この悪魔払いの場面を描いた彩色画からもわかるように、このとき取り返されたのは、血によって書かれた二通目の契約書であった。

このような記述に接すると、聖職者の報告などというものを信用してもよいのかという疑念が沸き上がってくるかもしれない。僧侶の迷信の産物に貴重な研究を捧げるべきではないとする警告ももっともである。ただし記録には、悪魔払いを受ける画家を昼夜をとおして介添えした僧侶数人の名前までもが列挙されており、彼らは礼拝堂に悪魔があらわれたときに居合わせたと記されている。仮に僧侶たちも、「《悪魔が彼に紙片を差し出すのを見た》」(15)と、背中に翼の生えた悪魔があらわれ、画家に赤い文字が書き込まれた紙片を差し出すのを目にしたなどとはっきり書き記されてでもいようものなら、それこそ迷信の産物なのではとよからぬ疑いを抱いてしまうのは当然のこと、そこまでいかなくとも、この話を集団幻覚として片付けることもできるであろう。しかし修道院長フランツィスクスの証言に記された言葉が、この報告についての疑念を一掃してしまう。修道院長の証言には、僧侶たちが悪魔を目にしたとはどこにも記されておらず、突然画家は、彼を押さえていた僧侶たちから身をほどき、彼が悪魔の姿をみとめた礼拝堂の隅へと駆け寄ると、紙片を手に戻ってきたと、ありのまま簡素に記されているのである。*5

奇跡は偉大であり、悪魔に対する聖母マリアの勝利も確実であった。しかし救済は長くは続かなかった。この事実もまた聖職者たちは隠し立てすることはなかった。そのことで僧侶たちへの賞賛はますます高まるのである。しばらく経つと画家はすっかり回復し、マリアツェルを去りウィーンへと赴く。ウィーンでは結婚してこの地で暮らしていた妹のもとに身を寄せた。ところが十月十一日に発作が再発する。しばしば重い症状をともなった発作については、一月十三日まで日記に報告されている。具体的には、さまざまなものを目にしたり体験したりする幻覚、意識喪失、苦痛をともなう痙攣、一度は両足の麻痺が画家を襲った。この再発した一連の発作は、悪魔の仕業ではなかった。画家を悩ましたのは聖なる御身キリストと聖母マリアであった。注目すべきことに、画家は、悪魔との交渉以上に神聖なる神の出現と神から下された罰に苦しんでいた。画家は日記の中で、再発した発作での体験も悪魔の仕業であると結論づけると、一六七八年五月にマリアツェルへ戻り、「《悪魔が出現した》(16)」と訴えるのである。

＊5　《悪魔が、書簡側〔祭壇に向かって右側〕の窓から、礼拝堂の聖なる祭壇にあらわれ、画家に紙片を差し出すのを見た、すると画家は自分を押さえていた僧侶たちの手を解きほどき、その紙片を手でつかみ……(17)》。

画家が僧侶たちに告げたマリアツェルに戻ってきた理由は、最初に手渡した黒インクの契約書を取り戻すことが[*6]必要というものであった。今回もまた聖母マリアと敬虔な僧侶たちの助力によって、画家の願いは成就する。しかし写本には、二度目の悪魔払いの様子について、とりたてて記述されていない。ただ簡素な言葉で、「《祈りの後に、返された》」[(18)]と伝えるだけである。つまり画家は再び祈りを重ねて、契約書を取り返した。その後、画家は真に解放され、慈善の兄弟修道会に入会した。

編纂者が、布教というキリスト教の自明の目的を重視し、記録に求められる真実性をゆがめていないことの例証となるのだが、この記録は画家の修道院入会で終わるのではなく、さらに編纂者は、一七一四年に画家ハイツマンのその後の経過を、画家が入会した慈善の兄弟修道会に問い合わせ、腹蔵なく次のように書き残している。同修道会の管轄長によれば、修道士クリュソストムス〔画家ハイツマン〕は、その後も繰り返し契約を結ばせようとする悪魔の誘惑を経験していた。それも「彼がワインをいくらか飲みすぎたときに」であった。しかし神の恩寵によって、修道士はこの誘惑をいつも跳ね返すことができた。修道士クリュソストムスは、一七〇〇年、モルダウ河畔ノイシュタットにある同会の修道院において、消耗性疾患により「安らかに慰めに満ちて」その一生を終えた。

II　悪魔との契約の動機

以上確認した悪魔との契約を、神経症の一病歴とみなすならば、われわれの関心が自ずと向かう先は、契約を結ばせた内なる動機である。なぜ人は悪魔と契約を結ぶのだろうか。ファウスト博士はメフィストフェレスに向かい、お前のような哀れな悪魔が一体何をしてくれるというのか、と侮蔑を込めた質問を投げつけた。しかしこのファウストの振舞いは、正しくはない。なぜなら悪魔は、永遠の魂を貰い受ける代わりに、人間がありがたがるありとあらゆるものを与えてくれるからだ。富、一切の危険からの回避、人間そして自然を操る力、魔術、そして享楽《ゲヌス》、とりわけ美女たちを味わう享楽を、悪魔は人間に与えてくれるのである。こうした悪魔の見返り行為つまり悪魔が果たす義務の内容は、悪魔との契約書のなかで明示的に記載されるのが通例である。*7 それでは画家クリストフ・ハイツマンにとっての契約の動機、つまり自らの魂の見返りに画家が悪魔に求めたものは一体何であったのであろうか。

奇妙なことに、先ほど述べたような誰もが思い浮かべる欲望の類を、画家が求めた形跡は一切見当たらない。私の言葉が信用できないというのであれば、悪魔出現の様子を描いた彩色画に、画家自身が添えた短い注釈をいくつか読めば十分である。例えば、三度目の幻覚を描いた彩色画には、次のような注釈が添えられている。

「三度目に悪魔があらわれてきたのは、前回の一年半後のことであった。悪魔はその醜い形姿で私の前にあらわれた。彼は魔法や黒魔術についてびっしりと書き込まれた一冊の本を手にしていた」。

---

*6　この証文は、一六六八年九月に書かれたものであるとすれば、一六七八年五月の段階では、既に九年と半年がたっていたことになり、とっくに契約期限は過ぎていることになるだろう。

*7　ゲーテ『ファウスト』第一部、書斎の場面

私はこの世であなたにお仕えする義務をひきうけましょう。
あなたの仰せに休む間もなく働きましょう。
しかしあの世でお目にかかった暁には、
あなたに同じ役目をひきうけてもらいましょう。(19)

この件については後日談がある。次の場面に添えられた注釈によると、悪魔は画家に、「件の本を焼き捨てた」ことについて詰問し、元通りにして返さなければ八つ裂きにすると脅した。

四度目に姿を現したとき、悪魔は画家に向かって、大きな黄色い袋と一枚のドゥカーテン金貨を見せ、いつでも好きなだけ金貨をくれてやると画家に約束する。「しかし私は、そのようなものは何ひとつとして受け取らなかった」と、画家は自慢げに書き残しているのである。

悪魔はまた、思う存分に歓楽、遊興に耽るべきだと画家に要求することもあった。[20] これについても画家は、「この悪魔の申し出には、たしかに心を動かされてしまったが、その楽しみも三日と続かず、すぐにまた元に戻った」と注釈している。

画家は、魔術、富、享楽を、悪魔が提供するたびごとに拒絶していたのであるから、画家がこうしたものを見返りに契約を結んだ訳ではないことは明らかだ。だからこそ、契約に際して画家が悪魔に何を求めたのかをますます知りたくなるのである。いずれにせよ、悪魔と契約を結ぶに足る何らかの動機が、画家の内にあったことは間違いない。

写本『勝利』は、この点についての信頼できる情報も与えてくれる。ハイツマンは気が滅入っており、画家としての仕事ができなかった、ないしは仕事をする気にならず、生活を続けていくことに不安を抱いていた。つまり画家は、仕事の制止《アルバイツヘムング》と(そこから当然のこととして帰結する)生活への不安から、メランコリー性の鬱状態にあったのである。ここにきてわれわれが、ひとつの病歴を取り扱っていることが明らかになる。ある絵の注釈には「これによって私は気晴らしを行い、メランコリーを追い払わなければならなかった」と書き残しているように、画家自身が自らの病気の要因をメランコリーと呼んでいたことに気づくのだ。それでは『勝利』に残された三つの資料の記述はどうであろうか。ポッテンブルンの司祭の紹介状では、「《その時点で画家は、自らの技量の向上および将来の収入を理由に無気力であった[21]》」と、鬱状態について言及しているにすぎない。しかし修道院長フランツィスクスの報告には、画家の落胆と不調の原因に言及しており、「《彼はいくらか無気力であった、父の死が原因であった[22]》」という言葉が記されている。語順は違うものの編纂者による前書きにも、「父の死が原因となって、彼はいくらか無気力であった[23]」と記されている。つまりこういうことであったと言えるだろう。画家の父が亡くなり、それが原因でハイツマンはメランコリーに陥った。そこで悪魔が彼に近づき、なぜそれほどまでに悲しみにうちひしがれているのかと尋ね、画家に向かって「どんなことをしてでも助けてあげよう、手を貸してやろう」*8と約束したのである。

ここまでの話をまとめると、ひとりの人間が、気のふさがった状態から解放されたいがために、悪魔と契約を結んだということになる。気のふさがった状態の苦しみが分かり、この苦しみを緩和する治療法が少ないことを知っている人ならば、それこそ納得のゆく動機と判断するだろう。しかし、このように話をたどってきたものの、悪魔に差し出された証文（マリアツェルの文書庫に現存していると『勝利』には記されているふたつの証文、つまりインクで書かれた一通目と、その約一年後に血でしたためられた二通目の証文）に何が書かれていたのかを言い当てることはできないと思われる。

＊8　絵一を参照[24]。この悪魔の言葉は、悪魔が、《善良な市民》の姿であらわれた場面を描いた扉絵に記されている。

ふたつの証文の文言をみてみると、まったく予想もしなかったふたつのことが明らかになる。まず魂の永遠なる幸福を差し出す見返りとして悪魔が負う義務については何も語られておらず、逆に、画家が遵守すべき悪魔からの要求だけが記されている。悪魔から何かを得るためでなく、悪魔に対する義務のためだけに、人間が魂を差し出すなどということは、不合理極まりない話である。さらに予想を裏切るのが、画家の義務の内容である。

一通目のインクで記された「契約書」は次の通りである。

私クリストフ・ハイツマンは、この御方に、九年にわたり、その隷属せる息子となることをここに同意する。一六六九年。

そして二通目の血でしたためられた契約書には次のように記されていた。

一六六九年

クリストフ・ハイツマン、私はこの悪魔との間で、彼の隷属せる息子になること、そして九年の後に自らの肉体と魂を彼に差し出すことを約束する。

上記の文言で、悪魔からの要求として記載されているものを、悪魔が果たすべき義務、つまり画家の悪魔に対する要求として読み取るならば、謎は氷解し、理解しがたい契約も、次のように意味が通る。つまり悪魔は画家に対して、九年間にわたり亡くなった父の代替者となることを約束した。そして契約期間が終わると、この種の契約では通例のことだが、画家は魂と肉体を悪魔に差し出すのである。悪魔との契約へと踏み切らせた画家ハイツマンの内なる動機は次のようなものであったと思われる。父の死が原因で、気力ならびに仕事への能力を失ってしまった。仮に父の代替者が得られるとしたら、失われた気力や技量をもう一度とりもどすことができると画家は考えたというわけである。

父の死によってメランコリーに陥るほどの人であれば、父のことをとても愛していたにちがいない。そうであればそのような人間が、愛する父の代替者として悪魔を選ぶに思い至ったことが、いっそう奇妙に思えるのだ。

III　父の代替者としての悪魔

上述のような読み替えによって、悪魔との契約の意義を明らかにしてみたが、これに対して表面的な批判が起きないとも限らない。われわれの読み替えに対しては、とくにふたつの点から異論が提示されると思われる。第一の異論は、この証文を、当事者双方の義務がひとしく記載される契約書とみなす必要性はないというものである。証文には画家の義務だけが記載されており、悪魔の義務は記載されず文書の外にある、つまり文字通り「《言外にほのめかされている[25]》」という異論である。ただ画家はふたつの義務を負っている、つまり九年にわたり悪魔の息子となること、そして死後悪魔に仕えることである。これによって先述のわれわれの結論へと導いた根拠のひとつが失われたことになる。

第二の異論は、「悪魔の隷属せる息子になる」という表現をことさら強調するのは正しくないというものである。というのも「隷属せる息子」はいわゆる常套句であり、僧侶たちがこの証文を読んで理解したのと同じ意味で受け取ることができる表現なのだ。僧侶たちは、ふたつの証文で約束されていた悪魔の息子になるという部分をラテン語に翻訳しておらず、ただ、画家は自らを悪魔に「《売り渡し[26]》」、罪深い生活を送ること、神や三位一体説を否認することを受け入れたと記しているのである。この無理のない妥当な解釈を何故に退けるのかと、逆に私たちが詰問されることになるだろう。[*9] この異論に従うならば事態はより単純に、ある人間がメランコリー性の鬱状態に苦しみ、どうしてよいか分からなくなり、悪魔が有する至極強力な治療力にすがるべく契約を結んだということになる。とすれば鬱状態が父の死からもたらされたということも、とりたてて問題にする必要はなくなる。というのも画家の鬱状態は別の原因から生じたかもしれないからだ。この説明も説得力があり理にかなっている。ここで精神分析に対する非難が再び吹き出すことになる。精神分析は、細かいことを持ち出しては単純な事柄を複雑にし、そもそも存在してもいない秘密や問題を見つけ出す。精神分析の手法ときたら、些細な点をつついて強調するだけでなく、議論を展開しては奇妙な結論を導き出すと。このような非難に向かって、われわれは強く主張する。精神分析を拒否するならば、この症例において実際に示すことができる神経症との決定的な類似点は見失われてしまうし、見事な関連性も断ち切れてしまうのである。こうした弁解も無駄に終わることになるだろう。われわれの弁解に批判者たちはさらに声を荒げ、神経症との類似や関連などはまったく存在せず、分析家の度を超えた洞察力が、写本のなかに無理矢理持ち込んだものにすぎないと言い返すことになる。

順番では私の反論になるが、「正直にいえば」とか「率直にいえば」といった前置きではじめることはしない。わざわざ断るまでもなく、人は正直であり率直であることができるはずなのだ。むしろ私は簡潔にこう切り出したい。精神分析的な考え方の正しさを前もって信用していない人が、十七世紀の画家クリストフ・ハイツマンの症例から精神分析の正しさを確証することはできないことを、私は十分承知しているし、この古い症例を、精神分析の有効性を証明する手段として利用するつもりもない。むしろここで私は、精神分析を有効なものと前提し、精神分析を用いて、魔的な言説に覆われた画家の病気の原因を明らかにしたいのだ。その正しさは、神経症全般の本質に関するわれわれの研究の成功から裏付けられている。今の人々そして凡庸な専門家でさえ、精神分析の助けなしには神経症的症状の理解に達することができないと認めつつあることは、声高に主張しても差し支えないであろう。「その弓矢だけがトロイを征服する。ただその弓矢だけが(27)」。

ソポクレスの『ピロクテテス』のなかでオデュッセウスもこう言っていたではないか。

画家と悪魔の契約を、神経症的な空想《ファンタジー》とみてとることができるとすれば、この奇跡の報告を精神分析的に扱うことに対して、もはや弁解する必要はなくなる。確かに、神経症の発生条件である限りでは、どんな小さな徴候であれ、意味や価値を有することになる。小さな徴候を過大にも過小にも評価することになり、徴候をどの程度利用するかについても、その時々の頃合《タクト》に委ねられている。精神分析を信頼せず、ましてやここに登場する悪魔などというものを一切信じないという人には、これ以上何も言うことはない。各人の手法で私の説に反論してくれてもよし、はじめから明らかにされることはなにもないと切り捨ててくれても結構。画家に起こった一連の出来事に自由に取り組んでもらいたい。

こう前置きをしたうえで、画家ハイツマンが契約を結んだ悪魔は、画家にとって父の直接の代替者であったという私たちの仮説に戻ることにしたい。初めて画家の前にあらわれたときの悪魔の姿は、仮説に一致している。悪魔

＊9　本論でもこれらの証文が、いつそして誰に対して書かれたのかについて言及することになるが、この証文の文言が、変哲もない、広く一般に理解できるものであることが明らかになる。ここでは証文が、われわれの解釈にもつながりうる二義性をそなえていることを指摘することで十分である。

は、頰までかかる褐色の髭をたくわえ、赤いマントに黒い帽子、右手には杖、傍らに黒い犬を従わせた、善良なる年老いた市民の姿であらわれた。*10(28) 悪魔の姿はこれ以降、醜悪なものになっていく。徐々に神話的になるといってもよいかもしれない。角、鷲のかぎ爪、コウモリの羽が、その姿に利用されていく。そして悪魔が礼拝堂に姿をあらわしたときには、空飛ぶ竜の姿をしていた。こうした悪魔の身体的形姿の詳細については、のちに立ち返り考察することになる。

愛する父の代替者として悪魔が選ばれたという話を聞くと、とても意外な印象を受けるが、この意外さも、この話を最初に耳にしたときだけのことである。というのもわれわれは、この驚きを鎮めてくれるいくつかのことを知っているからだ。第一に、神が父の代替者であること、より正確な表現を使うならば、神は理想化された父である。別の言い方をすれば、神は人が幼児期に目にし体験した父の残像であると同時に、先史の人類が目にし体験した太古の原始群族の父の残像でもあるのだ。幼児期を過ぎると個人は、父を、これまでとは別のより卑小な存在としてみるようになるのだが、幼児期に目にした父の表象像は消えることなく、原父についての長く受け継がれてきた想い出‐痕跡と融合して、個々人の神の表象を形成することになる。また個人の内面史の分析が明らかにしたように、父との関係がひょっとすると最初から両価《アンビヴァレント》的なものであるか、どのみちすぐに成長するにつれて、情愛を伴いながらの父への服従と、敵意をもっての父への反抗という、ふたつの対立する感情の動きを包摂するようになることが分かっている。われわれが理解する限り、これと同じ両価性《アンビヴァレンツ》が人類と神性との関係も支配している。父への思慕と、父に向けられた不安または父に対する息子の反抗との間で繰り広げられる終わりのない衝突から、諸宗教に見られる重要な特徴やそれら諸宗教がたどった運命的な出来事が導きだされることについては、すでに別の論考で解明した通りである。[*11]

悪魔についても、それが神に敵対する存在であるにもかかわらず、神の本性にきわめて近いことが知られている。確かに、悪魔の歴史的な研究は神の研究ほど詳細には進められてこなかった。すべての宗教で神の敵対者としての悪魔が認められているわけでもなく、典型的な悪魔像が、個々の人間の生活からどう由来するのか不明な点が多い。しかし確実なことに、旧来の神々が、あたらしい神々によって追われると、[(29)] 悪魔へとなりかわることがある。ある民族が他の民族に征服されると、被征服民が信仰していた神々が、征服民にとっての悪魔になりかわることは珍しいことではない。キリスト教における悪魔、または中世の悪魔は、キリスト教神話によれば、堕落した天使であって、神に相当する本性を有していた。もともと神と悪魔は、同一の一体をなした存在であったが、次第に相反する性質の存在へと分かれたことを推察するには、明敏な分析力もさほど必要ではなかろう。[*12] いくつかの宗教では、その古代の段階において、神が、後に敵対者へと帰属することになる、ありとあらゆる恐ろしい特徴を備えていることもあるのである。

これは、相反する——両価的《アンビヴァレント》な——内容をもつひとつの表象が、ふたつの鋭いコントラストをなす対立へと移行する、よく知られたプロセスにあたる。神の根源的本性に含まれている矛盾は、個人のその父との関係を支配し

＊10　黒い犬は、ゲーテ『ファウスト』では悪魔になりかわる。[(30)]
＊11　『トーテムとタブー』〔本全集第十二巻〕。また個々の点については、テーオドール・ライク『宗教心理学の諸問題』第一部、一九一九年を見よ。
＊12　テーオドール・ライク『自己の神と他者の神』ウィーン、国際精神分析出版社、一九二三年、〔第七章〕「神と悪魔」を見よ。

ている両価性《アンビヴァレンツ》の反映である。慈愛と正義にみちた神が父の代替者であるとすれば、父への憎しみ、恐れ、不満と 332
いった父に対する敵対的な態度が、悪魔の創出という形であらわれたとしても、驚くに値しない。父は、個々人が抱く神の原像であると同時に、悪魔の原像でもあるのだろう。太古の原父が、この上なく邪悪かつ神よりも悪魔に似ていたという事実の消し去ることのできない後遺症を、宗教は引きずっているとも言えるのだ。

個々人の心の生活のうちに存する、父を悪魔と捉えた形跡を明示してみせることは、もちろん容易なことではない。例えば小さな男の子の描く戯画の絵の中に、父への嘲笑を確認できることはあるし、男の子であれ女の子であれ、子供が夜に泥棒や侵入者を怖がるときに、泥棒や侵入者の姿に父の分身を認めることはよくあることだ[*13]。また子供に見られる動物恐怖症の対象となる動物が、原始時代のトーテム動物のように、父の代替者であることもしばしばある。しかし、ここでわれわれが考察している十七世紀の神経症の画家においては、悪魔が父の似姿または父の代替者としてあらわれている。これほどまでに露骨な例を他に見聞したことはない。このような理由から、本研究の冒頭で私は次のような期待を述べたのであった。もはや迷信の時代ではなくなった現在の心気症の時代の神経症では、思いつきや症状という鉱石の分析の末にやっとのことで明らかになることが、この魔的な病歴では混じりけのない形であらわになっているはずであると[*14]。

ハイツマンの症例の分析を深めることによって、われわれの仮定は一層確実なものになる。ある男性が、父の死 333
に際してメランコリー性の鬱状態に陥り、仕事の制止をきたすに至ったことは、なにも異常なことではない。そこから導きだされるのは、この男性が父と格段に強い愛情によって結びついていたことである。ここでわれわれは、しばしば重いメランコリーが、喪という神経症的な形として発症することを思い起こすことができる(31)。

ここまでの考察は確かに正しい。ただし一歩進めて、この男性と父との関係がただの愛情だけであったと結論づけるとすれば誤りになる。むしろ事態は正反対であって、父との関係が両価的《アンビヴァレント》な徴候を帯びていればいるほど、父を失った悲しみは、それだけメランコリーに転化することがあるのだ。この両価性《アンビヴァレンツ》に着目することによって、父が卑小化されているという可能性にもわれわれの〔解釈の〕目が向けられる。画家の悪魔神経症のなかで、この卑小化はどのように発現しているのであろうか。もしも、分析治療中の患者と同じように、クリストフ・ハイツマンから直接多くのことを聞き出すことができるとしたら、画家の内なる父への両価的な態度を明らかにし、いつどのようなことが原因となって父を恐れ憎むようになったのかを想起させることは容易であろう。とくに自然な父子関係から不可避に生じる典型的な父嫌悪に付け加えられた、画家固有の要因を解明することは簡単である。ひょっとしたら、画家が仕事の制止をきたすにいたった経緯も解明できるかもしれない。父が、画家になりたいという息子の欲望に反対していたこともありうる。とすれば父の死後、画家が絵を描くことができなくなったのは、よく知ら

＊13　侵入者としての父は狼としてあらわれることがある。メルヒェン『七匹の子やぎ』は有名である[32]。

＊14　今日の分析において、悪魔が父の代替者をする例がこれほどまでに少ないのは、悪魔という中世神話の形象が、分析を受ける者にとって、もはや意味を持たないことを物語っている。数世紀も前の人々にとっては、悪魔を信じることは、神を信じることに劣らず重要な義務であったのである。実際に人は、神にすがるために悪魔を必要としていた。その後、さまざまな理由から信仰が衰退するが、まずもって信仰が失われたのが悪魔という形象であった。

父の代替者としての悪魔という理念を、文化史的な考察に利用することに踏み切ってみるならば、中世の魔女裁判にも別の角度から光があてられることになるだろう。

れた「事後的な服従[33]」の表出ということになるだろう。また絵が描けなくなることは、当の息子にとって生計がたちゆかなくなることを意味していたのであるから、生活の面倒をみてくれる庇護者としての父への追慕が強まったのかもしれない。また事後的服従という点からみるならば、絵が描けないことは、後悔のあらわれた状態または自己懲罰がうまく機能している状態と考えることができる。

しかし既に一七〇〇年にこの世を去っているクリストフ・ハイツマンに分析治療を施すことはできないのであるから、父への負的な態度へと向かわせる典型的な要因の示唆を、残された記録のなかから探し出すことで満足しなければならない。この要因は、わずかでありまた目立つものではないが、しかしとても興味深いものである。

まず九という数の役割に着目したい。悪魔との契約は九年という期間で結ばれていた。内容という点では信頼するに十分なポッテンブルンの司祭の紹介状には、「《九年という期限でもって契約書を手渡した[34]》」と明記されている。この一六七七年九月一日付の紹介状は、既に確認したように、「《その約束期限は今月の二十四日に迫っている[35]》」と、その期日が迫っていることにも言及している。つまり画家が契約を結んだのは、九年前の一六六八年九月二十四日ということになる。*15 他の報告でも、九という数字が用いられている。契約を結ぶまで、九回にわたって、画家は悪魔の誘いをはねつけたと記されている。この件の詳細について、写本では言及されていないが、「《九年の後に[36]》」という表現は、修道院長の証言の中にも確認できるし、「《九年にわたり[37]》」という言葉を、編纂者も使っている。こうした九への一連の言及は、九がどうでもよい数ではなかったことの証左である。

九は、神経症の空想《ファンタジー》ではお馴染みの数である。九は妊娠の月数にあたり、この数が出てくると、分析家は、妊娠空想ではないかと注意を向ける。たしかに画家ハイツマンの場合に出てくる期間は、九年であって九カ月ではない。また九という数字は、妊娠以外にも重要な意味を持つ数である。だからといって九という数字が妊娠における神聖な役割と関係していないと誰も知ることはできないのであるし、また九カ月が九年に変わっているとしても惑わされる必要はない。夢の研究によって、「無意識の精神活動」が数をどのように取り扱うかを明らかにした[38]。たとえば夢で五という数字が出てきたとしよう、この数字は、それぞれ覚醒時に意味をもつ五、例えば実際には五歳という歳の差、または五人のグループという人数を意味するが、夢のなかでは五枚の紙幣であったり、五個の果物であったりする。つまり、数そのものは保たれているのだが、それが何の数であるのか、その数があてはめられる具体的な項は、縮合や遷移の要請によって任意に取り替えられることがある。夢における九年が、現実の世界の九カ月に相当することは、極めて簡単に生じてしまうことなのである。また夢工作では、覚醒時の数字が、別の仕方によって、もてあそばれることも知られている。夢工作では、〇《ゼロ》がいくつ並ぼうにも一向に構わない。〇は数字として扱われてはいないのだ。例えば夢における五ドルが、現実には、五〇、五〇〇、五〇〇〇ドルを体現していることもありうるのだ。

　画家と悪魔の関係の詳細のうちには、性への示唆も見受けられる。既に言及したとおり、画家の前にはじめてあらわれたとき、悪魔は善良な市民の姿をしていた。しかし次にあらわれたときには、悪魔は裸をさらけ出しており、二対の乳房をつけていた。この乳房は、時として一対になったり複数対になったりするが、それ以降悪魔は必ず乳

＊15　しかし書き写されたふたつの証文の双方に記された日付は、一六六九年になっている。この矛盾については後の議論で言及することになる。

房をつけてあらわれた。一度に限っては、乳房のほかに、先に向かうにしたがって蛇の形になっている大きなペニスをつけていたこともあった。垂れ下がる大きな乳房(ただ女性性器をほのめかすようなものは確認できない)によって、女性という性差を強調することは、悪魔が画家の父の代替者であったとするわれわれの想定と、あからさまに矛盾しているように思える。このような悪魔の描写は普通では考えられない。悪魔が類概念である場合、つまり複数体であらわれている場合には、女性の悪魔が描かれていても不思議ではない。しかし地獄の主にして神の敵対者という威勢をふるう一体の悪魔が男性的ならざるものとして、さらには角やしっぽや大きな蛇のペニスをそなえた超男性的な形姿で描かれている例に、私もこれまで出会ったことがない。

だが九という数字と乳房をもった悪魔というわずかふたつの特徴からでも、父との負の関係を画家が引きおこした典型的な契機について推察することが可能となる。画家の反抗が向けられているのは、父との関係における女性的な態度であり、この女性的な態度は、画家が(九年の後に)子供を産むという空想《ファンタジー》に先鋭な形であらわれている。これまでの分析からも、この種の抵抗はよく知られたものである。抵抗は、転移によって奇妙な形であらわれるゆえ、分析家に困難を与える。画家ハイツマンにおいては、父を失った悲しみと高まる追慕の念とが重なり、長い間抑圧されてきた妊娠空想が再活性化してしまった。この再活性化した妊娠空想に対して、画家は神経症と父の卑小化によって自分自身を守らなければならなかったのである。

しかし悪魔という姿へと引きずり下ろされた父が、女性の身体的特徴を有することになったのは何故なのか。この経緯は一見すると解釈しがたいものにみえるが、すぐにふたつの説明が思い付く。このふたつは内容的に対立するが、相容れないものではない。男の子が、父の愛情の獲得をめぐって女性と争うためには、自分自身の男性性器の破棄つまり去勢することが条件と理解するやいなや、父に対する女性的な態度が抑圧の下に置かれることになる。女性的な態度の拒絶は、つまり去勢に対する反抗の結果であり、またこの拒絶は、通例では、父を去勢し女性になりかわらせようとする反転した空想のなかに強く発現することになる。悪魔がそなえた乳房は、画家自身の女性性が父の代替者をなす悪魔に投射されたものである。悪魔の形姿をめぐるもうひとつの説明として、父への敵対心ではなく、むしろ情愛のあらわれを指摘することもできる。悪魔の女性的な形態は、幼児期に受けた母からの情愛が父へ遷移した徴候をあらわしており、父への敵対心の原因ともなるのだが、強固なかつての母親固着を意味している。この大きな乳房は、ペニスの欠如という女性の負の性格を知らない時期の子供が認める、母親の正の性的特徴なのである。[*16]

画家ハイツマンの場合、去勢を受け入れることへの対抗が原因となって、父を思慕し続けることができなくなってしまったとするならば、彼が母親の像に救いと助けを求めたことはすこぶる理にかなっている。だからこそ画家は、聖なる神の御母だけが悪魔との契約を解消することができ、さらに聖母の生誕日(九月八日)に自分が解放されると打ち明けていた。ただ画家が契約を結んだ日取りも、九月二十四日であったか、それとも同じようになにか特別な日であったのかについては、われわれは当然のことながら知ることはできない。

精神分析が明らかにする子供の心の生活のなかでも、男の子が父に対してとる女性的な態度、そこから帰結する男の子の妊娠空想は、正常に成長した大人に反感や疑念を抱かせるものである。とはいえ、ザクセンのドレスデン

＊16　「レオナルド・ダ・ヴィンチの幼年期の想い出」〔本全集第十一巻〕を参照。

控訴院民事部長のダニエル・パウル・シュレーバー氏が、自らの精神病疾患の発病とその後の経過を公表してから[*17]、女性的な態度を述べるときの前置きに頭を悩ます必要はなくなった。この未曾有の価値を有するシュレーバー氏の公刊された病歴によれば、この控訴院部長は、五十歳の頃に、次のような確信に至ったとのことである。それは、神が――シュレーバー氏にとって、神は彼の父である高名なシュレーバー医師の特徴をはっきりと備えていたのであるが――、シュレーバー氏を去勢し、シュレーバー氏の精神を受け継ぐ新たな人間を創造するための女として利用することを決断したというものであった(シュレーバー氏は、結婚していたが子供はなかった)。この神の決断は、きわめて不当かつ「世の中の秩序に反している」と思われたことから、シュレーバー氏はこの神の意図に反抗し、そこからパラノイアに悩まされることになった。そして年月が過ぎるにつれてこの症状は、わずかに確認できる程度にまで軽減する。この才物も、自らの病歴のなかで、女性的な態度の原因となる典型的な局面を明らかにしたとは思いもよらなかったであろう。

アルフレート・アードラーは、去勢への抵抗または女性的な態度への抵抗を、その複雑な関係から切り離し、表面的に誤って権力追求と関連させて、「男性的抗議(39)」というそれ自身独立したものとして扱っている(40)。しかし神経症というものは、異なるふたつの追求から引き起こされる葛藤から生じるのが常であるから、男性的抗議のうちに「すべての」神経症の原因を認めることができるとすれば、女性的な態度にも同様に、あらゆる神経症の原因を認めねばならないのは当然の帰結である。男性的抗議は、性格形成に関与することは当然のこと、そのかなりのケースではとても強い影響を与えている。それゆえ男性の神経症患者の分析では、男性的抗議が大きな関与としてあらわれるのは当然のことなのである。精神分析でも、去勢コンプレクスとの関連において、男性的抗議を評価することがあるにせよ、男性的抗議があらゆる神経症にみられ、その要因であるとは言わない。私の治療を受けてきた患者のなかにも、男性的抗議の反応やその特徴がよくあらわれているケースとして、強迫観念を伴う強迫神経症が理由で治療を求めてきた患者がいた。彼の強迫神経症にも、男性的な態度と女性的な態度(つまり去勢への不安と去勢への快)の解消されざる葛藤がはっきりとあらわれていた。さらにこの患者は、去勢欲望に起因するマゾヒズム的空想《ファンタジー》も発症しており、この空想を性的な倒錯行為に耽ることで現実的に充足していたのである。そしてこの患者の病状のすべては――アードラーの理論全般もそうであるのだが――初期幼児期における愛情固着の抑圧または否認に起因していた。

控訴院部長シュレーバー氏は、去勢への抵抗をあきらめ、神から与えられた女性としての役割を引き受けようと決断したときに治癒した。その後シュレーバー氏は、正気を取り戻し気分も安定すると、自らの意思で治療所を退院し、ある一点を除いて正常な生活を送るようになった。その一点とは、日に数時間を割いて自らの女性性を育むことであった。自らの女性性がゆっくりと神の定めた目的に近づくことをシュレーバー氏は信じ続けていたのである。

IV　ふたつの契約書

画家が悪魔に二通の異なる契約書を書いてみせたというくだりも、記録に残された目を引く事柄のひとつである。

＊17　D・P・シュレーバー『ある神経病者の回想録』ライプツィヒ、一九〇三年。またシュレーバーの症例についての私の分析「自伝的に記述されたパラノイアの一症例に関する精神分析的考察」(GW-VIII)〔本全集第十一巻〕参照。

一通目は黒インクで書かれており、その内容は「私クリストフ・ハイツマンは、この御方に、九年にわたり、その隷属せる息子となることをここに同意する」であった。

二通目は血で書かれ、「クリストフ・ハイツマン、私は、この悪魔との間で、彼の隷属せる息子となること、そして九年の後に自らの肉体と魂を彼に差し出すことを約束する」と記されていた。

『勝利』が編纂された当時、このふたつの契約書の現物は、マリアツェルの文書庫に保管されており、双方の証文には一六六九年という年号が記されていた。

このふたつの契約書について既に何度となく私は言及してきた。どうでもよい事柄を過大に取り扱っているのではないかという危惧を承知の上で、敢えてその内容に立ち入って考察してみたいのだ。

ある男が悪魔と二度にわたって契約を結び、さらに二度目の契約によっても、最初の契約が失効しなかったというこの事実は尋常ではない。悪魔に関して明るい人であれば、この事実はそれほど奇妙なことではないのかもしれない。しかしこの事実にこそ、本症例に特有の特徴があると私は考えている。このふたつの契約書に関わる報告が一致した証言を残していないことにも気づいたときには不審に思っていたのだが、この報告の不一致をたどることによって、この病歴の一層深い理解に導かれることになるのである。

ポッテンブルンの司祭の紹介状では、単純かつ明白な事実だけが書き記されていた。ここでは、ハイツマンが九年前に血でしたためた契約書について言及されているだけである。この契約の日付〔一六七七年〕九月二十四日から、画家が契約書を書き渡したのは〔九年前の〕一六六八年九月二十四日のことになるが、この逆算から確実に導きだされる契約の年は、紹介状のなかでは明記されていない。

この紹介状の数日後の日付（一六七七年九月十二日）が記されている修道院長フランツィスクスの証言は、既に確認したように、早くも込み入った事態について言及している。安易な予測ではあるが、このわずかな期間に画家が、より詳細な打ち明け話をしたのかもしれない。修道院長の証言は、画家がふたつの契約書を書いたことに言及している。ひとつは一六六八年に（この年号であれば、ポッテンブルンの司祭の紹介状で言及されているものと一致する）黒インクで書かれたもの、もう一通が「《その翌年の一六六九年[41]》」に血でしたためられたものであると。聖母マリアの生誕日〔九月八日〕に取り返されたのは、血で書かれた契約書、つまり二通目の一六六九年に結ばれたものであった。ただし修道院長の証言からは、返された証文がどちらであったのか、はっきりしないのである。証言は簡潔に、「《〔ひとつの〕紙片が返却された[42]》」そして「《〔悪魔が〕紙片を差し出すのを見た[43]》」と、ただのひとつの紙片として取り扱われているだけである。ただし話の展開からも、また『勝利』に添えられた彩色の扉絵からも分かるように、竜の姿をした悪魔が手にする紙片にははっきりと赤い文字が見て取れる。『勝利』の話の展開から確認すると、画家は、ウィーンで再び悪魔の誘いを受けることになり、聖母の恩寵によってインクで記した一通目の契約書も取り返すことを思い立ち、一六七八年五月に、マリアツェルに戻ってくる。この二度目の恩寵がどのように訪れたのか、もはや一度目のように詳細に報告されてはいないことも既に確認した通り。ただ「《祈りの後に、返された[44]》」とだけ、また別の個所では編纂者の筆で、インクで記された一通目の証文は、「くしゃくしゃに丸められ、四つに引きちぎられて」、一六七八年五月九日の夜九時に、悪魔から投げ返されたと語っているだけである。

しかし問題は、ふたつの契約書には、同一の一六六九年という年号が記されていたという点にある。

この矛盾は何も意味していないのか、そうでなければこの矛盾は、次のような痕跡を物語っているのである。

われわれが、修道院長フランツィスクスの報告を、他の記録よりも詳細なものとして頼っているから、いくつかの困難が生じることになる。クリストフ・ハイツマンがポッテンブルンの司祭と知り合った時点で、画家は悪魔に悩まされていた。悪魔との契約の期日は迫っていた。画家はその時点(一六七七年)で、契約期限の迫る一六六八年に書き渡した契約書、つまり一通目の黒インクの契約書のことだけを念頭においていたと考えられる(ポッテンブルンの司祭の紹介状で言及されているのはいずれにせよ一通だけであり、血で記されたものと記載されていた)。数日後マリアツェルに到着すると、画家は一転して、二通目の血による証文を取り返すことだけを考えることになる。契約期限が切れるのはまだまだ先のこと(一六六九年から一六七七年(期日はあと一年先である))であり、最初の契約書の期限は切れて、二通目の契約書を返してもらうことになる。そして一通目の契約書は一六七八年、つまり契約から十年を経て返還が求められた。さらに問題は、一通にははっきりと、「《その翌年に》」[45]と別の年が割り当てられていたのにもかかわらず、双方の契約書には一六六九年という同一の年号がつけられていたことである。

編纂者もこれらの難点を感じ取っていたはずである。というのもこの難点を取り除こうと試みているからだ。編纂者が執筆した緒言は、修道院長の詳述に依拠して書かれているが、ある一点について変更が加えられている。画家は一六六九年にインクでもって契約を結び、「《だがその後で》」[46]血によっても契約したと。編纂者は、司祭と修道院長の双方の報告が明示している、一通の契約が一六六八年に結ばれたとする指摘を取り扱わず、さらに両証文の書かれた年号には違いがあるという修道院長の証言のなかの言葉を無視した。つまりこの編纂者の処置は、悪魔から返してもらったふたつの書状に実際に記されていた日付に一致させるための配慮によるものであった。

修道院長の証言には、「《だがその翌年の一六六九年に》」[47]という記述のあとに、括弧でくくられた次のような挿入が確認できる。「《ここでまだ年が終わってもいないのに、翌年の年号が言われることは、口約束ではよくあることだ。というのも、ふたつの証文には同じ年号が書かれており、この証言が記された時点で、黒インクで書かれた証文は取り返されていない》」[48]。この挿入が編纂者の手になるものであることは疑いない。その時点でひとつの証文しか目にしていない修道院長が、ふたつの証文に同一の年号が記されていたと証言することはできないからである。また挿入が括弧でくくられているのも、別の人物による書き込みであることを知らせるためであったと思われる[49]。書き込みの内容からもわかるように、これは編纂者による、矛盾を解消しようとするもうひとつの試みである。最初の契約が一六六八年に結ばれたことは正しい。ただその年もう九月であったので、画家は一年先の年号を証文には記載した。だから証文の年号は同じになってしまったと編纂者は考えたのだ。口頭のやりとりではこうしたことがよく起こるという理由を持ち出すことからしても、編纂者の修正を「安易な辻褄合わせ」として片付けても差し支えないだろう。

これまでの記述から、読者が何らかの印象を受け、この些細な問題に興味を抱くことができたのかどうか私には自信がない。当初私は、ここに記録されている出来事の正しい関連を、疑念の余地のない仕方で明らかにすることは不可能だと思っていた。しかしこの複雑に絡み合った出来事を精査することで、書き残された資料とは完全には一致しないのであるが、この矛盾を至極当然な事の顚末として説明できる利点をもつ思いつきに至った。

私の考えは次のようなものだ。まず画家は、マリアツェルに到着したときに、この種の契約では正式なものと認められている血で書かれた一通の契約書についてだけ語った。この契約は期日の迫っているものであるから、一六六八年の九月に悪魔に手渡されたものであった。それはポッテンブルンの司祭の紹介状に記載の通りである。そして画家がマリアツェルで、悪魔から聖母マリアの力添えで取り返した契約書は、この血でしたためられた契約書であった。この後の話は既に確認した通りであって、まもなく画家は、恩寵を授かった場所を去りウィーンにむかった。悪魔からの解放感は十月中旬まで続いたにすぎず、画家が悪魔の仕業とみなす苦痛や幻覚にふたたび襲われることになる。画家は再度の悪魔払いの必要性を感じたが、同時にマリアツェルの聖堂での悪魔払いが功を奏さなかったことをどう釈明してよいか困窮した。というのも画家は、救済が与えられなかった人間として舞い戻ってきたら、きっとマリアツェルは受け入れてくれないと心配したからである。こうした事情から、画家はより古い契約の話を持ち出してきたのだ。この古い契約書はインクで書かれていなければならなかった、というのも、後から正式の血による契約書を書き渡したというもっともらしい釈明ができたからである。マリアツェルで画家は、この最初の証文も取り戻すことができた。画家は悪魔から解放されて平穏を得ると、あることをはじめる。ここに画家の神経症の背後にある要因が暗示されているのである。

画家が挿絵を、二度目のマリアツェル滞在時に完成させたことは間違いない。構成の調和のとれた扉絵には二度の悪魔との契約の場面が描かれているからだ。しかしふたつの契約の話を無理なくつなぎ合わせようとしたときに、画家は当惑したに違いない。画家にとっての不都合は、後から思い付いた契約を、より古いものとして創作しなければならなかったことなのである。したがって画家は、血で書かれた証文の解約には早すぎ（八年しかたっていない）、もうひとつの黒インクで書かれた契約の解約には遅すぎる（既に十年たっている）という不格好な結末を回避することができなかったのである。ここで施された二重の修正が、露呈してしまう。画家は証文の年号の記載で間違いを犯した。最初の契約書にも一六六九年と書き入れてしまったのである。この書き損じは意図せざる実直さを意味している。この書き損じが、画家が最初のものと主張する契約が、実は後から思い付いた遅い日付を持つものであることを推測させてくれるのである。編纂者がこの記録の編纂に取りかかるのが、早くても一七一四年、たぶん一七二九年のことであろうが、編纂者は記録に残る根本的な矛盾を、できるかぎり取り去らなければならなかったはずだ。編纂者が手にしたふたつの証文には、一六六九年という日付がついていた。そこで編纂者は修道院長の証言のなかに挿入した辻褄合わせによって、この矛盾をなんとか切り抜けたのである。

このよくできた構築にもひとつ弱点が残っていることを、容易に見抜く人もいることだろう。それは〔画家がはじめてマリアツェルを訪れたときに記された〕修道院長フランツィスクスの証言の中で既に、黒インクと血のふたつの契約書について言及されているという事実である。私に残された道は次のふたつである。このふたつの契約書の証言についても挿入に続いて、修正が施されたと、すべてを編纂者の仕業にするか、そうでなければ私がこの食い違いを説明することができないと認めるしかないか、である。*18

これまでの議論は一体何のためになるのか、ここで扱っている些細な事柄にどのような意味があるのかといぶかる読者もいることだろう。しかし以上で明らかになったことを、ある方向からたどってみると、事態は新たな関心を呼び起こすことになる。

先立って私は、画家ハイツマンを次のような人物として説明した。〔最初の悪魔払いの後〕病状が好転しないことに画家はうろたえ、その状況をマリアツェルの僧侶たちに訴えることができるように、より早い時期に結ばれた契約(インクで書かれたもの)を捏造した人物であると。あらかじめ断っておくが、私はこれまで、悪魔は信じていないが精神分析は信用している、そういう人たちに向かって議論を続けてきた。しかしここで私が、この哀れな男――

紹介状のなかで画家は「《哀れな男》(50)」と呼ばれている――に、追い打ちをかけるようなひどい言葉を投げつけるのを耳にしたら、精神分析を信じている人でさえも、でたらめなことを言うなと私を非難するかもしれない。それでも私はこう主張したいのである。血の契約書も、黒インクの契約書も、実は画家の空想《ファンタジー》の産物であったと。実際には画家の面前に悪魔が姿をあらわしたことなどなかったのであって、悪魔との契約はすべて画家の空想の中での出来事にすぎない。私はよく知っている。どんなに哀れな人間であれ、必要に迫られれば、自分が作り上げた空想に新しいものを付け加える権利だけは有しているのだ。

こう主張してもまだ片付かない問題が残っている。ふたつの契約書は、悪魔の幻覚のような空想とは異なり、文書《ドキュメント》として存在していたという点だ。契約書の写しをとった編纂者や後に修道院長キーリアンが証言していたように、契約書は誰もが目にし手にとることのできるものとして、マリアツェルの文書庫に保存されていた。またしてもここでジレンマに直面する。画家が神の恩寵によって取り戻したとする紙片そのものを、必要となった時点で画家が自ら作成したと考えるか、それとも重々しい文体の証言や印章の押された証明書が保証するにもかかわらず、マリアツェルや聖ランベルト修道会の修道士たちの言葉を信用しないかのどちらかである。私の考えでは、僧侶たちを疑うことは難しい。確かに私は、編纂者が矛盾を解消するために、修道院長フランツィスクスの証言を修正したと想定するに至った。しかし編纂者が行った「二次加工」は、今日の世俗の歴史家たちの程度を超えるものではなく、むしろ善意として行われたものである。それ以外の点を考慮しても、僧侶たちは私たちの信頼を得ている。既に述べた通り、最初の救済が不首尾に終わり、悪魔の誘惑が続いたという報告も、隠し通すこともできたはずであろうし、その場に居合わせて不安であったに違いない礼拝堂での悪魔払いの記述も、落ち着き払った信頼に足る筆致であった。とすれば、画家ハイツマンが契約書を作成したと考える以外に解決策は残っていない。懺悔のために礼拝堂に向かったとき、画家は赤い証文をたずさえていたに違いない。そして悪魔と出会い僧侶のところに戻ってきたときに、自ら用意した証文を差し出したのだ。もちろん文書庫に保存されていた証文は、画家が用意した証文そのものではなかったに違いないし、そもそもこの証文には、われわれが構築したように（契約期限の九年前に

＊18　私の考えは次のようなものである。編纂者はふたつの揺るがしがたい事実の間で板挟みになっていた。第一の事実は、司祭の紹介状ならびに修道院長の証言の中にみられる、（少なくとも最初の）契約が一六六八年に結ばれたという記述であり、第二の事実は、文書庫に残されていたふたつの証文にはっきりと記されていた一六六九年という年号である。編纂者はこの証文の実物を手に取ってみたであろうから、二度の契約が結ばれたという事実は動かしがたいものであった。しかし仮に修道院長の証言の中でひとつの契約にしか言及されていなかったとしたらどうであろうか。私はそう信じているのだが、編纂者は修道院長の証言のうちに、もうひとつの契約についての言及を加筆し、年号の矛盾を修正したに違いないのだ。修正個所は、件の括弧による挿入の直前の個所である。編纂者は「だがその翌年の一六六九年に[51]」という一句で、この修正と挿入を無理矢理結びつけたのである[52]。なぜなら画家は、（ひどく破損しているが）扉絵に添えられた言葉の中で、はっきりと次のように記しているからだ。

その一年後に彼は、
……恐ろしい脅迫……
姿……第二のものをむりやり
血……契約した。

契約書を書くことを意味する「契約するVerschreiben」という語について、私なりの説明が求められている。この語は、文字通りの意味以上の意味（「書き損じる」）があるように思えるのだ。

あたる)一六六八年という年号が記されていたという可能性も否定できないのである。

V　二度目の神経症

しかしこれでは、神経症ではなく詐欺の話ではないか。画家は仮病を使った文書偽造者であり、病人ではなかったのではないか。そのとおり。神経症と仮病の境界線が流動的なことは周知の通りである。画家は契約書を、日記と同様に、幻覚状態ともいうべき状況のなかで書き、自分で受け取ったと考えることは難しいことではない。悪魔との契約そしてその解消という一連の空想《ファンタジー》を画家が現実にやり遂げようとするならば、それ以外の方法はとれなかったのである。

その一方で、画家がウィーンから運び、二回目のマリアツェル滞在の際に僧侶たちに手渡したとされる日記は、真実味を帯びている。この日記からわれわれは、画家の神経症の動機をより深く理解することができる。むしろ画家が神経症を利用していたことをわれわれは知ることができるのだ。

画家の日記は、一度目の悪魔払いの成就から始まり、翌一六七八年一月十三日までつけられている。(53) 滞在先のウィーンでは既に結婚している妹のもとに身を寄せ、十月十一日まで頗る良好な生活を送っていた。だがこの日、幻覚、痙攣、意識喪失、苦痛を伴う神経疾患が再発する。これが原因で画家は一六七八年五月にマリアツェルに戻ることになった。

画家を新たに苦しめたこの病歴は、三つの段階に区分することができる。はじめにあらわれたのが、美しく着飾った騎士であった。この騎士は、画家に〔画家がウィーンで入会していた〕聖薔薇十字修道会への入信を証明する紙片を捨てるようそそのかした。この誘いを退けた画家は、次の日も同様の出現に襲われた。ただし今度は、豪華な大広間で貴人や美女たちが繰り広げるダンスであった。一度誘惑を試みた件の騎士は、画家に絵を注文し[*19]、作品とひきかえに大金を支払うという話をもちかける。画家はこの幻覚も祈りによって追い払うことに成功したが、数日後には一層緊迫した幻覚が繰り返されることとなる。例の騎士は、広間に座っていたこの上なく美しい女性のひとりをつかわして、仲間になることを持ちかけてきた。それでも画家はこの誘惑する女性も、苦労の末にはねかえすことができた。もっとも驚愕に値するのが、その後しばらくしてあらわれた、一層豪華な広間と、そこにしつらえられた「金地の貼られた王座」の幻覚である。これまで何度も誘いをかけてきた騎士たちは、王座の脇に直立し、王の到着を待っていた。すると、件の騎士が画家に歩み寄り、王座に着席するよう声をかける。それは騎士たちも、「画家を自らの王として迎え、その栄誉を永遠に讃えたい」という内容であった。画家の空想《ファンタジー》がここまで膨れ上がったところで、幻覚の第一段階、とても分かりやすい誘惑の記録の幕は降りた。

ここで反作用が生じるのは当然であった。今度は禁欲的な反動が頭をもたげてきたのである。まず十月二十日に大きな光があらわれ、そこからキリストを名乗る声を画家は耳にする。この声の主は、悪しき俗世を捨て、六年間にわたり荒野で神に仕える荒行に出るよう要求したのである。この神聖なるもののあらわれに、画家ハイツマンは悪魔の出現以上に苦しんでいたようにみえる。というのも画家は神が出現するなかで気を失い、意識が戻ったのは二時間半後のことであった。画家が神の命令に従わなかったので、今度は光に取り囲まれた聖なる人物はとても不

*19　よく理解できない個所のひとつである。

機嫌になると、画家を脅し、劫罰に苦しむ人々を見せて恐怖を抱かせようと、画家を地獄に連れていった。画家の目にしたものの効果がなかったことは明らかである。キリストを名乗る光のなかの人物は、その後も幾度となく画家の前にあらわれ、そのたびに画家は数時間意識を失い恍惚状態に陥ることを繰り返していた。この恍惚状態のクライマックスとして、画家は光に取り囲まれた人物に連れられ、人々が道々であらゆる悪魔の業に従事している街と、美しい草原へと案内された。この草原では隠者たちが敬虔なる生活、神の配慮と恩寵とを目に見える形で享受した生活を送っていた。さらにキリストの代わりに聖母マリアも出現するようになる。聖母はかつてマリアツェルで与えた恩寵のことを持ち出して、愛する息子キリストの命令に従うよう画家を強要した。「ただ画家は、この時点でも、本当に心を決めかねていたので」、翌日キリストは再び画家の前にあらわれると、脅しの文句と甘い言葉とを巧みにかけながら説得を続けた。ついに画家は折れて、世俗を捨て神によって求められていたことに精進する決心をした。この決心で幻覚の第二段階は終了する。このとき以来、神の現れまたは誘惑に襲われることはなくなったと、画家は日記に書き残している。

ただし画家のこの決心はそれほど堅固なものではなかったか、苦行の実行は引き延ばされていたにちがいない。というのも画家は、十二月二十六日、聖シュテファン教会で礼拝した折、ひとりの気品ある女性が着飾った男性と一緒に歩いているのを目にすると、この男性になりかわりたいという思いが頭から離れなくなってしまったのである。当然ながらこうした類いの思いつきは罰せられる。その晩、まるで雷に打たれるかのように画家に罰が下された。画家は赤々と燃える炎に取り囲まれるのを感じるとそのまま気絶したのである。周りに居合わせた者は、画家の目を覚まそうと試みたが、画家は口と鼻から血を流すまで部屋中を転がり回った。そのときのことを画家は、炎の灼熱と悪臭とを感じ、ろくでもない虚しい考えを抱いたことに罰が下されたのだ、と叫ぶ声も耳にしたと書き留めている。その後には、悪魔に鞭打たれ、隠者修道会に入会すると決意するまで責め苦を与えるという脅迫を、画家は受けている。この苦しい体験は、日記の記載が終わる(一月十三日)まで続いた。

われわれは哀れな画家が残した記録から、誘惑的な内容をもつ空想《ファンタジー》から禁欲的空想を経て、最終的に懲罰空想によって完結する一連の空想を確認したことになる。この苦難の病歴がたどる結末は既に確認した通り、画家は五月にマリアツェルに再び赴き、黒インクの契約書の存在を打ち明ける。一通目の契約書を理由に、画家は自分が依然として悪魔に苦しめられていることを訴えることができたのであった。そしてこの最初の契約書も取り戻すことで、画家は治癒することになった。

この二度目の滞在時に画家は、『勝利』写本に写しが取られることになる一連の彩色画の原物を描いた。そして絵を描き終えると、日記にも書き留めていた通り、禁欲的段階に提示された命令に応える行動をおこした。画家は荒野へ向けて出発することはなかったが、慈善の兄弟修道会に入会したのである。まさに「《ひとりの敬虔なる修道士が誕生したのである》」(54)。

日記の読解から、これまでわからなかったひとつの関連性についても理解できるようになった。画家ハイツマンが、父の死後、気がふさがり仕事もできなくなり生活への不安から悪魔と契約を結んだことを想い出してほしい。鬱状態、仕事の制止、父の死による悲しみといったもろもろの局面は、単純または複雑な仕方で絡み合っている。悪魔がたくさんの乳房をつけて画家の前にあらわれたのも、悪魔が養父になってくれればという画家の思いが多分起因していたのであろう。しかしこの希望は実現されることはなかった。画家の状態は悪化し、仕事にも不調をきたした。不幸にも十分な仕事にめぐまれなかったのかもしれない。ポッテンブルンの司祭の紹介状には、「《あらゆる援助から見捨てられたこの哀れな男》」という文句がみられる。[55]彼は心理的に追いつめられていただけでなく、物質的にも困窮していた。最初の救済のあとの一連の幻覚に苦しみながら、画家はあらわれた光景を日記に書き留めるなかで、悪魔払いをしても状況は何もかわっていないという内容の言葉も書き残していた。われわれが目にしているのは、何事も上手くいかず、それゆえ誰からも信頼されることのない人物なのだ。日記によると、最初の幻覚のなかであらわれた騎士は、画家に向かって、「皆から見放されているというのに、一体何を始めればよいというのか」と尋ねていた。ウィーンで再発した幻覚の第一段階は、困窮し享楽に飢えた落伍者が抱く欲望空想《ヴンシュファンタジー》にあたる。絢爛豪華な広間、贅沢な暮らし、祝宴の銀の食器類、そして美女をともなう幻覚は、悪魔との契約で欠けていたものの埋め合わせなのである。つまり、画家は悪魔と関係していた当時、メランコリー状態にあり、享楽不能の状態にあった。どれだけ魅力的なものが差し出されても断念したと画家は自ら書き記していたではないか。そして悪魔払いが成功し、メランコリーが克服されたことで、あらゆる世俗の快を再び求め始めたのである。

続く禁欲的幻覚のなかには、進むべき道を指し示す人物（キリスト）に向かい、誰も自分のことを信用しようとしないのであるから、あなたの命令に従うことができないと画家が訴えているものがあった。次のような返答を画家は得たが、その意味はよくわからない（「人は私のことを信用しない、しかし起こったことについて私はよく知っている。しかしそのことを自ら口に出すことはできないのだ」）。その一方でとりわけ意味の明瞭な個所もある。それはキリストによって案内された隠者たちのもとで、画家が体験したことである。画家は、もう六十年も鎮座しているというひとりの老人の住む洞窟に連れてこられた。そしてこの老人が、天使によって運ばれる神からの授かり物で日々養われていることを知る。画家は次のような光景を目にしていた。天使が老人に「パン、粥、飲みものをいれた三つの椀」を運んでくる。そして隠者が食事を終えると、天使はすべてを片付けて持ち去るのである。この一見敬虔な幻覚が伝える誘惑を、私たちはこう理解することができる。それは生活の糧を心配しなくてもよい生活を選ぶよう画家にしむける誘惑である。さらに注目に値するのが、最後の幻覚でのキリストの言葉である。キリストの言葉に従わない場合、画家自身そして他の人たちも神を信じなければならなくなる何かが起こるだろうと脅しの文句を言った上で、画家に直接次のように語りかけている。「彼らが私を迫害しようと、彼らが何の手助けをしてくれなくとも、私は人々のことを気にすることはない。なぜなら神は私を見放すことはないのだから」。

クリストフ・ハイツマンは画家であり俗世の子であった。だからこそ、この罪深き現世を簡単に捨てることができなかった。しかし最後には、寄る辺ない自らの状況を顧みて俗世を捨てた。そして画家は修道会に入会する。この入会によって、彼の内面的な戦いと物質的な困窮は終息した。画家の神経症においてこの終息は、古い黒インクの契約書を取り戻したことによって、一連の発作と幻覚が取り除かれたということに反映されている。実際には、二度にわたって画家を襲った悪魔的疾患は同一の意味を有していた。画家は常に生活の保障を得ようとしていたのである。一度目は死後の幸福とひきかえに悪魔の手を借りた。それが不首尾に終わると、次は自由と俗世の享楽のほとんどを犠牲にして宗教的な生活に入ることで生活の糧を得ることになる。クリストフ・ハイツマン自身が、それこそ哀れな悪魔であったともいえるのだ。彼は生計を支えるに足る画才や生まれつきの才能を持ちあわせてはいない、幸せを知ることのなかった人物であり、母の胸に抱かれた幸せな状態から離れることができず、誰かに養ってもらうことを一生涯要求し続ける「永遠の乳飲み子」に類する人間であった。病歴が語っているように、画家は、まず父、そして父の代替者として悪魔を経て、最後には敬虔なる神父を頼るというひとつの道を辿ったことになる。

画家の神経症は、一見するとただの茶番劇であるが、しかしその背後には、当事者にとっては真剣そのものの、とはいえありふれた生存競争が隠されている。生存競争と神経症との関係は、常にそうとは限らないが、このような形であらわれることも稀ではない。「普段は健康だけれども、しばらく前から神経症の徴候がある」と伝える商売人を分析することがいかに利益を生まないものであるか、分析家はしばしば身をもって体験することがある。商売がうまくいかなくなると、彼らは切迫する恐怖を感じ取り、副次的作用として神経症を発病する。患者は現実の生活についての心配を症例の背後に隠蔽するという利益を、この神経症から得ている。とはいえそれは、差し迫った現状を隠蔽するだけの、まったくもって無駄な試みなのである。というのも、商売人たちにとって、現実の危機的な状況を冷静に解決するために自分の力を使うことの方が、よっぽど利得になるのだから。

神経症はそれ自体独立しており、生計を維持し生活を守るという利害と関係していないことがかなり多い。また神経症を発症させる葛藤では、単にリビード的利害が働いているだけか、そうでなければリビード的利害が生活の維持と内的に結びつくことが問題となっている。以上三つの場合のいずれにおいても、神経症の力動は同一である。現実に充足されることのないリビードの鬱積が、かつて形成された固着へと退行することによって、抑圧された無意識を通じて放出されているのである。病人の自我は、この一連の動きから、疾病利得をひきだすことができる限りにおいて、神経症を自由にさせておく。ただそこには経済論的な損失があることは疑い得ない。

同様に画家ハイツマンの場合も、生活上の困窮から父への強い思慕の念が目覚めることがなければ、悪魔神経症を引き起こすことはなかったかもしれないのである。しかしメランコリーと悪魔が取り除かれたあとに画家を襲ったのは、リビード的な生の快と、生計維持の利害が命令的に要求する快の諦念つまり禁欲との間での戦いであった。興味深いことに、画家は二度にわたる苦痛の病歴に、ひとつのまとまりを感じ取っていた。一度目と同様に二度目の場合も、画家はその原因を自らが悪魔に手渡した契約書に帰していた。別の視点から言えば、画家は悪魔の作用と神的な力の作用とを厳密に区別していなかったということになる。画家は二度の神経症を悪魔の出現と呼ぶことしかできなかったのである。

（吉田耕太郎 訳）

幼児期の性器的編成（性理論に関する追加）
Die infantile Genitalorganisation (*Eine Einschaltung in die Sexualtheorie*)

数十年にわたって休みなく観察を続けたにもかかわらず、一般的な特質や特徴となる事態を見落としてしまい、それらが見誤りようのない仕方で目の前に突きつけられるまで気がつかない。こういうことが起こってしまうところに、まさしく、精神分析の研究を進める難しさが示されている。このようなかたちで幼児期の性的発達に関する領域で放置されていたことに対し、私は以下のような見解を述べることで埋め合わせをしたい。

拙著『性理論のための三篇』（一九〇五年）を読まれると気づかれるように、その後の版において私は改訂に一度も取りかかることなく、もともとの構成はそのままで、われわれの洞察の歩みに合わせて文書を加筆し修正してきた[1]。そのため、古いものと新しいものが十分に統合されず、矛盾なく一つのものとなっていない様もしばしば目にされるだろう。たしかに当初、子供と成人の性生活が基本的に異なることを示すのに力点が置かれていた。その後、リビードの性器期前の編成、そして性的発達が二節にわたって起動するという注目すべききわめて重大な事実が前面に浮かび上がってきた。最後にわれわれの関心の的となったのは幼児の行う性的探究であり、このことから、子供の性の到達点（四歳の頃）は成人における最終の形態にかなり接近していることが認識された。『性理論』の最新版（一九二二年）にて、この最後の地点に私は立っている。

この版の六三頁[*1][2]で、私は次のように述べた。「対象選択は思春期の発達段階を特徴づけることがらだ、とわれわれは見なしていたが、すでに幼児期に、かなりの頻度もしくは規則性をもって対象選択が行われており、性的追求が総力をあげてその目標に到達しようと、ただ一人の人物に方向を定めるようになる。そしてこの点で、幼児期に可能となる範囲内ではあるけれども、思春期以降に性生活がとる最終的な形態に最大限接近する。この最終形態と相違するのは、幼児期には、部分欲動が統合されて、性器優位の下に従属させられることがないか、あるいは非常に不完全にしか達成されないという点だけである。したがって、生殖に奉仕する形でこの優位性が確立されるのは、性的編成が辿る最後の段階においてである」。

幼児期初期には性器の優位が完遂されない、あるいは非常に不完全なものであるという考えに、今や私は満足するわけにいくまい。子供の性生活は、以上にとどまることなく、成人のそれにさらに接近する。一つの対象選択の成立に関わるだけではない。性器優位の下に部分欲動が正しく統合されるまでに至らないにせよ、幼児期の性の発達過程の水準でも、性器への関心と性器の活動は、成熟期に劣らず支配的な意味を獲得しているのである。でもやはり、成人の最終的な性器的編成と異なるということが、この「幼児期の性器的編成」の主要な性格となっている。その相違は、両性にとってただ一つの性器のみ、すなわち男性性器だけがある役割を演じているということにある。したがって、〔幼児期に〕成立しているのは性器優位ではなく、ファルス優位なのである。

残念なことに、われわれは、以上について男の子に関する事実しか叙述することができない。女の子の側でこれに対応する過程について、十分な洞察が得られていないのである。幼い男の子は、男性と女性の違いを確実に見分けているが、しかし、その違いを両者の性器の差異と結びつけるきっかけをさしあたりもっていない。当然のこととして、男の子は、自分自身が所有しているものに類する性器がすべての生物・人間・動物にあると想定する。実際知られているように、男の子は、無生物にも自分の身体部位と類似した形態を探すのである。[*2](3) この興奮しやすく、変化しやすく、感覚の豊かな身体部位は、男の子の強い関心を大きく占め、彼の探究欲に絶えず新しい課題を与える。彼は、自分のものと比べるために他人のそれをも見ようとする。あたかも、その部位がもっと大きくなりうるし、なるはずだと思い浮かべているかのように振る舞う。この男性部位は後に思春期になればさらに力を発揮することになるはずであるが、欲動が駆り立てる力は、この時期の頃には、探究への衝迫や性的好奇心として表出されるのである。子供は〔性器の〕露出や攻撃的な行為を企てることがあるし、これらはもっと歳をとれば迷うことなく情欲の表現であると判断されるが、これらの多くは性的探究のための実験として試みられているということが分析によって明らかになる。

このような探査を続けるなかで、男の子は、ペニスが自分に似たすべての存在の共有物ではないことを発見するに至る。妹や遊び友だちの女の子の性器をたまたま見ることが、この発見へのきっかけとなる。明敏な男の子ならば、女の子が排尿するのを見聴きするときに、その姿勢が違うのを見たり、違う音を聴いたりするので、そこに何か違うものがあるのではないか、とすでに早くから疑念を抱いており、そしてもっとはっきり分かるようにそうした観察を繰り返し試みるのである。ペニスが欠如しているという初めての印象に対して、彼らがどのように反応す

＊1　(GW-V)。

＊2　ところで注目すべきことに、子供は、男性性器の他の部分、陰嚢とそれが含んでいるものにほとんど注意をはらわない。分析の場面〔で語られることを聞くだけ〕では、男性性器にはペニス以外にも他の部分も含まれているのだということを思いつかないだろう。

るかは知られている。彼は、この欠如を否認し[4]、それでもその部位を見たと信じ、それはまだ小さいが、これから成長するのだという方便によって、観察したものと先入見とのあいだの矛盾を言い繕う[5]。そしてそれからゆっくりとではあるが情動にとって重要な意味を持つ結論に達する。それは少なくともかつてあったのだが、取り去られたのだと。ペニスの欠如は、去勢の結果であると理解され、今度は去勢と自分自身との関係に取り組むという課題に子供はつきあたる。これから先の発展は、一般にあまりにもよく知られているので、ここで繰り返し述べる必要もないだろう。去勢コンプレクスがファルス優位の段階において発生することもあわせて考慮に入れるときはじめて、このコンプレクスの意義が正当に評価されると私には思われる[*3]。

また、よく知られているように、女の蔑視や女に対する恐怖、同性愛の素因となるものの多くは、女にペニスがないと最終的に確信することに由来する。最近、フェレンツィが、神話における恐怖の象徴であるメドゥーサの頭をペニスのない女性性器の印象に遡って考えたのは正当なことである[*4]。

とはいえ、かなりの女の人はペニスを持たない、という自分の行った観察結果を、子供がそれほどすぐさま喜んで受け入れて一般化するとは考えられない。それを妨げるのは、ペニスがないのは何らかの罰として去勢された結果なのだという想定である。これに対して子供は、おそらく自分と同じように禁じられた蠢《うごめ》きという罪を犯した品位を損なった女の人だけがこの性器を喪失した、と考える。しかし、母親のような尊敬に値する女性たちは、もっと長くペニスを保持しているのだと。女であることとペニスの欠如とは、子供にとってはまだ一致しないのである[*5][6]。ずっと後になって、すなわち、子供の発生と誕生という問題に子供が突き当たり、女性だけが子供を産むことができると推測するときにはじめて、母親もまたペニスを失うのだと気づき、そしてときに、ペニスと子供の交換を説明してくれる、非常に錯綜した理論を作りあげるのである。その際、女性性器はけっして発見されないように思われる。われわれが知るように、子供は母親の肉体（腸）のなかで育ち、腸の出口から生まれる。この理論は、幼児期の性が持続する期間を超え出るものであるとわれわれは考える。

われわれにとって馴染みのものである性の両極性が、子供の性が発展するあいだにどのような変遷を辿るのか、これもまた重要なことであるので確認しておこう。最初の対立の一つは、当然ながら主体と対象を前提とする対象選択とともに導入される。性器期前の肛門サディズム編成の段階では、男性・女性という対立はまだ問題ではなく、能動・受動の対立が支配的である。[*6] それに続く幼児期の性器的編成の段階では、確かに一つ男性は存在するが、女性はない。ここでの対立が意味しているのは、男性性器〔を所有している〕か去勢されているかのどちらか、という

＊3　子供は、乳を飲んだ後に母の乳房が失われること、毎日の排泄物の放出、それどころか出生時に母胎から別離することからも、自分の身体を失うという、ナルシス的傷害の観念を獲得することが指摘されてきた。[7] しかし、去勢コンプレクスは、この喪失の観念が男性性器と結びついた場合にはじめて問題にされるべきであろう。

＊4　*Internationale Zeitschrift für Psychoanalyse*, IX, 1923, Heft 1. 私は、神話において考えられているのは母親の性器であることを付け加えておきたい。甲冑にメドゥーサの頭をつけていたアテナは、まさしくそのことによって近寄りがたい女になっており、その姿は性的に近づきたいという気を一切殺ぐのである。[8]

＊5　私は、ある若い女性の分析から次のことを知った。その女性には父親がなく、多くのおばがおり、長く潜伏期に至るまで、母親とおばたちの幾人かはペニスをもっていると信じ続けた。しかし、彼女は、知的障害をもつ一人のおばだけは、自分がそうであると同じように去勢されていると考えていた。[9]

＊6　『性理論のための三篇』第五版、六二頁を参照せよ（GW-V）。

ことである。思春期に至って発達が完了するときにはじめて、性の両極性が男性・女性の対立と一致を見るのである。主体、能動、ペニス所有を一纏めにするのが男性的なものであり、対象と受動を引き継ぐものが女性的なものである。そのとき膣は、ペニスの宿として評価され、母胎の遺産を相続するのである。 298

（本間直樹　訳）

神経症と精神病
Neurose und Psychose

最近出版された自書『自我とエス』〔本巻所収〕のなかで、私は心の装置の区分を提案した。この提案を礎とするならば、自我とエスについての一連の関連性を、より簡潔かつ包括的に説明することが可能となる。その一方で、一例ではあるが、超自我の由来と役割については不明なままであり、解決しなければならないこともかなり残っている。とはいえ、この心の装置の区分が、他の問題にも応用でき有益な結果をもたらすと主張することは許されるであろう。既知の事柄を整理し、切り口をかえて、問題の所在をより説得力のある形で言い換えるだけであるにしても、心の装置の区分を応用することには、灰色の理論から常緑の経験へと立ち返るという利点はあるのだろう[1]。

上記の著作で詳述したのは、自我の多様な依存関係、つまり自我が、外界とエスの中間に位置しながら、全く双方の意に従うことを本務としていることであった。ここで精神病の発病と予防という別の点で活発に進められてきた考察と関連づけることで、私は、単純な定式を思い付いたのである。神経症は、自我とエスとの葛藤の結果として引き起こされるが、精神病は自我と外界との間の葛藤から引き起こされる。この単純な整理は、神経症と精神病の発生の重大な相違を説明するものである。

このように問題をあまりに単純に片付けてしまうことに対しては、信用ならないと批判が向けられるのは当然のことであり、われわれも、この定式がおおよそ正しければよいという程度のことを期待しているにすぎないのである。それでもやはり、この定式には何らかの意味があると思われる。事実、われわれの定式を裏付けるような、相当の数の考察や発見にすぐに思いあたるのだ。これまで行ってきた精神分析の結果によれば、転移神経症の原因は、エスにおける強力な欲動の蠢きを自我が受け入れず、自我が欲動を運動によって解放することを拒むこと、言い換えれば、欲動がある対象を目指すことに自我が異を唱えることによって生じるのである。その際、自我は抑圧という機制を用いて、欲動の蠢きから自ら防御しているのだ。その一方で当の抑圧されたものは、この運命に逆らい、自我の支配の及ばない迂路を経て、代替するものでおきかえようとする。そしてこの代替するものが自我に妥協をせまるのである。これが症状である。このような侵入によって、自我は自らの統一性を脅かされ、傷つけられているのであり、自我は、もともと欲動の蠢きから自身を防御したのと同じように、この症状からも自我自身を守る闘争を続行するのである。これらすべてのことによって、神経症が形成されるのである。自我が抑圧を行う際に、超自我の命令に基本的に従い、この超自我の命令は、現実の外的世界が、超自我のうちに自分の代わりを立てさせ、影響を行使することによって、成立していることに異議はない。ここで自我は、超自我の側に立っている。自我にとっては、超自我の要求の方が、エスの欲動要求よりも強力なのである。つまり自我は、エスの要求分に対して抑圧を行使する力、抵抗への対抗備給によって確固なものとなる力である。超自我そして現実に奉仕することにおいて、自我は、エスとの葛藤に陥るのであるが、この葛藤があらゆる転移神経症において生じているのである。

また別の点で、精神病の機制に関するこれまでの考察から、自我と外的世界との諸関係の障害を指摘するいくつかの例を挙げることも難しいことではない。マイネルトが報告したアメンチア(2)、急性の幻覚性錯乱状態と呼ばれるおそらく著しく極端で鮮烈な特徴をもつ精神病では、外的世界はまったく知覚されないか、外的世界の知覚は完全な機能不全に陥っている。(3) 正常な状態において、外的世界は自我を、二つの方法で支配している。ひとつは絶えずあらたに作り出される現在の知覚によってであり、もうひとつはかつて知覚されたものの想起の蓄積によってである。この過去の知覚が、「内的世界」という形で、自我の持ち前または自我の構成部分をなしているのだ。幻覚性錯乱状態においては、新しい知覚の受け入れが拒絶されるだけでなく、それまで写しという形で外的世界を代理していた内的世界から、その意味(備給)が取り除かれてしまう。そこで自我は、自らが統御する新しい外的世界と内的世界をつくりあげることになる。ここで次の二つの事実をみてとることは疑いない。これら二つの新しい世界は、ある意味で、エスの欲望の蠢きに応じてつくりだされたものである。そしてまた、厳しくまた堪え難い、現実における欲望の不首尾が、外的世界との分裂の要因となっているということである。このような精神病が正常な夢と内的に類似していることはいうまでもなく明らかだ。夢の条件は睡眠状態にあるが、その特徴は、知覚や外的世界から完全に逸れていることにある。(4)

また統合失調症《シゾフレニー》というまた別のタイプの精神病では、情動にかかわる無関心、つまり外的世界への関与の一切を喪失する傾向が見られる。妄想の形成についての分析から明らかになったのは、妄想は、もともと自我と外的世界の関係の裂け目が生じたところにあてられた継ぎのようなものとして生じるということであった。外的世界と自我との間の葛藤を引き起こす条件が、われわれが定式化したような明瞭な形で現れないこともあるが、その理由は、精神病の病像において、病の原因があらわれず、治療や再構築の試みによって覆われてしまうことがあるからである。(5)

精神神経症や精神病を発症する共通の病因が、けっして抑制されることのない幼児期の欲望が不首尾に終わること、幼児期の欲望が成就されない点にあることは変わりない。[6] この幼児期の欲望は、系統発生的に規定されたわれわれ人間の生体に深く根ざしている。欲望の不首尾は、根本的には外的な要因によるものであるが、個々の症例にあわせて言うならば、現実要求の代わりを引き受ける(超自我における)あの内的審級によって、不首尾は引き起こされるといえるだろう。病気を引き起こしているのは、自我が外的世界に従い続け、結果としてエスを黙らせようと試みるか、それともエスに打ち負かされて現実から引き剝がされるか、という葛藤した緊張状態に自我が陥っていることにある。この一見すると単純な状態に、超自我の存在が複雑さを持ち込むのである。というのも超自我は、未だ解明されていない結びつきによってエスと外的世界からの影響をひとつにまとめるからだ。ある意味で、超自我は、自我のあらゆる追求が目的とする理想模範であり、自我の幾重にも依存した諸関係の調停を目標としている。[7] これまで注意が払われることはなかったが、あらゆるタイプの精神疾患において、超自我の振舞いが考察されるべきではないだろうか。自我と超自我との葛藤に起因する疾患も存在するはずだと暫定的に想定することができる。とすると、これまでの精神分析から、メランコリーがこの種の疾患の模範的病例であると思い付くのももっともであり、この種の疾患に「ナルシス的精神神経症」という名前を与えてもよさそうである。もしもメランコリー状態を、他の精神病と区別する原因を見つけだすことができるとすれば、われわれにとっては悪いことではない。とすれば疾患の要因を解き明かす、われわれの単純な定式は、放棄されるどころかより完全なものになるだろう。転移神経症は自我とエスとの間の葛藤に対応している。そしてナルシス的神経症は自我と超自我との間の葛藤に対応し、精神病は自我と外界の間の葛藤に対応している。われわれが真にある新しい知見を獲得したのかどうか、それとも定式をいたずらに増やしただけなのか、さしあたって明確な答えを提示することはできないのだが、われわれの定式がこのように応用可能であることから、自我、超自我、エスという心の装置の区分を視野に入れ、考察を重ねることへの勇気は得られるのである。

神経症と精神病は、自我と自我をなんとか支配しようとするさまざまな審級との間の葛藤から生じる、それゆえ、いくつもの要求の調停に苦心する自我の働きの失敗にあたるという主張には、それを補完する別の説明が必要となる。知りたいのは、自我がいかなる状況のなかで、そしていかなる手段を行使して、常に立ちふさがる葛藤から疾病に陥ることなく抜け出すことができるのかということである。これは新しい研究領域であり、全く異なった要因を考慮する必要があるはずなのだ。すぐに二つの局面が思い浮かぶ。心的状態の成り行きは経済論的な関係、つまり互いに争っている追求の相対的な大きさに依存していることは疑いない。さらに自我は、自らを変形させ、統一性を失い、場合によっては自らを分裂または分解させまでして、どちらかに偏る破滅を回避することが可能なのである(8)。こうしてみると、人間が首尾一貫しないこと、時に偏屈になり愚行をおかすことを、抑圧をまぬがれるための性的な倒錯を受け入れることと同様のものとして考察することもできるであろう。

最後になるが、自我が外界から切り離されてしまう、抑圧にも類するこの機制がどのようなものであるかを考える必要がある。私が思うに、これは新しい研究なくしては答えを導き出せない類いの問いであるが、この機制は抑圧と同じく、自我から送り込まれた備給を撤収するものであるに違いないと思われる(9)。

（吉田耕太郎　訳）

精神分析梗概
Kurzer Abriß der Psychoanalyse

I

精神分析はいわば二十世紀とともに誕生した。というのも、精神分析が新奇なものとして世に姿を現したのは、私の『夢解釈』が出版された一九〇〇年であったからである。(1) とはいえ、当然のことながら、精神分析は何もないところに突然降って湧いたのではない。それは、先人の作業を引き継ぎ、発展させ、先に提案されたものを受けとり、練り上げたのである。精神分析の歴史を語るには、まず、その成立に決定的な影響を与えたものから始めなければならず、また、その創造に先立つ時代と状況を忘れてもならない。

精神分析は狭く区画された土地に生い立った。そのもともとの目的はただ一つ、いわゆる「機能性」神経疾患の本性を少しでも理解し、その治療においてもそれまでの医学の無力さを克服するためであった。当時の神経学者は、化学物理学的そして病理解剖学的事実を重視する教育を受け、つまるところ、ヒツィヒ、フリッチュ、フェリエ、ゴルツ(2)らの発見の影響下にあった。彼らの発見は、一定の機能が脳の特定の部位と緊密に結びついており、おそらくその結びつき方もただ一通りしかない、ということを証明するように思われたのである。〔他方、〕心的契機については、彼らは何ら手をつける術を知らず、理解することもできないまま、それを哲学者や神秘主義者たち、そしてもぐりの医者たちに任せ、それに関わることは非科学的なことであると見なした。それにより、彼らは神経症のうちに隠されたもの、そしてとりわけ、神経症全種の原型である謎に満ちた「ヒステリー」に到達する道を拓くことすらもできなかった。一八八五年、私がサルペトリエール病院にて研修していた時点ですら(3)、ヒステリー性麻痺は、それに該当する脳局所の軽度の機能的障害によって生じ、それが重度の障害となると器質的麻痺を引き起こす、という形式的な説明で人々が事足れりとしていたのを私は目にした。

当然ながら、こうした理解の欠如のもと、病状の治療も難渋を極めた。治療としては、一般的に「強化する」(4)という対処や薬物投与が行われ、また、威嚇したり、嘲笑したり、患者の意志を総動員して「自制する」よう警告を発するなどして、心に影響を与えようと試みられるものの、それらはたいてい全く目的に合わない、ひどい扱いをするものであった。神経症症状に対する特別な療法として、電気治療が発表されたが、しかし、W・エルプ(5)の詳細に説明された指示どおりに実行してみた者なら誰でも、精確さを自称する科学のうちにすら、空想がこれほど場所を占めることができるのかと驚くに違いない。決定的な転回を迎えたのは、この八〇年代、催眠術の現象が医学の領域で認められるよう今一度試みられたときである。今回は、リエボー、ベルネーム、ハイデンハイン、フォレル(6)らによる研究のおかげで、それまでの数多くの研究よりも優れた成果がもたらされた(7)。とりわけ重要なのは、催眠現象が真実であると認められたことである。これが承認されるとすれば、当然の帰結として催眠術から二つの説が導き出される。それらは〔精神分析にとって〕基礎となり、かつ忘れることのできないものである。第一に、心に影響を与えるだけで、しかもこの場合は本人が呼び覚ました影響によって、目につくような身体上の変化をもたらされることが確証された。第二に、とりわけ催眠後の被験者の振舞いから、「無意識的」としか名づけようのない心の出来事が存在するということがはっきりと印象づけられた。この「無意識的なもの」は、すでに長きにわたって哲学者たちによって理論的な概念として議論されてきた。それが、催眠術の出現によってはじめて受肉し、手で触れることができるようになり、実験対象となったのである。それに加えて、催眠現象は、かなりの数の神経症の現れ方と見誤りようのないほど類似していたのである。

　精神分析の成立史のなかで、催眠現象が果たす意義を過大に評価するわけにはいかない。理論的観点からも治療的観点からも、精神分析は、催眠現象から継承したものを一つの遺産として管理しているのである。

　催眠は、神経症の研究、そして何よりもヒステリーの研究にとってまた有力な補助手段となることも証明された。印象深いのはシャルコーの実験[8]であった。彼は、外傷体験(事故)の後に現れたある種の麻痺をヒステリー性のものと推定し、催眠下でその外傷を暗示することによって、同じ性質をもつ麻痺を人工的に惹き起こすことができた。それ以来、ヒステリー症状の発現には全般的に外傷による影響が関与しているはずだ、という期待が根強くもたれた。その後、シャルコー自身は、ヒステリー的神経症をさらに心理学的に理解しようと努めることはなかったが、しかし、彼の弟子であるピエール・ジャネ[9]が、その研究を取り上げ、ヒステリーの病状発現が、ある無意識的思考《固定観念《イデーフィクス》》に固く結びついていることを、催眠を用いて明らかにした。そして、もろもろの心の出来事を一つに結束させることが――彼が想定するところ――体質的に不能であることがヒステリーの特徴であり、そのために心の生活の崩壊(解離[10])をきたすようになる、とジャネは考えた。

　しかしながら、精神分析はこうしたジャネの研究をいかなる意味においても受け継いでいない。精神分析の方向を決することになったのは、ウィーンの医師、ヨーゼフ・ブロイアー博士[11]の経験である。彼は、他からの影響に関わりなく、一八八一年頃、才能に恵まれていながらもヒステリーを患う一人の若い女性を催眠を用いて研究し、回復させることができた。ブロイアーの研究成果が公表されるに至ったのは、十五年後、彼が筆者(フロイト)を共同研究者として迎えた後になってからである。彼が治療した症例(12)は、神経症を理解する上で他に類を見ない意義を今日もなお有しているので、それについてもう少し詳しく述べずにはおれない。このブロイアーの症例のなかでどの点が特異であるのかを明確に捉える必要がある。その女性が発病したのは、彼女が心をこめて愛している父親の看病をしているときであった。そこでブロイアーが立証したのは、彼女の症状がすべて父親の看病と関連しており、これに着目することによって症状の解明ができるということである。こうしてはじめて、謎めいた神経症の一症例が余すところなく解明され、その病的現象すべてに意味があることが明らかになったのである。さらに、ある行為へと向かう衝動をもっていながら、それが実行されず、別の動機によって抑え込まれている状況において発現するということが、症状の一般的性質であった。行われないままである行為の代わりに、ほかならぬ症状が発現したのである。こうしてわれわれは、ヒステリー症状の病因を明らかにするために、感情生活(情動)と心の作用の働き(力動)に目を向けることとなり、以後、これら二つの観点が放棄されることはけっしてなかった。

症状が発現する要因は、シャルコーのいう外傷に該当するものだとブロイアーは考えた。注目すべきことに、これらの外傷性の要因、そしてそれに結びついて生じる心の蠢《うごめ》きのすべてが、患者たちの想い出から消え去っており、あたかも何も起こらなかったかのようである。しかし他方で、その影響、すなわち症状は変わることなく持続し、あたかも時間の経過によって消耗することがないかのようである。したがってここで、無意識的だがまさしくそれゆえいっそう力をもった一連の心の出来事が存在することに関する新たな証拠が手にされた。これら出来事は最初、後催眠暗示のもとで知られることとなったものである。ブロイアーの行った治療法は、患者を催眠下におき、忘れてしまっている外傷を想起させ、力に満ちた情動を表出させることで、外傷に対する反応を起こさせるというものであった。すると、それまでそのような感情を表出する代わりを務めていた症状が、姿を消したのである。こうして、手法は同じなのに、病の苦しみの〔原因〕究明とそれの除去とが同時に行われた。このように〔究明と除去が〕一体となることは通常起こりえないものであるが、後に精神分析によってしっかり維持されることになった。

九〇年代はじめ、ブロイアーの研究成果が正当であることを、かなりの数の患者のもとで筆者が確かめた後、ブロイアーとフロイトの共著で、症例とそれに基づいた理論化の試みを収めた著書を刊行する決意をした（『ヒステリー研究』一八九五年）。ヒステリー症状が生ずるのは、ある心の出来事が強度の情動的備給を受けているにもかかわらず、その情動が、通常の意識的な処理から押しのけられ、迷い道に入り込んだときである、と同著で述べられている。つまり、ヒステリーの症例では、情動は通常とは異なる身体神経支配に移り行く（転換）のであるが、しかし、催眠下でその体験〔の想起〕を再活性化することによって、この情動は別の方向に向かい、清算されるのである（浄化反応）。著者は、この手法をカタルシス（浄化、身動きのとれなくなった情動の解放）と名づけた。

このカタルシスの方法が、精神分析の直接の先駆けとなったものであり、精神分析の経験が拡大され、その理論が変更されてもなお、その中核をなしている。しかし、これは、一定の神経的病状に対する一つの新しい医学的処置法に過ぎなかったのである。そして、これが一般の関心の的となり、激しい反論に晒されることになるとは全く予想できないことであった。

II

『ヒステリー研究』の出版後間もなく、ブロイアーとフロイトの共同研究の関係は崩れた。[13] ブロイアーは、もともと内科医であったので、神経疾患患者の治療を断念したが、フロイトはこの年長の共同研究者から任せられた手法をさらに完成させる努力を続けた。彼〔フロイト〕が技法の改新を導き発見を重ねることによって、カタルシスの療法は精神分析へと姿を変えた。その最も重大な結果をもたらす一歩となったのは、技法の補助手段である催眠を彼が放棄したことである。その動機となったのは二つ、一つは、彼がナンシーでベルネームの講習を受けたにもかかわらず、相当数の患者をうまく催眠に誘導できなかったからであり、もう一つは、催眠に基づいたカタルシスの治療効果に満足できなかったからである。確かに、催眠の効果は顕著であり、短時間の治療の後に現れる。しかしその効果は持続せず、また患者と医者のあいだの人間関係にあまりにも依存していることが明らかになった。催眠の放棄は、それまで展開されてきた手法との決裂であると同時に、新たな出発を意味するものであった。

とはいいながらも、催眠は、患者によって忘れられていることがらを意識的な想起へと連れ戻すのに役立っていた。それは何らかの他の技法によって代替されなければならなかった。その頃フロイトが思いついたのは、催眠の代わりに自由連想の方法を用いることであった。すなわち、意識をもってじっくり考えるのを断念し、静かに集中しながら、自然に浮かんでくる(意志によるものではない)思いつきを追跡する(「自分の意識の表面〔に浮かび上がるもの〕だけを読み上げる」[14])ことに専心するよう、彼は患者に義務を課した。患者は、脳裏に浮かんだことを話すのに異存がある場合でも、例えば、その考えがあまりに不愉快なもの、あまりに常軌を逸しているもの、あまりに下らないものであっても、あるいは全く関係がないことであっても、それらを医者に伝えなければならない。忘れられ無意識となったものを究明する補助手段として、自由連想法が選ばれたことが奇異に感じられることもあるので、それが正当である旨を一言述べておくのは、余計なことではないだろう。これについてフロイトは次のような期待をもとにしていた。つまり、自由連想法と名づけられているものの、実際には自由ではないのであって、どのようなものであれ意識的に考える意図を抑え込んでみると、〔そこで〕思い浮かぶことがらは無意識の素材によって決定されていることが明らかになるだろう、と。この期待が正当であることは経験によって示された。先にあげた「精神分析の根本規則」を守りながら自由連想につき従っていくと、豊かな思いつきの素材が手に入り、患者によって忘れられていたものの痕跡を辿ることができる。これら素材は、忘れられていた当のものではないけれども、明瞭でふんだんに示唆を含んでいるので、医師は、一定の補足と解釈を加えることによって、忘れられていたものを推測する（再構築する）ことができる。自由連想と解釈術は、こうして今や、以前に催眠導入が果たしていたのと同様の役割を果たすことになる。

この作業は非常に困難で複雑なものに見える。しかし、催眠状態のもとでは観察者の目から隠されたままであった力の働きを目の当たりにできたことは、評価の及ばないほど大きな利益であった。病原となる忘却されたものを見つけ出す作業を通して、休むことのない強い抵抗を相手に闘わなければならないことが分かった。患者は、頭に思い浮かべたのに、みずから批判的な異議を差し挟んで、それを〔医者に〕伝えず除外しようとすることがあるが、それは、精神分析の根本規則が対抗すべきものであり、すでに抵抗の表出だったのである。この抵抗現象を正当に評価することによって、神経症に関する精神分析の学説の基本柱の一つ、つまり抑圧の理論が生まれた。目下、病原となる素材が意識化されることに対して反抗している同じ力が、それ以前にも努力として首尾よく働いていた、と想定することができた。こうして神経症症状の病因論にみられた欠落が埋め合わされた。現在、症状がその代わりを務めているもろもろの印象や心の蠢きが忘れられているのは、理由なく起こるのではなく、あるいはジャネが考えたように、一つに結束させることが体質的に不能であることによるのでもない。それらは、別の心の力によって抑圧を被り、その抑圧の結果としるしとして、それらはまさしく意識から遠ざけられ、想起から排除されているのである。それらは、抑圧が生じた結果はじめて病原として作用する。すなわち、通常と異なる経路を辿ることによって症状としての表現を手に入れたのである。

　抑圧の動機、したがってすべての神経症発症の原因として考察されなければならないのは、心における追求[15]〔傾向〕がなす二つのグループの間に生じる葛藤であった。そして経験によって、相互に拮抗しあう力の本性についての新しい驚くべき事実が知られることとなった。抑圧は、決まって患者の意識された人格(自我)に由来し、倫理的・美的な動機に端を発していた。つまり、抑圧を被るのは、一般に悪として括られる我欲や残虐性、とくに、最も露骨で最も禁止される類いの性的な欲望の蠢きであった。病気の症状は、したがって、禁じられた満足を代替するものであり、人間の内なる不道徳を完全には飼い馴らせずにいる様が、病気として現われていると思われた。

　心の生活において性的な欲望の蠢きの演じている役割が途方もなく大きいことが、認識が進むにつれてよりいっそう明らかになり、それをきっかけに性欲動の本性と発達についてより詳細に研究がなされはじめた〔フロイト『性理論のための三篇』〔本全集第六巻〕一九〇五年〕。またさらに、幼年期はじめの体験や葛藤が、個人の発達に予期せぬ重要な役割を演じ、それらが諸性向〔素因〕として拭い去りがたく成熟期に足跡を残していることが発見され、そのことにより、ある別の純粋に経験的な事実に突き当たった。こうして、これまで科学が原理的に見過していたあることがら、すなわち、最も弱々しい時期から〔すでに〕、心の態度としても、身体的反応としても表明されている幼児期の性を見出すに至った。この子供の性を成人のいわゆる正常な性や倒錯者の異常な性生活と関連づけるためには、性的なものの概念そのものを訂正、拡大しなければならず、そのことは、性欲動の発達史に基づいて正当化されるはずであった。

催眠に自由連想の技法が代わって以来、ブロイアーのカタルシス療法は精神分析となり、それを筆者（フロイト）は十年以上の歳月をかけて独力で発展させた。この間に、徐々にではあるが精神分析は一つの理論を手に入れた。これによって、神経症症状の発生、意味、目的について十分な回答を得られたように思われ、また、苦しみを取り去る医学的な処置に対する合理的な根拠も与えられた。ここでもう一度、この理論の内容を構成する要素を並べてみよう。欲動生活（情動性）、心における力動、うわべではきわめて曖昧で気まぐれに見える心の現象にも一貫した意味があり、それらは〔無意識の素材によって〕決定されていること、これらがとくに強調される。〔さらに〕心的葛藤の説と、抑圧が病原としての性質をもつという説、病気の症状は代替的満足であるという解釈、性生活、とくに子供の性が起動する時期は病原としての意味をもっているという認識などである。哲学的観点からすれば、この理論は、心というものは意識と一致しないこと、心に生じる出来事はそれ自体としては無意識的なものであり、それは特別な器官（審級、系）の働きによって意識化されるものであるという立場をとることになる。これら列挙された要素を補うものとして、私は以下を付け加えたい。幼児の情動的な態度のなかでも際立っているのが、両親に対する複雑な感情関係、いわゆるエディプスコンプレクスであり、神経症のどの症例もこのコンプレクスのうちに核心をもっていることがはっきり認められる。そして、分析を受ける者が医者に対してとる態度のなかに、感情転移という一定の現象が顕著に見られるが、この現象は理論的にも技法的にも重要な意義をもっている。

精神分析による神経症の理論は以上のようなかたちで形成され、そこには、支配的なものとなっている見解や趨勢に抗うものや、遠巻きにする人々には奇異の念、嫌悪、そして不信の念を抱かせるものがすでにいくつか含まれている。無意識という問題に対して態度を決し、幼児期の性を認め、心の生活一般に性的契機を強調したことがそれに当たるが、まだそれだけではなかったのである。

III

ヒステリーを患う若い女性の身の上で、禁止されたある性的欲望が痛ましい症状にいかに転換されうるのか、それを多少なりとも理解するためには、心の装置の構造と働きについて、深く掘り下げ込み入った仮定を設けねばならなかった。これでは、費やされる努力と得られるもののあいだに明らかに矛盾が生ずることになる。(16) 精神分析によって主張される関係が現実に存在するならば、それは根本的な性質にかかわるものであり、ヒステリー以外の現象としても現れうるはずである。しかしこの推論が妥当ならば、精神分析はただ神経学者の関心を惹くだけにとどまらないだろう。ならば精神分析は、心理学の探究に何らかの意義を認めるすべての者に対して、注目せよと声を上げてしかるべきである。精神分析のもたらす成果は、したがって、病理学の対象となる〔病的な〕心の生活の領域のなかだけで問題にされるのではなく、正常な〔心の〕機能を理解するためにもおろそかにできないものとなった。病的なもの以外にも心の活動を解明するのに精神分析が役立つ、このことを精神分析は早くから証明していた。

それは二つの現象、すなわち、物忘れ、言い違い、置き忘れなど、日々繰り返される失錯行為、そして健康で心的には正常である人が見る夢に関するものである。普段よく知っている固有名詞の度忘れ、言い違い、書き違いなど、ちょっとした失錯行為は、これまでそもそも説明に値しないものであったか、あるいは疲労や注意散漫などによるものと説明されていた。筆者が『日常生活の精神病理学〔にむけて〕』〔本全集第七巻〕（一九〇一年、一九〇四年）において数多くの例をもとに示したように、こうした出来事は意味深いものであり、それが生じるのは、抑え込まれ、しばしば無意識にとどまるある別の意図が、意識された意図を妨げるからである。たいていの場合、妨害となって影響しているものを見つけ出すには、素早く反省したり、ちょっと分析してみるだけで十分である。言い違いのような失錯行為が頻繁にみられるとき、意識されない心の出来事が実在し、効力を持ち続け、少なくとも、意図をもってなされた他の行為を制止し、修正するかたちで表れ出ていることを、誰もが容易に自分の身にあてはめて納得することができる。

一九〇〇年、『夢解釈』として筆者が公表した夢の分析が歩みをさらに進めた。この分析を通して、夢が形成される仕方が、神経症の症状のそれと変わらないことが明らかになった。夢は異様で意味のないものとして現れるかもしれないが、精神分析で用いられる自由連想とほとんど変わらない技法を用いて夢を探究すれば、夢の顕在内容から、秘められたある意味、つまり潜在的夢思考に到達することができる。その潜在的な意味は、いずれの場合も欲望のある蠢きであり、それは目下のところ成就された姿で表現されている。しかしこの秘められた欲望は、小さな子供の場合や、身体的欲求からの有無をいわさぬ圧力の下にある場合を除いては、けっしてそれと識別できるように表明されていることはない。それは、まず何らかの歪曲を被っており、この歪曲は夢を見る人の自我において働く、制限し検閲するもろもろの力によって生じたものである。こうやって生じる顕在夢は、覚醒時に想い出される夢がそうであるように、夢の検閲を受けて譲歩がなされることにより、それとして識別されないほど歪曲されているが、しかしそれでもなお、ある満足の状態または欲望成就を表現していることが分析を通して暴かれる。それは、互いに反抗しあう二つのグループの心の追求傾向のあいだになされる、何らかの妥協〔の産物〕であり、ヒステリー症状についてわれわれが発見したのとまったく同じである。夢はある(抑圧された)欲望の〈擬装された〉成就であるという公式は、夢の本質を最も根本からよく言い当てている。潜在的な夢の欲望が顕在的夢内容に変換される過程(夢の工作)を研究することによって、無意識の心の生活について知られるもののなかで、最もよい例をわれわれは手にしたのである。

ところで、夢は病的な症状ではなく、正常な心の生活の働きである。〔夢のなかでは〕成就された姿で描かれる同じ欲望が、神経症においては抑圧を被ることになるのである。夢が生成する〔夢を見る〕ことができるのも、ひとえに、人間の運動能力が麻痺した睡眠状態のあいだ、夢の検閲に向かう抑圧が軽減されるという好都合な状況のおかげである。しかしながら、夢の形成が一定の限度を踏み越えると、夢を見ていた人は、夢見ることをやめ、驚いて目覚めてしまう。このように、正常な心の生活においても、病的な心の生活と同じく、いくつもの力が働き、そしてそれらの力のあいだに生ずる出来事が存在することが証明される。『夢解釈』以来、精神分析は二重の意味を持つことになった。つまり精神分析は、神経症の新しい治療法というだけでなく、一つの新しい心理学である。〔こうして〕精神分析は、神経科医のみならず、精神科学の一分野に従事しているすべての人々によって認められることを声高に要求した(17)。

しかし、精神分析を待ち構えていた科学〔学問〕の世界からの反応は、全く友好的なものではなかった。約十年間のあいだ、誰もフロイトの研究を気に留めもしなかった。一九〇七年頃、スイスの精神科医のグループ（チューリヒのブロイラーとユング）[18]によって精神分析は注目され、そして今度は、とくにドイツにおいて、憤激の嵐が巻き起こった。実のところ、その表明の仕方にしても、あげられる論拠にしても、適切に選ばれたものではなかった。精神分析は、こうして多くの新奇なものと同じ運命を辿り、一定の時間が経ってから一般に認められることになった。[19]もちろん、精神分析がとりわけ猛烈な反対を惹き起こすこととなった理由も、精神分析の本質に根ざすものであった。精神分析は、文化をもつ人間という先入観、とくにその特別感じやすい部分のいくつかを傷つけ、そして、すべての者が一致して無意識へと抑圧していたものを暴露し、分析治療中の患者、とりわけ抵抗をあらわにする患者が示すのと同様の振舞いを同時代の人々に強いることによって、いわばすべての人間を分析されるべき反応下に置くこととなった。また、精神分析の学説の正しさを確信し、分析の実践に関する教えを受けることは容易ではなかったということも認めざるを得ない。

精神分析は、一般の敵意に臆することなく、十年の経過の後、二つの方向に発展し続けた。まず、地図上の広がりにおいて、精神分析に関心を示す国が絶えず現れ、そして、精神科学の領域においては、精神分析が次々と新しい分野に応用されている。一九〇九年、アメリカのG・スタンリー・ホール[20]は、彼が学長を務めるマサチューセッツ州ウスターにあるクラーク大学に、精神分析に関する講義[21]のためにフロイトとユングを招き、講義は好意的な評価をもって迎え入れられた。[22]それ以来、精神分析はアメリカでは広く知られるようになった。もっとも、まさしくこの国では、精神分析という名称が、きわめて浅薄なものになり、頻繁な誤用に晒されている。すでに一九一一年、[23]

オーストリアとスイスだけでなく、アメリカ合衆国、イギリス、インド、カナダ、そしておそらくオーストラリアにおいても、精神分析への取り組みとその推進がなされていることがハヴロック・エリス[24]によって確認されている。

この闘争と開花の時期に、精神分析が専門的に扱われる機関誌も刊行されるようになった。それらの雑誌には、ブロイラーとフロイト監修、ユング編集の『精神分析・精神病理学研究年報』(一九〇九－一九一四年)[25]、そして、アードラーとシュテーケル編集の『精神分析中央誌』(一九一一年)[26]があり、前者は世界大戦の勃発とともに中断され、後者は間もなく『国際精神分析雑誌』(一九一三年、今日すでに十年目となる)[27]に取って代わられた。さらに一九一二年の創刊以来、精神分析の精神科学への応用に関する雑誌として、ランクとザックスの手により刊行されている『イマーゴ』[28]がある。イギリス系アメリカ人の医師たちの関心がいかに大きいものであるかは、今日も続刊されている『精神分析評論』[29]がホワイトとジェリフによって一九一三年に創刊されたことによって示されている。さらに後の一九二〇年、とくにイギリスを対象とした、アーネスト・ジョーンズ編集による『国際精神分析ジャーナル』[30]が誕生した。国際精神分析出版社と、これに対応した英語の国際精神分析出版社(I. PsA. Press)[31]から、国際精神分析叢書(Int. PsA. Library)[32]の名称の下で、精神分析の出版物がシリーズとして刊行された。当然ながら、精神分析に関する文献は、これら精神分析協会によって維持されている定期刊行物に見出されるだけではなく、科学や文学の出版物など、数限りなく散見される。精神分析に特に注目しているロマンス語圏の雑誌のなかでは、リマ(ペルー)のH・デルガドによって編集されている『精神医学雑誌』[33]を挙げねばならない[34]。

精神分析の最初の十年と次の十年のあいだで本質的に異なるのは、筆者がもはや精神分析の唯一の代表者ではないということである。筆者の周りには絶えず増え続ける弟子や信奉者たちのグループが集結し、まずは精神分析の学説の普及に努力し、次にそれを継続し、補い、さらに深めることに骨を折った。避けがたいことではあるが、年を経るにつれてこれらの信奉者たちのうち、何名かは離反し独自の道を歩み、また、精神分析の継続的発展を脅かすように見える反対者ともなった。一九一一年から一九一三年にかけて、チューリヒのC・G・ユングとウィーンのアルフレート・アードラーは、精神分析の事実に対して解釈の変更を試み、精神分析的観点を転換させようと努め、ある種の衝撃をもたらした。しかし、やがて明らかになったように、これらの脱退は〔精神分析にとって〕持続的な損失をもたらすものではなかった。彼らが一時的な成功を得たことも、多くの人々が精神分析の要求するものの重圧から解放されることを望んでおり、そういう人々にとって切り開かれる道はどんなものでもよかったのだ、ということから容易に説明されるのである。圧倒的多数の共同研究者たちは留まり、自分たちに示された方針に沿って研究を続けた。精神分析を応用したさまざまな分野での成果を後に簡略化して述べるなかで、これらの者たちの名前にわれわれは繰り返し出会うことになろう。

IV

精神分析に対して、医学の世界の側から激しい拒絶の声が巻き起こったにもかかわらず、精神分析の信奉者たちは、歩みを止めることなく精神分析を発展させ、まずは本来の意図通り、神経症のための病理学〔的解明〕と治療に向かった。それは、今日に至ってもなお完全には解決されていない課題である。治療成果はいずれも否定しがたく、それまで達成されたことすべてを乗り越えるものであり、それは絶えず新たに努力する励みとなった。研究課題に深く浸透していくときに、いくつもの困難に出会うことがあっても、それをきっかけに、分析の技法を根本から変更し、理論の仮説と前提を意味ある仕方で修正することができた。

精神分析の技法は、発展の道筋を辿ることにより、他の医学的な専門領域における技法と同等に、より明確さと精妙さを兼ね備えるものとなった。この事実が見誤られることによって、とくにイギリスとアメリカにおいて、精神分析に関する文献を読んで知識だけを得た人たちが、専門的な訓練を受けることなしに、自ら資格があると見なして分析治療を営むという罪が多く犯された。そうした行いのおかげで、患者のみならず科学にも災いがもたらされ、精神分析の信用が損なわれることとなった。それだけに、（一九二〇年、ベルリンでのM・アイティンゴンによる）精神分析の診療所の創設は、〔治療〕実践上大きな意義をもつ一歩である。この施設は、一方では民衆に対して分析療法の門戸を広げようと努め、他方では学習者が一度自分自身に対して精神分析を行わせるという条件を盛りこんだ講座を通して精神分析家になるための医師の育成を引き受けている。

補助概念を用いることにより、医師は分析の素材をうまく取り扱うことができるようになるが、なかでもまず名をあげるべきものが、「リビード」である。精神分析においてリビードが意味するのは、まず、対象に向けられた（分析理論によって拡大された意味での）性欲動の（量的に変化し、測定しうるものと考えられる）力である。その後の研究により、この「対象リビード」と並んで、自我自身に向けられた「ナルシス的リビードないしは自我リビード」を置く必要性が生じ、そして、この二つの相互作用によって、心の生活における数多くの正常ならびに異常の過程を説明することができることになった。やがて、いわゆる「転移神経症」がナルシス的疾患から大まかに分離され、前者（ヒステリーと強迫神経症）は精神分析療法の本来の対象であるが、後者のナルシス的神経症は、なるほど、精神分析の手によって探究することはできるとしても、治療的影響を与えることが原理的に困難であることが分かった。精神分析のリビード理論がけっして完全なものではなく、それが欲動に関する一般的な理論とどのような関係にあるのかも明らかでないことは事実である。だがそれは精神分析が、まだまだ若く、未完成で、急速に発展を遂げている科学だからである。しかしこの場所で、しばしば精神分析に向けられている汎性愛主義という非難がいかに間違ったものであるかを強調しておきたい。こうした非難は、精神分析理論が心の原動力〔となる欲動〕のなかでも単に性欲動しか知らないと言いたげである。しかもそのさい、「性的」という言葉を分析的にではなく、通俗的な意味で用いることによって、世俗的な先入見を巧みに利用しているのである。

精神医学において「機能的精神病[35]」と名づけられている病苦も同様に、精神分析の見解のもとではすべてナルシス的疾患に数え入れられるはずであった。神経症と精神病は、健康と神経症とがそうであるのと同じく、はっきりとした境界線で分離されていない、ということに疑問の余地はなかった。非常に謎めいた精神病の現象を解明するにあたって、これまで同じく不透明であった神経症をもとに得られた洞察の力を借りるのも、もっともなことであった。すでに筆者は、まだ孤軍奮闘していた時期に、分析による研究を通して妄想性《パラノイド》疾患の症例をかなりの点まで理解可能なものにし、この曖昧さのない精神病のうちに、単純な神経症において見られるのと同一の内容（コンプレクス）および類似する力の働きがあることを証明した[36]。E・ブロイラー[37]は、彼が「フロイトの機制」と名づけるものの指標を数多くの精神病のうちに追跡し、C・G・ユングは、一九〇七年に早発性痴呆の末期にみられるきわめて風変わりな症状をその患者個人の生活史から解明し、分析家として一躍大きな名声を手に入れた[38]。さらに、ブロイラー（一九一一年）による統合失調症《シゾフレニー》の包括的な研究[39]によって、これらの精神病の理解に対して精神分析が示す視点が正しいものであることを決定的と思われる仕方で証明した。

このように、精神医学は精神分析が最初に適用された領域であり、またそれ以後も変わりがない。〔抜きん出た者の名だけをあげれば〕ベルリンのK・アブラハムやブダペストのS・フェレンツィなど、神経症についての精神分析の知見を深めるのに最も貢献した研究者は、精神病を精神分析的にくまなく検討するにあたっても指導的な役割を果たした。神経症ならびに精神病的現象として現れる障害すべてが一体のものであり、相互に関連している。この確信はいっそう強くなって、精神科医のいかなる反抗ものともせず、定着している。人々は――恐らくアメリカにおいてとくに――理解し始めた。神経症の精神分析的研究だけが、精神病を理解するための下地を作り、そして精神分析は、未来の科学を切り開くべく任命されている、と。この科学は、特異な状態像や理解しがたい経過を記述したり、また、われわれの知識の及びがたい心の装置に対して、粗雑にも解剖し毒を与えてその外傷の影響を追跡したりすることに、もうこれ以上満足する必要はない。

V

しかしながら、精神分析は、精神医学においてその意義が認められることによって、知識層の注目を惹くことは一度もなく、また、《われわれの時代の歴史》[40]に一席を勝ち取ることもなかった。こうした結果になったのも、精神分析が病理学の対象となる〔病的〕心の生活ではなく、正常な心の生活に関係しているからであった[41]。そもそも精神分析の研究の目的は、いくつかの病的な心の状態が生じる条件（発生）を究明すること以外にはなかった。しかし、この努力の過程で、精神分析は、根本的な重要性をもつ事態を発見し、まさしく新しい心理学を生み出すこととなった。したがって、こうした発見の妥当性〔の範囲〕が病理学の領域に限定されようはずがない、と認めざるを得なかった。この推論が正しいことについて、決定的な証明がなされていることをわれわれは知っている。それは、精神分析の技法によって夢の解釈が成し遂げられたときである。夢は確かに正常な人々の心の生活の一部でありながら、健康な状態でも規則的に出現し得る、もともとは病理学的な生産物に該当するのである。

夢の研究によって得られた心理学的な洞察が堅持されるならば、さらにもう一歩踏み出すだけで、精神分析が、意識には直接近づくことのできないより深層の心の出来事についての学説、すなわち「深層心理学」であると公言することができ、それをほとんどすべての精神科学に応用できることになる。その一歩は、個人の心の活動から人間共同体と民族において働く心的機能への移行、したがって、個人心理学から集団心理学への移行によって行われた。〔両者のあいだに〕多くの驚くべき類比関係を見つけることでわれわれはこの移行を余儀なくされたのである。例えば、無意識的な精神活動の深層では、相対《あいたい》するものがたがいに区別されずに同じ要素によって表現されることが見つけられていた。言語学者K・アーベルはすでに一八八四年に、われわれに知られている最も古い言葉では、相対するものが同じ仕方で扱われていると主張している（『原始語のもつ逆の意味について』[42]）。例えば、古代エジプト人は、最初、強いと弱いに対して一つの言葉しか持っておらず、後になってから、わずかな変化によって正反対のものの双方が区別されていたという。現代の言葉にもなお、こうした対立する意味の名残がはっきり認められる。ドイツ語の「Boden」――家の最も低い部分と同時に最も高い部分、同じように、ラテン語の「*altus*」――高いと深い――がそうである。このように、夢のなかで相対するものが同等視されることは、人間の思考に刻まれた普遍的で古代的《アルカイック》な傾向である。

また別の領域から例を挙げてみよう。ぬぐい去りがたい印象として、ある種の強迫神経症患者の強迫行為と、全世界の信者にみられる宗教的な活動とが、完全に一致するようにみえる。[43] 強迫神経症の少なからぬ症例では、まさしく戯画化された個人宗教のような振舞いが見られるが、公的な宗教というものも、一般性を獲得することで軽症となった強迫神経症であると見なしたくなる。このような対比は、信者にとってはきわめて感情を害すべきものであろうが、心理学的には大変実りのあるものであった。というのも、強迫神経症において、どのような力が互いに格闘し合い、それら力の葛藤が強迫行為の儀式を通して注目すべき表現を創り出すに至るのかが、精神分析によってすぐに明らかになったからである。これまで宗教的儀式に類するものは何もないと推測されていた。ところが宗教的感情は、その最も深い根を父親に対する関係まで遡ることができ、それによってここでもまた〔神経症に〕類する力動論的状況があることが証明されたのである。[44] ところで、この例から読者は次のことを戒めとして受け止めることができよう。精神分析が医学以外の領域に応用されると、その結果、人々によって神聖視されてきたものが傷つけられ、奥深くに根づいている感受性が刺激され、こうして、本来情動に基礎をもつ敵意というものが呼び覚まされずにはおられない、ということである。

無意識的な心の生活の最も一般的な事態(葛藤する欲望の蠢き、抑圧、代替の満足)が、どんなところにも見出されるものであると想定してよいのなら、そして、これらの事態を教えてくれる深層心理学というものがあるとするならば、人間の精神活動の多様な領域への精神分析の応用が、ありとあらゆることに関してこれまで得られなかった重要な成果をもたらすと期待してよかろう。オットー・ランクとH・ザックスは、そのきわめて価値ある研究のなかで、一九一三年までの精神分析家の仕事がこの期待をどこまで満たすことができたのかをまとめる努力を行った。[45] そうした列挙をここで完成させるほどの紙幅はここに残されていない。私は最も重要な成果を取り上げ、それに多少の説明を加えるだけにしたい。

わずかしか知られていない内的な原動力〔となる欲動〕を除けば、人間の文化的発展を主に突き動かしているのは外的な現実からもたらされる困窮であり、この困窮のおかげで、人間はその自然な欲求を楽に満足させることができず、また強大な危険にも晒されてきた。こうして人間は外〔界〕から拒まれることによって現実と戦いを余儀なくされた。人はある部分ではこれに適応し、ある部分ではその支配に乗り出した。しかしそれによって、仲間との共同での労働や共同生活もまた強いられ、それとともに、さまざまな欲望の蠢きを社会のなかで満たされるべきではないものとして断念することになった。文明が進むにともなって抑圧の要求も増大した。文化とはそもそも欲動の断念の上に築かれるものであり、それぞれの個人は、子供の時期から成人に至る道筋を辿りながら、思慮分別ある諦めに達する人間性の発展を自分の身の上に繰り返す。精神分析が示したのは、文化によって抑え込まれたのは、ただそれだけというわけではないにしても、主に性的な欲動の蠢きである、ということである。そこで、この性欲動のある部分は、最も近い目標に向かうことから逸らされ、そのエネルギーを「昇華された」追求というかたちで文化的発展のために利用可能なものする、という価値ある特性を示すことになる。しかしながら、その他の部分は無意識のなかに満たされない欲望の蠢きとして留まり、たとえ歪曲された仕方であっても、何らかの満足を追いかけるのである。

すでに見たように、人間の精神活動のある部分は、現実の外的世界を制覇することに向けられている。そこで精神分析が付け加えるのは、その別の部分、つまりとりわけ高く評価される精神的な創造活動が、欲望成就に役立っていることである。つまりそれは、子供時代以来、それぞれの心のなかに満たされないまま宿っている、抑圧された欲望に代替の満足を与えるのに寄与しているのである。こうした創造作品が、何らかの捉えがたい無意識と関連していると推察されるのはめずらしいことではない。神話、文学、芸術などがそうであり、実際、精神分析家の研究は、神話学や文芸学、芸術家の心理の領域にあふれんばかりの光を投げかけている。ここでは、典型的な例として、O・ランクの業績をあげるだけで十分だろう。われわれは、神話やお伽噺《メルヒエン》に対しても、夢と同じようにある解釈を与えることができることを示し、無意識の欲望の衝動が芸術作品として現実のものとなるまでの複雑な過程を辿ってみせ、そして、芸術作品がどのような情動の影響を鑑賞者に与えるのかを理解可能なものにした。また、芸術家自身と神経症患者とのあいだで、その内面でどのような類似点と相違点があるのかを明らかにし、その素質と偶然的な体験とその作品との関係を明示した。なるほど、芸術作品を美的に評価したり芸術家の才能を解明したりすることが精神分析の使命として問題なのではない。しかし、精神分析は、人間の空想《ファンタジー》と関わりのあるあらゆる疑問に決定的な答えを与えることができるであろう。

そして第三点として、このことについてはわれわれの驚きの念が次第に大きくなっていくばかりなのだが、いわゆるエディプスコンプレクス、すなわち子供とその両親との情動的関係が、人間の心の生活において途方もなく重要な役割を演じていることが、精神分析のおかげで認められるようになった。しかし、エディプスコンプレクスが二つの基本的な生物学的事実に対応する心的相関物であることを理解すれば、その驚きは和らぐ。すなわち、人間においては子供が親に依存する期間が長く、また、子供の性生活は三歳から五歳のあいだに最初の頂点に達し、その後活動が制止される期間を経て思春期において再び働きだすという注目すべきあり方をする、という二つの事実である。そしてさらに次のような展望が開かれた。つまり、人間の精神活動のうち第三のきわめて重大な部分は、宗教、法律、倫理という大規模な制度と、国家のあらゆる形態を創り出し、その根本における目的は、個々の人間にエディプスコンプレクスを制覇させ、幼児的な感情拘束から最終的に望まれる社会的拘束へとリビードを移行させることである。宗教学や社会学に対する精神分析の応用（筆者、Th・ライク、O・プフィスターなど）によって、こうした成果が得られたが、まだ歴史が浅く、十分に評価されていない。しかし、さらに研究が進められるならば、これらの重要な解明が信頼に足るものであることがよりはっきりすることは疑うまでもない。

補足として、さらに以下のことを述べておかねばならない。子供の心の生活に関する分析的研究が与える示唆を、教育学も活用しないわけにはいかない。また、重い器質的疾患であっても、多くの場合こうした病状に何らかの心的要因も関与しており、それに対して影響を行使することができるので、その精神分析による治療の見込みがあることを明らかにする声が治療者（グロデックやジェリフなど）のなかから上げられている。

こうして、その発展と今日までの働きについてここで不十分だが簡潔に示された精神分析が、重要な促進剤として今後の数十年の文化の発展に参画し、世界に対するわれわれの理解を深め、人生において有害と認識されるいくつかのものに抵抗を示すだろうと期待してよいだろう。ただし忘れてはならないのは、精神分析は独力では完全な世界像を描き出せないということである。私が最近提案した区別、すなわち、心の装置を、外界に向けられ、意識を備えもつ自我と、無意識の、欲動の欲求に支配されるエスとに解体する区別が受け入れられるならば、精神分析はエス（とそれが自我に及ぼす影響）の心理学と呼ばれるべきである。こうしてはじめて精神分析は、それぞれの知の領域に対して貢献を果たすことができ、さらにそれは自我の心理学によって補完されるのである。[47] この貢献のなかにまさしく事態の本質といえるものがしばしば含まれているとすれば、それはひとえに次のことを意味している。

つまり、心における無意識は、長きにわたって認められないままでありながらも、われわれの生活〔生命〕に対してその〔存在の〕意義を訴えていたのである。

（本間直樹　訳）

ルイス・ロペス＝バイエステロス・イ・デ・トッレス宛書簡

Brief vom 7. Mai 1923 über die spanische Ausgabe an den Übersetzer Luis López-Ballesteros y de Torres, veröffentlicht in Band IV der „Obras Completas del Profesor S. Freud", Biblioteca Nueva, Madrid 1923

まだ若かりし学生の頃、不滅の『ドン・キホーテ』をセルバンテスの原文で読みたいという欲望に駆られ、独学で、美しいカスティーリャの言語を学びました。この若気の至りのおかげで、随分齢を重ねた今でもなお、あなたが私の著作を正確に翻訳されているさまがよく分かります。読んでいると、私の考えに関する正確無比な解釈と文体の優雅さから、愉快さがこみ上げてくるのを私は禁じ得ません。医者でも専門の精神科医でもないあなたが、これほどまでに込み入っていて、ときとして難渋に迷い込むことがらを、この上ない仕方で、また的確に、御するにいたられたことに敬服いたします。

（本間直樹　訳）

フリッツ・ヴィッテルス宛書簡
Brief an Fritz Wittels

一九二三年十二月十八日
ウィーン九区、ベルクガッセ十九番地

GW-Nb 754

271　フリッツ・ヴィッテルス宛書簡

拝啓　博士殿

クリスマスの贈り物、それも贈られる相手にこれほどまでに労を尽くしてくれたものに対して、拝受の通知もせずお礼を述べないというのは無礼というほかなく、何か特別な理由に迫られてでもなければできないことです[1]。私たちのあいだにそうしたことはない、と確認できて私は満足に思います。あなたのご本は敵意のあるものでもなく、無作法の極みでもなく、あなたが真摯な関心をもって書かれていることを証明していますし、それに加えて、周囲の期待するように、ものを書き叙述するあなたの手腕を証し立ててもいます。私はそもそもこうした書物を欲しませんでしたし、求めもしませんでした。私には、世間が私という人間に何かを要求する権利もなく、また、私の場合――いくつもの理由から――すべてのことが明らかにされるわけにはいかないのですから、私から学ぶことは

755

何もないように思えます。しかしこれについて、あなたは違うようにお考えで、だからこそこうやって本を書かれたわけです。あなたが私に対してとっておられる距離について、あなたはそれを無条件に利点であるとみなされていますが、しかしまた大きな欠点でもありましょう。あなたはあなたがお書きになった対象〔フロイト〕についてあまりにも僅かしかご存知なく、そのため、あなたが分析の労をとられるにあたって、この対象に暴力を加えるという危険をどうしても冒さざるを得ません。また、シュテーケルの視点に立って、彼の視角から私を見ることで、対象を正しく見つめるという課題をなんとかこなそうとされていますが、それもまた疑わしいことです。

歪められていると私が認めざるを得ないことがらも、推測するに、あなたの先入見から生じたものでしょう。あなたは、偉大なる人物とはこうこうの美点、欠点、極端なところを見せねばならず、私もそうした人物であって、そのようなしばしば相容れない特性をもっているのだ、とされるのです。このことについて、非常に興味深く一般にも意義のあることをお話しすることもできたでしょうが、残念ながら、あなたのシュテーケルに対する関係のせいで、私の側から相互理解に向かう道が閉ざされてしまっています。

他方で、私はよろこんで認めますが、あなたの鋭い感覚は私に関して——それについてはもちろん私が熟知しているのですが——かなりのことを言い当てておられます。たとえば私は、しばしば回り道をしながらも、自分自身の道を進まざるを得ませんでした。また他所からやってきた見解を出発点にしたのではなく、それらは間の悪いときに私に対して投げかけられただけです。アードラーとの関係についても、あなたは私を公平に扱っておられ、その点に私は大変満足しています。もちろん、私がシュテーケルに対しても同様に忍耐強く寛容に振る舞ったことをあなたはご存知ないでしょう。彼の堪え難い行儀作法や学問の進め方にもかかわらず、私は長きにわたって皆の敵視からかばい、彼が、自己批判〔の姿勢〕と真理への愛を持たず、また外に対しても内に対しても誠実さを欠いていることに目をつむるようにしてきました。しかしついに、あることで陰険で不愉快なだまし討ちを経験して、「私の忍耐のズボンのボタンがみなとれた(2)〔堪忍袋の緒が切れた〕」のです。〔無論のこと、私にまだ判断が下せない、あるいは、十分に練りあげることができないことがある場合に、そのことを私が認めようとしない、という誤解に対してあなたは私を弁護しなかったのです。〕

おそらくあなたもご存知でしょうが、私は重病に罹っていたのです。そしていま私が回復しても、私の経験したことが終わりはそう遠くないという警告であると理解する十分な理由があるのです。こうして棺に片足をつっこんでいることからも、どうか私があなたとシュテーケルの関係を邪魔しようと意図しているのではないことをお認めください。私が残念に思うのはただ、私に関するあなたの本に対して、お二人の関係がこのように決定的な影響を与えていることです。

あなたはこの本の第二版の改訂をなされることになると思います。その場合に備えて、同封いたしました通り、私はあなたのために訂正のリスト(3)を作成しましたので自由にご利用下さい。これは信頼に値する陳述であり、私の主観的意見によるものではまったくありません。ある部分は本質的ではない種類のもの、ある部分はもしかするとあなたの想定されていたことがらを揺るがせるか、あるいは、訂正を迫るものであるかもしれません。私はあなたのお仕事を承認したわけではないけれども、軽視しているわけではない、というしるしをあなたはこの報告のなかにご覧になるでしょう。

敬具
フロイト

〔同封された文書〕

一〇頁　パリ訪問は一八八六年ではなく、一八八五年秋である。

一一頁　私が三歳のとき、私の両親はライプツィヒに転居し、ウィーンに移ったのは一年経ってからである。

一五頁　家が貧困に陥ったのは一八七三年の騒動とは関係なく、遡ること数年前、実際のところ私の生地〔モラヴィアのフライベルク〕を去った頃のことである。若き学生であった私が「パトロン」を見つけた、という記述が正当であるとは思えない(4)。

一六頁　つまり、私は学問的関心からコカインのサンプルをメルク社より取り寄せた(5)。

一八頁　「どうしてそんなことが自分の身に起こったのか、長い間それも苦悩をともないながら思いをめぐらせた」。これこそ部外者の作り話というものだ。私はもちろん自分の身に何が起こったのかをよく承知していた。コカインに関する研究(6)は、ハンブルクに住んでおり何年も会っていなかった婚約者のもとを訪れるために、一刻も早く終えたかった《アロトリオン(7)》である。私はコカイン〔の効果〕を眼でテストしてみるという研究課題を、友人の眼科医ケーニヒシュタイン(8)に譲り、〔彼の〕友情の行いに対して報いようと思った。私がこのテストに意義ある結果を予測していたことは、私が急いで印刷に回した論文の結びの文ですでに示されている。私が戻ったとき、コラー(9)がそのことを発見し、ケーニヒシュタインはそれをいわば「ふいにして」しまったのである。[10]

二〇頁　すでに述べたように、パリ滞在は一八八五年秋から一八八六年の復活祭の時期までである。私がシャルコーの著作の翻訳をパリ訪問の前に出版したというのは正しくない。翻訳は師との個人的な交流の結果として行われたのである。パリへの旅が逃避を意味するなどと、どうして言えるのか、私には不明である。私はブリュッケ本人からの忠告にしたがって一八八二年に生理学研究室から去った後、総合病院の第二医師となっており、器質的な神経病や脳解剖に身を投じていた。[11][12]

二一頁　いったい、いつ私がコカイン体験の年を一八八五年と報告したというのか、私には分からない。伝記著者氏の誤りであろう。[13]

二九頁　ブロイアーとフロイトについて。私はブロイアーの症例に関する知見をすでにパリにもっていき、一度症例についてシャルコーに話したけれども、彼の注意をひくことはけっしてなかった。一八八五―八六年当時、ピエール・ジャネの研究はまだ存在しなかった。

三五頁　私はパリからの帰還後一八八六年に結婚した。[14]

八五頁　一八九八年が『日常生活〔の精神病理学にむけて〕』〔本全集第七巻〕の誕生した年だというのは、まったく恣意的な想定であるけれども、失錯行為に関する最初の分析（「シニョレッリ」）が行われたのが実際この年に該当するといま報告することによって、私はこの想定を裏づけることができる。[15]

八六頁　この失錯行為の報告に誠に感謝する。[16]この報告のおかげで明らかになった。ただし、ブロイアーがちょうど「この時期に」離反しはじめた、というのは誤りである。それは一八九六年にすでに生じていた。

九三頁　私の子供たちが誕生したのは、一八八七年から一八九五年までの間である。[17]

九九頁　メダル？　ごくわずかな症例に関して、アングルの『オイディプスとスフィンクス』の版画を〔患者に〕渡しただけである。[18]

一二〇頁　ユングはウスターへの招聘には何ら関わっておらず、彼は当時アメリカではほとんど知られていなかった。[19]

一二一頁　腸カタル（大腸炎）のせいで、私は長年カールスバートに足を運んだ。この旅行のあいだはまだ組織のことが話題になることはなかった。[20]

一二四頁　別のところで述べたように誤りである。アードラーとシュテーケルは、彼らの善意からの申し出として、私に編者の役割に就くよう願い出たのである。ただし、このことが後になってからのシュテーケルとの決裂と関係がないとはいえない。[21]

一三一頁　自我欲動に関しては、アードラーが〔精神分析界に〕登場するずっと前からその地位が認められていた。[22]

一三五頁　同様に、アードラーは彼の〔精神分析界への〕登場以前から性欲動が根源的なものであることを認めていなかった。

一三八頁　同上。

一四〇頁　自我欲動については、一三一頁に関する注記を参照すること。アードラーに対する私の応答が「ナルシシズムの導入にむけて」〔本全集第十三巻〕である。[23]

一七三頁　『トーテムとタブー』〔本全集第十二巻〕は、ミュンヒェンでの会議の前にすでに『イマーゴ』において発表され、そこでユングのある弟子による激しい反論をもって迎えられた。本書の出版のとき新たに加えられたのは、ローマの会議の後に書かれた序文だけである[24]。

一八二頁　ナルシシズムについて、その所有権が全面的に私にないと主張したことは一度もなく、ただ、ナルシシズムが他の者によって最初は文学的なかたちで扱われたことについて触れただけである[25]。

二三一頁　これは、私にとってなおいっそう興味深いことがらであり、他山の石となるような例である。確かに私は、ある別の者に対する分析的研究のなかで、私の娘の死と『快原理の彼岸』〔本全集第十七巻〕の思案の筋道のあいだに見られるものと同様の関連があることを認めたかもしれない。しかしながら、その両者に関連があるというのは誤りである。『彼岸』は一九一九年に書かれたのであり、そのとき私の娘は健康で花盛りであった。娘は一九二〇年の一月に逝去した。九月十九日には、私はベルリンの何人かの友人に読んでもらうよう小著を委ねたのであり、原生生物の可死性と不死性に関する部分だけがまだ欠けていた。もっともらしいことは必ずしも真実ではない[26]。

（本間直樹　訳）

M・アイティンゴン著『ベルリン精神分析診療所に関する報告』への序言

Vorwort zu M.Eitingon. Bericht über die Berliner psychoanalytische Poliklinik

友人マックス・アイティンゴンはベルリン精神分析診療所を創設し、これまで自ら資金を投じて経営を行ってきた。彼は以下の公文書にて設立の動機ならびにこの施設の組織と機能について報告している。私がこの文書に寄せることができるのは次のような願いだけである。すなわち、やがてアイティンゴンの先例にならって、他の場所にも同様の施設を開設しようという人々や団体が現れるように、と。精神分析が、学問的な意義とならんで治療方法としての価値をもち、そして文化によって課せられた諸要求を満たそうと闘い苦悩している人たちを助けることができるならば、貧しいために分析家の労少なくない仕事に対して報酬を支払うことの困難な多くの人たちにも、この援助は配分されるべきであろう[1]。とりわけ今日、民衆のなかでもとりわけ神経症に晒されている知的な階層がとどまるところを知らず貧困に陥っているのだから、このことは社会的にも不可欠であると思われる。また、このベルリンの診療所のような施設だけが、精神分析を基礎から教授するのを阻もうと立ちはだかる諸困難を乗り越えることができる。こうした施設のおかげで、もっと多くの訓練された分析家たちを養成することが可能になり、これら分析家が活躍することで、素人であれ医者であれ、無知で無資格な者たちが病人に「これ以上の」害を与えることに対する唯一の防波堤となるにちがいない。

（本間直樹　訳）

GW-XIII 441

フェレンツィ・シャーンドル博士（五十歳の誕生日に）

Dr. Ferenczi Sándor (Zum 50. Geburtstag)

『夢解釈』〔本全集第四巻、第五巻〕の出版（一九〇〇年）後数年たたないうちに、この著作はブダペストのある若い医師の手にも入った。この医師は、神経学者、精神科医、そして裁判所の鑑定人であり、自らの学問の最新の成果に熱心に目を通していたのである。それほど読み進めないうちに、彼はこの書物を投げ捨てた。そうしたのは、退屈だったのか不快な気持ちになったのかはわからない。しかしながらその後ほどなく彼はチューリヒを訪れた。そこでは新しい研究と認識の可能性が評判になっていたからである。そして、かつて軽蔑して投げやった本の著者と話し合うために、彼はチューリヒからウィーンに向かった。この最初の訪問から、今日まで長期間にわたり曇りなく続いている親密な友情が始まったのである。この友情は、一九〇九年、マサチューセッツ州のウスターにあるクラーク大学での講義のためのアメリカ旅行に彼が同行したことにも現れている[1]。

フェレンツィは、このようにして第一歩を踏み出した。それ以来、彼自身精神分析の大家で教師となり、本年、一九二三年に五十歳の誕生日を迎えるとともに、ブダペスト支部指導の最初の十年間が過ぎたのである。

フェレンツィは、精神分析の外的な運命にもたびたび関わってきた。一九一〇年にニュルンベルクで催された第二回分析家会議に彼が登場したことはよく知られている。そこで彼は、公的な医学による精神分析の軽視に対する防衛対策として国際精神分析協会の設立を提案し、その達成に助力したのであった。一九一八年九月にブダペストで行われた第五回分析家会議でフェレンツィは協会の事務総長に選出された。彼は、アントン・v・フロイントを秘書に任命した。この二人が力を一つに合わせた行動力とフロイントの大規模な財団設立の意図は、もし政治的な破局と個人の運命によってこのすばらしい希望が情け容赦なく消え去ってしまわなければ、ブダペストをヨーロッパの精神分析の中心地にするはずだった。フロイントは病気に罹り、一九二〇年に亡くなった(2)。一九一九年の十月、フェレンツィは、ハンガリーが世界との交流から孤立していることを理由にその地位を辞任し、国際協会の事務総長をロンドンのアーネスト・ジョーンズに委ねた。ハンガリーのソビエト共和制が成立していたときに(3)、フェレンツィは大学の教員の職務を委託され、聴講者たちがその講義に押し寄せてきた。ところで、一九一三年に彼が設立した地方支部[*1]は、激動の時代を切り抜け、彼の指導のもとに実り豊かな集中的研究の場所になり、ほかの場所では集まらないような才能のある人々がいて燦然と輝いていた。フェレンツィはもともと大人数の兄弟姉妹のなかの真ん中の子供だったので、自らの強い兄弟コンプレクスと闘わなければならなかったのだが、分析の影響下で、りっぱな長兄的存在になり、若い才能のある人たちにとっての良き教育者で保護者になったのである。

精神分析についてのフェレンツィの著作は世間に広く知られており、一定の評価を受けている。彼の『精神分析一般講演』は、「国際精神分析文庫」の第十三巻として一九二二年にはじめてわれわれの出版社から刊行された。明晰で洗練され、ときとして魅力的に記されているこの講演は、精神分析に縁遠い人々にとって実際に最上の「精神分析への入門」となっている(4)。純粋に専門家向けの医学的な一連の論考のうち、いくつかはE・ジョーンズによって英訳されたが(一九一六年の「精神分析への寄与」)、その多くはまだ発行されていない。時代の趨勢がよくなってきたら、われわれの出版社がこの仕事に取り組むであろう(5)。ハンガリー語で出版された著作やパンフレットは数多くの版を重ね、ハンガリーの教養ある人々のサークルは精神分析に親しんできたのであった。

フェレンツィの学問的な業績の多面性はとりわけ感銘深いものである。成功した症例報告上の発見と、鋭い観察による臨床報告(おんどり少年[6]――治療間の一時的な症状形成[7]――精神分析の実践に基づいた報告)と並んで、ユングの『リビードの変容と象徴』やレジとエスナールの精神分析に対する評価への模範的な批判的業績[8]、アルコール問題におけるブロイラーや哲学への精神分析の関係についてのパットナムに対する素晴らしい論争[9]があり、それらは、非妥協的でありながらも品位があって穏当に論じられている。さらに、フェレンツィの名声を主に生み出している諸論考がある。これらの論考のなかでは彼の独創性や、思想の豊かさ、学問上の空想の自在な駆使が非常に好ましい形で表現されており、これらの論考によって彼は精神分析の重要な理論の一部を作り上げ、心の生活における基本的な関係の認識を促進したのであった(取り込みと転移[10]――催眠術の理論――現実感覚の発展段階[11]――象徴表現についての諸研究[12]ほか)。最後に一連の最近の研究がある(戦争神経症[13]――ヒステリーと異常神経症[14]――麻痺的な精神障害の精神分析にむけて(M・ホローシュとの共著)[15])。これらの研究のなかでは、医学的な関心は、心理学的な事実内容から身体的な条件に移っている。また「積極的」治療についての試みもある。

このように列挙しても不完全であるのだが、実際に公表を決心することができた以上の業績がフェレンツィの手元に残っていることを友人たちは知っている[16]。彼の五十歳の誕生日に彼らがみな望んでいることは、新たな業績の

＊1　一九一三年五月十九日に、その設立総会がフェレンツィによって執り行われた。会長にはフェレンツィ、秘書にはラドー博士、会員はホローシュとイグノトゥス、レーヴィであった。

なかの彼の学問的な意図が実現されるための気持ちと力、そして余暇が彼に恵まれることである。

(家高　洋　訳)

雑誌『ル・ディスク・ヴェール』への寄稿

Zuschrift vom 26. Februar 1924 an die Zeitschrift *Le Disque Vert* in Paris und Bruxelles für ihr Sonderheft „Freud et la Psychanalyse"

かつて（一八八五年－一八八六年）サルペトリエール病院[1]で、私は恩師シャルコーから多くの教えを授かった。そのなかの二つが今でも私にとって非常に深い印象を残している。それは、同じ現象をいつも倦まずに改めて考察しなければならない（あるいは、その現象の結果を受け止めなければならない）ことと、真摯に研究に取り組んでいるときには最も一般的な矛盾に対して気にかける必要はないということである。

（家高　洋　訳）

GW-XIII 446

マゾヒズムの経済論的問題
Das ökonomische Problem des Masochismus

マゾヒズムを追求する傾向が人間の欲動生活に存在する、それは経済論的観点からすれば謎めいたことだと言ってよい。快原理が心における一連の出来事を支配し、そのために、不快を回避し快を獲得することがこれら出来事にとって最初の目標になるとすれば、マゾヒズムは理解しがたいものだからである。もし苦痛と不快がもはや警告の役割を果たさず、それ自身目標となりうるのならば、快原理は麻痺し、心の生活の番人はいわば麻酔をかけられてしまっていることになる。

このようにマゾヒズムはわれわれの目には大いなる危機として映るのに対し、マゾヒズムの反対物、すなわちサディズムの方はまったくそうでない。われわれとしては、快原理をわれわれの心の生活の番人どころか、[1]生の番人と呼びたいところである。しかしそうなると、われわれが区別した二種類の欲動、つまり死の欲動とエロース（リビード）的な生の欲動に対して、快原理がどのように関係するのかを探究することが、先決の課題となる。そしてこの要請に応じなければ、われわれはマゾヒズムの問題についての検討を先に進めることができない。

まだ記憶に新しいように、[*1] われわれは心の出来事をすべて支配している原理を、フェヒナーの安定性への性向[2]の

＊1　『快原理の彼岸』I節〔本全集第十七巻〕。

特殊なケースだと捉え、心の装置は、そこに流れ込む興奮の総量をゼロにするか、少なくともできる限り低い水準 372
にとどめるという意図をもつと考えた。バーバラ・ロウはこのように仮定された努力を涅槃原理[3]と呼ぶのを提案し、われわれもそれを容認する。[4]ところがわれわれは十分に考慮することのないまま、快-不快原理をこの涅槃原理と同一視してしまった。そうなると、あらゆる不快は心の装置における刺激緊張の高まりと、あらゆる快はその低下と一致することになり、また涅槃原理(およびそれと同一のものと見なされる快原理)は、不安定な生命を無機的な静止状態へと導くことを目標とする死の欲動に全面的に奉仕し、そして、生命がその終局へ向かって進むのを妨げようとする生の欲動、つまりリビードのさまざまな要求に対して警戒する機能を持つことになろう。しかしこのような理解が正しいはずがない。われわれは刺激量の増大と減少を緊張の感情次元において直接感じるように思われるし、また快に満ちた緊張や不快な弛緩というものがあることも疑う余地がない。そのような快に満ちた刺激増大を示す例として、性的興奮の状態がおもだって目につくけれども、ただ一つの例というわけではない。快と不快は、刺激緊張と呼ばれる量的契機に大きく関わっているとはいえ、その量の増減に結びつけてはならない。思うに、快と不快は、この量という要因に依存するのではなく、質的としか言い表しようのない量的要因のある性格に依存しているのである。この質的な性格がどのようなものであるのかを示すことができるとすれば、われわれは心理学において大きく前進することになろう。それはもしかすると、リズム、すなわち刺激量の変化・増大・低減の描く時間的経過かもしれないが、[5]われわれには分からない。

いずれにしても、死の欲動に属する涅槃原理が、生命体の内部で何らかの変様を被り、この変様を通じて快原理
となったこと、そして両原理を同一のものと見なすのを今後避けるべきであることを、われわれは認めなければな 373

らない。この考察に従って進んでいくならば、この変様がどのような作用によって生じたものであるのかを推察することはむずかしくない。死の欲動と並んで、生命のプロセスの調整にこのような仕方で強引に割り込んだのは、生の欲動すなわちリビード以外のものであるはずがない。こうしてわれわれは、僅かではあるが興味深い一連の関係を手にした。すなわち、涅槃原理は死の欲動の傾向を表現し、快原理はリビードの要求とその変様を代表し、現実原理は外界の影響を代行する。[6]

これら三つの原理は、本来いずれも他の原理のせいで効力を失うことはない。たしかに、それぞれが目標として掲げるものが、〔涅槃原理では〕刺激負荷を量的に低減することであったり、〔快原理では〕この負荷を質的に性格づけたり、〔現実原理では〕刺激放散を猶予し不快な緊張を一時的に容認することであったりするように、ときとして葛藤が生じることもあるが、原則としてそれらは、相互に折り合う術を心得ている。

こうした検討から帰結するのは、快原理を生の番人と考えることは否決しがたいということである。[7]

マゾヒズムに戻ろう。マゾヒズムはわれわれの目の前に三つの姿、すなわち、ある条件下でのみ生ずる性的興奮、女性的本質の一つの表現、生活態度(behaviour)[8]の一規範として現れる。これによってわれわれは、マゾヒズムを性源的、女性的、道徳的の三つに区別することができる。第一の性源的マゾヒズム、すなわち苦痛快[9]は、他の二つの形態の基礎をなしている。これには生物学的・体質的な根拠が与えられなければならないが、まったく不明の事態について、いくつか仮定をしてみる覚悟がなければ[10]、それは理解できないままになる。第三のもの〔道徳的マゾヒズム〕は、ある点ではもっとも重要なマゾヒズムの現象形態であり、これがおおむね無意識的な罪責感であると、精神分析によって認められたのは最近になってのことであるが、それをすでに完全に解明して、われわれのこれまでの認識の枠内に組み入れることは可能である。これに比べると、女性的マゾヒズムはもっとも観察しやすく、また、謎めいた点がもっとも少なく、その関連の全体像を見渡すことができる。まずこれから叙述に着手することが妥当であろう。

男性(素材の理由上ここでは男性の場合に限定する)に見られるこの種のマゾヒズムは、マゾヒズム傾向をもつ(しばしばそれゆえに性的不能の)人物の空想《ファンタジー》から十分に伺い知ることができる。これらの空想は、自慰行為に至るか、あるいは、それ自体が性的満足となっている。(11) マゾヒズム倒錯者の実際の儀礼は、それが自己目的として遂行されようと、あるいは精力を奮い立たせ、性交の準備をするためであろうと、それらの空想と完全に一致する。いずれの場合でも——それらの儀礼は実際、空想を戯れとして遂行するにすぎない——空想の顕在内容は次の通りである。すなわち、猿ぐつわをかまされ、縛られ、殴打され、鞭で打たれ、何かと乱暴に扱われ、無条件の服従を強いられ、汚され、辱められる、というものである。きわめてまれに、ごく限られた範囲内ではあるが、身体毀損ということもこの内容のなかに含まれることがある。直ぐさま容易に思いつく解釈は、マゾヒストは、小さな、寄る辺のない、甘ったれた子供、しかもとくに、やっかいな子供として扱われることを欲しているということである。個別事例を引き合いに出すまでもなく、〔空想の〕素材はまったく同種のものであり、どんな観察者にも、また精神分析家でない者にも分かりやすい。しかし、もしマゾヒズムの空想がとりわけ豊かに仕立て上げられている諸例を研究する機会が得られるならば、それらの空想が、その人物を女性的なものの特徴を示す状況に置くこと、すなわち去勢され、交接され、または子供を産むことを意味していることが容易に発見される。だから私はこの種のマゾヒズムを、きわめてその要素の多くが幼児生活を指示しているにもかかわらず、いわば《好みから》(12)、女性的と名づけたのである。このように幼児的なものと女性的なものとが重なり合うことについては、後に簡潔に説明されるであろう。去勢、またはそれに代わって行われる「目を抉り取ること」は、性器または目だけは傷つけてはならないという条件のかたちをとって、しばしば空想のなかに陰画としての痕跡を残している。(ついでながら、マゾヒズム的な虐待がサディズムの──空想上の、あるいは実行に移される──残虐行為のような真実味をおびた印象を与えることはまれである。) マゾヒズム的空想の顕在内容においては、罪責感も表現され、当人が何か悪いこと(それが何であるかははっきりしないままである)を犯し、その罪を、ありとあらゆる苦痛を伴う、責め苛む手続きによって償わなければならないと考えられている。これはマゾヒズム的内容の皮相な合理化のように見えるが、その背後には幼児期の自慰行為への関係が隠されている。他方で、この罪の契機は、マゾヒズムの第三の形態、すなわち道徳的形態に転じる。

これまで述べた女性的マゾヒズムは、第一の性源的マゾヒズム、つまり苦痛快に全面的に基づいている。これを解明するためにはさらに考察を掘り下げる必要がある。

私は『性理論のための三篇』における幼児の性の源泉に関する節においてこう主張した。「一連の多くの内的な出来事が生じ、この出来事の強度が特定の量的な閾値を上回るやいなや、性的興奮が副作用として生起する」。それどころか「もしかすると、有機体において重要な働きをするものは必ず、その構成分の一部を性欲動の興奮に譲り渡すかもしれない」(13)。したがって、苦痛と不快の興奮についてもまた同じ帰結に導かれるにちがいない。この苦痛と不快の緊張状態に随伴するリビード的な共興奮(14)は、後になって涸れ果ててしまう幼児の一種の生理的機制ではないだろうか。この興奮はさまざまな性的体制に応じてさまざまな程度の発達を遂げるのだろうし、いずれにせよ生理学的基盤を提供し、その上に性源的マゾヒズムが心的に増築されるのであろう。

しかし、この説明は不十分である。これだけでは、欲動生活の上でマゾヒズムの反対物をなす、サディズムとの規則的で緊密な関係に、何ら光があてられない。さらに一段階、生物のうちに働いていると考えられる二種類の欲動という仮説まで立ち戻れば、われわれは上述のものと矛盾することのないもう一つの推論に到達する。(多細胞)生物においてリビードは、細胞を支配する死の欲動あるいは破壊欲動にぶつかる。この欲動は細胞を破壊し、個々の基礎的有機体をすべて無機的静止状態(たとえこの静止状態が単に相対的なものであるとしても)へ移行させようとする。リビードは、この破壊欲動を無害なものにするという課題を背負い、そして、この破壊欲動の大部分を、ある特殊な器官系、すなわち筋肉の活動の助けによって外向きに転じさせ、外界の諸対象へと向かわせることによって、この課題から放免される。そういうわけでこの欲動は破壊欲動、制圧欲動、力への意志と呼ばれるのであろう。この欲動の一方の部分が直接に性的機能に奉仕させられ、そこで重要な役割を果たすことになる。これが本来のサディズムである。もう一方の部分は外へ移転されることなく、有機体内部に留まり、そこで先に述べた性的な共興奮によってリビード的に拘束される。そこのうちにこそ本来の性源的マゾヒズムが認められるべきである(15)。

どのような道筋を辿り、どのような手段によって、死の欲動がリビードに飼い馴らされる(16)に至るのかについて、生理学的に理解する手立てを、われわれは一切有していない。精神分析の思考圏内でわれわれがもつことができるのはただ次のような仮説だけである。すなわち、両種の欲動が、さまざまな割合で実にさまざまなかたちで混合し、結合している。その結果、われわれはそもそも死の欲動や生の欲動を、その純粋な姿ではなく、それらの種々異なる混合体として見積もるほかないということである。この欲動の混合に対応するものとして、何らかの作用のもとで両者が分離することもあるかもしれない。死の欲動のうちどのくらいが、リビード的混合物のまま拘束され飼い馴らされている状態から、逃れることができるのかは、目下のところ推察することはできない。

いくつかの不正確な点を度外視するならば、有機体において働いている死の欲動――原サディズム――はマゾヒズムと同じであると言うことができる。その主な部分が外界の諸対象に移し置かれた後、その残余として内界には本来の性源的マゾヒズムが残る。それはリビードの一構成要素となっていながら、なおも自己自身を対象とする。このようにマゾヒズムは、生命にとってきわめて重要な死の欲動とエロースとの合金が生じた形成場面の証人であり、名残なのである。ある種の状況下では、外へ向けられ投射されたサディズムあるいは破壊欲動がふたたび取り込まれ、内に向けられ得るのであり、こうした仕方で以前の状況に組み入れられると聞いても驚くに値しない。こうして二次マゾヒズムが生じ、それが本来のマゾヒズムに加算される。

性源的マゾヒズムは、リビード発達のあらゆる局面に参画し、その諸段階に応じて異なるさまざまな心的な衣を手に入れる。(17) トーテム動物(父)に食われるという不安は、原始的な口唇的編成に由来し、父に撲《ぶ》たれたいという欲望は、先の編成に続くサディズム肛門期に由来する。そして去勢が、それは後になって否認されるのであるが、(18) ファルス的な編成段階の沈殿物として*2マゾヒズム的な幻想の内容のなかに入り込む。最終的な性器的編成からは、もちろん、交接され、子供を産むという女性的なものの特徴を示す状況が導き出される。マゾヒズムにおける臀部の役割も、はっきりした現実的根拠の有無は別として、容易に理解することができる。(19) 口唇期における乳房、性器期

＊2　「幼児期の性器的編成」〔本巻所収〕を参照。

における ペニスと同様に、臀部はサディズム肛門期において特権的な地位を持つ性源的な身体部位をなしている。

マゾヒズムの第三の形態、すなわち道徳的マゾヒズム[20]は、それが、性的と認められるものとの結びつきが緩いという点においてとりわけわれわれの目を引く。他のすべてのマゾヒズムの苦悩には、それらの苦しみが愛する人によって加えられる、あるいは、その愛する人の命令に従って苦しみに耐えるという条件が伴う。道徳的マゾヒズムの場合には、この条件は捨て去られる。苦悩そのものが重要なのである。それを科すのが愛する人なのか、あるいは誰でもいい他人なのかは全く問題ではない。それが非人格的な力あるいは境遇によって引き起こされたのでもよい。真性のマゾヒストは、一撃を食らうという見込みがあるときには必ず、自らの頰を差し向けるのである。このような態度を解明するに際して、リビードを脇に退け、次のように想定するにとどめておきたくなる。つまり、この場合、破壊欲動が再び内へと向けられ、自分自身に対して猛威を振るうと考えるのである。しかし、われわれの言語慣習がこうした生活態度の規範と性愛との結びつきを手放してはおらず、また上記のような自虐的な者をマゾヒストと呼び習わす事実もまた、何がしかの意味をもつはずである。

ある技法上の習慣に従って、まずはこのマゾヒズムのなかでも、極端で疑いなく病的といえる形態に取り組むことにしたい。以前の論考[*3]において、分析治療のなかで、治療の影響に反するように振る舞う患者に遭遇し、その振舞いが患者の「無意識の」罪責感によるものと考えざるを得ないと述べた。この個所で私は、どのような点でこうした患者を識別するのか(「負の治療反応」)について提示し、こうした心の蠢きが激しい場合、それは最も重大な抵抗の一つとなり、医療および教育上の意図が達成されるにあたっての最大の脅威を意味することを指摘した。この無意識の罪責感を満足させることは、通常は複雑な内容からなる疾病利得のひょっとしたら最も強力な拠点、すなわち、治癒に対して反抗し、疾病状態を放棄しまいと働くさまざまな力が結集する拠点になっている。神経症のもたらす苦悩は、まさに、神経症がマゾヒズムの傾向にとって価値あるものとなる契機なのである。患者が不幸な結婚のせいで惨めな状態に陥ったり、財産を失ったり、あるいは危険な器質性疾患に罹ったりすると、いかなる治療の努力をも撥ねつけていた神経症が、一切の理論や期待にも反して、消滅する可能性があることを知っておくこともまた有益である。ここでは苦悩の一形態は別の形態に取って代わられており、一定量の苦悩を固持し得ることだけが重要であるのが見てとれよう。

無意識の罪責感といっても、患者はそれを容易に信じてくれない。患者は、意識されている罪責感や罪の意識がどのような苦しみ(良心の呵責)として現れるのかをよく知っていて、それゆえ自分ではけっして感じ取ることができないのに、自分のうちに全く同種の心の蠢きが宿っているなどと認めることができない。われわれは、そうでなくとも心理学的には不正確な呼称である「無意識の罪責感」を放棄し[21]、代わりに、見受けられる事態を的確に言い当てる「懲罰欲求」と呼ぶことによって、こうした患者の異議をある程度斟酌することもできよう。そうはいっても、われわれはこの無意識の罪責感を意識された罪責感を基準にして判断し位置づけないでいるわけにはいかない。

われわれは超自我が良心の機能をもつと考え、罪責意識のうちに自我と超自我のあいだの緊張が表現されていることを認めた[22]。自我は、自我にとっての理想、すなわち超自我によって提起された要請を達成できないと気づくと、不安の感情(良心の不安)をもって反応する。さて、どのようにして超自我がこうした要求の多い役割を引き受ける

＊3　『自我とエス』(GW-XIII 279)〔本巻四九―五〇頁〕。

にいたったのか、そして、なぜ自我は自分の理想と一致しない場合に恐れおののかなければならないのか、それがわれわれの知りたいところである。

すでに述べたように、自我が自分が奉仕する三つの審級のそれぞれの要求を互いに調和させ、和解させる機能をもつならば、その場合、自我は、自ら目標として追い求める模範を超自我のうちにもつと言うこともできよう。つまりこの超自我は、外界の代わりだけでなくエスの代役も務めるのである[23]。エスのリビード的蠢きの向かう最初の対象、すなわち両親が自我の内へと取り入れられ、そのさい両親に対する関係は脱性化され[24]、直接の性目標から逸らされることによって、超自我が発生したのである。このような仕方によって、はじめてエディプスコンプレクスの克服が可能になったのである。こうして超自我は、取り入れられた人物の本質的な性格、その力、厳格さ、監視し処罰する傾向を保持する。先の論考[*4]において述べたように、自我の内に導入されるに伴って二欲動が分離し、厳格さがさらにいっそう強化されたと十分考えることができる。そういうわけで、超自我、そのなかで働いている良心は、超自我によって庇護されている自我に対して、冷酷で、残忍で、容赦のない態度をとるようにもなる。カントの定言命法は、エディプスコンプレクスの直系の遺産相続人なのである[25]。

しかしながら、この〔両親という〕人格は、エスのリビード的な蠢きの向かう対象であることを止めた後に、超自我のなかで良心の審級として働き続けながらも、現実の外界にも属している。彼らはこの外界から採用されたのであった。過去と伝統のすべての影響を背後に秘めた彼らの力は、現実を表現するものの一つとして極めて明瞭に感じ取られる。この重なりのおかげで、超自我はエディプスコンプレクスを代替するものでありつつも、現実の外界の代理表現となり、そのようにして自我の努力が向けられる模範になるのである。

すでに歴史的考察によって推定されたように[*5]、エディプスコンプレクスが私たちの個人的な倫理〔道徳〕の源泉であることは明らかである。幼少年期の発達の経過をたどるなかで、〔子供は〕両親から次第に離れていき、超自我のもつ両親の人格としての意義も背後に退いていく。両親から残された像《イマーゴ》に、(26)今度は、教師や権威のある者、自ら選んだ模範者、社会で認められた英雄などの影響が結びつき、抵抗力を身につけた自我は、もはやこれらの人物を取り入れる必要はなくなる。両親からはじまるこの一連の人物の最終形態は、運命の暗き力であり、それを人格性を超えて把握することのできるのは、われわれのうちごくわずかな者たちだけである。オランダの詩人ムルタトゥリ[*6]はギリシア人の《モイラ》(27)を《ロゴスとアナンケー》(28)という一対の神々で置き換えたが、これに対して何ら異論を唱える必要はない(29)。それにしても、森羅万象の導きを、神の摂理、神、または神と自然に転移する人はすべて、こうした究極的で深淵な力をいまだなお――神話的に――一対の両親のように感じ、自分と彼らとがリビード的に拘束されることによって(30)結びついていると信じているのではないか、という疑いも生じよう。私は、『自我とエス』(31)において、人間が現実に感ずる死の不安をも、以上のような運命に対する両親的解釈から演繹的に導き出そうと試みた。この解釈から自由になることは、非常に困難なようである。

こうした準備作業を終えた後に、道徳的なマゾヒズムの検討に戻ることができる。すでに述べたように(32)、例の患

＊4　『自我とエス』〔(GW-XIII 284)〕〔本巻五六―五七頁〕。
＊5　『トーテムとタブー』〔本全集第十二巻〕第四論文。
＊6　エドゥアルト・ドウウェス・デッケル（一八二〇―八七年）(33)。

者は——治療や日常生活での振舞いを観察するかぎり——過度なまでに道徳によって制止されていて、ことさら敏感に働く良心の支配下にあり、それでいて自分の過剰な道徳性については何ら意識していないという印象を与える。より詳細な検討を通じてはっきり見えてくるのは、このような道徳の無意識による拡張と道徳的マゾヒズムとを分け隔てる差異である。前者の場合は、自我の服従する超自我の強化されたサディズムに力点がある。これに対し、後者においては、超自我によるものであれ、外界の両親の力によるものであれ、懲罰を要求する自我に固有のマゾヒズムに力点がくる。当初われわれがこの両者を混同したことは無理もない。なぜなら、この両者いずれの場合においても、超自我または超自我に匹敵する力と自我の関係が問題であり、両者はともに、懲罰と苦悩を受けることによって満足させられる欲求に帰着するのである。だが、たいていの場合、超自我のサディズムは、極めて明瞭に意識されるのに対し、自我によるマゾヒズムの追求は、原則として当人には隠されたままで、その行動から推察されるほかない。こうしたことは、どうでもよい付随的なことがらとはいいがたい。

道徳的マゾヒズムが無意識的なものであるということから、目の前にあるいまひとつの手がかりに光が当てられる。われわれは、「無意識の罪責感」という表現を、両親の力によって懲罰されたいという欲求〔懲罰欲求〕であると翻訳することができた。ところで、父親に撲たれたいという欲望が、空想《ファンタジー》の中に非常に頻繁に現れる場合、この欲望は、父親との間で受動的な(女性的な)性的関係を結びたいという別の欲望にきわめて近いものであること、そしてこの欲望の退行的な歪曲であることが分かっている。この説明を、道徳的マゾヒズムの内容に当てはめると、その秘められた意味が姿を現す。良心と道徳は、エディプスコンプレクスの克服、つまりその脱性化によって発生したものである。しかし、道徳的なマゾヒズムを通して、道徳が再び性化され、エディプスコンプレクスがあらためて生命を与えられ、道徳からエディプスコンプレクスへの退行の道が拓かれる。これは道徳にとっても、個人にとっても、利益となることではない。たしかにその人は、自分のマゾヒズムと並んで、倫理性を十分あるいはある程度は保持することができるかもしれない。しかしその人の良心のかなりの部分が、マゾヒズムの内に消失してしまいかねないのである。他方でマゾヒズムは、「罪深い」行為への誘惑をもたらし、今度はこの行為は（ロシア人の性格類型に多くみられるように）サディズム的な良心の呵責によって償われるか、運命という強大な両親の力による折檻によって償われなければならない。この運命という究極の両親の代理による処罰を誘発するために、マゾヒストは、目的に合わないことを行い、自らの利益に反する仕業をしでかし、現実の世界において開かれているチャンスを台無しにし、時として自分の生存そのものを無に帰さなければならないのである。

サディズムの矛先が我が身に向き返る(34)という事態は、文化による欲動の抑え込みのあるところに決まって発生するが、この抑え込みのおかげで、人生において人のもつ破壊的な欲動の大部分が生活のなかで行使されるのは妨げられる。この自らに向き直った破壊欲動が、マゾヒズムの高まりとして自我の内部に現れることは想像に難くない。しかし良心に関する諸現象が示すように、外界から回帰した破壊欲動は、このような変化を被ることもなく、超自我によって受け入れられ、自我に対するサディズムを増大させると推察される。超自我のサディズムと自我のマゾヒズムは互いに補い合い、一丸となって同一の結果をもたらすのである。思うに、このように考えない限り、欲動の抑え込みが——頻繁にあるいはこうも広範囲にわたって——罪責感をもたらすこと、そして人が他者に対する攻撃を抑制すればするほど、良心はよりいっそう厳格で過敏なものとなることは理解できない(35)。もし一個の人間が、文化的に望ましくない攻撃を避けるよう自ら心得ているならば、その人はそれゆえに立派な良心をもち、自分の自我をさほど疑い深く監視を続けることもないだろうと考えるかもしれない。人は通常、倫理的な要求が最初にあり、欲動の断念がその結果として生まれると考えがちである。しかしそれでは、倫理性の由来が不明なままである。実際にはその反対に進行するように思われる。最初の欲動の断念は、外部の力によって強制されたものであり、欲動の断念が初めて倫理性を生み出し、これが良心というかたちで表現され、欲動の断念をさらに求めるのである。(36)

このように道徳的マゾヒズムは、欲動の混合が存在することを古式ゆかしい仕方で証言するものである。道徳的マゾヒズムの危険は、それが死の欲動から派生し、その死の欲動のうち破壊欲動として外部に向けられるのを免れた部分に該当することに起因する。しかし他方で、このマゾヒズムは性愛《エロース》の要素によっても構成されていることを意味するのであるから、人格の自己破壊でさえも、リビード的な満足をともなうことなしにはなされ得ないのである。(37)

(本間直樹　訳)

エディプスコンプレクスの没落(1)

Der Untergang des Ödipuskomplexes

エディプスコンプレクスは幼児期初期の性段階の中心的現象であって、その重要性は時とともにあらわになってゆく。やがてこれは没落する、われわれの言い方をすれば、抑圧に屈服するということであり、そしてひきつづき潜伏期がはじまることになる。しかし、何がもとでこれが没してしまうのかはまだ明らかになってはいない。精神分析の教えるところによると、どうやらその原因は、痛ましい幻滅の数々が降りかかってくるところにあるようである。われこそはお父さんのお気に入りと思いたがっている小さな女の子は、いずれは父親にその思い込みを厳しく正され、天上から墜落するのを思い知らされることになる。母親を自分ひとりのものとみなしている男の子は、母親の愛情と世話が、自分にではなく新参の弟や妹のほうに向け変えられるといった経験をなめることになる。とくと考えてみると、コンプレクスの内容に反するこうした苦痛な経験が避けられないものであるということがますますはっきりするばかりであり、そのため、これらの経験がおよぼす影響も、いっそうその重みを深くすることになる。今ためしに挙げたような出来事がことさら起こらない場合でも、期待されていた満足はお預けを食わされるし、子供がほしいという欲望はいつまでも不首尾なままに終わらざるをえず、そのため、親に恋着《れんちゃく》している子供がやがては見込みのない思慕を捨て去るようになるのも、無理からぬところである。かくしてエディプスコンプレクスは、それがもとより不成功に終わらざるをえないがゆえに、つまりそれにそもそも備わっている内的不可能性の結果として、没してゆくといえるわけである。

もう一つの見方はこうなろう。――エディプスコンプレクスが壊れざるをえないのは、ちょうど永久歯が生えてくるときに乳歯が抜け落ちるのと同じで、解体する時期が決まっているからである。たしかにエディプスコンプレクスは、人間の子供たちのほとんどが個々に経験するものではあるが、もとより遺伝により定まった現象、遺伝的にしつらえられた現象なのであって、事前に決定されている次の発展段階が始まるときには、プログラム通り消え去らざるをえない、というわけである。このような見方をとれば、どんなきっかけでこうしたことが起こるのかということはさほど問題にはならなくなるし、またそのようなきっかけが見つからなくとも、さほど痛痒を感じなくてすむだろう。(2)

以上二つの見方は、二つながらに正しいと言わざるをえない。とはいえ、これらは互いに折り合うこともできる。〔前者の〕個体発生的な見方が、視野を広くとった〔後者の〕系統発生的な見方と両立できる余地は残っている。いかなる個体もすでに生まれたときから死ぬことが決まっているし、もしかしたら、個体の器官は素質的に、なにが死因となるのかも決められているのかもしれないからである。しかしそうだとしても、個体に備わっているこうしたプログラムが実際にどのようなかたちで実行されるのか、偶然生じる有害な出来事がどのような仕方でそうした素因を利用するのか、それを突きとめるのはやはり興味深いところではある。

今般(3)はわれわれの理解力も研ぎすまされてきており、子供とはいえその性の発達は、性器がすでに主導的役割を引き受ける段階まで進んでいくという事実を、きちんとわきまえるまでにはなっている。むろん、ここでいう性器とはもっぱら男性性器、より正確に言えばペニスのことであって、女性性器なるものはこの時点では依然発見されていない。このファルス期、それはまた同時にエディプスコンプレクス期にもあたっているが、この時期は、最終的な性器的編成にまで途切れることなく発展してゆくのではなく、いわば沈没し、そのあとひき続き潜伏期を迎えることになる。この時期の終結の仕方はしかし類型的であり、規則的に回帰してくるもろもろの出来事に依托したかたちで起こる。

（男の）子供は、性器に関心を向けるようになると、これをあれこれ手で弄んだりすることによって、そのことを周囲にばらしてしまい、やがては、大人たちがこうした行為に同意していないことを経験で知ることになる。そんなことをしていると、大切なところをとってしまうぞ、といった脅しが多かれ少なかれ明瞭に、多かれ少なかれ容赦なく迫ってくる。去勢の脅しがやってくるのは、たいていは女性たちからであり、女性たちはしばしば、罰を与えてくれるにちがいないお父さんやお医者さんを引き合いに出すことで、この脅しに箔をつけようとする。むろん、それら女性たちにしても、そもそも受動の側としていじられている性器ではなくて、能動的に罪を犯している手のほうを切り取ると告げることによって、この脅しを象徴的に和らげようとする場合もある。とくによく見られるのは、小さな男の子が、手でペニスを弄ぶからではなく、夜ごと寝床を濡らして体を汚すゆえに去勢の脅しをかけられるという場合である。子供の世話をしている人たちは、こうした夜ごとの失禁はペニスをいじりすぎた結果であり、その証拠でもあるといった態度をとるわけであるが、おそらくその態度もまちがってはいないだろう(4)。いずれにせよ、いつも寝小便でベッドを濡らすのは、大人たちの夢精と同列にみなすことができるし、この時期に子供をマスターベーションに駆り立てたのと同じ性器の興奮の現われといえるからである。

言いたいのは、子供のファルス期の性器的編成はこうした去勢の脅しがもとで没してゆくという事実である。むろん、ただちにというわけではないし、また、それ以上他の影響が加わらずとも、というわけでもない。というのも、男の子は、さしあたりは、そのような脅しを真に受けたり、それに従順に従ったりしないからである。精神分析は最近、二つの経験をあらたに重視するようになってきている。どんな子供も免れることはできず、大切な身体の一部を失う心の準備を子供にさせることになる〔別離の〕経験である。ひとつは、さしあたりは一時的に、やがて時がくると決定的に母親の乳房から引き離されるという経験、もうひとつは、腸に蓄えたものとの別離を毎日求められるという経験である。しかし、去勢の脅しがなされたときに、これらの経験が効力を発揮するといったことをはっきり示す証拠は何もない(5)。子供は、ある新たな経験がなされた後にはじめて、去勢の可能性を本気にし始めるのだが、その場合でも、子供はしぶしぶ、いやいやながら覚悟するにすぎず、自分が観察したことの重大さを小さく見積もろうとあれこれ考えあぐねたりもするのである。

この観察、去勢の脅しを真に受けようとしない子供の態度を最終的に打ち破ることになる観察とは、女性性器の観察である。ペニスをもっていることを誇りに思っている男の子は、いずれは小さな女の子の性器のあたりを目にし、自分にたいへんよく似たこの生き物にペニスがないということを確信せざるをえなくなる。これによって、男の子は、自分がペニスを失うことも思い描くことができるようになり、去勢の脅しは事後的に効力を発揮するにいたるわけである。

われわれは、去勢の脅しをかける養育者のように近視眼的になってはならないし、この時期の子供の性生活がけっしてマスターベーションだけで尽きるものではないことを見落とすべきではない。子供は両親に対して明らかにエディプス的態度をとっているのであって、マスターベーションは、このコンプレクスに属している性的興奮の性器による放散にすぎず、これがその後の時期に重要な意義をもつのも、このエディプス的関係によるのである。かつてエディプスコンプレクスは、子供に、能動的満足と受動的満足の二通りの満足の可能性を差し出した(6)。子供は一方では、男性的なやり方で父親の代わりとなり、父親がするように母親とつきあうことが可能であった――この場合父親はやがて邪魔者と感じられることになる――し、あるいは他方では、母親の代わりとなって父親に愛されたいと望む――この場合母親が余計者となる――ことにもなった。むろん、満足を与えてくれる愛の交わりとはいったい何なのかについては、子供は非常に不確かなイメージしかもってはいなかったが、しかしそうだとしても、このイメージの形成にペニスが一役かったのは確かである。なにしろその何たるかはペニスの器官感覚によって裏づけられていたからである。この当時はまだ、女性がペニスを持っていることに対する疑いを抱く機会はなかった。ところが去勢の可能性が受け入れられ、女性が去勢されていることが見抜かれてしまうと、それによって、エディプスコンプレクスに発するこの二通りの満足の可能性には、終止符が打たれることとなる。両方ともに、ペニスの喪失をもたらすものだからである。一方の男性的満足は、罰を受ける結果として、他方の女性的満足は、そのそもそもの前提として、ともにペニスの喪失を結果するのである。エディプスコンプレクスにもとづいた愛の満足がいずれにせよペニスを犠牲にするという定めになるのだとすれば、ここに、この身体部位に対するナルシス的関心(7)と、両親という対象に向けられたリビード備給とのあいだの葛藤が生じざるをえなくなる。この葛藤においては、通例、この前者の力が勝利を収めることになる。かくて子供の自我は、エディプスコンプレクスに背を向けることになるわけである。

こうした事態がどのような経緯をたどって起こるのかについては別の個所ですでに詳しく論じておいた(8)。対象備給は、断念されて、同一化に取って代わられる。自我のなかに取り込まれた父ないし両親の権威は、そこに超自我の核を形成し、この超自我が、父から厳格さを借りてきて、父の命じる近親相姦禁止を永遠のものとして樹立し、それによってリビード的対象備給の回帰から自我を安全に保つ。エディプスコンプレクスに属しているもろもろのリビード的追求は、その一部が、脱性化ないしは昇華——これらはおそらく同一化への転化が生じるときいつも起こるものだが——され、また別の部分は、目標制止されて情愛的な蠢きへと変身する。こうした一連のプロセスを通して、一方では、性器が救われ、性器喪失の危機が回避されるとともに、他方では、性器の活動が麻痺させられ、その機能が棚上げされることになる。かくして、このプロセスとともに潜伏期がはじまり、これが今や子供の性的発展を中断することになるのである。

自我がこうしてエディプスコンプレクスに背を向けることになる事態に、「抑圧」という名前を与えていけない理由は見当たらない(9)。この後に行われるもろもろの抑圧が、たいていの場合、この時点ではじめて形成される超自我の関与のもとに行われるにもかかわらず、である。とはいえ、ここに述べたプロセスはじつは、抑圧以上のものなのであって、理想的なかたちで運べば、かのコンプレクスの破壊ないし棚上げにも匹敵するものである。こう受け取るのが自然というものだろうが、ここでわれわれが直面しているのは、正常と病理のあいだのけっして明確に線引きできない境界だということである。自我がここで、実際、コンプレクスの抑圧のはるか上をいくようなことをやってのけないならば、その場合には、このコンプレクスはいつまでもエスのなかに無意識のままに残りつづけ、のちに病理的な作用を発揮することになるのである。

ファルス的編成、エディプスコンプレクス、去勢の脅し、超自我形成、および潜伏期というものがこのように互いにつながっていることは、精神分析による観察によって、認識ないし察知されるところである。このつながりによって、エディプスコンプレクスが去勢の脅しのゆえに没してゆくという法則の正しさが保証されることになる。とはいえ、これで問題は片付いたわけではなく、これまで得られた結論を覆しかねない、あるいはそれを新たな照明のもとに移し変えかねないような理論的思弁の余地はなお残っている。しかし、この道に踏み入るには、その前にどうしてもひとつ、これまでの論述のなかで持ち上がってはいたけれど、ずっと脇に押しやってきた問いと取り組まねばならない。はっきり断わっておいたように、これまで記述した出来事は、もっぱら男の子に関することばかりであった。いったい小さな女の子の場合には、これに相当する展開は、どのようにして成し遂げられるのであろうか。

この点についてては、われわれの手持ちの素材は――不可解なことに(10)――男の子の場合と比べてはるかに要領を得ず、またはるかに穴だらけでもある。女性の場合にもやはり、エディプスコンプレクス、超自我、そして潜伏期といった発達のプロセスはみられる。しかし、ファルス的編成や去勢コンプレクスなるものも、女性に認めていいものだろうか。答えはイエスということになるが、だからといって、それは男の子の場合と同じではありえない。男女平等に対するフェミニズムの要求は、さすがにここまで及ぶことはかなわず、ここでは、形態学上の差異が、心的発達の違いとなって現われざるをえない(11)。ナポレオンの言葉をもじって言えば、解剖学的構造は運命なり、ということである。女の子の場合、最初のころは、クリトリスがペニスとまったく同じ役を引き受けるが、やがて、遊び友達の男の子と比較することで、自分が「貧乏くじを引いてしまった」ことに気づき、この事実を自分が劣っている証拠だと感じて、そのために劣等感をもってしまう。女の子は、そのうち大きくなれば、自分にも男の子と同じくらい大きいやつがそなわるだろうと期待して、しばらくはなんとか自らを慰める。のちに女性の男性コンプレクスが分岐してくるのは、このあたりが基点となるわけである[12]。しかし、女の子は、自分に与えられた焦眉の欠陥を性差ゆえの特徴とは理解せず、自分も昔は男の子と同じくらい大きなものをもっていたのに、のちにそれを去勢によって失ったのだと考えることによって、得心することになる。見たところ女の子は、この結論を、他の大人の女性たちにまで広げたりはしないようであり、大人の女性たちには、まさにファルス期そのままの発想で、大きくて完全な性器、つまり男性性器があるはずだと思い込んでいるようである。かくして、男の子が去勢される可能性を恐れるのに対して、女の子は去勢を既成事実として受け入れるという男女の本質的な違いが結果することになるわけである。

去勢不安が排除されるとなると、それにともなって、超自我を打ち立てて幼児期の性器的編成を断とうという強い動機もなくなる。この変差はどうやら、男の子の場合よりはるかに、教育の結果ないし、愛されなくなるぞという外的な威圧の結果として生じるようである。女の子のエディプスコンプレクスは、小さなペニス所有者のそれよりもはるかに一義的であり、私の経験からすれば、女の子が母親になり代わって父親に女性的な態度をとるといった域を越えるのはごくまれである。ペニスを断念することは、それを埋め合わせる試みがなされなければ耐えられるものではない。女の子の思いは——象徴の方程式にのっとってと言ってよいだろうが——ペニスから赤ん坊へとスライドしてゆき、そのエディプスコンプレクスは、父親から子供をもらい受けたい、父親の子供を産みたいという欲望、その後も長く抱き続けることになるこの欲望において頂点に達する[13]。この欲望はけっして成就されるものではなく、そのため女の子のエディプスコンプレクスは、その後ゆっくりと捨てられてゆくように見える。ペニスと子供を所有したいというこの二つの欲望は、無意識において、強い備給を受けたまま保持されてゆき、女性がのちに女性としての役割を果たせるよう、その手助けをするわけである。女性の場合、おそらくペニスの萎縮ということとつながっているのだろうが、男性の場合よりも性欲動にサディズムが与る度合いが小さく、そのため、もろに性的な追求は、容易に、目標制止された情愛的追求に変身することになる。しかし、全体的にみてこの点は認めねばならないだろうが、女の子の場合のこうした発達過程についてのわれわれのもっている知識は、なお不十分であり、穴だらけで朦朧としているのである。(14)

エディプスコンプレクス、性的威圧（去勢の脅し）、超自我形成、潜伏期の開始、これらのあいだに成立している以上みてきた時間的ならびに因果的連関が、類型的なものであることは疑いないところである。とはいえ、私としても、この類型が唯一可能なものであるなどと主張するつもりはない。これらの出来事の時間的順序や連鎖におけるもろもろの変化が、個人の発達にとって大きくものをいうこともまちがいないところである。

「出産外傷」についてのO・ランクの興味深い研究〔『出産外傷』一九二四年〕が出版されているからには、男の子のエディプスコンプレクスが去勢不安のゆえに没してゆくというこのささやかな探究の結論も、さらなる議論なしには受け入れられなくなっている。(15)しかし、今日ここでそうした議論に立ち入るのは時期尚早であろうし、また、ランクの見解を今この場で批判したり評価したりする作業を始めることも、目的にかなっているとはいえないだろう。(16)

（太寿堂　真　訳）

神経症および精神病における現実喪失

Der Realitätsverlust bei Neurose und Psychose

私は最近[*1]神経症と精神病を区別する特徴の一つを次のように規定した。すなわち、神経症においては、自我が現実に従属してエス（欲動生活）のある一部を抑え込むのに対し、精神病では、同じ自我がエスに奉仕して現実の一部から撤退する、と。そうすると、神経症にとっては現実の影響が優勢であり、精神病にとってはエスの優位が決定的ということになろう。精神病にとって現実喪失ははじめからすでに起こっていることであり、神経症にとっては、現実喪失は回避されている、と考えるほかない。

ところがこれは、われわれ誰もが経験によって知ることができる事柄とまったく符合しない。すなわち、どの神経症も何らかの仕方で患者が現実に対してもつ関係を妨げる。神経症は、患者にとって現実から撤退する一手段であり、そして、重度の症状として現れる場合は、それがそのまま現実生活からの一種の逃避を意味している。このことはゆゆしき矛盾を招くように見えるが、しかしそれは容易に解消することができる。そして、そのことが解明されれば、むしろ神経症についてのわれわれの理解はさらに進むことになろう。

実際、以上のことが矛盾として映るとしても、それは、自我が現実に奉仕してある欲動の蠢きの抑圧に取りかか

*1　「神経症と精神病」(*Internationale Zeitschrift für Psychoanalyse*, X (1924), Heft 1)(GW-XIII)〔本巻所収〕。

る、神経症の発端となる状況にわれわれが目を留めているあいだだけにすぎない。だがしかし、これはまだ神経症そのものではない。むしろ神経症は、エスのうちの損害分の埋め合わせをする過程、つまり、抑圧に対する反動や、抑圧の不成功に起因する。そして神経症が形成されるこの第二段階の結果として、現実との関係がほどけてしまうのである。現実のある部分からの要請を受けて抑圧が行われるのであるが、現実喪失は、このように抑圧を要請する現実の部分に関して生じる。このことが詳細な診査によって示されても驚くに値しない。

神経症は不成功に終わった抑圧の結果として生じる、と特徴づけることは、何ら新しいものではない。われわれはいつもそう主張してきたのであり[1]、ただ、新しい関連のなかに置きなおしてそれを繰り返す必要があっただけである。

ところで、神経症を引き起こすきっかけ(「外傷場面」)が知られていて、どのようにして本人がその体験から目を背け、その体験を健忘に引き渡すかを、見てとることのできる症例を問題にする場合、以上の懸念がとりわけ印象深く再浮上してくる。例として私が何年も前に分析したある症例を振り返ってみよう*2。この例では、自分の義兄を愛する若い女性が、姉の臨終の床で、「さあ彼は自由になった、おまえは彼と結婚できる」という観念に見舞われて衝撃を受けた。この場面はただちに忘れ去られ、それとともに退行過程が始まり、ヒステリー性の苦痛にまでいたった。神経症がどのような方法で葛藤を解決しようとするかを、まさしくここに見出す意義は大きい。彼女は、問題となっている欲動の要求、すなわち義兄にたいする愛情を抑圧することによって、現実の変化を無効なものにした。精神病ならば、反動として、姉の死という事実を否認する[2]ことになっただろう[3]。

もちろん異なる審級のあいだではあるけれども、精神病の発生に関して、神経症の過程と類比的な何かが起きているといると予想できるだろう。したがって、精神病においても、第一段階は自我をまず現実から引き離し、第二段階は損害を賠償しようとし、エスを犠牲にして現実との関係を回復する、という二つの段階がはっきりと分かれると予想されるだろう。実際、精神病において類比のことがらも観察される。ここでも二つの段階があり、その第二段階は修復という性質を持っているが、そうなると類比どころか両過程が同じ意味をもつことになる。精神病の第二段階も現実の喪失を埋め合わせようとはするが、神経症において現実関係が犠牲になるのと同じように、エスを制約するという犠牲を払うのではなく、もっと独裁的な方法で、不快を感じさせる現実を捨て去り、そうした不快をもはや与えることのない一つの新しい現実を創造する。神経症でも、精神病でも、第二段階は同じ傾向によって進められている。つまり、いずれの場合にも、第二段階は、現実によって強制されまいとするエスの権力追求に奉仕するのである。神経症も精神病も、両者とも、外界に対するエスの反逆と、現実の危急、《アナンケー》(4)に順応する不快さ、あるいはこう言うことができるとすれば、無能力の表現なのである。神経症と精神病とが区別されるのは、第一の、初発の反動においてであり、それはそれにつづく修復の試みに比べてもよりはっきりしている。

したがって、はじめに生じた区別は、最終的には以下のように表現されることになる。つまり、神経症では現実の一部が逃避という仕方で避けられるのに対し、精神病では作り変えられる。言い換えれば、精神病では、はじめの逃避の次に作り変えるという積極的な局面が生じるのに対し、神経症では、はじめの服従の後に事後的な逃避の試みが生じる。さらに別の表現をすれば、神経症は現実を否認せず、現実について何も知ろうとしないだけだが、

＊2　『ヒステリー研究』(一八九五年)(GW-I)〔本全集第二巻〕。

精神病は現実を否認し、現実を代替しようとする。正常とか「健康」とかわれわれが呼ぶものは、神経症と同じく現実を否認しないが、しかしまた精神病と同じく現実を変えようと努力する、という二つの反応のそれぞれの特徴を一つにした振舞いなのである。当然ながら、正常な振舞いは目的にかなったものであり、外的世界での働きとして結実し、精神病の場合のように内的変化を打ち立てることには満足しない。これはもはや、自己改造的《アウトプラスティシュ》ではなく、外界改造的《アロプラスティシュ》である(5)。

精神病の場合、現実に対してそれまで結ばれていた関係が心的に沈殿したもの、つまり、想い出－痕跡、表象、判断をもとにして、現実の改変が行われる。これら想い出－痕跡、表象、判断は現実から獲得されたものであり、またこれらが心の生活のなかで現実の代わりとなってきたのである。しかしこうした関係は完結したものではなく、新しい知覚によって絶えず豊かにされ、変化させられる。したがって、精神病にとっても、新しい現実に対応するかのような知覚を手に入れるという課題が立てられ、それはきわめて徹底した仕方で幻覚という道を通って達成される。精神病の非常に多くの型や症例において、想起錯誤、妄想形成および幻覚がきわめて苦悩に満ちた性格のものであり、また不安の増長と結びついているならば、それは、激しく対抗する力に逆らって改変の過程がすべて成し遂げられている徴なのである。この過程をわれわれがよりよく知っている神経症を模範にして構築することもできるだろう。神経症の場合、いつもきまって不安が発動され、抑圧された欲動が突進を試みるものの、葛藤の結末は妥協以外の何ものでもなく、満足としては不完全に終わることが見てとれる。神経症における抑圧された欲動がそうであるように、精神病ではおそらく、現実のうちの拒絶された部分が、止むことなく心の生活に執拗に迫るのだろう。そういうわけで、いずれの場合にも結果は同じものとなる。精神病においては現実からの離反が行われ、新たに別の現実が再構成されるが、これらのことを成就するさまざまな機制がどのようなものであるか、そしてこれらがどの程度達成されるのかを論究することは、まだ誰も取り組んでいない精神医学独自の課題である[6]。

したがって神経症と精神病のあいだにもう一つ類比が見られるのは、第二段階で取り組まれた課題が、いずれの場合にもある部分で不成功に終わる点である。つまり、抑圧された欲動は完全な代替物を作り出すことができなかったり（神経症）、現実の代わりとなるものが満足を与える形とならなかったりする（少なくともこれは心的疾患のすべての形態に見られるものではない）。しかし、力点のおかれ方はそれぞれの場合で異なる。精神病ではこの力点が完全に第一段階におかれ、この段階そのものが病的であり、その後は病気になるほかない。それに対し神経症では、第二段階、つまり抑圧の不成功に力点がおかれる。他方で、第一段階では成功する可能性があり、実際、たとえ多少の犠牲を払い、心的な消耗を要した徴候が残ることがあるにしても、健康の範囲内で無数の成功を収めているのである。これらの違い、いやもしかするとほかの多くの違いも、病気を引き起こす葛藤の起点となる状況の局所論的な差異に由来する。すなわち、自我が屈して現実世界に忠実であろうとするのか、それとも、エスに従属するのか、である。

神経症は、一般に、現実の当該部分を回避し、その部分との衝突から身を守ることで満足している。しかし、神経症においても、欲望の通りにはならない現実をある別の欲望に適った現実によって代替させる試みがないわけではないので、神経症と精神病のあいだの明瞭な差異がぼやけることもある。このような試みが可能となるのは空想《ファンタジー》世界の存在のおかげである。この世界は、現実原理が導入されるさいに現実の外的世界から隔離され、その後は一種の「保護」によって生活必要上なされるいろいろな要求から解放された領域である[7]。自我はこの世界に出入りできるものの、この世界は自我に緩やかに結びついているだけである。この空想世界から神経症は欲望を新しく形成するための素材を取り出すが、この素材は、満ち足りていた過去の現実に退行するという道を通って見出されるのが通例である。

精神病においても空想世界が同じ役割を演じ、ここでも空想世界が、新しい現実を組み立てるための材料や見本を取り出してくる貯蔵庫となっていることについては、ほとんど疑いの余地がない。しかし、精神病が空想によって新しくつくりだす外的世界は、外的世界の現実に取って代わろうとする。それに対し、神経症の空想世界は子供の遊びのように、好んで現実——神経症が自分を防衛しなければならない現実とは異なるものだが——のある一部に依託し、その部分にある特別な意義と、必ずしも適切とはいえないが象徴的とわれわれが呼ぶ、秘められた意味を与える。こうして、神経症と精神病の双方にとって、現実喪失だけでなく、現実代替もまた問題となるのである。

(本間直樹　訳)

「不思議のメモ帳」についての覚え書き
Notiz über den »Wunderblock«

自分の記憶に信頼がおけないときには――周知のように、神経症患者はひときわ頻繁に自分の記憶を疑うものだし、健常者といえども大いにそれに不信を抱くだけの理由がある――私は文書の形で記載することによって、記憶の機能を補い、確実にすることができる。その場合、記載事項をとどめておく平面、すなわち記入板やメモ用紙は、ふだんは不可視のまま内部に抱え込まれている想起装置のいわば物質的な部分である。そのようにして固着させた「想い出」がどこにしまわれているのか、その場所さえ覚えておけば、私はいつでも好きなときにそれを「再生する」ことができ、また、「想い出」は変わらぬ状態にとどめられており、それゆえ、記憶の中では蒙ったかもしれない歪曲を免れているとの確信を持つことができる。

このような技法を十分に使いこなして、自分の記憶機能を改善しようとするなら、二種類の別々の方法が駆使しうることに私は気づく。第一に、一枚の記入面を選び、それに覚え書きを記し、不特定の時期にわたって無傷のまま保存しておくことができる。すなわち、一枚のメモ用紙を選びとり、それにインクで書き記すことができる。そうすることで私は、或る「持続的な想い出‐痕跡」を手に入れることになる。ただし、この方法には欠点もある。それは用紙の収録容量がじきに底をついてしまうことである。つまり、メモ用紙が端から端まで残らず記されてしまうと、もはや新しい記載の余地はなくなってしまい、そのため私は、何も記されていない別のメモ用紙を使い始めなければならなくなる。さらに、「持続的痕跡」を伝えるのがこの方法の長所であるが、しかし肝心のその長所が、私にとって何の価値もなくなってしまう場合もある。つまり、書き付けをした当の私がしばらくして覚え書きへの関心を失ってしまい、もはや覚え書きを「記憶の中にとどめ」ようとしなくなると、覚え書きを残しておいたことがもはやいかなる価値もなくなってしまうのである。第二の方法は、以上の二つの欠点を免れている。例えば、私が白墨で石盤に何事かを書き付けたとしよう。その場合、私は、無制限の期間にわたって収録能力を維持し続ける記録平面を手にしたことになる。その際、もしそこに記載されたものに関心がなくなれば、すぐさまそれを破棄することができるが、だからといって、それの記入面そのものまで棄却するには及ばないのだ。ただし、この方法にも欠点があり、私は持続的痕跡を手に入れることができなくなる。新たな覚え書きを石盤に書き付けたいと思えば、すでに書き付けたもので埋め尽くされた石盤を拭って古い書き付けを消さなくてはならない。われわれが記憶の代用として使う用具に関しては、無制限の収録能力と持続的痕跡の保持とは、こうして、互いに排除しあう関係にあるように思われる。つまり、記載の収録面を取り替えるか、さもなければ記載事項を廃棄するか、いずれかとならざるをえない。

われわれが感覚機能を改善し、強化するために工夫した補助装置は、いずれも感覚器官そのもの、またはその一部と同様の仕方で組み立てられている(眼鏡、写真機、補聴器等々)(1)。こうした尺度で測るならば、記憶をおぎなう補助用具には、ことさらな欠点があるように思われる。というのも、われわれの心の装置は、まさしく、そうした補助用具がけっして成しえないことを成し遂げるからである。つまり、心の装置は、そのつど新たに知覚されたものを、無制限に収録することができるとともに、それの——不変のままの、とはいかないにせよ——持続的な想い出－痕跡をも生み出している。これはすでに『夢解釈』(一九〇〇年)で述べたことであるが、心の装置のこの並外れた能力は、二つの相異なる系(心の装置の二つの器官)の働きに分割することができる。[2] そうすると、われわれが所有しているのはまず、知覚－意識系である。それは知覚を収録するが、その持続的痕跡はとどめず、そのため、そのつどの新たな知覚に対して、未記入の用紙のような関係をとりうる。他方、すでに収録されたもろもろの興奮の持続的痕跡は、この系の背後にある「想起系」のなかで成立する。後に(『快原理の彼岸』[3]で)私は、意識という不可解な現象は、持続的痕跡の代わりに知覚系のなかで出現するという見解を付け加えた。

ところで、少し前から不思議のメモ帳と呼ばれる小さな器具が売り出されているが、この器具は、メモ用紙や石盤よりも多くの働きをしてくれそうである。それは、手軽な操作によって記載事項を消すことができる記入板以上のものには見えない。ところが詳細に調べてみると、その組み立てられ方からして、われわれの知覚装置として筆者が想定した仕組みと著しい共通点があることがわかる。器具は実際疑いなく、書き付けをいつでも収録可能な平面と、収録された記載事項の持続的痕跡との両方を提供できるのである。

不思議のメモ帳は暗褐色の樹脂ないしワックスの塊でできた記入板であり、紙でできた枠にはめ込まれている。樹脂ないしワックスの上には薄い半透明のシートが載せられている。このシートは最上辺でワックス板の上にしっかり固定されている一方で、下部ではワックス板からいつでも好きなときに引き離せる。シートはこの小さな装置のうちでより興味深い部分である。それは二層から成っており、それらは左右の両縁以外では互いに剝がすこともできるようになっている。その上層は透明なセルロイドのプレートであり、対して下層は薄い半透明のパラフィン紙である。この装置が使われていないときには、パラフィン紙の底面がワックス板の表面に軽くくっついている。

この不思議のメモ帳を使うときには、ワックス板を覆うシートのセルロイドプレートに何事かを書き付ければよい。そのために鉛筆や白墨などを使う必要はない。というのも、この場合、書くといっても、収録面に何かの物的素材を定着させるわけではないからだ。むしろこのメモ帳の場合、古《いにしえ》の人々が粘土板や蠟板に書き付けたのと同じ方法に戻っているといえる。尖筆で表面を引っ掻くと、そこに溝が穿たれて「文字」の型ができるのである。ただし、引っ掻くといっても、直に文字を刻み込むのではなくて、上層のカバーシートを間にはさんでその上から書き込みを行う。尖筆がカバーシートに触れると、パラフィン紙の底面がワックス板に押し付けられて、そこを凹ませる。こうしてワックス板に溝をつけると、通常は滑らかな灰白色のセルロイドの表面に暗色の文字が見えてくる。書き付けたものを破棄したければ、合成のカバーシートの下部の縁が自由に動くようになっているので、それを軽くつまみ上げて、カバーシートをワックス板から剝がせばよい(4)。尖筆で引っ搔かれた個所では、パラフィン紙とワックス板とが密着しており、そのせいで文字が透けて見えるのだが、両者の接着状態は上記の操作で断ち切られ、再び両者が接触しあうようになっても、けっして元通りには戻らない。こうして不思議のメモ帳は再び書き込み可能になり、新しく記載事項を収録できるようになる。

この器具にはわずかに不完全な所があるとはいえ、それは目下のわれわれの関心事ではない。けだし、ここはただその器具と心の知覚装置の構造との類似性を探求しようとしているからである。

不思議のメモ帳になにかが書き込まれている状態で、セルロイドのプレートをパラフィン紙から注意深く剝がすと、パラフィン紙の表面にもはっきりと文字が記録されているのを目にすることができる。すると、そもそもなぜカバーシートにはセルロイドのプレートが必要なのかという疑問が出てこよう。しかし、試みにパラフィン紙に尖筆で直に書き込みをしてみるならば、この薄い紙はとても皺がよりやすく、また破れやすいということが判る。つまりセルロイドのシートは、傷害をもたらすような外部からの作用に対して、パラフィン紙を保護するための外皮なのである。セルロイドは「刺激保護」であり、これに対して実際に刺激を受容する層はパラフィン紙である。ここで『快原理の彼岸』[5]で展開した議論を参照していただきたい。すなわち、われわれの心の知覚装置は二つの層からなっている。その一つは襲い来る興奮の量を減少させる外的な刺激保護の層であり、二つ目はその背後にあって刺激を受容する層としての知覚‐意識系である。

　こうしたアナロジーは、さらに推し進めることができないならば、大した価値はないだろう。〔ところがそうではない。〕カバーシートの全体――セルロイドとパラフィン紙――をワックス板から引き剝がせば、文字は消えうせ、すでに述べたようにその後も元通りにならない。不思議のメモ帳の表面は、ふたたび書き込みができ、新たな記載事項を収録できるようになる。しかし、簡単に確認できることであるが、書き込まれた事柄の持続的痕跡がワックス板の上には保持されており、適当な照明を当てると、判読することができる。つまり、このメモ帳は、ちょうど石盤のように、そのつど新たに使用可能な収録面であるばかりでなく、また、通常のメモ用紙のように書き込まれた事項の持続的痕跡を残しておくこともできるのであり、この両方の働きを、別々でありながら、なおかつ互いに結合された二つの構成要素――〔二つの〕系――に振り当て、そのことによって、両方の働きを統合するという課題を成し遂げるのだ。ところで、先に述べた私の想定からすれば、われわれの心の装置が知覚の機能を果たす場合も、これとまったく同じやり方によるのである。刺激を受容する層――知覚‐意識系――は持続的痕跡を形作ることはない。想起の基礎となるものは、知覚‐意識系と接触するが、それとは別の系の中でこそ成立している。

不思議のメモ帳では、受容された記載事項の持続的痕跡は活用されないけれども、なにも戸惑うことはない。そのような痕跡が現存するというだけで充分である。そのような補助装置とその手本となる器官とを類比させてみても、いずれは限界に突き当たらざるをえない。また、不思議のメモ帳は、一度消去されてしまった文字をその内部から「再生する」などということもできない。万が一、われわれの記憶と同じ再生能力を有するのなら、それこそ真に不思議のメモ帳と呼ぶに値しよう。とはいえ、セルロイドとパラフィン紙とからなるカバーシートを知覚－意識系およびその刺激保護になぞらえ、また、ワックス板をその系の背後にある無意識に、さらに文字の可視化と消滅の過程を、知覚における意識の覚醒と減衰の過程になぞらえることは、けっして無理なこじつけとは思われない。正直にいえば、そのような比較をさらに進めてみたいところなのだ。

不思議のメモ帳の場合、刺激を受容する紙と、印象を保存しておくワックス板とが密に接触していたのを剝がし取るならば、その度ごとに文字は消滅する。このことは、私が以前から心の知覚装置の機能の仕方について思い描いてはいたが、今までうちに秘めてきたことと符合する。(6) その際、想定していたのは、備給が神経支配に沿って、周期的に瞬発的な推進力を受けて内部から、十分な浸透性をもつ知覚－意識系へと発送されては、また引き揚げられるということである。知覚－意識系は、そのような形で備給されているかぎり、意識の随伴するもろもろの知覚を受け取り、その興奮を無意識的な想起系にまで伝導してゆく。逆に備給が引き揚げられるならば、直ちに意識の明かりは消え、その系の働きは停止する。(7) あたかも無意識が、知覚－意識系を介して外界に向けて触手を差し出し、そこに得られる興奮を試食してから、その触手をさっと引っ込めるかのようである。このようにして私は、不思議のメモ帳の場合には外部の力によって生ずる接触の中断が、ここでは神経支配の流れの非連続性として生起すると見たのであった。接触の現実的撤廃に相当するのは、周期的に生ずる知覚系の興奮不能状態であると、想定したのである。さらには、知覚－意識系のこうした非連続的な作業様式がもととなって、時間表象が成立するとも推定した。

片方の手が不思議のメモ帳の表面に書き込みをする一方で、もう片方の手が周期的にそのメモ帳のカバーシートをワックス板から引き剝がす。このように考えていただければ、私がわれわれの心の知覚装置の機能をどのようなものとして考えたいと思っているのかについて、具体的なイメージが結ばれるだろう。(8)

（太寿堂　真　訳）

精神分析への抵抗
Die Widerstände gegen die Psychoanalyse

自分の面倒を見てくれる人の腕に抱かれた乳児が、見知らぬ人を見て泣き出しその人から顔を背けてしまうことがある。信心深い人が、新たな時節の始まりに当たって祈りを捧げたり、その年初めての収穫を祝福の言葉で迎えたりする。また農夫が大鎌を選ぶに当たり、親が信用して使っていたのと同じ会社の商標がないなら、それを避けて購入しないということがある。これらの状況がそれぞれに違うのは明らかで、それらを異なる動機から説明するのは当然正しいことと思われる。

GW-XIV 99

だが、それらに共通するものを見過ごすのは不当であろう。これらのケースすべてに共通してあるのは、同じ不快である。その不快は、乳児の場合には原初的な形で現れ、信心深い人の場合には巧みに和らげられ、農夫の場合にはある決定を下す動機となっている。こうした不快の源泉とは何か。新しいものは、心の生活に要求を課し、心に消耗を強いる。また、新しいものには不確実性が伴い、それが不安に満ちた期待にまで高まったりする。これらが不快の元となるのだ。新しいものに対する心の反応を、それ自体として研究課題にするのは刺激的なことだろう。というのは、もはや初期条件とは言えないとしても、ある種の諸条件のもとでは、これとは正反対の態度も観察されるからだ。すなわち、何かが新しいというだけの理由でひたすら新しいものに跳びつこうとする刺激飢餓がそれである。

学問の営みにおいては、新しいものを忌避する態度に何らの余地も与えられるべきではない。学問が永遠に完成せず十全なものにはなりえない以上、それは新たな発見や見解に救いを求めざるをえない。やすやすと欺かれたりしないように、学問が懐疑で武装し、厳密な検証に耐えない限り新しい事柄は何ひとつ承認しないというのは得策である。ただし、こうした懐疑主義は、時として二つの思いがけない性格をあらわす。すなわち、懐疑主義は、既に知られかつ信じられているものを恭しく奉じておきながら、他方で新入りのものに対しては厳しい矛先を向ける。自ら実際に研究してみもせずに、新しいものについてはただ棄却して万事よしとするのである。しかし、そうした懐疑主義も、やがて新しいものに対するあの素朴な反応の続きであること、また、その固執を隠蔽するための隠蓑にすぎないことが明らかとなる。およそ何事につけ刷新というのは、強い執拗な抵抗で迎えられ、やがてその抵抗が不当で、新しいことのほうが価値や意義を持っていたということが次第に明らかになる。そうしたことが科学研究の歴史においてしばしば起きることは、一般によく知られている。大概のところ抵抗を引き起こしたのは、新しいものが持つ特定の内容上の諸要因であったが、他方で、こうした素朴な反応が一斉に湧き起こってくるような事態が起こりうるには、複数の諸要因が協働で作用せねばならなかった。

とりわけひどい迎えられ方をしたのが精神分析である。精神分析は、かれこれ三十年近く前に筆者が、ウィーンの医師ヨーゼフ・ブロイアーが神経症の症状の成立について得た知見を元にして、展開し始めたものである。確かに、精神分析はこの発見以外にも、偉大な神経病理学者であるシャルコーの学説の成果や、催眠現象の世界から得られるもろもろの印象深い出来事など、他の分野で既に知られていた数多くの素材に手を加え、検討してきた。とはいえ、精神分析に新しい性格が備わっていることは疑いを容れない。精神分析の意義とはもともと純粋に治療的なものであって、神経症を病む人々に新たに有効な治療法を提供しようとしたにすぎなかった。ところが、当初は予期しえなかったさまざまな関連が明らかとなり、そのために当初の目標をはるかに越え出ることになった。かくてついに精神分析は、心の生活一般に関するわれわれの理解を、新しい基礎の上に乗せたと自負し、心理学に依拠している知の分野すべてにとって重きをなそうとするまでになったのである。精神分析は十年間ばかり完全に黙殺されていたが、その後突如としてあまねく人々の関心の的となり、そして――憤怒に満ちた拒絶の嵐に吹き晒されることになった。

精神分析に対する抵抗がいかなる形を取って現れたのかは、ここでは措くとしよう。この刷新をめぐる戦いは、いまだ終わってはいない、ということだけを指摘するにとどめよう。とはいえ、この戦いが今後どのような道筋をとることになるかは、はや認識することができる。精神分析の反対者たちは、この運動を抑え込むことに成功しなかった。二十年前には、精神分析の代表者といえば私一人きりであったが、それ以降は、優れた、しかも精力的に活動する支持者の人々が数多く輩出した。神経質性の病を患う人々を治療する方法として精神分析を使う人々、また心理学的研究の方法として活用する人々、さらには、精神生活の多種多様な分野で学問的な作業の補助手段として精神分析を応用する人々、これらの医師や医師以外の人々のことである。ここでのわれわれの関心は、精神分析に対する抵抗がいかなる動機から来るのか、という点だけに向けよう。ことに、その抵抗はどのような要素から構成され、その中での各要素の比重がそれぞれどれくらいか、という点に注目しよう。

臨床的な観察をしていれば、神経症は、中毒、ないしは、バセドー病のような疾患に近いところにあると思えてくるに違いない。それは、体内で合成されるものであれ、体外から摂取されるものであれ、特定の非常に作用力の高い物質が過剰であるか、あるいは、それらが相対的に欠如しているために生じた状態である。すなわち本来的には、化学的機序の障害、あるいは中毒症である。仮に神経症に関わると想定されるある一つの、ないしは複数の物質を分離し、それが何であるかを明らかにすることに成功したら、その発見には医師たちも異を唱えまい。しかしさしあたり、そこに至る道はまだない(1)。われわれは当面、神経症の症状像、例えばヒステリーの場合であれば、身体の失調と心の失調とが組み合わさって生じる症状像からしか出発することができない。シャルコーによる数々の実験も、ブロイアーの患者観察も、ヒステリーの身体的な諸症状は心因性のもの、すなわち過去の心のプロセスの後に残されたもろもろの沈殿物であることを示していた。患者を催眠状態に置くという方策によって、ヒステリーの身体症状を思い通りに人為的に作り出すことができたのである。

精神分析はこの新たな認識を取り上げ、それほどに異常な帰結を残す心的なプロセスの本性とはどのようなものか、という問いに取り組み始めた。しかしながら、こうした研究方針は、当時現役であった世代の医師たちの意に適うものではなかった。当時の医師たちは、もっぱら解剖学的、物理的、化学的要因のみを高く評価する傾向の中で教育されていた。彼らには心的要因を評価する素地がなく、この要因に対しては無関心や拒否をもって臨んだ。どうやら彼らは、心的事象はそもそも精確な科学的扱いにそぐわないのではないか、と疑っていたのだ。それまでの、いわゆる自然哲学(2)の観照なるものに支配されていた時期が克服された後のことでもあり、この時期に対する度を越えた反動のせいで、彼ら医学者の目には、心理学が手立てとせざるをえないもろもろの抽象は、朦朧として空想的、神秘的と映った。では、奇妙ではあるが研究の端緒となりえたはずの諸現象に対してはどうしたかというと、彼らはそれらを信じることを拒んだのである。ヒステリー性神経症の症状は、仮病のなせる業でしかなく、催眠を施したことで生じる現象は、詐術に等しいと見なした。およそ異常で不可思議な心の現象を観察せざるをえない精神科医すら、それらの現象の細部に注目し、それらの連関を辿ってみようという素振りも見せなかった。彼らは多彩な疾病現象を分類し、可能でありさえすればその原因を身体的、解剖学的、化学的な失調に還元することで事足りるとしていた。かような物質至上主義的な、あるいは、むしろ機械論的と呼ぶべき時代に、確かに医学は長足の進歩を遂げはしたが、その一方で生の諸問題の中でもとりわけ重要かつ困難な問題を近視眼的に見誤ってしまったのである。

心的なものに対する医学者たちのこうした態度からすれば、彼らが精神分析を快く思わず、また、多くの点で考えを改め、さまざまの事象をこれまでとは異なる見方で見ようという要請を満たそうとしなかったことはよく理解できる。しかし、それなら、この新しい学説は、哲学者からの賛同は得られやすかったに違いないと思われることだろう。哲学者というのは、世界を説明するのに何よりもまず抽象的な諸概念――毒舌家たちには意味不明語などと呼ばれてきたが――を投入するのを常としており、精神分析が心理学の領域拡大に道をつけたとしても、よもやそれに異議を唱えたりするはずはなかろうというわけである。ところがまさにここで、もう一つの障壁が立ちはだかった。哲学者たちの言う心的なるものは、精神分析の言う心的なものではなかったのである。大多数の哲学者たちは、もっぱら意識現象のみを心的なものと呼んでいた。彼らからすると、意識されたものの世界と心的なものの範囲とは重なり合う。捉えがたい「心」の中で他に何が生じようが、彼らはそれを、心的なものが生じる器質的な前提条件、ないしは心的なものに並行して起こる過程だとして片付けてしまう。あるいはもっと厳密に言うなら、心は意識現象以外の内容を持たないし、心の学、すなわち心理学も意識現象以外の対象を扱わない、というのだ。

世間の一般の人もまた、同様に考えている。

心というものは、それ自体としてはむしろ無意識であり、意識されているというのは、単に心の個々の振舞いに付随したりしなかったりするひとつの質に過ぎず、たとえこの質が現れなくても、それは心の振舞いに何の変化も与えない。このように精神分析は主張するが、では哲学者はそうした学説について何を言えるのだろうか。意識されない心というものなどナンセンス、《形容矛盾》(3)だ、と言うに決まっている。だがこの判断は、心というものについての哲学者自身の——恐らくは狭すぎる——定義をただ繰り返しているにすぎない。哲学者はこれに気づこうとしない。哲学者がそのような見地に安んじていられるのは、ひとつには、研究してみたところ無意識的な心の振舞いの存在を信じるように精神分析家に強いた特定の素材があるのだが、これを知らないからである。哲学者は催眠状態に注意を払ってこなかったし、夢解釈に骨折って取り組んでもこなかった。むしろ医師と同様に、夢を、睡眠中の精神活動の低下のせいで生じる無意味な所産と見なしている。哲学者は強迫観念や妄想観念のような事象が存在していることにはほとんど思い至らない。これらの観念を彼らの心理学的な諸前提から説明して欲しいと求められれば、彼らはひどく当惑してしまうことだろう。精神分析家もまた、無意識とは何かを語ることを拒むが、自分がどんな現象領域を観察して無意識というものを想定せざるをえなくなったかを示すことはできる。しかし自己観察のほかには何の観察も知らない哲学者は、分析家に従ってそこまで踏み込むことはできない。かくて、医学と哲学との中間領域に位置するために、精神分析にはいよいよ不利な点が増すばかりである。医学者は精神分析を思弁的体系と見なしており、精神分析が、他のいずれの自然科学とも同様に、知覚世界の事実とのたゆまぬ忍耐強い取り組みに基づくことを信じようとしない。他方、自らが巧みに構築した体系構成を尺度として精神分析を測る哲学者は、精神分析がおよそありえない諸前提から出発していると見なし、精神分析の――まだようやく練り上げられ始めたばかりの――最重要な諸概念が明瞭さと正確さを欠くとしてこれを非難するのである。

精神分析を学問界に迎え入れるのが、なぜ嫌がられ躊躇されるのかは、以上に論じてきた事情から十分に説明できよう。しかし、そうはいっても、なぜ、ああいった憤激や嘲笑、侮蔑が噴き出し、論争においては論理と良俗を守るべしという原則が踏みにじられてしまったりしたのかは、それらの事情からは理解できない。そのような反応からは、もっぱら知的な抵抗とは別のさまざまの抵抗が蠢き始め、強い情動的な力が呼び覚まされたことがうかがえる。実際に精神分析の学説の内容には、学者に限らず人間の情熱にこのような作用を及ぼすと見られるものがまたやたらあるのだ。

何よりもまず、精神分析が人間の心の生活の中でいわゆる性欲動に大きな意義を認めているという点である。精神分析の理論によれば、神経症の諸症状とは、直接に充足することが内的抵抗によって拒まれて不首尾に終わった性的な欲動の諸力を、歪曲した形で代替充足するものである。のちに精神分析がもともとの作業領域を越え出て通常の心の生活に適用されるようになった際に示そうとしたのは、間近の目標から逸らされて別の目標に向かうようにされる同じ性的な成分が、個人や社会によって文化的な業績が生み出される上で最も重要な貢献をしているということだった。このような主張は特に目新しいものではない。哲学者ショーペンハウアーがすでに、性生活の比類ない重要性を忘れがたい印象的な言葉で力説していたし[4]、また、精神分析が性欲と呼んだものは、けっして別々の両性の合一や性器の快感を生み出すことを求める圧力と重なり合うわけではなく、むしろプラトンの『饗宴』が描く、一切を包摂しすべてを保持するエロースに遥かに近い。

しかし、精神分析を敵視する人たちはこれら輝かしい先駆者のことも忘れ、まるで精神分析が人類の尊厳の暗殺を企てているとでもいわんばかりに、これを取り押さえるべく精神分析に襲いかかってきた。精神分析の欲動理論は常に厳密に二元論的であったし、いついかなる時といえども性欲動以外に別の欲動があるのを見落とすことはなく、それら他の欲動には、性欲動を抑え込む力があるとさえ見なしてきたが、それにもかかわらず敵対者たちは、精神分析は「汎性愛主義」だと非難してきたのである。この二元的対立は、最初、性欲動と自我欲動と呼ばれた。後の理論的な転換の中で、エロースと死の欲動あるいは破壊欲動と呼ばれることになる。芸術や宗教、社会秩序を、部分的であれ、性的な欲動の諸力の協働から導き出すのは、至高の文化財を貶めるものだと非難された。そして人間は常にただ性的な関心だけを持っているのではなく、他の関心も持っているということが声高に説かれた。ところが、その際、つい熱くなるものだから、動物もまた他の関心を持っていることが見落とされた。動物では、発作的に一定の期間のみ性欲に服するだけであって、人間のように永続的にそれに支配されているわけではない。また、人間でも、性以外のさまざまな関心があるのは反論の余地がないし、また何かひとつの文化的な成果が基本的な動物的な欲動源泉に由来することが立証されたところで、その成果の価値は何ら揺らいだりするものではない。

これだけ論理が欠落して不当な難癖がつけられる以上、それに対して何か説明が必要となる。説明の手掛かりを見つけるのは難しくない。人間の文化は二つの支柱の上に乗っかっている。ひとつは自然の諸力の支配である。今ひとつは、われわれの欲動の制限である。縛られた奴隷たちは女王の玉座を支えている。そのように馴致されて仕えている欲動成分のうちでも、狭い意味での性欲動の諸成分は、強さと粗暴さという点で抜きん出ている。それらが解放されるなど、考えるだにおぞましい。玉座は引っくり返され、女王は足蹴にされることだろう。社会はこのことを心得ており、それが話題となることを望まないのだ。

とはいえ、なぜそれを語ってはいけないのか。それを論じれば、どんな害があるというのか。精神分析は、公益に反する欲動を解き放てなどとは、これまで一度として口にしたためしはない。逆にむしろ、その危険について警告し、欲動の陶冶を勧告してきた。しかしながら社会は、こうした事態を公けにすることについて聞く耳をもたなかった。それは、社会そのものにいろいろ疚しいところがあるからだ。まず、社会は高い道徳的理想を掲げてきた——道徳とは欲動を制限することである。社会は、その成員全員に、この理想を成就することを求めるが、個々人にとってそれに従うことがいかに困難であるかについては頓着しない。社会はまた、個々人が欲動を放棄する程度に応じて、彼らに補償をしてやるほど豊かであったり、良く組織されていたりするわけではない。こうして、自らの心の均衡を保つために、自分に課せられた犠牲に見合うだけの補償をどのようにして調達するかは、所詮、個人に任されている、ということになる。個人は、総じて、心理学的に分不相応の生活をするように強いられており、それでいて欲動の要求が満たされないゆえ、文化の側からの要請を絶えざる重圧と感じている。かくて、社会は、文化的な偽善の状態の内にあり、これに不確実感だの、否定しがたい不安定を批判や議論の禁止で防ごうとする欲求だのが伴わざるをえない。このような見地は、あらゆる欲動の蠢きについて当てはまる。当然、エゴイズム的な欲動の蠢きについても当てはまる。そうした見地が、単にこれまで発展してきた文化だけでなく、ありとあらゆる文化にも適用できるのか、またできるとすればどの程度まで可能なのか、これについてはここで検討しないでおこう。ここでさらに、狭い意味での性的欲動に関してもう一つ厄介なことが加わってくる。性的欲動は大抵の人間の場合では、不十分かつ心理学的に正しくない仕方で抑制されているので、それらは、他のどれと比べても、いつ何時、暴発するか知れないのだ。
精神分析はこの体制《システム》の弱点を暴き出し、その変更を勧める。精神分析は、欲動の厳しい抑圧を和らげ、その代わりにもっと誠実であることを提案する。ある種の欲動の蠢きを社会は過度に抑え込んでいるが、これらがもっと充足されるのを容認すべきである。また他の欲動については、抑圧を通して抑え込むという目的に相応しくない方法をやめ、より良い、もっと確実なやり方で置き換えるのがよい。このような批判をした結果、精神分析は「文化に敵対するもの」と受け取られ、「社会的に危険」としてご法度になってしまった。この抵抗も永続しえようはずのものではない。人間の築いた制度は、正当な批判的洞察の影響を長期的にはねのけることができない。だが、今までのところ、精神分析に対する人々の態度は、依然としてこの不安に支配され、この不安が激しい感情的な反応を引き起こし、論理的に議論するべしという要請を蔑ろにするのだ。

　個人が自分を社会的な共同体の一員と感じている限り、精神分析は欲動学説でこの個人を侮辱してしまったが、この理論の別の部分は、個々人一人ひとりを、その人自身の心的な発達の最も敏感な個所で傷つけかねなかった。精神分析は、幼児には性など存在しないというお伽噺に終止符を打ち、小さな幼児でも人生の最初から性的な関心や活動があるのを立証し、それらの性的な関心や活動がその後どのように変容していくか、すなわち四歳くらいでひとつの制止を受け、ついで思春期以降、生殖機能の任務に就くことになるのを示したのである。精神分析は、幼児期初期の性生活がいわゆるエディプスコンプレクス、すなわち異性の親への感情的な拘束、ならびに同性の親との競合関係においてその頂点に達することを認識した。この志向は、人生のこの時期にはまだ何の制止も受けることなく直接に性的な欲求へと進んでいく。実際、このことはたやすく確認され、あえて見ないようにでもしないかぎりこれを見落とすはずがない。実は、どの個人もこの段階をくぐり抜け、その内容を精力的な努力で抑圧し、ようやくのことで忘れ去ったのである。近親相姦に対する嫌悪感や強力な罪責意識は、この個人の先史時代から積み残されたものである。人類の先史時代全般も、これと全く似たような具合に推移し、道徳や宗教、社会秩序の始まりは、この原始時代の克服と密接に結びついていたのかもしれない。後にはあまりにも不名誉と映るこの前史のことは、大人になってから想い出させてもらっては困る。大人たちは、精神分析が本人の幼年期から健忘のヴェールを剝ぎ取ろうとするものだから逆上し始めた。かくして、残された逃げ道は唯一つ、すなわち、精神分析が主張するものはすべて偽りであり、この新しい学問と銘打つものも空想と歪曲を織り合わせたものに違いない、とされることになった。

というわけで、精神分析に対するさまざまの強い抵抗は、知的な性質のものではなく、情動的な源泉に由来するものだったのだ。これらの抵抗が激しい感情を伴いながら、論理的には控えめであるのもそこから説明できよう。この状況の元にあるのは単純な定式で、要するに、人々は、精神分析に対して、苦痛を訴えるので治療を受けることになった個々の神経症患者と同様の態度を取ったということである。もっとも、個人の患者に対しては、辛抱強い分析治療によって、すべてはわれわれの主張したような形で生じたのだということを証明してやることもできた。われわれはそれらを自分で捏造したのではなく、数十年にわたる営々たる努力を通してさまざまの神経症患者を研究することから知ったのである。

この状況には、愕然とさせられもするが、同時にまた慰められもする。愕然とさせられるというのは、人類全体を患者として診るというのは大変なことだからであり、慰められるというのは、すべては結局のところ、精神分析の諸前提からして起こるほかないような形で展開したからである。

さて、以上に述べた精神分析に対するもろもろの抵抗をもう一度概観してみると、それらのうち、ある程度重要な学問的な刷新の多くに対して往々生じるのと同様の類いのものは、比較的少ないと言わねばならない。抵抗のうちの比較的多くは、この学説の内容によって人類の強い感情が傷つけられてきたことに起因する。人間と動物との間に傲慢にも設けられた隔壁を撤去したダーウィンの進化論も、これと同じ目に遭っている。筆者は、以前、ある小論文（「精神分析のある難しさ」『イマーゴ』一九一七年）[*1]で、この類似性を指摘した。そこで私が強調したのは、意識的な自我と強大な無意識との関係について精神分析が提起した見地は、人間の自己愛にとって手ひどい侮辱を意味するということであった。これを、私は心理学的な侮辱と呼び、そして、進化論による生物学的な侮辱、さらにはそれ以前のコペルニクスの発見による宇宙論的な侮辱と同列に置いたのだった。

純粋に外面的な点で難しいことがいくつかあり、それも精神分析に対する抵抗を強める一因となった。こと精神分析については、自分が分析を受けるか、あるいは誰か別の人に分析を行ってみるかしない限り、自立した判断を下すのは容易ではない。しかも、他人に精神分析を行うのは一定の実に微妙な技法を習得していなければ無理だし、またごく最近までは精神分析とその技法を習得するために気軽に門を叩くことのできる場もなかった。今ではベルリンに精神分析診療所兼教育機構が創設されたこと（一九二〇年）によって、事態は改善された。その後、ほどなくして（一九二二年）、ウィーンにまったく類似した研究所が設立されている。

最後に、ごく控えめながらあえてひとつの問いを提起しておきたい。著者は、ユダヤ人ながら、自らのユダヤの出自をいっときたりとも隠そうとしなかった。この個人的な事情が、精神分析に対する周囲の反感に一枚嚙んでいるのではないだろうか。この種の論議が声高に口にされることはごく稀にしかなかったが、残念ながら、われわれはずいぶん疑い深くなっており、その事情が何の影響も及ぼさなかったはずはないと推測せざるをえない。精神分析の最初の提唱者がユダヤ人であったというのは、また単なる偶然ではないのかもしれない。精神分析への賛同を表明するには相当の覚悟が必要であり、すすんで反主流の中で孤立する運命を引き受けるだけの気概がなくてはならない。それは、他の誰にもましてユダヤ人にとって馴染みの運命なのである。

（太寿堂　真　訳）

＊1　（GW-XII）〔本全集第十六巻〕。

『国際精神分析雑誌』編者のことば
Mitteilung des Herausgebers [der *Internationalen Zeitschrift für Psychoanalyse*]

オットー・ランク博士は、一九二〇年以来、本誌の扉に編集委員としてたったひとり名が記せられているが、一九一三年の創刊から本誌の編集委員を務めてきた。彼の兵役期間中は、ハンス・ザックス博士(当時ウィーン)が代わりを務め、今期のはじめからはS・フェレンツィ博士もまた編集委員に名を連ねている。

一九二四年復活祭に、ランク博士はある招待に応じ、ニューヨークへと赴いた。帰国の際、彼は精神分析の教育と診療の活動拠点を――少なくとも年の一定期間は――アメリカに移すことを決意した。それによって、本誌の編集業務を誰か別の者の手に委ねる必要が生じた。本誌がいかなる水準にあり、またどのような成果をあげてきたのかについて公けに語ることは、編者として相応しい振舞いではない。だが本誌を評価しようとする者なら誰しも、本誌の業績が、このたび退くこととなった編集委員の倦むことない献身と模範的な作業にどれだけよっているのかを見誤り忘れるはずはない。

このたびランク博士の代わりを務めるのはベルリンのS・ラドー博士である。彼を支えて、M・アイティンゴン(ベルリン)とS・フェレンツィ博士(ブダペスト)が助言と共同作業をおこなう。編集に寄せられる報告および寄稿はすべて下記の住所

ベルリン　シェーネベルク　公園沿い二十番地　シャーンドル・ラドー博士

宛に送られるべし。本誌の事務局は変わることなく、ウィーンの国際精神分析出版社(A・J・シュトーファー)のもとにある。

(本間直樹 訳)

編注

自我とエス

（1）【SE　原文では、bewußt sein と二語になっている。『素人分析の問題』のⅡ節（GW-XIV 224）〔本全集第十九巻〕にも同じような用い方がみられる。ドイツ語でふつう「意識」にあたるのは Bewußtsein という一語であって、これを二語に分けて書くと、「意識されている」という受動的な意味合いが強調されることになる。】

（2）【SA　たとえば「精神分析における無意識概念についての若干の見解」（GW-VIII 433 ff.）〔本全集第十二巻〕参照。】

（3）意識的、前意識的、無意識的という用語は、ドイツ語では bewußt, vorbewußt, unbewußt にあたるが、フロイトはこれらをしばしば bw, vbw, ubw の略形で表している。本翻訳ではそうした略形が用いられた場合の区別はことさらしていない。

（4）原語は Psychoid. もともとはE・ブロイラーの用語であるらしく、心的なものと身体的なものとの中間体のごときをいう。「心 Psyche」と「〜に似たもの oid」を合体させた複合語。

（5）SAでは、この個所について、論文末尾に特別に補注Ⅰとして、以下のような長い編者の注が付されている。

【SA　補注Ⅰ　「記述的無意識と力動論的無意識」

ここの二つの文〔補注が付された文とその前の段落にある一文を指す〕は、読者に誤解を招くようなところがないとはいえない。ジェームズ・ストレイチは、フロイトの書簡に目を通していたアーネスト・ジョーンズからの私的な報告を通して、そうした誤解の可能性があることを指摘されたらしい。

一九二三年十月二十三日、この論文が公刊されて数カ月もしないうちに、シャーンドル・フェレンツィはフロイトに宛ててこう書いている。「（…）それでも、ぶしつけながらひとつ質問させていただきます。（…）この問いが解決されないと、あなたのお書きになった『自我とエス』の一カ所が理解できないのです。（…）そこ〔補注の個所にあたる〕にはこうあります。「記述的な意味では二種類の無意識的なものが存在するが、力動論的な意味ではひとつしか存在しない」と。しかしあなたは、その少し前で、潜在的に無意識的なものは、記述的に無意識的であるだけであって、力動論的な意味では無意識的とは言えない、と書いておられます〔「力動論的な意味でではなく、たんに記述的に無意識的である潜在的なものを、前意識的と呼び、それに対して、無意識的という名称は、力動論的な意味で無意識的な抑圧されたものに限定して用いている」という一文〕。ですから、私としましては、二種類の無意識的なものを立てるのを要請しているのは、ほかでもない力動論的な考察の仕方のほうであって、記述のほうは意識的なものと無意識的なものの区別しか知らないと、〔ちょうど正反対に〕思い込んでいた次第なのです」。

しかしながら、厳密にみると、フロイトのこの二つの発言はなんら矛盾をきたしてはいない。潜在的に無意識的なものは記述的にのみ無意識的であるにすぎないという事実は、けっして、唯一この潜在的に無意識的なものだけが記述的に無意識的であるということを意味しているわけではないからだ。フロイトがこの論文のほぼ十年後に書いた『続・精神分析入門講義』第三一講(GW-XV 76 ff.)〔本全集第二十一巻〕のある個所でも、この議論全体が、非常によく似た言い回しを用いてくり返されている。そこでは、記述的に無意識的であるのは、前意識的なものと抑圧されたものの二つであるが、力動論的な意味では、「無意識的」という用語は抑圧されたものにのみ限定して用いられるということが、一再ならず説明されている。

フロイトは、この著作の第二版以降でも、フェレンツィが議論の対象とした当該の個所に何ら変更を加えてはいない。ちなみに、フロイトとフェレンツィのこれについての手紙のやりとりに関する詳細、ならびにSE編者ストレイチの綿密な論証については、SEを参照されたい。】

SEには、補注Aとして、この点についていっそう詳細な注が付されており、そこで、このフェレンツィの手紙に対するフロイトの「余りにも軽率すぎる」返信をも引用しながら、フェレンツィの誤解について縷々解説されている。しかしこの冗長な解説は、訳者には、ただ煩雑なだけで、ここでの議論にとってさほど有益であるとは思えないので、その詳細については割愛させていただく。ここでは、「無意識的なもの」は記述的には二種類あって、いわゆる「前意識的なもの」と、抑圧による本来の意味での「力動論的に無意識的なもの」の二つを包含している、というポイントを押さえておけばフロイトの意図はじゅうぶんに汲み尽せると考えられる。

(6)【SA　メタサイコロジー論文「無意識」〔本全集第十四巻〕のI節(GW-X 264 ff.)およびII節(GW-X 270 ff.)も参照された

い。】

(7)【SA　この見解は、『快原理の彼岸』(GW-XIII 17-18)〔本全集第十七巻、七〇頁〕だけでなく、より早い時期の論文「無意識」(GW-X 291-292)でも表明されている。】【SE　この見解はさらに「防衛-神経精神症再論」〔本全集第三巻〕の冒頭部にも暗示されている。】

(8)ちなみにここでの言い方はこうなっている。「治療における抵抗は、かつて抑圧を遂行したのと同じ、心の生活の高次の階層と系から発している。しかし抵抗の動機は、いや抵抗それ自身が、治療においては経験上さしあたり無意識的なものである。したがって、われわれの表現法の不適切なところを改善しておいた方がよいだろう。意識と無意識ではなく、一貫した存在としての自我と抑圧されたものとを対立関係におくならば、不明瞭さを逃れることができるのである」(GW-XIII 17-18)〔本全集第十七巻、六九—七〇頁〕。

(9)【SA　これについては、「無意識」Ⅱ節で、さらに詳しく論じられている。】

(10)(GW-XIII 25-26)〔本全集第十七巻、七七—七八頁〕。

(11)【SA　『夢解釈』第七章、B節〔本全集第五巻〕参照。】

(12)【SA　この見解は、すでにブロイアーによって、『ヒステリー研究』〔本全集第二巻〕の理論的部分のなかで表明されている。「夢学説へのメタサイコロジー的補遺」(GW-X 421)〔本全集第十四巻〕も参照。】

(13)【SA　フロイトはすでに、失語症についての個別研究(『失語症の理解にむけて』〔本全集第一巻〕。これはSAにもSEにも収録されておらず、収録されているのはTB10459においてのみ)で、病理学上の発見をもとに、この結論に達していた。この失語症論文での図——SAでは「無意識」の付録Cに再録されている——を参照されたい〔本全集第十四巻の当該のSA編注を参照。〕】

(14)【SA　ヴァーレンドンク著『白昼夢の心理学』(一九二一年)参照。フロイトは、この書に序文を寄せている(GW-XIII 439-440)〔本全集第十七巻、三六一—三六二頁〕。】

(15)【SA　『快原理の彼岸』(GW-XIII 28-29)〔本全集第十七巻、八一頁〕参照。】

(16)【SA『快原理の彼岸』(GW-XIII 3-4)〔本全集第十七巻、五五―五六頁〕参照。】

(17)【SA「無意識」III節(GW-X 275 ff.)参照。】

(18)ゲオルク・ヴァルター・グロデック(一八六六―一九三四年)。ベルリン大学医学部卒業後、一九〇〇年にサナトリウムを開き、独自の温浴療法、食餌療法、マッサージ療法を通してさまざまな疾患の治療に専念するなかで、人間ならびに自然界全体を動かす名状しがたい力を「エス」として把握する思想的営為をつづけた。一九一七年にフロイトに手紙を書き、この独自の「エス」の概念について説明したことがきっかけになって、以後二人の往復書簡がつづくことになる。一九二三年に、書簡体小説の体裁で「エス」について論じた『エスの本』(邦訳『エスの本――無意識の探究』岸田秀・山下公子訳、誠信書房、一九九一年)を公けにするが、フロイトが『自我とエス』を出版したのはまさにその直後にあたっている。グロデックは、その後、フロイトの用いる「エス」の概念が、自身のそれよりもはるかに狭いことに対して、彼に抗議の手紙を書いたようである。

(19)【SA『続・精神分析入門講義』第三一講の終わり近くに置かれた、これとわずか異なる図(GW-XV 85)と比較されたい。『夢解釈』のなかのこれとまったく異なる図(GW-II/III 546)〔本全集第五巻〕および、それにさらに先行するものとしての、一八九六年十二月六日付のフリース宛の書簡に出ている図〔ジェフリー・ムセイエフ・マッソン編、ミヒァエル・シュレーター=ドイツ語版編『フロイト　フリースへの手紙――一八八七―一九〇四年』河田晃訳、誠信書房、二〇〇一年、二一二頁〕は、機能と構造の両方にかかわるものである。】

(20)【SA　もしかしたらここでフロイトの念頭にあったのは、言語理解の際にある役割を果たしている高度聴覚中枢、つまりヴェルニケの脳内言語中枢のことなのかもしれない。】ちなみに、C・ヴェルニケは、この領野に聴覚性言語記憶像が蓄えられ、それによって言語理解が可能になるとしている。

(21)ドイツ語の人称代名詞の es は、はっきりしない動作・現象の主体を指すものとして、非人称的にも用いられる。英語の it やラテン語の id にもそのような用い方がある。ニーチェにこのような「エス(それ)」を用いた例が特段多いとは思えないが、たとえば『善悪の彼岸』での次の一文などはその顕著な例といえるかもしれない(第一章、一七)。「思想というものは、「エス(それ)」が欲するときにやってくるもので、「自我(私)」が欲するときにやってくるのではない」。ちなみに、グロデックがニーチェから大きな思想的影響を受けていたことを、当時フロイトは彼との書簡のやりとりで知っていた。

(22)【SA　騎手と馬の比喩は、『続・精神分析入門講義』第三一講(GW-XV 83)にも登場している。】

(23)【SA「言い換えれば、自我は、究極的には、身体的感覚、とりわけ身体の表面から発する感覚から出ている。自我は、このように、身体の表面の心的な投射とみなしてよいかもしれず、それどころか、すでに見たように、心的装置の表面に相当しているとみなしてよいかもしれない」。このもともと英語で付された原注は、最初、一九二七年にロンドンで出版された英訳の際のもので、そこには、フロイト自身によってすでに認可済みとの旨が記されている。しかし、この注は、その後のどのドイツ語版にも採用されておらず、ドイツ語ヴァージョンはない。】

(24)　かつての脳解剖学において、大脳の諸機能を局在論的に図式化した脳地図に現われ出てくるとされていた人間に似た模様のことをいう。この「脳中人」の譬えでフロイトが強調しようとしているのは、人間が「脳中人」として自身の身体を表象しているように、自我は自分自身を表象する存在だという点である。

(25)　GWにはこの原注の付された個所が明記されていないため、ここではSA、SEにしたがって原注番号を挿入した。【SA『夢解釈』(GW-II/III 68)〔本全集第四巻、九二頁〕および(GW-II/III 570)〔本全集第五巻〕参照。】

(26)【SA　この言い方は、すでにフロイトの論文「強迫行為と宗教儀礼」(GW-VII 135-136)〔本全集九巻〕にも登場している。しかし、その考え方自体としては、それよりはるか以前、「防衛-神経精神症」のII節(GW-I 65ff.)〔本全集第一巻〕でも、すでに暗示されている。】

(27)【SA　これについては、以下、V節でさらに詳しく論じられている。】

(28)【SA『集団心理学と自我分析』(GW-XIII 126)〔本全集第十七巻、一八五頁〕参照。】

(29)【SA　フロイトは『快原理の彼岸』(GW-XIII 18)〔本全集第十七巻、七〇頁〕では、自我の無意識的な部分を自我の核としているし、また、のちの論文「フモール」(GW-XIV 387)〔本全集第十九巻〕では、超自我を自我の核としている。】

(30)【SA　フロイトが性格形成に関して論じている別の個所については、論文「性格と肛門性愛」〔本全集第九巻〕の末尾に付されたSA編者注を参照されたい。】このSA編者注にはこうある。「「性格」と性格形成の機制についてはフロイトの言及はごくわずかしかない。挙げておくべきは、『性理論のための三篇』の末尾近く(GW-V 140-141)〔本全集第六巻〕、「強迫神経症の素因」でのいくつかの発言(GW-VIII 449-450)〔本全集第十三巻〕、「欲動変転、特に肛門性愛の欲動変転について」(GW-X 402)〔本全集第十四巻〕、および「リビードの類型について」〔本全集第二十巻〕である。もうひとつ、とりわけ興味をひくのは、『自我とエス』III節前半の説明であり、その思考の大筋は『続・精神分析入門講義』第三二講(GW-XV 106 ff.)でも繰り返されている」。

(31)【SA『集団心理学と自我分析』のVII節(GW-XIII 115)〔本全集第十七巻、一七三―一七四頁〕参照。】

(32)この原注は、内容からみて、むしろこのすぐあとの「自我変容」の個所に付けるほうがふさわしいだろう。

(33)(GW-X 435)〔本全集第十四巻〕。

(34)【SA『トーテムとタブー』(GW-IX 101, 171-172, 186)〔本全集第十二巻〕参照。】

(35)この段落のテーマは、以下(GW-XIII 274-275)〔本巻四四―四六頁〕および(GW-XIII 286-287)〔本巻五八―六〇頁〕で再度触れられている。また、二つの欲動の混合と分離については、以下(GW-XIII 269-270)〔本巻三八―四〇頁〕で説明されている。

(36)【SA『集団心理学と自我分析』VII節冒頭(GW-XIII 115)〔本全集第十七巻、一七三頁〕参照。】

(37)【SA「ナルシシズムの導入にむけて」(GW-X 152 ff.)〔本全集第十三巻〕参照。】

(38)(GW-X 140-141)。

(39)【SA「幼児期の性器的編成」の原注(5)〔本巻二三七頁〕参照。】

(40)【SA同名の標題の論文〔本巻三〇一頁以下〕参照。そこではこの問題がいっそう詳しく論じられている。】

(41)【SA エディプスコンプレクスの結末が、男の子の場合も女の子の場合も「まったく同じようにして」起こるという考え方は、この後しばらくして、フロイト自身によって放棄された。】

(42)ここでフロイトが自らに問いかけているのは、父母に向けられた最初の性愛的対象選択が断念されたあと、それぞれ父-同一化と母-同一化となって自我にとりこまれてゆく経緯であり、以下、そうした文脈から両性性と裏《うら》エディプスコンプレクスの問題が提起されることになる。

（43）（GW-XIII 115-116）〔本全集第十七巻、一七三―一七四頁〕。

（44）【SA　両性性の重要性に関するフロイトの確信は、はるか昔に遡る。たとえば『性理論のための三篇』の初版にはこうある。「思うに、両性性というものを考慮に入れなければ、実際に観察されている男女の性的表出についてほとんど理解できないのではなかろうか」（GW-V 121）。しかし、これより早く、一八九九年八月一日付のフリース（この問題圏でフロイトに大きな影響を与えた第一人者）宛の書簡のなかにも、このパラグラフを先取りしているともいえる文が見出せる。「（…）まさに両性性なのです。この点についてあなたのおっしゃっていることは間違いなく当たっております。私もまた、あらゆる性的行為を、四人のあいだで行われる出来事〔双方がそれぞれ男と女の二面をもっているので性的行為は四人のあいだの出来事となる〕として解釈するのに徐々に慣れてきております」〔邦訳『フロイト　フリースへの手紙――一八八七―一九〇四年』三八八頁〕。】

（45）一人の人間のもつ男性性と女性性のそれぞれにおいて表《おもて》と裏《うら》があるので、そもそもエディプスコンプレクスにおいては総計四つの性的追求のかたちがあるということになる。

（46）この推測は、次節において、超自我と死の欲動のつながりを説明するところでなされている。

（47）周知のようにフロイトはリビードの発達のあり方を、口唇期、肛門期、ファルス期ののちに、エディプスコンプレクスの克服を経て、潜伏期に入り、最後に思春期とともに性器期にいたると考えており、人間の性生活が潜伏期を間にはさんで二つの時期に分かれていることを、ここで、人間の性生活の「二節性」と呼んでいる。

（48）【SA　一九二七年ロンドンで刊行されたジョウン・リヴィアによる英訳には、フロイトの明確な指示のもとに、ここのパラグラフとやや異なったヴァージョンが採用されている。しかし、この修正はその後これまで、どのドイツ語版にも採用されてはいない。フロイトが修正をほどこした稿（そのドイツ語テクストは存在しない）はこうなっている。「今述べた超自我の発生についてもう一度よく注意をこらしてみるなら、超自我は、きわめて重要な二つの要因の結果生じたものであることが分かる――ひとつは生物学的性格のもの、もうひとつは歴史的性格のものである。すなわち、ひとつは、人間の長い子供時代における無力さと依存性であり、もうひとつは、エディプスコンプレクスがあるという事実である。われわれの確認しているところでは、このエディプスコンプレクスの克服は、潜伏期によるリビード発達の中断、したがって人間の性生活の二節性なるものの おとずれということと密接につながっている」。】

（49）【SA　ここで指摘されている仮説とは、フェレンツィによって打ち出されたものである（フェレンツィ「現実感覚の発展段階」（*Internationale Zeitschrift für ärztliche Psychoanalyse*, *1*, 1913, 124-138）参照）。フロイトは、『制止、症状、不安』X節の末尾近く（GW-XIV 187）〔本全集第十九巻〕で、これをいっそう強く認めているようにうかがえる。】

（50）超自我は、父との一次同一化の結果、ならびに父母への対象愛によってこの同一化が強化された結果なのであるから、当然それは、同一化の動因としてのエスに出自をもつことになる。

（51）【SA　そういうわけで超自我は先の図〔本巻二〇頁〕のなかに場をもっていない。しかし、のちの『続・精神分析入門講義』第三一講における図では、超自我に場所が与えられている。】

（52）（GW-IX 177 ff.）〔本全集第十二巻〕。

（53）前者（GW-XIII 132-133）〔本全集第十七巻、一九二一―一九二三頁〕には、兄弟姉妹《きょうだい》に対する敵意を抑える同一化について、後者（GW-XIII 205-206）〔本全集第十七巻、三五四頁〕には、これが同性愛につながってゆく事態についての言及がみられる。

（54）【SA　これは、四五一年にアッティラがローマ軍と西ゴート軍に打ち破られたシャロンの闘いを描いたものとして知られている。ヴィルヘルム・フォン・カウルバッハ（一八〇五―七四年）は、この闘いを、本来はベルリンの新博物館を飾るための壁画のモティーフとした。その壁画では、六世紀の新プラトン主義の教師ダマスキオスにまで遡る伝説が伝えているように、すでに死んだ戦士たちが、戦場の上空でなおも闘いを繰り広げている。】

（55）ここで言う「宇宙論的 kosmologisch」とは、自然界におけるすべての出来事の因果関係を遡り、究極的な原因となるひとつの出来事にたどりつき、そこから逆にすべてを説明してゆくような、ある種の機械論的操作法をいう。

（56）編注（72）参照。

（57）【SA　この点については「マゾヒズムの経済論的問題」（GW-XIII 376）〔本巻二九二頁〕で再度論じられている。】

（58）【SA　（GW-XIII 258）〔本巻二六頁〕参照。以下、サディズムについて述べられていることは、すでに『快原理の彼岸』

(GW-XIII 58-59)〔本全集第十七巻、一一一―一一二頁〕で暗示されていたものでもある。】

(59)　【SA　ドストエフスキーの発作についての論文（「ドストエフスキーと父親殺し」〔本全集第十九巻〕）参照。】

(60)　【SA　この点については『制止、症状、不安』(GW-XIV 144)でも再論されている。】

(61)　ここでは、エスの存在はそもそも自明だとして、自我から超自我が分化してくる事態にとりわけ注意が促されている。

(62)　【SA　以下の論に関しては、「欲動と欲動運命」でなされた愛と憎しみの関係についての初期の議論(GW-X 228-232)〔本全集第十四巻〕、ならびに、のちに『文化の中の居心地悪さ』〔本全集第二十巻〕のV節(GW-XIV 466 ff.)およびVI節(GW-XIV 476 ff.)でなされた議論を参照されたい。】

(63)　愛から憎しみへの変身が相互に交替可能ということになれば、愛を引き起こす欲動と憎しみを引き起こす欲動が別物であるという見方は成り立たなくなる。むろん、フロイトがここで主張しようとしているのは、そうした交替が可能であるにもかかわらず、やはり二つの欲動が存在しているということである。フロイトはこのことを主張するために、このすぐあとで遷移可能なエネルギーという仮説を持ち出すことになる。

(64)　原注(17)および編注(53)参照。

(65)　【SA　この主張はすでに「ナルシシズムの導入にむけて」(GW-X 143)でなされている。】

(66)　【SA　オットー・ランク「暗殺者の心理における「家族ロマン」」(*Internationale Zeitschrift für ärztliche Psychoanalyse*, *1*, 1913)参照。】

(67)　【SA　この話は、フロイトがとくに好んだもので、『機知――その無意識との関係』のVII節(GW-VI 235)〔本全集第八巻〕、ならびに『精神分析入門講義』第一一講(GW-XI 178)〔本全集第十五巻〕でも持ち出されている。】

(68)　(GW-XIII 258)〔本巻二六頁〕。

(69)　この個所には、原文に明らかな乱れが見られる。“daß es (＝das Es) deren (＝der Objektbesetzungen) Libido ins Ich aufnimmt”の“ins Ich”は文脈からして“in sich”になるべきところである。SEではこの個所は修正をこめて“into itself”と訳されている。

(70)　(GW-XIII 285)〔本巻五七―五八頁〕。

(71)　SAでは、これについての詳しい説明のために、論文末尾に補注IIというかたちで、以下のようなやや長い注が追加されている。

【SA　補注II「リビードの大貯蔵槽」

原注(13)〔本巻二七頁〕で言及され、この前ページあたりからより詳細に論じられている問題に関しては、一筋縄ではいかない難しさがある。

「大貯蔵槽」という比喩がはじめて登場したのは、『性理論のための三篇』の第三版(一九一四年秋執筆、一九一五年刊)に追加した一節においてのようである。そこにはこうある。「われわれからすれば、ナルシス的リビードないし自我リビードは、対象備給が外へ発出しては再び戻ってくる大貯蔵槽であって、自我のナルシス的リビード備給は、幼年期初期に実現されていた原状態〔一次ナルシシズムの状態をさす〕に等しい。この原状態は、のちのリビードの外発によって覆い隠されるにすぎず、根本的にはその外発の陰にかくれて保持されつづけていたものなのである」(GW-V 119)。

しかしフロイトは、これより以前には、これと同じ考え方を、とりわけ好んで用いた別の比喩――それは「大貯蔵槽」の比喩と二者択一的ないしは同時的に使用されることになる――によって表現していた(この比喩は、さらにその前の一九一三年に刊行された『トーテムとタブー』第三論文(GW-IX 109-110)にも、痕跡だけのかたちながら登場している)。その個所とは、「ナルシシズムの導入にむけて」(GW-X 140-141)であり、執筆は一九一四年のはじめと推定できる。「こうしてわれわれは、自我の元来のリビード備給というものを想定するわけであるが、このリビード備給は、のちには対象に向けて打ち出されることになるものの、根本的にはのちのちまで残存しつづけ、それと対象備給の関係は、ちょうど原形質動物の本体と、それが外へ伸ばす偽足との関係に等しい」。

これら二つの比喩は、一九一六年末にハンガリーのある雑誌のために書かれた半ば一般向けの論文(一九一七年刊「精神分析のある難しさ」の前半部分(GW-XII 6)〔本全集第十六巻〕)では、並んで同時に現われている。「自我はひとつの大貯蔵槽であって、ここから対象に向けられたリビードが流れ出すとともに、このリビードが対象から再びここへと逆流してくる。(…)

この関係を感覚的に理解するには、粘っこい本体から外に向けて偽足を伸ばす原形質動物のことを思い浮かべてみるのがよかろう」。

原形質動物の比喩は、一九一七年にも『精神分析入門講義』第二六講に現われているし、また貯蔵槽の比喩も、『快原理の彼岸』に登場している。この後者のほうはこうなっている。「自我はリビードのもともとからの本来的貯蔵槽であって、そこから発してリビードが対象にまで伸び広げられるのだ、と精神分析は洞察するようになった」〔本全集第十七巻、一〇九頁〕。

フロイトは、これと非常によく似た一節を、一九二二年に書いた百科事典の記事(「「精神分析」と「リビード理論」」一九二三年、II節の「ナルシシズム」の項目(GW-XIII 231)〔本巻一七〇―一七一頁〕)で採用してもいる。そして、その後ほどなくしてエスが導入され、それまでの発言の見たところ思い切った修正が企てられることになる。「今や自我とエスを分離したわけであるから、われわれとしては、エスこそが(…)リビードの大貯蔵槽であると認めねばならない」(『自我とエス』原注(13))。さらに加えてこうある。「リビードは、もともとはすべてエスのなかに蓄えられており、そのとき自我はなお形成途上か、あるいはなお脆弱な状態にある。エスは、このリビードの一部を性愛的な対象備給のために送り出すのであるが、これに対して、強くなった自我はこの対象リビードを制圧し、自らを愛の対象としてエスに押しつけようとする。自我のナルシシズムはこうして、二次的なもの、対象から奪い取られたものとして成立するわけである」(GW-XIII 275)〔本巻四五頁〕。

この新しい見解は、それとしては理解しやすいが、だからこそ、わずか一年後に書かれた次のような文章(『みずからを語る』V節後半にぶつかるといささか混乱してしまう。「(…)自我こそはつねにかわらずリビードの一大貯蔵槽なのである。対象備給が送り出されてくる元には自我があり、リビードが対象から還流していける先もまた自我である」(GW-XIV 83)〔本巻一一八頁〕。一九三三年の『続・精神分析入門講義』第三一講(GW-XV 109ff.)にも、これとほぼ同じ内容の発言が見られる。

なるほど、右の自伝のなかの文は、精神分析理論の発展を歴史的に回顧する文脈で書かれたものではある。しかし、そうではあるものの、そこには、『自我とエス』で公けにされた見解の変更についての指摘は見当たらない。そしてさらには、フロイトの最後の研究論文のひとつである「精神分析概説」(一九三八年執筆、一九四〇年刊)第二章にも、これと同じような文章が見出されることになるのである。「エス、あるいは超自我におけるリビードの振舞いについて述べることは困難である。それについてわれわれが知っていることはすべて自我に関係し、はじめはそこに、リビードの利用可能な分量の全体が貯蔵されている。われわれはこの状態を、絶対的一次ナルシシズムと呼ぶ。この状態は、自我が対象表象をリビードで備給し、ナルシス的リビードを対象リビードに置き換え始めるまで続く。人生全体を通じて自我は大きな貯蔵槽であり続け、原形質体が偽足でそうするように、リビード備給は、そこから対象に送り込まれては再びそこに戻される」(GW-XVII 72-73)〔本全集第二十二巻、一八五頁〕。

のちに書かれたこれらの文章は、フロイトが、この『自我とエス』で明確に打ち出した見解を再度否定したということを意味しているのだろうか。それはどうも想定しがたいように思えるし、そればかりか、これら一見矛盾しているようにみえる二つの発言を和解させる助けとなるような点が二つある。ひとつはさほど重要なものではない。つまり、「貯蔵槽」の比喩はそれ自体が二義的であって、水の貯蔵タンクとしての貯蔵槽と、給水のための水源としての貯蔵槽のどちらにも解釈できるということだ。この比喩をこの二つの意味でそれぞれ自我とエスの両方に使用するのはさほど考えられないことではないし、もしもフロイトが、自分が厳密にどちらのほうの比喩を念頭においていたのかをはっきりさせていたのであれば、先の引用の個所——とりわけ原注(13)の文——もおのずと説明がついていたにちがいあるまい。

二番目の点のほうが重要である。先に注として指摘した『続・精神分析入門講義』の第三二講の個所の数ページあとにフロイトは、マゾヒズムの議論とのかかわりでこう書いている。「そもそもの初めは、自我が——しかしわれわれはここではむしろエス、つまりその人物全体のことを言っているのだが——すべての欲動の蠢きを含んでいたということが、破壊欲動にもあてはまるのであれば (…)」(GW-XV 112)。

言うまでもなく、このダッシュのなかに挿入された文が言わんとしているのは、エスと自我がまだ未分化のままの原初の状態だということである(このとらえ方は、何度も繰り返し主張されたフロイトの持論でもある)。「精神分析概説」の先に引用した個所の二段落前には、これとよく似ているが、さらにはっきりした発言が見られる。「われわれは、始原的状態では、われわれが今後リビードと呼ぶ利用可能なエロースのエネルギー全体は、まだ分離されていない自我-エスの中に存在し、同時に存在している破壊傾向を中和していると考えている (…)」(GW-XVII 72)〔本全集第二十二巻、一八四頁〕。これをフロイトの理論のそもそもの核と理解するならば、彼の発言のなかの矛盾らしきものも和らいでくる。この「自我－エス」こそが、そもそもの初めには、貯蔵タンクの意味での「リビードの大貯蔵槽」だったということなのである。分化が発生したあとでも、エスはさらに貯蔵タンクでありつづけるが、エスが備給を（対象に向けてであれ、今や分化によって生まれ出た自我に向けてであれ）送り出しはじめるや、エスは、貯蔵タンクに加えて、供給源としても機能することになる。同じことは自我についてもあてはまるだろう。なぜなら自我は、ナルシス的リビードの貯蔵タンクであると同時に、ある意味では、対象備給の供給源だとも言えるからである。

しかしながら、この最後の見方に関しては、さらなる問いがつきまとってくる。しかもフロイトは、明らかに、これに絡めながら、さまざまな時期に異なった見解を主張している。すでに引用したように、『自我とエス』にはこうある。「リビードは、もともとはすべてエスのなかに蓄えられており」、さらには「エスは、このリビードの一部を性愛的な対象備給のために送り出すのであるが、これに対して、強くなった自我はこの対象リビードを制圧し、自らを愛の対象としてエスに押しつけようとする。自我のナルシシズムはこうして、二次的なもの、対象から奪い取られたものとして成立する（…）」と。しかしその一方で、「精神分析概説」においては、「はじめはそこに、リビードの利用可能な分量の全体が貯蔵されている」場所は、ほかでもない自我であって、「われわれはこの状態を、絶対的一次ナルシシズムと呼ぶ」とされており、これにつづいて、「この状態は、自我が対象表象をリビードで備給し、ナルシス的リビードを対象リビードに置き換え始めるまで続く」と述べられている。これら二つの叙述で、異なった二つの出来事に注意が向けられていることは疑う余地がない。最初の叙述では、対象備給が、直接的にエスから発し、間接的な道筋をとってはじめて自我に到達するものとして想定されているのに対して、後者の叙述では、リビード全体がエスから自我に向かって流れ、対象には間接的なかたちでしか到達しない、とされているのである。この二つの出来事は、両立できないわけではないように思えるし、少なくとも、両方が同時に生じることは考えられる。しかし、フロイトはこの問いについては口を閉ざしている。】

（72）【SA　フロイトが一貫して欲動の二元論的分類に固執しているのは、『快原理の彼岸』VI節末尾の原注（36）（GW-XIII 66）〔本全集第十七巻、一二一頁〕にも明らかに見てとれる。】

（73）【SA『快原理の彼岸』(GW-XIII 4-5)〔本全集第十七巻、五六―五七頁〕参照。】

（74）【SA「性基質」の果たす役割についてのフロイトの見解は、『性理論のための三篇』第二篇、二節(GW-V 114-117)に見られる。】

（75）(GW-XIII 263)〔本巻三一―三二頁〕。

（76）自我の上にあって自我を支配するものとしての超自我が、自我よりも下のエスの領域に入り込んでいる状態を指して「逆立ち」と称しているのだろう。

（77）かつての性愛的備給の対象が断念されるとき、自我はこの対象を自らのうちに取り込み、それとの同一化を強めるが、この自らのうちに打ち立てられた対象が、自我に対して、断念したことに対して罪ありと責めてくるような場合を指す。

（78）【SA フロイトは、「マゾヒズムの経済論的問題」(GW-XIII 378-379)〔本巻二九四―二九六頁〕で再度この問題に立ち戻っており、そこで、無意識的罪責感と道徳的マゾヒズムの違いについて論じている。これについては、『文化の中の居心地悪さ』VII節(GW-XIV 482 ff.)とVIII節(GW-XIV 493 ff.)も参照されたい。】

（79）(GW-XIII 282-284)〔本巻五三―五六頁〕。

（80）【SA この問題は、フロイトの論文「精神分析作業で現れる若干の性格類型」III節(GW-X 389-391)〔本全集第十六巻〕で、(他の指摘もいくつか交えつつ)詳細に論じられている。】

（81）(GW-XIII 248)〔本巻一四―一五頁〕。

（82）(GW-XIII 281)〔本巻五二頁〕。

（83）【SA このパラドクスについては、「マゾヒズムの経済論的問題」(GW-XIII 383)〔本巻二九九頁〕で改めて論じ直されているし、また『文化の中の居心地悪さ』VII節(GW-XIV 484 ff.)でも、さらに詳細な議論がなされている。】

（84）【SA「無意識」(GW-X 287-288)参照。】

（85）【SA「心的生起の二原理に関する定式」(GW-VIII 233)〔本全集第十一巻〕、および「否定」(GW-XIV 14-15)〔本全集第十九巻〕参照。ここにはさらに詳しい指摘も見られる。】

(86)【SA『快原理の彼岸』(GW-XIII 50-52)〔本全集第十七巻、一〇三―一〇四頁〕にもこうした極微動物についての言及が見られる。】

(87)【SA 以下に不安のテーマについて述べられていることは、のちに『制止、症状、不安』で表明されることになるフロイトの修正見解を踏まえたうえで読まれる必要がある。そこでは、ここに挙げられた問題点のほとんどすべてが、引きつづき論じられている。】

(88)【SA 自我が「打ち負かされる」という見方は、ごく早期からフロイトの諸論文に現われている。たとえば「防衛-神経精神症」のII節にも、これについての言及が見られるし、一八九六年一月一日付の「草稿K」〔フリース宛の書簡、邦訳『フロイト　フリースへの手紙――一八八七―一九〇四年』一六五頁以下〕でも、この見方は、神経症の機制についての議論のなかで重要な位置を占めている。さらには、『制止、症状、不安』で展開された「外傷的状況」(GW-XIV 199)とも明らかにつながっている。】

(89)【SA W・シュテーケル『神経質性の不安状態とその治療』一九〇八年、五頁参照。】

(90)【SA これは、『制止、症状、不安』(GW-XIV 182)で論じられている「別離不安」を暗示するものである。】

みずからを語る

(1) 一九二五年版、一九二八年版、一九四八年の全集版(GW)では、この段落から本節の終わりまで小さな文字で印刷されている。

(2)【SE いわゆるシュペール・ギムナジウム(Sperlgymnasium)。「ギムナジウム生徒の心理学のために」〔本全集第十三巻〕参照。】このギムナジウムの正式名は、レーオポルト町立実科・高等ギムナジウムである。一八七〇年に、タボール通りからシュペール通りまで拡張された後、シュペール・ギムナジウムと呼ばれるようになった。E・ジョーンズ『フロイトの生涯と作品』ニューヨーク、ベーシック・ブックス社、第一巻、二〇頁参照。

(3)【SE　このことについては、『素人分析の問題』のあとがき(GW-XIV 290-291)〔本全集第十九巻〕で詳細に述べられている。】

(4)このあとにフロイト自身によって文章が一九三五年に追加された。「『みずからを語る』補筆」(GW-Nb 763)〔本巻一三五頁〕を参照。なお、この一九三五年の追加が一九四八年の全集版に含まれていないのは、偶然のミスのためである。『みずからを語る』の成立については「解題」を参照。

(5)フロイトに対するダーウィンの影響、ならびに当時のダーウィニズムについては、以下の文献を参照。ルーシール・B・リトヴォ『ダーウィンを読むフロイト』安田一郎訳、青土社、一九九九年(原著は一九九〇年発刊)。

(6)ここにフロイト自身によって語句が一九三五年に追加された。「『みずからを語る』補筆」(GW-Nb 763)〔本巻一三五頁〕を参照。

(7)【SE　R・ペスタロッチによれば、(一七八〇年に書かれた)このエッセイの本当の作者は、スイスの作家G・C・トーブラー(一七五七―一八一二年)である。ゲーテは、半世紀後に偶然このエッセイを見つけ、誤って自分自身の作品に入れてしまったのである。このエッセイの『自然についての断章』は、フロイトの夢のなかの一つに現れる。『夢解釈』(GW-II/III 443)〔本全集第五巻〕を参照。フロイトはこの講義についての批評をウィーンのある新聞に書いたが、それは跡形もなく消え去っていた。】

(8)【OC　イプセンの『人民の敵』(一八八二年)を参照。ある湯治場の医師トーマス・ストックマンはその水質汚染を告発したために、それまで彼を支援してきた「安定多数派」が彼に反抗していることに気が付いた。公開討論会で、彼は、街の財政を破綻させようと望んだと非難され、人民の敵と宣言された。そのとき、ストックマンは「世の中で最も強い人間は、最も孤独な人間である」と書き記している。】

(9)ゲーテ『ファウスト』第一部、第四場。二〇一五―二〇一六行。

(10)エルンスト・ヴィルヘルム・フォン・ブリュッケ(一八一九―九二年)。ウィーン大学生理学教授、一八七九年からは同大学学長。ヘルムホルツらとともに厳密な自然科学的研究としての生理学を唱導し、それ以前の生気論的な立場を批判した。

（11）このあとにフロイト自身によって文章が一九三五年に追加された。「『みずからを語る』補筆」（GW-Nb 764）〔本巻一三五頁〕を参照。

（12）【SE　この時期についての多くの参照事項が『夢解釈』（GW-II/III 484 ff.）〔本全集第五巻〕に含まれている。】

（13）テーオドール・マイネルト（一八三三—九二年）。精神医学者。一八六八年からウィーン大学精神医学教授。一八七五年からはウィーン総合病院内に開設された精神科診療所の所長を兼ねる。脳解剖学にもとづく精神医学を開拓した。マイネルトがフロイトのコカイン療法を批判したことから、両者は疎遠になった。

（14）【OC「ヤツメウナギの稚魚の脊髄の後天的な神経根の起源について」、「ヤツメウナギの脊髄中枢神経と脊髄について」〔いずれもGWおよび本全集未収録〕を参照。】

（15）パウル・エーミール・フレクシヒ（一八四七—一九二九年）。精神医学者。一八七七年からライプツィヒ大学精神医学教授。脳および脊髄の研究で国際的に著名。シュレーバーを診察したことでも知られる。

（16）【OC「延髄オリーブ内層の認識にむけて」、「索状体と、後索と後索核との関係、ならびに髄脳の二領野についての見解」、「acusticus の神経の起源について」〔いずれもGWおよび本全集未収録〕を参照。】

（17）ルートヴィヒ・エディンガー（一八五五—一九一八年）。神経科医。一九一四年からフランクフルト（アム・マイン）大学神経学教授。神経系、とりわけ中枢神経の形成について、比較解剖学的な研究を創始した。

（18）ヘルマン・ノートナーゲル（一八四一—一九〇五年）。内科学者。フライブルク大学、イェーナ大学をへて、一八八二年からウィーン大学第一内科教授。病理学・治療学全体を俯瞰する『症例別病理学と治療のためのハンドブック』全二十四巻を編集し、また診断学でも盛名があった。「脳局在論の著作」とは、『脳疾患の局在論的診断法』（ベルリン、ヒルシュヴァルト、一八七九年）である。

（19）【OC「神経病理学」はここでは「神経学」と同義であり、「神経系の病理学的解剖学」ではない。】

（20）ジャン・マルタン・シャルコー（一八二五—九三年）。パリの神経病理学の教授。【TB　フロイトは、シャルコーから受けた大きな影響について何度も指摘している。「大学記念留学奨学金によるパリおよびベルリンへの研究旅行（一八八五年十月—

一八八六年三月末)に関する報告書」〔本全集第一巻〕、「精神分析運動の歴史のために」〔本全集第十三巻〕、追悼文「シャルコー」〔本全集第一巻〕、さらにブラウト宛の書簡を参照。】

(21)【SE　この奨学金は総額六〇〇フローリンであった。これは、いまの五〇ポンドもしくは二五〇ドルに値する。】この研究旅行に関しては、前注の報告書を参照。

(22)フランス語を話すことはできないが、読んで理解することはできる、という意味であろう。

(23)ピエール・ジャネ(一八五九―一九四七年)。フランスの心理学者・精神医学者。コレージュ・ド・フランスの実験・比較心理学講座の教授。ちなみに、ジャネ自身が一九二三年発刊の『心理学的医学』で以下のように述べている(邦訳、松本雅彦訳、みすず書房、一九八一年、三九頁)。

「ちょうどこの時期、ウィーンの医師、S・フロイトがサルペトリエールに来て、この種の研究〔ヒステリーの心理療法――引用者〕に関心をもっていた。彼は事実を確かめ、同種の新しい観察例を公にした。その著作のなかで、フロイトは私の使った言葉を変えて、私が心理分析と呼んだものを精神分析と名づけ、意識と四肢内臓の運動との総体、つまり外傷性記憶を構成してそれに結びついているものの総体を名づけるために心理系と私が呼んだものにコンプレックスという名を付した。また私が意識の狭窄と呼んだものを抑圧として考察し、心理的解離ないし精神的解毒と呼んだものにカタルシスという言葉をあてた。しかしすべからく彼は、医学的思弁の壮大な体系の中に限定すべく、臨床観察や治療過程を改竄したのである」。

(24)Introite et hic dii sunt.【OC　正確には、Introite, et nam hic dii sunt. 古代ローマ文法家のゲリウスのこの言葉は、レッシングの『賢者ナータン』にも銘句として引用され、フロイトも『ヒステリーの心理学』という実際には執筆されなかった著作の題辞として選んだ。フリース宛の一八九六年十二月四日付の書簡〔ジェフリー・ムセイエフ・マッソン編、ミヒァエル・シュレーター＝ドイツ語版編『フロイト　フリースへの手紙――一八八七―一九〇四年』河田晃訳、誠信書房、二〇〇一年、二一〇頁以下〕を参照。】

(25)Ça n'empêche pas d'exister. このシャルコーの発言に関しては、追悼文「シャルコー」に詳しく述べられている。また、「J・M・シャルコー著『サルペトリエール火曜講義(一八八七―八八年)』翻訳への序言と注解」(GW-Nb 160)〔本全集第一巻〕も参照。

(26)　この主題についてフロイトは「器質性運動麻痺とヒステリー性運動麻痺の比較研究のための二、三の考察」〔本全集第一巻〕というフランス語の論文を執筆している。

(27)　マックス・カソヴィッツ(一八四二―一九一三年)。小児科医。一八八一年から公立第一小児科病院院長、一八九一年からウィーン大学小児科学教授。小児梅毒ならびにハンセン病の専門家として知られた。

(28)　アードルフ・バギンスキー(一八四三―一九一八年)。小児科医。一八九二年からベルリン大学小児科学教授。育児法研究に取り組み、また学校医制度や予防接種制度の普及に尽力した。

(29)　【OC　この著書(ウィーン、A・ヘルダー社、一八九七年)の第九巻、第二分冊、第二章「小児脳性麻痺」の項目にフロイトは関わった。】本書の正確なタイトルは、『症例別病理学と治療のためのハンドブック』である。

(30)　この女性はマルタ・ベルナイス(一八六一―一九五一年)で、婚約時代はハンブルク近郊に住んでいた。

(31)　ダルムシュタットの化学製品・製薬会社。

(32)　レーオポルト・ケーニヒシュタイン(一八五〇―一九二四年)。眼科医。一八八一年に教授資格を取得し、一九〇一年からウィーン大学眼科学教授。水晶体の生理学的・病理学的研究で知られた。コラーとは別に、局所麻酔法を考案した。

(33)　カール・コラー(一八五七―一九四四年)。眼科医。ウィーン総合病院で研修中に、フロイトの示唆を受けて、コカインによる局所麻酔法を樹立した。一八八八年にアメリカへ渡り、ニューヨークで眼科医として勤務した。ケーニヒシュタイン、コラーはともに『夢解釈』第五章の「植物学研究書の夢」(GW-II/III 175 ff.)〔本全集第四巻、二二四頁以下〕に登場している。

(34)　「私が、あのとき好機を逸したこと」という句を、フロイトは一九三五年に書き換えている。「『みずからを語る』補筆」(GW-Nb 764)〔本巻一三五―一三六頁〕を参照。

(35)　ハインリヒ・フォン・バンベルガー(一八二二―一八八八年)。内科学者。一八七二年からウィーン大学病院教授。ノートナーゲルを招聘するなど、医学におけるウィーン学派隆盛の基盤をつくり、一八八二年には医学会会長となった。

(36)　Hysteron. ギリシア語で子宮は、中性名詞形の hysteron ではなく、女性名詞の hystera が正しい。古代ギリシアではヒステリーは、子宮の活動不調から生じると考えられていた。

(37)「あるヒステリー男性における重度片側感覚脱失の観察」〔本全集第一巻〕を参照。

(38)エランベルジェによれば、当時のウィーンでは男性ヒステリーは周知の症例であって、長年議論されてきたテーマであった。フロイトの発表は、このテーマについて実質的に新たな発見がなかったために、不評であったのである。「男性ヒステリーについてのフロイトの学会発表」(『エランベルジェ著作集1』中井久夫編訳、みすず書房、一九九九年)を参照(原論文は一九六八年に発表)。

(39)【SE　フロイトとマイネルトとの関係は、『夢解釈』において、彼のある夢への連想のなか(GW-II/III 439-440)〔本全集第五巻〕で論じられている。】

(40)ヴィルヘルム・エルプ(一八四〇―一九二一年)。神経科医。ライプツィヒ大学教授をへて一八八三年からハイデルベルク大学教授。もともと組織学と毒物学を専門にしていたが、のちに神経学に取り組み、電気療法を開発した。この著書は、『電気療法便覧』(ライプツィヒ、フォーゲル社、一八八二年)である。

(41)パウル・メービウス(一八五三―一九〇七年)。神経科医。ライプツィヒ大学助手をへて、一八八三年から同地で開業医として甲状腺疾患および神経疾患の治療に取り組んだ。ルソーやニーチェの病跡学的研究でも知られる。

(42)カール・ハンゼン(一八三三―一九七年)。メスメルのデンマーク人の弟子。

(43)カタレプシーとは、強硬症(体の筋肉を硬直させて受動的な姿勢を取り続ける状態)のことであり、ヒステリー患者に対する催眠状態においては、開眼していることが特徴である。

(44)ルードルフ・ペーター・ハインリヒ・ハイデンハイン(一八三四―九七年)。病理学者。一八五九年からブレスラウ大学病理学・組織学教授。細胞病理学の分野で業績をあげた。

(45)アンブロワズ・オーギュスト・リエボー(一八二三―一九〇四年)。暗示による治療の創始者で、ナンシー学派の開祖。

(46)イポリット・ベルネーム(一八四〇―一九一九年)。内科医。ナンシー大学の教授のときにリエボーの催眠法を取り入れた。催眠とはヒステリー患者のみに見られる病理的状態ではなく、暗示の結果だと主張し、シャルコーらと論争した。

(47)　これらの著作は、『暗示とその治療効果』(パリ、O・ドゥワン社、一八八六年)と『催眠法、暗示、精神療法の新研究』(パリ、O・ドゥワン社、一八九一年)である。【SE　なお、フロイトによるベルネームの最初の翻訳は、ナンシー訪問の前に行われているので、ここでの記載は誤っているだろう。「H・ベルネーム著『暗示とその治療効果』への訳者序文」〔本全集第一巻〕を参照。】

(48)　この著作は『小児の片側脳性麻痺に関する臨床的研究』である。オスカー・リー(一八六三―一九三一年)は、ウィーンの小児科医。

(49)　これは、アルベルト・ヴィラレットの『全医学便覧書』である。【SE　フロイトの寄稿には署名はないが、特定できないことはない。「失語症」、「脳」、「ヒステリー」、「ヒステロエピレプシー」の諸項目〔あとの二つは本全集第一巻に収録〕と、『失語症の理解にむけて』〔本全集第一巻〕参照。】【TB　「失語症」についてフロイトが執筆した項目は、一八八八年に出版された第一巻に掲載されている。】

(50)　カール・ヴェルニケ(一八四八―一九〇五年)。精神医学者。ベルリン・シャリテ病院、ブレスラウ大学をへて、一九〇四年からハレ大学教授。大脳における言語中枢の発見者として知られる。

(51)　ルートヴィヒ・リヒトハイム(一八四五―一九二八年)。内科学者。イェーナ大学、ベルン大学をへて一八八八年からケーニヒスベルク大学教授。

(52)　ヨーゼフ・ブロイアー(一八四二―一九二五年)。ウィーンの神経科医。生理学者としては、迷走神経による呼吸作用の自動的制御を発見し、やがて著名な臨床神経科医となった。「ヨーゼフ・ブロイアー追悼」〔本全集第十九巻〕参照。

(53)　この患者は、有名な「アンナ・O」である。彼女の本名は、ベルタ・パッペンハイム(一八五九―一九三六年)であることがわかっている。

(54)　パッペンハイムは、ヒステリーから回復した後、約十二年間孤児院の院長を務めた。また、社会活動家あるいは女性解放運動家としても有名で、中東欧や中近東における売春の調査を行ったり、教育機関や「ユダヤ人女性連盟」を設立している。

(55)　in statu nascendi.

(56) 「ヒステリー諸現象の心的機制について――暫定報告(ヨーゼフ・ブロイアーとの共著)」〔本全集第一巻〕。

(57) 『ヒステリー研究』〔本全集第二巻〕。なお、一九二五年の『著作集成』と一九五二年の全集版では、ブロイアーが執筆した第二章の「アンナ・O」の症例と、第三章「理論的部分」が割愛されている。

(58) エルンスト・ジンメル(一八八二―一九四七年)。ドイツの精神科医。この著作は、『戦争神経症と「心的外傷」』(ミュンヒェン-ライプツィヒ、O・ネムニヒ社、一九一八年)。

(59) 類催眠的状態とはブロイアーが導入した術語で、催眠を作り出す状態に類似した意識の状態を指す。上記の『ヒステリー研究』第三章に詳述されている。

(60) アードルフ・フォン・シュトリュンペル(一八五三―一九二五年)。ドイツの高名な神経学者。『ヒステリー研究』について論評した(*Deutsche Zeitschrift für Nervenheilkunde*, 1896, 8, 159-161)。その概要に関しては、P・ゲイ『フロイト』(邦訳、鈴木晶訳、みすず書房、第一巻、一九九七年、九一頁)を参照。

(61) ルードルフ・フロバク(一八四三―一九一〇年)。ウィーン大学婦人科教授。なお、この三人の話した内容は、「精神分析運動の歴史のために」(GW-X 50ff.)に詳しく説明されている。

(62) この論文は、ハヴロック・エリス(一八五九―一九三九年)の「性的感情との関係におけるヒステリー」(*St. Louis Alienist and Neurologist*, 1898, ***19***, 599)である。また、フリース宛の一八九九年一月三日付の書簡でフロイトはこの論文について言及している(邦訳『フロイト フリースへの手紙――一八八七―一九〇四年』三六〇頁)。

(63) このことについては「ある特定の症状複合を「不安神経症」として神経衰弱から分離することの妥当性について」〔本全集第一巻〕を参照。

(64) この事情に関しては『性理論のための三篇』第三篇、二節(GW-V 114-117)〔本全集第六巻〕、「精神分析への抵抗」〔本巻所収〕も参照。

(65) 【SE フロイトは後年この問題を再び論じた。『制止、症状、不安』Ⅳ節(GW-XIV 138-139)〔本全集第十九巻〕を参照。】

(66) このエピソードの詳細については、「精神分析初歩教程」〔本全集第二十二巻〕を参照。

(67) この段落のすべてが、一九二五年版、一九二八年版、一九四八年版において小さな文字で印刷されている。
(68) une manière de parler.「あや」という語は、一九二五年版では façon であったが、一九二八年版と一九四八年版では manière に替わっている。『「みずからを語る」補筆』(GW-Nb 764)〔本巻一三六頁〕も参照。
(69)「類精神的」とは、未分化で精神とは言えないが、精神に類似した性質を持つ生命現象や生体機能について言う。ブロイラーの用語。
(70)【SE　このことは、V節(GW-XIV 85)〔本巻一一〇―一一一頁〕を参照。】
(71)【SE　フロイトが自分の誤りを最初に公表したのは、一八九七年九月二十一日付のフリース宛の書簡においてである〔邦訳『フロイト　フリースへの手紙――一八八七―一九〇四年』二七四頁以下〕。フロイトは、論文「神経症病因論における性の役割についての私見」(一九〇五年)(GW-V 153-154)〔本全集第六巻〕で、彼の意見の変化をそれとなく明らかにしている。フロイトの患者たちの空想が実際には彼らの父ではなく母に関わっていたとフロイトが説明するのは、彼の生涯の終わり近い頃であった(「女性の性について」(一九三一年)のⅢ節(GW-XIV 529ff.)〔本全集第二十巻〕)。】
(72)【SE　フロイトは、『みずからを語る』の出版以前に両性の性的発達の対称性について疑念を表明し始めていた。特に「エディプスコンプレクスの没落」〔本巻所収〕を参照。また、これよりやや後に書かれた論文「解剖学的な性差の若干の心的帰結」〔本全集第十九巻〕でもフロイトは新たな考えを展開し始めている。】
(73)『性理論のための三篇』(GW-V 91-92)を参照。
(74)「ある五歳男児の恐怖症の分析〔ハンス〕」〔本全集第十巻〕を参照。
(75)【TB　『夢解釈』〔本全集第四巻、第五巻〕の成果についてのわかりやすく簡潔なまとめは、「夢について」〔本全集第六巻〕にある。】
(76)【TB　ジョーンズの『フロイトの生涯と作品』第一巻、三六一頁によると、精神医学と神経科の当時の助手は、エーミール・ライマンであり、彼の著書は、『ヒステリー的精神障害――臨床的研究』(ウィーン、F・ドイティケ書店、一九〇四年)である。ライマンのフロイト批判は、フロイトの初期の理論と方法に向けられていたが、それらは、フロイト自身によってすでに訂正されてしまったものであった。その理論とは、ヒステリーは常に幼児期の性的な体験に原因があるという理論で、その方法とはカタルシス法である。ライマンはフロイトを「才気に富んだ研究者」(同書二一二頁)と呼び、「輝かしい心理学的演繹」(同書三四八頁)を成就して、「神経症全般の病因において性が重要な役割を果たすことを強く証示した」(同書二一七頁)という功績を挙げたと述べているが、この叙述は明らかにフロイトの印象に残っていない。】

(77) オイゲン・ブロイラー(一八五七―一九三九年)。スイスのライナウ州立精神病院長を経て、チューリヒ大学精神病学教授、ブルクヘルツリ病院長となる。

(78) 【TB ジョーンズの『フロイトの生涯と作品』第三巻、一一六頁によると、一九二四年十月に『みずからを語る』の草稿を見たアイティンゴンは、ドイツ人の野蛮さについての意見を削除するようにフロイトに提案したが、フロイトはこの提案に従わなかったということである。】

(79) 【SE この段落については、「戦争と死についての時評」(GW-X 329)〔本全集第十四巻〕を参照。】

(80) この段落のすべてが、一九二五年版、一九二八年版、一九四八年版において小さな文字で印刷されている。

(81) これは、ドイツの精神科医グスタフ・アシャッフェンブルク(一八六六―一九四四年)の発言であろう。一九〇九年九月四日付のフロイト宛ユングの書簡によれば、同年アムステルダムでの心理学・神経学・精神医学の学会で、アシャッフェンブルクは、女性患者が性的コンプレクスについて語ることを禁じたと公言している。

(82) シャーンドル・フェレンツィ(一八七三―一九三三年)。ハンガリーの精神分析学者。一九一三年にハンガリー精神分析協会を設立。「フェレンツィ・シャーンドル博士(五十歳の誕生日に)」〔本巻所収〕、「シャーンドル・フェレンツィ追悼」〔本全集第二十一巻〕を参照。

(83) 【SE 英訳版ではフロイトの承認のもとで「オーストリア、ドイツ、ハンガリー、スイス、イギリス、オランダ、ロシア、インドの各支部とアメリカに二つの支部がある」となっている。】

(84) ヴィルヘルム・シュテーケル(一八六八―一九四〇年)。一九〇二年にフロイトが興したウィーン精神分析協会の創立メンバーの一人。後にイギリスに亡命。

(85) ハンス・ザックス(一八八一―一九四七年)。法学博士。弁護士であったが、『夢解釈』を読んで、精神分析家になることを決意した。

(86) オットー・ランク(一八八四―一九三九年)。文学、芸術、神話の精神分析的解釈を行う。徐々にフロイトの理論と技法から離反していった。後にアメリカに移住。

(87) *Jahrbuch für psychoanalytische und psychopathologische Forschungen*, 1910, 2, 623-730.

(88) 『早発性痴呆、あるいは統合失調症群《シゾフレニー》』ライプツィヒ－ウィーン、F・ドイティケ書店、一九一一年。

(89) チューリヒ大学付属精神病院。ブロイラーが病院長で、ユングも勤めていた。

(90) グランヴィル・スタンリー・ホール(一八四六―一九二四年)。クラーク大学の心理学・教育学の教授で学長でもあった。

(91) アメリカ精神分析協会の設立者(一八四六―一九一八年)。「ジェームズ・J・パットナム追悼」〔本全集第十六巻〕、「J・パットナム著『精神分析論集』への序言」〔本全集第十七巻〕を参照。

(92) この講演は、後に『精神分析について』〔本全集第九巻〕と改題されて出版された。

(93) この過程に関しては、「精神分析運動の歴史のために」で詳述されている。

(94) カール・アブラハム(一八七七―一九二五年)。一九一〇年にベルリン精神分析協会を設立。「カール・アブラハム追悼」〔本全集第十九巻〕を参照。

(95) マックス・アイティンゴン(一八八一―一九四三年)。一九二〇年にベルリン精神分析診療所を設立。「M・アイティンゴン著『ベルリン精神分析診療所に関する報告』への序言」〔本巻所収〕を参照。

(96) アーネスト・ジョーンズ(一八七九―一九五八年)。一九一三年にイギリス精神分析協会を設立。浩瀚なフロイト伝(『フロイトの生涯と著作』)の作者としても有名。「アーネスト・ジョーンズ五十歳の誕生日に寄せて」〔本全集第二十巻〕を参照。

(97) アブラハム・アーデン・ブリル(一八七四―一九四八年)。アメリカの精神分析学者。一九一一年にニューヨーク精神分析協会を設立。

(98) オスカル・プフィスター(一八七三―一九五六年)。スイスのプロテスタントの牧師で、精神分析学者。精神分析を積極的に取り入れた最初の神学者の一人。

(99)　ヤン・ファン・エムデン(一八六八―一九五〇年)。オランダの精神分析学者。

(100)　テーオドール・ライク(一八八八―一九六九年)。オーストリアの精神分析学者。文学や芸術、人類学などへの精神分析の応用的研究で知られている。

(101)　【TB　これらの共同研究者のなかでも、『みずからを語る』執筆の後に、フロイトと意見が異なるメンバーが出てきた。その中には、シャーンドル・フェレンツィとオットー・ランクが含まれていた。】

(102)　アントン・フォン・フロイント(一八八〇―一九二〇年)。ハンガリーの醸造業者、哲学博士。「アントン・フォン・フロイント博士追悼」〔本全集第十七巻〕を参照。

(103)　一九一九年の三月から八月まで政権が続いた。

(104)　「『戦争神経症の精神分析にむけて』への緒言」〔本全集第十六巻〕を参照。

(105)　【SE　これを書いてからフロイトは実際には十年以上にわたって活動的な生活を送った。「『みずからを語る』その後」〔本巻所収〕を参照。】

(106)　このことについての議論は、『自我とエス』編注(71)参照。

(107)　このあとにフロイト自身によって文章が一九三五年に追加された。「『みずからを語る』補筆」(GW-Nb 764)〔本巻一三六頁〕を参照。

(108)　『自我とエス』が実際に刊行されたのは、一九二三年である。

(109)　この段落のすべてが、一九二五年版、一九二八年版、一九四八年版において小さな文字で印刷されている。

(110)　グスタフ・テーオドール・フェヒナー(一八〇一―一八八七年)。ドイツの哲学者、実験心理学者。【SE　フェヒナーの影響は、『快原理の彼岸』(GW-XIII 4-5)〔本全集第十七巻、五六―五七頁〕での恒常性原理や、『夢解釈』(GW-II/III 541)〔本全集第五巻〕での精神の局所論の構想に現れている。『機知――その無意識との関係』のⅣ節(GW-VI 131 ff.)〔本全集第八巻〕も参照。】

(111)　ショーペンハウアーについては、「精神分析への抵抗」(GW-XIV 105)〔本巻三三一頁〕およびその編注(4)も参照。

(112)「防衛－神経精神症再論」のⅢ節(GW-I 392 ff.)〔本全集第三巻〕。
(113)『早発性痴呆の心理学について』ハレ、マールホルト社、一九〇七年。
(114)「精神病の症候学におけるフロイトの機制」(*Psychiatrisch-neurologische Wochenschrift*, 1906, *8*, 323-338)。
(115)「躁鬱的精神錯乱とその類似の状態についての精神分析研究と治療のためのいくつかの手掛かり」(*Zentralblatt für Psychoanalyse*, 1912, *2*, 302-315)。
(116)pénétration pacifique.
(117)ドイツの劇作家レッシング(一七二九－八一年)の『ミンナ・フォン・バルンヘルム』(一七六三－六五年)の第四幕、第二場に登場するフランス人の退役大尉。陽気ないかさま師で、ドイツ人とドイツ語を軽蔑している(邦訳『レッシング名作集』所収、浜川祥枝訳、白水社、一九七二年)。
(118)Génie latin.
(119)Génie teutonique.
(120)【SE　この著作は、もともと『みずからによって語られた現在の医学』というシリーズに含まれていたことを想い出す必要がある、ということを意味している。】
(121)『夢解釈』(GW-II/III 271 ff.)〔本全集第四巻、三四四頁以下〕を参照。
(122)「ハムレットの謎の説明としてのエディプスコンプレクス」(*The American Journal of Psychology*, 1910, *21*, 72-113)。
(123)『詩と伝説の近親姦主題』ライプツィヒ－ウィーン、F・ドイティケ書店、一九一二年。
(124)「詩人と空想」〔本全集第九巻〕を参照。
(125)「レオナルド・ダ・ヴィンチの幼年期の想い出」〔本全集第十一巻〕。
(126)『グラディーヴァ　ポンペイの空想小説』ドレスデン－ライプツィヒ、カール・ライスナー書店、一九〇三年(邦訳、ヴィルヘルム・イェンゼン／ジークムント・フロイト『グラディーヴァ／妄想と夢』所収、種村季弘訳、作品社、一九九六年)。ヴィルヘルム・イェンゼン(一八三七－一九一一年)は、ドイツの作家・詩人。

（127）『W・イェンゼン著『グラディーヴァ』における妄想と夢』〔本全集第九巻〕。
（128）ヴィルヘルム・フリースのことである。『夢解釈』（GW-II/III 303-304）〔本全集第五巻〕に付された原注を参照。
（129）【SE　一九三五年に英訳者のストレイチがこの追加の原注を受け取ったとき、彼はフロイトにこの部分を再考してもらうように手紙を書いた。それは、この理論の真偽のためではなく、この注が平均的なイギリス人に与えるであろう結果のためであった。特に、参照されている著作の作者の名前があまりよくないからである〔OCによれば、英語の loony とは、「気が狂っている」、「愚かな」の意〕。一九三五年八月二十九日付のフロイトの返事は非常に自制心のきいたもので、以下はその抜粋である。

「〔…〕オクスフォードのシェイクスピアに関しては、あなたの提案のおかげで、私が稀に見る楽観主義者であることが示されています。私は、この問題に対するイギリス人の態度を理解できません。確かにエドワード・ド・ヴィアーは、ウィリアム・シェイクスピアと同様に立派なイギリス人です。しかし、問題は精神分析的な関心からは非常に離れており、また私が控えめであることをあなたが重視しているので、私はこの注を削除しても構いませんし、あるいは「ある理由から、私はもはやこの点を強調しようと思っていない」というような文を挿入しても構いません。このことにつきましては、あなたご自身がご判断ください。他方、アメリカ版ではこの注がそのまますべて載っていると私は嬉しいでしょう。ナルシス的な同種の防衛は、アメリカでは恐れる必要がないからです〔…〕。」

それゆえに、一九三五年の英語版では「ある理由のために、私はもはやこの点に関して強調しようと思っていない」という文がある。】
（130）「強迫行為と宗教儀礼」〔本全集第九巻〕。
（131）『リビードの変容と象徴』ライプツィヒ-ウィーン、F・ドイティケ書店、一九一二年（邦訳『変容の象徴――精神分裂病の前駆症状』上下、野村美紀子訳、ちくま学芸文庫、一九九二年）。
（132）このあとの二つの段落すべてが、一九二五年版、一九二八年版、一九四八年版において小さな文字で印刷されている。
（133）『トーテミズムと族外婚――原始的形態の迷信と社会についての論考』全四巻、ロンドン、マクミラン社、一九一〇年。

ジェームズ・ジョージ・フレイザー(一八五四―一九四一年)は、イギリスの人類学者、民俗学者。

(134)『金枝篇――比較宗教の研究』全二巻、ロンドン、マクミラン社、一八九〇年(邦訳『初版 金枝篇』上下、吉川信訳、ちくま学芸文庫、二〇〇三年)。

(135)「おんどり少年」(*Internationale Zeitschrift für* (*ärztliche*) *Psychoanalyse*, 1913, *1*, 240-246)。

(136)『セム族の宗教についての講義』エディンバラ、ブラック社、一八八九年。ウィリアム・ロバートソン・スミス(一八四六―九四年)は、スコットランド出身の文献学者、考古学者。ケンブリッジ大学のアラビア語の教授も務めた。

(137)チャールズ・ダーウィン『人間の由来そして性に関する選択』(ロンドン、J・マレー社、一八七一年)第二巻、第二〇章。

(138)ゲーザ・ローハイム(一八九一―一九五三年)。ハンガリーの精神分析学者で文化人類学者。精神分析的人類学(文化精神分析学)の祖とみなされている。後にアメリカに亡命。

(139)『集団心理学と自我分析』(GW-XIII 139 ff.)〔本全集第十七巻、一九九頁以下〕。

(140)「オスカル・プフィスター博士著『精神分析的方法』へのはしがき」〔本全集第十三巻〕を参照。

(141)ヘルミーネ・フォン・フーク＝ヘルムート(一八七一―一九二四年)は、子供の精神分析の創始者。ウィーン精神分析協会の最初の女性会員の一人でもあった。

(142)ジークフリート・ベルンフェルト(一八九二―一九五三年)は、フロイトの最初の伝記作家で、ユダヤ人青年運動のまとめ役としても活躍した。後にアメリカに亡命。

(143)『素人分析の問題』を参照。

(144)この最後の文は、フロイトが一九三五年に追加したものである。

『みずからを語る』補筆

(1)これは、社会民主主義運動を先導したハインリヒ・ブラウン(一八五四―一九二七年)のことである。ブラウンはカウツキーやリープクネヒトと共にドイツ社会民主党の中央組織を作り、労働運動と知識人とを媒介したことで有名である。

（2）ウィーン大学の動物解剖学の教授（一八二〇—九九年）。ブリュールは、日曜日に科学の一般向け講演を行っていた。
（3）後に、ブリュッケの後任として生理学の教授になった（一八四六—一九二六年）。
（4）フロイトの親しい友人で、物理学者であり、また生理学者でもあった（一八四六—九一年）。
（5）『夢解釈』（GW-II/III 176）〔本全集第四巻、二二五頁〕を参照。
（6）このような要因についての議論は、「転移神経症展望」（一九一五年）（GW-Nb 639 ff.）〔本全集第十四巻〕を参照。

『みずからを語る』その後——一九三五年

（1）【SE　ニューヨークのW・W・ノートン社。】
（2）ドイツ語版は一九二六年〔本全集第十九巻〕。
（3）「フェティシズム」〔本全集第十九巻〕。
（4）『自我とエス』〔本巻所収〕。
（5）「一九三〇年ゲーテ賞」〔本全集第二十巻〕を参照。
（6）【SE　ドイツ語版ではここにロシア支部が抜けていたが、これは明らかにまったく偶然なアクシデントのためであった。フロイトは、英訳版のなかにロシアを入れることを認めた。】

論　稿

「精神分析」と「リビード理論」

（1）【OC　ジャン・マルタン・シャルコー（一八二五—九三年）。】『みずからを語る』編注（20）を参照。
（2）原語はErsatz.　従来「代理」と訳されてきたが、本全集では「代替」とする。
（3）【OC　ピエール・ジャネ（一八五九—一九四七年）。】『みずからを語る』編注（23）を参照。

(4) 原文は une manière de parler. フランス語。

(5)【OC ジャネ「ヒステリーに関する最新の定義」(*Archives de Neurologie*, 1893, 25, 417-438, 26, 1-29)。】

(6)「注意を万遍なく行き渡らせる」というほどの意味だが、本全集の統一訳語に従う。

(7)【SE『夢解釈』(GW-II/III 494)〔本全集第五巻〕では、二次加工は夢工作の一部であると見なされている。】

(8) 原語は Anlehnung.「依存」とも訳される。本全集の統一訳語に従う。

(9) 一九〇八年の誤り。

(10) フロイトの記憶違いで、実際は第七回である。

(11)【OC アルベルト・モル(一八六二―一九三九年)。】ベルリンの性科学者。『幼児の性生活』(一九〇九年)。

(12)【SE フロイト自身は「リビード」という語を「ある特定の症状複合を「不安神経症」として神経衰弱から分離することの妥当性について」(GW-I 328, 334-338)〔本全集第一巻〕と、一八九四年八月十八日付のフリース宛書簡〔ジェフリー・ムセイエフ・マッソン編、ミヒァエル・シュレーター=ドイツ語版編『フロイト　フリースへの手紙――一八八七―一九〇四年』河田晃訳、誠信書房、二〇〇一年、八三頁〕とにおいて使用している。】

(13)【OC フロイトがよく言及する詩人シラーの「世界の賢者たち」(一七九五年)の最後の一行。】例えば『夢解釈』(GW-II/III 211)〔本全集第四巻、二六八頁〕。

(14)「脱性化」については、『自我とエス』(GW-XIII 258, 273-275)〔本巻二五―二六、四二―四六頁〕を参照。

(15) 原語は Bindung. この文脈では「結びつき」ないし「絆」の意味。本全集の統一訳語に従い「拘束」とする。

(16)【SE この語〔Entmischung〕が最初に登場するのはこの個所のようである。この語については、『自我とエス』IV節の冒頭近く(GW-XIII 270)〔本巻三九頁〕でより詳細に論じられている。】

(17)「守旧的本性 konservative Natur」については、『快原理の彼岸』(GW-XIII 38-43)〔本全集十七巻、九〇―九五頁〕を参照。

夢解釈の理論と実践についての見解

(1)【SE『夢解釈』〔本全集第四巻、第五巻〕第六版(一九二一年)および第七版(一九二二年)の再版の時期にあたる。】

(2)【SE 夢解釈の技法については、『続・精神分析入門講義』第二九講の冒頭近く〔本全集第二十一巻〕で議論されている。】

(3) 日中残渣に関する議論は、『夢解釈』第七章、C節「欲望成就について」(GW-II/III 555 ff.)〔本全集第五巻〕で行われている。【SE 上からの夢については、「マクシム・ルロワ宛書簡――デカルトの夢について」〔本全集第二十巻〕、また『夢解釈』(GW-II/III 565 ff.)〔本全集第五巻〕を参照。】

(4)【SA 無意識の過度の重視については、『夢解釈』(GW-II/III 510-511)〔本全集第五巻〕に詳細な原注が一九二五年に加えられている。また「嫉妬、パラノイア、同性愛に見られる若干の神経症的機制について」(GW-XIII 203)〔本全集第十七巻、三五二頁〕も参照。】

(5)【SA『夢解釈』(GW-II/III 128 ff.)〔本全集第四巻、一六六頁以下〕および「女性同性愛の一事例の心的成因について」III節(GW-XII 293-294)〔本全集第十七巻、二六二―二六四頁〕においても、こうした夢の実例が挙げられている。】

(6)【SA 戦争神経症については、「戦争神経症者の電気治療についての所見」〔本全集第十七巻〕を参照。】

(7)【SA 例えば『精神分析入門講義』第一五講(GW-XI 244-245)〔本全集第十五巻〕を参照。】

(8)【SA『精神分析入門講義』第二八講を参照。】

(9)【SA『快原理の彼岸』(GW-XIII 31-33)〔本全集第十七巻、八四―八六頁〕を参照。】

(10)【SA『夢解釈』(GW-II/III 563-564)〔本全集第五巻〕参照。】

(11) ペーター・ローゼガー(一八四三―一九一八年)。オーストリアの郷土文学作家。シュタイアーマルクの貧農の家に生まれ、故郷の自然と農民生活を描いた作品によって、世紀末ウィーンのモダニズム文学とは異なる境地を開拓し、国民的作家と評価された。

(12)【SE ココア Kakao は、ドイツ語で大便を意味する Kaka を連想させる。「性格と肛門性愛」の原注(GW-VII 205-206)〔本全集第九巻〕を参照。】

(13)「ある幼児期神経症の病歴より〔狼男〕」〔本全集第十四巻〕。

(14)【SA　この主張をフロイトは『夢解釈』の原注(GW-II/III 328)〔本全集第五巻〕として、一九二五年に加筆している。】

十七世紀のある悪魔神経症

(1) ジャン・マルタン・シャルコー(一八二五―九三年)。なおシャルコーについては「シャルコー」〔本全集第一巻〕を参照。

(2)【SA　写本にはHeizmannと記されているが、本論文中でフロイトはHeitzmannと表記している。】

(3) ルードルフ・パイヤー・フォン・トゥルン(一八六七―一九三二年)。ユーゴスラビアのツェレンヤミンに生まれる。ゲーテを専門とする文学研究者として有名。一九一九年から三三年にかけてオーストリア＝ハンガリー帝国記録文書館の館長をつとめた。

(4)【SA　ウィーン南西約一四〇キロメートルに位置する。】このマリアツェル礼拝堂は、後述のベネディクト会系聖ランベルト修道院の修道僧によって一一五七年十二月二十一日に建立された。

(5) パイヤー＝トゥルンは次の論文を発表した。「マリアツェルのファウスト」(*Chronik des Wiener Goethe-Vereins*, Bd. 34, 1924).

(6) ***Trophaeum Mariano-Cellen.*** 現在この写本は、オーストリア国立図書館に保管されている。整理番号はCod. 14086. また この写本の研究としては次のものが刊行されている。リチャード・アルフレッド・ハンター／イダ・マカルピーネ編『一六七七年の統合失調症《シゾフレニー》』ロンドン、一九五六年。

(7) ウィーンから西に約九十キロメートル離れた所に位置する村。

(8) Praefectus Dominii Pottenbrunnensis. ラテン語(以下同)。なお、ラテン語の誤植、フロイトの簡単な転写ミスはSAにならい修正している。

(9) miserum hunc hominem omni auxilio destitutum.

(10)【SA　正確には三幅対の扉絵と八葉の絵からなる。】

（11）その後の写本研究（編注（6）参照）から編纂者はアーダルベルト・エレミアシュ（Adalbert Eremiasch）という名の修道僧であることが判明している。

（12）【SA　ここでフロイトは十二日という間違った日付を書き入れている。写本に記された正確な日付は一七二九年九月九日である。】SAに従い、九日と修正。

（13）マリアツェル礼拝堂は、ベネディクト会の聖ランベルト（St. Lambert）修道院の管轄区に属していた。聖ランベルト修道院はクラーゲンフルトの北五十キロメートルほど離れた山間部に位置している。

（14）quorum et finis 24 mensis hujus futurus appropinquat.

（15）Schedam sibi porrigentem conspexisset.

（16）maligni Spiritûs manifestationes.【SA　フロイトの写し間違え。写本には「悪霊による嫌がらせにより de... maligni Spiritûs infestatione」と記述されている。】

（17）ipsumque Daemonem ad Aram Sac. Cellae per fenestrellam in cornu Epistolae, Schedam sibi porrigentem conspexisset, eò advolans è Religiosorum manibus, qui eum tenebant, ipsam Schedam ad manum obtinuit,...

（18）quâ iuxta votum redditâ.

（19）ゲーテ『ファウスト』一六五六行－一六五九行。メフィストフェレスの言葉。強調はフロイト。

（20）【SA　写本に残された絵から、性的な意味での享楽も含意されていたことがわかる。】

（21）dum artis suae progressum emolumentumque secuturum pusillanimis perpenderet.

（22）acceptâ aliquâ pusillanimitate ex morte parentis.

（23）ex morte parentis acceptâ aliquâ pusillanimitate.

（24）フロイトはこの論文発表時にハイツマンの彩色画を二点添付していた。本巻の口絵を参照。

（25）sousentendue.

（26）mancipavit.

(27) ソポクレス『ピロクテテス』一一三行。

(28) 初出論文ではここに『勝利』から悪魔を描いた彩色画が挿入されていた。

(29) 原語は verdrängen. 本全集では「抑圧」と訳語が定められているが、文意をとるためにここでは「追われる」という訳語をあてた。なお verdrängen は、「抑える」というより、「追い払う」という意味が本義である。

(30) ゲーテ『ファウスト』一一五六行。

(31) 【SA「喪とメランコリー」〔本全集第十四巻〕参照。】

(32) 【SA このメルヒェンは、狼男の症例「ある幼児期神経症の病歴より〔狼男〕」〔本全集第十四巻〕でも重要な役割を担っている。】

(33) 【SA「自伝的に記述されたパラノイアの一症例に関する精神分析的考察〔シュレーバー〕」(GW-VIII 291)〔本全集第十一巻〕参照。】

(34) pro novem annis Syngraphen scriptam tradidit.

(35) quorum et finis 24 mensis hujus futurus appropinquat.

(36) post annos novem.

(37) ad novem annos.

(38) 【SA『夢解釈』第六章、F節(GW-II/III 414-421)〔本全集第五巻〕の議論を参照。】

(39) 【SA アードラーの男性的抗議について、「「子供がぶたれる」」(GW-XII 222 ff.)〔本全集第十六巻〕でも考察している。】

(40) アルフレート・アードラー「生そして神経症における心的両性具有」(*Fortschritte der Medizin*, Band 28, 1910, 386-493).

(41) sequenti . . . anno 1669.

(42) Schedam . . . redderet.

(43) Schedam sibi porrigentem conspexisset.

(44) quâ iuxta votum redditâ.

(45) anno subsequenti.

(46) deinde verò.

(47) sequenti verò anno 1669.

(48) sumitur hic alter annus pro nondum completo, uti saepe in loquendo fieri solet, nam eundem annum indicant Syngraphae, quarum atramento scripta ante praesentem attestationem nondum habita fuit.【SA〔原文中の saepe は〕写本では saepis である。】

(49)【SA この挿入個所の字は、他の個所と比較しても小さく書かれている。】

(50) hunc miserum.

(51) sequenti verò anno 1669.

(52) つまりフロイトは、修道院長の証言には、「証文は一六六八年に血で書かれた」とだけ記載されていたはずと推測している。

(53)【SA GWではこの個所だけ十五日と誤って印刷されている。】SAに従い誤植として訂正。

(54) religiosus factus est.

(55) hunc miserum omni auxilio destitutum.

幼児期の性器的編成

(1)『性理論のための三篇』〔本全集第六巻〕は一九〇五年の出版の後、第二版（一九一〇年）、第三版（一九一五年）、第四版（一九二〇年）、第五版（一九二二年）のそれぞれの版において大幅に加筆がくり返され、さらに本論の後一九二五年に第六版が出された。

(2)【SA（GW-V 100）。この引用のもととなる節全体〔第二篇、六節〕は、一九一五年の版で付け加えられた部分である。また、該当個所に一九二四年に加えられた原注では、この論文で明らかにされたことが簡潔に要約されている。】

(3)【SA「ある五歳男児の恐怖症の分析〔ハンス〕」(GW-VII246-247)〔本全集第十巻〕の分析を参照。】

(4) これ以降、フロイトの著作において「否認 Verleugnung」の概念はますます重要な位置を占めることになる。この個所において使われている語は leugnen だが、後にはほとんど例外なく verleugnen に取って代わられる。この語は「神経症および精神病における現実喪失」(一九二四年)〔本巻所収〕ではいくぶん異なった脈略で使われているが、通常問題となるのは、ここと同様に、去勢コンプレクスである。例えば、「マゾヒズムの経済論的問題」(一九二四年)〔本巻所収〕、「解剖学的な性差の若干の心的帰結」(一九二五年)〔本全集第十九巻〕を参照。後の論文「フェティシズム」(一九二七年)〔本全集第十九巻〕において、フロイトは「抑圧 Verdrängung」と「否認 Verleugnung」を区別し、両者の正確な用法を提示している。死後に出版された未完の「自我分裂」に関する論文「防衛過程における自我分裂」(一九三八年)〔本全集第二十二巻〕、(同じく未完の)「精神分析概説」(一九三八年)の第八章(GW-XVII125ff.)〔本全集第二十二巻、二三七頁以下〕では、この語がメタサイコロジー的理論を補足するための基礎の役割を果たしている。実際、この考えは随分早い時期からそれとなく示されていた。例えば、「心的生起の二原理に関する定式」に付された長い原注(GW-VIII232)〔本全集第十一巻〕の最後などを見よ。さらに、「否定」〔本全集第十九巻〕で使われている「否定する verneinen」という語との混同を避けること。

(5)【SA「ある五歳男児の恐怖症の分析〔ハンス〕」(GW-VII247-248)、および「子供の性教育に向けて」(GW-VII23)〔本全集第九巻〕、「幼児の性理論について」(GW-VII177-178)〔本全集第九巻〕を参照。】

(6)【OC『自我とエス』の原注(14)〔本巻二七頁〕を参照。】

(7)【SA この点については、「ハンス」の分析に一九二三年に付け加えられた非常に長い原注(GW-VII246)で扱われている。また、「エディプスコンプレクスの没落」(GW-XIII397-398)〔本巻三〇二―三〇五頁〕でも言及されている。】

(8)【OC「メドゥーサの首」(GW-XVII47-48)〔本全集第十七巻、三七一―三七二頁〕およびその編注(4)を参照。】

(9)【SA『性理論のための三篇』に一九一五年に付け加えられた個所(GW-V95-96)、さらに同論文に一九一五年に付け加えられた原注(GW-V121)も参照。】

神経症と精神病

（1）【SA　ゲーテ『ファウスト』第一部、第四場、書斎でのファウストとメフィストフェレスとのやり取りが連想される。】
（2）テーオドール・マイネルト『精神病理学についての臨床講義』（ウィーン、一八九〇年）を参照。
（3）【SA　この見解は、晩年の論文「精神分析概説」（GW-XVII 132）〔本全集第二十二巻、二四四—二四五頁〕では留保されている。】
（4）【SA　「夢学説へのメタサイコロジー的補遺」〔本全集第十四巻〕も参照。】
（5）【SA　「自伝的に記述されたパラノイアの一症例に関する精神分析的考察〔シュレーバー〕」（GW-VIII 308）〔本全集第十一巻〕参照。】
（6）【SA　欲望の不首尾については、「神経症の発症類型について」（GW-VIII 326）〔本全集第十二巻〕を参照。】
（7）【SA　「マゾヒズムの経済論的問題」（GW-XIII 379-380）〔本巻二九五—二九六頁〕を参照。】
（8）【SA　この自我の分裂や分解については、「フェティシズム」〔本全集第十九巻〕、および晩年の二つの論文「精神分析概説」第八章（GW-XVII 125ff.）〔本全集第二十二巻、二三七頁以下〕と「防衛過程における自我分裂」〔本全集第二十二巻〕を参照。】
（9）【SA　この機制は、のちにフロイトが否認として考察する問題に本質的に引き継がれることになる。】

精神分析梗概

（1）【SE　『夢解釈』〔本全集第四巻、第五巻〕が実際に出版されたのは一八九九年十一月初旬である。】
（2）【OC　グスタフ・フリッチュ（一八三八—一九二七年）、ドゥアルド・ヒツィヒ（一八三八—一九〇七年）「大脳の電気刺激による興奮について」（*Archiv für Anatomie, Physiologie und Wissenschaftliche Medizin*, 1870, 300-332）。デイヴィッド・フェリエ（一八四三—一九二八年）『脳の機能』ロンドン、スミス&エルダー社、一八七六年。フリードリヒ・ゴルツ（一八三四—一九〇二年）『カエルの神経中枢の機能に関する学説に寄せて』ベルリン、A・ヒルシュヴァルト、一八六九年。】
（3）【TB　「大学記念留学奨学金によるパリおよびベルリンへの研究旅行（一八八五年十月—一八八六年三月末）に関する報告

書」〔本全集第一巻〕を参照。】

(4)【TB　つまり「強化」。】原語は roborierenden. 「鍛える」、「強くする」という意味。

(5)【OC　ヴィルヘルム・エルプ(一八四〇—一九二一年)『電気療法便覧』ライプツィヒ、フォーゲル社、一八八二年。】

(6)【OC　アンブロワズ・オーギュスト・リエボー(一八二三—一九〇四年)『睡眠の誘導とそれに類する手法』パリ、O・ドゥワン社、一八八九年。イポリット・ベルネーム(一八四〇—一九一九年)『催眠法、暗示、精神療法の新研究』パリ、O・ドゥワン社、一八九一年。ルードルフ・ペーター・ハインリヒ・ハイデンハイン(一八三四—九七年)、オーギュスト・フォレル(一八四八—一九三一年)『催眠術と暗示心理療法』シュトゥットガルト、F・エンケ社、一八八九年。】

(7)【TB　『みずからを語る』(GW-XIV 40-41)〔本巻七五—七六頁〕、および「精神分析運動の歴史のために」(GW-X 46-47)〔本全集第十三巻〕を参照。】

(8)【TB　『みずからを語る』(GW-XIV 37-38)〔本巻七〇—七二頁〕、および「大学記念留学奨学金によるパリおよびベルリンへの研究旅行(一八八五年十月—一八八六年三月末)に関する報告書」(GW-Nb 35-41)を参照。】

(9)【OC　「「精神分析」と「リビード理論」」(GW-XIII 212)〔本巻一四四頁〕を参照。】

(10)【OC　「崩壊」の原語は Zerfall. 「解離」の原語は Dissoziation.】

(11)【TB　『みずからを語る』(GW-XIV 44 ff.)〔本巻七八頁以下〕、「精神分析運動の歴史のために」(GW-X 45 ff.)を参照。】

(12)【SE　『ヒステリー研究』〔本全集第二巻〕、症例「アンナ・O」を参照。】

(13)【TB　『みずからを語る』(GW-XIV 47-49, 51)〔本巻八一—八三、八六頁〕、「精神分析運動の歴史のために」(GW-X 45-46, 48 ff.)を参照。】

(14)【SE　ここでなぜ「　」が付されているのか理由は明らかではない。しかし、「「精神分析」と「リビード理論」」(GW-XIII 214)〔本巻一四八頁〕にも同様の表現が見られる。】

(15)　原語は seelischen Strebungen. Strebung はフロイトが一貫して用いる重要な用語であり、本全集では「追求」という訳語を採用する。『集団心理学と自我分析』〔本全集第十七巻〕に付された編注(13)を参照されたい。

（16）これは厳密にいえば「矛盾」ではない。むしろ、ヒステリーという特殊な現象の解明のためだけに、心の装置に関する一般的仮説を設けることは、割の合わないことである、という意味だと思われる。
（17）【TB　例えば、「精神分析への関心」〔本全集第十三巻〕を参照せよ。】
（18）【TB　「精神分析運動の歴史のために」（GW-X 65 ff.）を参照。】
（19）【TB　「精神分析への抵抗」〔本巻所収〕を参照。】
（20）【OC　グランヴィル・スタンリー・ホール（一八四六―一九二四年）。】
（21）【OC　『精神分析について』〔本全集第九巻〕。】
（22）【TB　『みずからを語る』（GW-XIV 77 ff.）〔本巻一一三頁以下〕、「精神分析運動の歴史のために」（GW-X 70-71）を参照。】
（23）【TB　ドイツでは一九一二年。】次の注を参照せよ。
（24）【OC　H・エリス（一八五九―一九三九年）「フロイト学派の教義」（*Zentralblatt für Psychoanalyse*, 1912, *2*, 61-66）。】
（25）*Jahrbuch für psychoanalytische und psychopathologische Forschungen.*
（26）*Zentralblatt für Psychoanalyse.*
（27）*Internationale Zeitschrift für Psychoanalyse.*
（28）*Imago.*【TB　「精神分析運動の歴史のために」（GW-X 91 ff.）を参照。】
（29）*Psychoanalytic Review.*
（30）*International Journal of Psycho-Analysis.*
（31）International Psycho-Analysis Press.
（32）*International Psycho-Analytical Library.*
（33）*Revista de Psiquiatria.*
（34）【TB　精神分析に関する定期刊行物については「精神分析運動の歴史のために」（GW-X 89-90）を参照。】
（35）原語は funktionelle Psychose.

(36)【TB 「防衛‐神経精神症再論」Ⅲ節(GW-I 392 ff.)〔本全集第三巻〕。】

(37)【OC ブロイラー「精神病の症候学におけるフロイトの機制」(*Psychiatrisch-neurologische Wochenschrift*, 1906, 8, 323-338)。】

(38)【SE 従来のドイツ語版全集(GW)では誤って「一九〇一年」と印刷されていた。】【OC C・G・ユング『早発性痴呆の心理学について』(ハレ、マールホルト社、一九〇七年)を参照。】

(39)【TB ブロイラー『早発性痴呆、あるいは統合失調症群《シゾフレニー》』ライプツィヒ‐ウィーン、F・ドイティケ書店、一九一一年。】

(40) 原文は The History of Our Times.【TB ここでフロイトは彼がこの「梗概」を寄せた書物のタイトルを示唆している。しかし実際のタイトルは『激動の年月――開拓者たちが語る二十世紀のはじまり』である。】

(41)【TB 精神分析の医学以外への応用については、『みずからを語る』Ⅵ節(GW-XIV 88 ff.)〔本巻一一三頁以下〕、そして「精神分析運動の歴史のために」(GW-X 74 ff.)、さらに「精神分析への関心」を参照。】

(42)【TB K・アーベル『原始語のもつ逆の意味について』ベルリン、P・レーマウン社、ライプツィヒ、W・フリードリヒ社、一八八四年。フロイトによる小篇「原始語のもつ逆の意味について」〔本全集第十一巻〕を見よ。】『精神分析入門講義』(GW-XI 181-182, 236)〔本全集第十五巻〕も参照されたい。

(43)【TB 「強迫行為と宗教儀礼」〔本全集第九巻〕を参照。】

(44)【TB 『トーテムとタブー』〔本全集第十二巻〕。】

(45)【OC O・ランク、H・ザックス『精神科学にとっての精神分析の意義――神経的・心的生活の境界問題』ヴァイスバーデン、一九一三年。】

(46)「拘束」に関しては、『集団心理学と自我分析』およびその編注(4)、また「マゾヒズムの経済論的問題」〔本巻所収〕の編注(30)を参照すること。

(47)【SE フロイトはここで、精神分析の範囲についてほかでは見られない制約を課しているように思われる。】

フリッツ・ヴィッテルス宛書簡

(1) この書簡は、フリッツ・ヴィッテルス『ジークムント・フロイト――その人物像・学説・学派』の受領に際して著者に送られた。本巻の「解題」書誌事項を参照のこと。

(2) 【GW ハインリヒ・ハイネの『ロマンツェーロ』第三巻(ヘブライの旋律)(Jehuda ben Halevy IV)からの引用。フロイトはこの引用を『機知――その無意識との関係』(GW-VI 91)〔本全集第八巻〕でも使っている。】

(3) 【GW この訂正のいくつかはSEにおいて盛り込まれ、そのなかでも一つはこの文面通り引用されている(SE二五一頁)。ドイツ語のリスト全文は以下〔GW-Nb 756 ff.〕〔本巻二七四頁以下〕ではじめて公表される。】

(4) 【OC ヴィッテルスの原文「家族の財政状態は一八七三年以降相当に悪化する〔…〕。若きフロイトはパトロンを見つけた。それはおそらくフロイトの並外れた才能と熱意に魅了されてのことにちがいなかろう」。】

(5) 【OC ヴィッテルスの原文「一八八四年にメルク社は、科学的実験のためにダルムシュタットからフロイトに〔…〕コカインの見本を送付した」。】

(6) 【OC 「コカについて」一八八四年。】

(7) 【OC 原文ギリシア語 *ἀλλότριον*.「外からのもの」という意味。】「よそから降って湧いた仕事」というほどの意味と思われる。

(8) 【OC レーオポルト・ケーニヒシュタイン(一八五〇―一九二四年)。】【GW 「あるヒステリー男性における重度片側感覚脱失の観察」(GW-Nb 55)〔本全集第一巻〕を見よ。】

(9) 【GW カール・コラー(一八五七―一九四四年)。この発見当時はウィーン総合病院眼科の第二医師であった。後にニューヨークで外科医として成功を収めた。】

(10) 【GW フロイトはこのエピソードを『みずからを語る』(GW-XIV 38-39)〔本巻七二―七三頁〕でも軽く触れている。詳しくは、ベルンフェルト(「フロイトのコカイン研究 一八八四―一八八七年」(*Journal of the American Psychoanalytic Association*, Bd.1, 1953, 581-613))、E・ジョーンズ『フロイトの生涯と作品』(一九六〇年、第六章)にて論及されている。】

（11）『みずからを語る』編注（10）を参照。

（12）【OC　ヴィッテルスの原文「この旅行はある種の逃避を意味していた。〔…〕ブリュッケの研究室では、フロイトは望むべきがなにもないまま満足している振りをしていた。後に彼はこの場を去ることになり、パリから戻った後、かつて敬愛していた師と関係をとりもどしたという話は耳にしない。診療科の教授テーオドール・マイネルトは、最初フロイトを格別の扱いをもって受け入れたが、後にはその態度を敵意へと変えたに違いない」。】『みずからを語る』（GW-XIV 35）〔本巻六七―六八頁〕参照。

（13）【OC　ヴィッテルスの原文「フロイトは、彼のコカインの実験を一八八五年だと報告している。これは年のちょっとした間違いである〔…〕」。】

（14）【OC　ヴィッテルスの原文「ナンシーから戻って少し後にフロイトは結婚した」。】

（15）【OC　「健忘の心的機制について」〔本全集第三巻〕を参照。】

（16）【OC　ヴィッテルスの原文「私はここでフロイトによるいくつかの失錯行為を示したい。〔…〕彼は、『夢解釈』のなかでウィーンのヨーゼフ皇帝の記念碑に刻まれた碑文に言及している。彼の引用はこうである。

Saluti patriae vixit/Non diu sed totus.

彼は祖国の繁栄のために生きた／長くはなかったが、すべてをかけて。

引用は間違っており、碑文は次の通りである。

Saluti *publicae* vixit/Non diu sed totus.

彼は国家の繁栄のために生きた／長くはなかったが、すべてをかけて。

ラテン語を知らない人のために言っておけば、Publicae（puella）は売春婦を意味する。また、ヨーゼフ・ブロイアーは、研究対象が性的なものまでに移行していくことに賛成しかねて、まさしくこの時期フロイトの研究から背き始めていたことも付け加えよう。以上のことから、この失錯行為の明らかにしているところを垣間見ることができる」。】この引用は変更されぬまま『夢解釈』（GW-II/III 425）〔本全集第五巻〕に残っている。

(17)【OC ヴィッテルスの原文「一八九〇年から一八九八年までのあいだ、フロイトは、六人の新生児——すなわち自分の子供たち——の心の生活を研究する機会を得た」。】

(18)【OC ヴィッテルスの原文「かつてフロイトは、精神分析〔治療〕が幸いにも終結に至ったとき、「スフィンクスの謎を解くオイディプス」のメダルを一枚手渡すのが常であった」。】

(19)【OC ヴィッテルスの原文「旅行は、当時フロイトよりもアメリカの学会と関係をもっていたユングによって準備された」。】ウスターへの招聘については『みずからを語る』(GW-XIV 77-78)〔本巻一一三頁〕を参照。

(20)【OC ヴィッテルスの原文「〔…〕フロイトはアメリカ滞在中に胃を痛め、それ以来カタルに悩まされ続けた。(…) 旅行から戻るあいだに、三人の紳士、すなわちフロイト、ユング、フェレンツィが何について論じ合ったか私には知る由もない〔…〕」。】

(21)【OC ヴィッテルスの原文「アードラーとシュテーケルは彼らの学問的な地位を確固なものとするために雑誌を創刊した。フロイトは編者として署名を行ったが、それは二人がもともと意図したことではなかった」。】

(22)【OC ヴィッテルスの原文「フロイトは、アードラーの見事な思想に自らの学説を統合させるのに苦労した。フロイトの機制の名の下に人々が知る性欲動の他に、自我欲動を認める用意はフロイトにあったのだ」。】

(23)【OC ヴィッテルスの原文「残念ながら、アードラーの「男性的抗議」を掘り崩し、別の概念で置き換える決意をすることもなく、フロイトは自我欲動と彼の呼ぶものを突貫で構築してしまった」。】

(24)【GW「「未開人の心の生活と神経症者の心の生活における若干の一致点」への導入の文章」〔本全集第十二巻〕を参照。】

(25)【OC ヴィッテルスの原文「ナルシシズムという語はハヴロック・エリスに由来する。フロイト自身の指示によれば、ナルシシズムの概念は分析者アブラハムの考えにもとづく」。】

(26)【OC ヴィッテルスの原文「一九二〇年、フロイトは、ギリシア文化以来エロースと名づけられた快原理のほかに、すべての生きとし生けるもののうちにもう一つの原理が存在することを発見して驚いた。すなわち、生物はあらためて死ぬことを欲する、ということである。(…) 彼は生の欲動のみならず、死の欲動を見出したのである。耳をそばだて待ち受ける人々にフロイトがこれを公表したとき、まだ花盛りであった彼の娘を一人失うというショックに見舞われていた。戦争に出ていた彼の親族数名の命を数年にわたって危ぶんだ末に、フロイトは彼女を失ったのである」。】

M・アイティンゴン著『ベルリン精神分析診療所に関する報告』への序言

(1)【SE　フロイトはブダペスト精神分析会議での報告「精神分析療法の道」(GW-XII 192 ff.)〔本全集第十六巻〕にて、この問題についてもっと詳細に論じている。】

フェレンツィ・シャーンドル博士(五十歳の誕生日に)

(1)【SE『精神分析について』〔本全集第九巻〕を参照。】

(2)【SE「アントン・フォン・フロイント博士追悼」〔本全集第十七巻〕を参照。】

(3)【SE　一九一九年の三月から八月までの間、ベーラ・クーンのもとで行われた。】

(4)【SE　この文章は、数年前に発刊されたフロイト自身の『精神分析入門講義』〔本全集第十五巻〕をほのめかしている。】

(5)【SE　フェレンツィの論文のドイツ語全集版『精神分析の基礎』は、一九二七年から一九三九年にかけて四巻にわけて発行された。】

(6)【OC「おんどり少年」(*Internationale Zeitschrift für* (*ärztliche*) *Psychoanalyse*, 1913, *1*, 240-246)。】

(7)【OC「分析の間の一時的な症状形成」(*Zentralblatt für Psychoanalyse*, 1911-1912, *2*, 588-596)。】

(8)【OC「C・G・ユング著『リビードの変容と象徴』についての書評」(*Internationale Zeitschrift für* (*ärztliche*) *Psychoanalyse*, 1913, *1*, 391-403)。「精神分析についてのボルドー精神医学派」(*Internationale Zeitschrift für* (*ärztliche*) *Psychoanalyse*, 1915, *3*, 352-369)。】

(9)【OC「アルコールと神経症　オイゲン・ブロイラー教授の批判に対する返答」(*Jahrbuch für psychoanalytische und psychopathologische Forschungen*, 1911, *3*, 853-857)。「哲学と精神分析。ジェームズ・J・パットナム教授の論文につい

ての見解」(*Imago*, 1912, *1*, 519-526)。】

(10) 【OC 「取り込みと転移」(*Jahrbuch für psychoanalytische und psychopathologische Forschungen*, 1909, *1*, 422-457)。】

(11) 【OC 「現実感覚の発展段階」(*Internationale Zeitschrift für* (*ärztliche*) *Psychoanalyse*, 1913, *1*, 124-138)。】

(12) 【OC 「エディプス神話における快原理と現実原理の象徴的叙述」(*Imago*, 1912, *1*, 276-284)。】

(13) 『戦争神経症の精神分析にむけて』として刊行された、あるシンポジウムでの論文(一九一九年)、ライプツィヒ－ウィーン。

(14) 【OC 「ヒステリーと異常神経症」一九一九年、ライプツィヒ－ウィーン。】

(15) ウィーン、国際精神分析出版社、一九二一年。

(16) 【SE フロイトは、十年後に書いたフェレンツィへの追悼文〔「シャーンドル・フェレンツィ追悼」〕〔本全集第二十一巻〕でこの点に再度ふれている。】

雑誌『ル・ディスク・ヴェール』への寄稿

(1) 【SE フロイトの追悼文「シャルコー」〔本全集第一巻〕を参照。】

マゾヒズムの経済論的問題

(1) 原文は Leben. 直前の「心の生活 Seelenleben」とかけてこう言われている。

(2) 【OC グスタフ・テーオドール・フェヒナー(一八〇一－八七年)『有機体の創造と発展の歴史のためのいくつかのアイディア』ライプツィヒ、ブライトコプフ&ヘルテル社、一八七三年。】

(3) 【OC バーバラ・ロウ(一八七七－一九五五年)『精神分析――フロイト理論の梗概』ロンドン、G・アレン&アンウィン社、一九二〇年。】

(4) 【SA 『快原理の彼岸』(GW-XIII 60)〔本全集第十七巻、一一三－一一四頁〕を参照。フロイトはこの〔涅槃〕原理に対して以前は「恒常性原理 Konstanzprinzip」という呼び名を用いていた。】

(5)【SA　この可能性はすでに『快原理の彼岸』(GW-XIII 4, 68)〔本全集第十七巻、五六、一一二―一一三頁〕においてあげられている。】

(6)【SA　「心的生起の二原理に関する定式」(GW-VIII 232)〔本全集第十一巻〕を参照。】

(7)【SA　フロイトはこの議論を「精神分析概説」の第八章(GW-XVII 125 ff.)〔本全集第二十二巻、二三七頁以下〕においてふたたび取り上げている。】

(8)【SE　この語は原文でも英語のまま挿入されている。】

(9)　原語は Schmerzlust. 苦痛を快として感じること。

(10)　(GW-XIII 376)〔本巻二九二頁の「しかし、この説明は」で始まる段落〕参照。

(11)【SA　「子供がぶたれる」のVI節(GW-XII 217 ff.)〔本全集第十六巻〕を参照。】

(12)　a potiori.

(13)　『性理論のための三篇』第二篇、七節。【OC　(GW-V 106)〔本全集第六巻〕。ドイツ語全集版には引用符はない。】

(14)　原語は Miterregung.

(15)【SA　これについては『自我とエス』IV節(GW-XIII 268 ff.)〔本巻三七頁以下〕、および『快原理の彼岸』VI節(GW-XIII 46 ff.)〔本全集第十七巻、九八頁以下〕を見よ。】

(16)【SA　フロイトが「飼い馴らし Bändigung」の概念を再度使用するのは、晩年の研究「終わりのある分析と終わりのない分析」のIII節(GW-XVI 68 ff.)〔本全集第二十一巻〕においてである。また、ずっと遡って「心理学草案」〔本全集第三巻〕の第三部の最後の三分の一において彼はこの考えを適用し、記憶の「飼い馴らし」について述べている。】

(17)　原語は Psychische Umkleidungen.【SA　この「心的な衣」という比喩をフロイトはしばしば用いる。例えば「あるヒステリー分析の断片〔ドーラ〕」(GW-V 245, 246)および(GW-V 262)に付された原注〔本全集第六巻〕など。】

(18)　原語は verleugnen.【SE　「否認」という語の使用については「幼児期の性器的編成」編注(4)を参照。】

(19)【SA　『性理論のための三篇』の第二篇、四節(GW-V 94)を参照。】

(20)【SA『夢解釈』に一九〇九年に付け加えられた段落(GW-II/III 165)〔本全集第四巻、二一二頁〕にて、フロイトは「自分に加えられる肉体的な痛みではなく、卑屈と心の責苦の中に快を求めに行く」人々を指して「観念的マゾヒスト」と呼んでいる。】

(21)【SA 感情〔感覚〕は厳密には「無意識的なもの」とはいえない。『自我とエス』II節(GW-XIII 250)〔本巻一七頁〕を見よ。】

(22)【SA『自我とエス』III節(GW-XIII 265)〔本巻三四頁〕。】

(23)【SA「神経症と精神病」(GW-XIII 390)〔本巻二四二頁〕参照。】

(24) 原語は desexualisieren.「脱性化」については、『自我とエス』(GW-XIII 258, 273-275)〔本巻二五―二六、四二―四六頁〕を参照。

(25)【SA『自我とエス』(GW-XIII 263, 277)〔本巻三一―三二、四七―四八頁〕参照。】

(26)【SA「像 Imago」という語をフロイトはあまり使うことはなく、とくに晩年の著作にはみられない。この語が最初に登場するのは、技法に関する論文「転移の力動論にむけて」(GW-VIII 365-366)〔本全集第十二巻〕であり、そこでフロイトはこの語をユングのものだとしている(ユング『リビードの変容と象徴』(ライプツィヒ-ウィーン、F・ドイティケ書店、一九一二年)一六四頁)。ユングのこの個所によれば、この語はスイスの作家カール・シュピッテラーの同名の小説からとられたという。ハンス・ザックスの伝えるところによれば(『フロイト――師として、友として』ケンブリッジ、ロンドン、一九四五年)、彼とランクによって創刊された精神分析の定期刊行物『イマーゴ』のタイトルもこの小説に由来する。】

(27)【SA 運命。】*Μοῖρα*. ギリシア語。「モイラ」はギリシア神話における運命の女神。

(28)【SA 理性と必然。】*Λόγος καὶ Ἀνάγκη*. ギリシア語。「ロゴス」は言葉、論理、理性を意味し、「アナンケー」はギリシア神話における運命と必然の女神を指す。

(29)【SA《アナンケー》の語は「レオナルド・ダ・ヴィンチの幼年期の想い出」(GW-VIII 197)〔本全集第十一巻〕のなかにすでに見られる。他方《ロゴス》は、ここで初めて登場する。両方、特に《ロゴス》については、『ある錯覚の未来』のX節(GW-XIV 377 ff.)〔本全集第二十巻〕で論及されている。】

（30）原語は libidinöse Bindungen. Bindung はすでにこの論文のなかでも何度か用いられているが、本全集では一貫して「拘束」と訳している。この個所の場合、感情的な絆という意味合いも含まれていることに注意されたい。『集団心理学と自我分析』の編注（4）〔本全集第十七巻、三八六頁〕参照。

（31）（GW-XIII 288-289）〔本巻六〇―六二頁〕。

（32）【SA『自我とエス』（GW-XIII 278 ff.）〔本巻四八頁以下〕。】

（33）【SA ムルタトゥリ Multatuli は長きにわたってフロイトのお気に入りの作家だった。彼の作品と書簡は、フロイトが一九〇六年に書いた「アンケート「読書と良書について」への回答」（GW-Nb 663）〔本全集第九巻〕のリストのトップを飾っている。】

（34）原語は Rückwendung.「欲動が我が身に向き返る」という問題について、フロイトはすでに「欲動と欲動運命」〔本全集第十四巻〕において詳しく述べている。

（35）【SA『自我とエス』（GW-XIII 284）〔本巻五六頁〕参照。】

（36）【SA この段落で論じられている問題は、フロイトによって『文化の中の居心地悪さ』Ⅶ節（GW-XIV 482 ff.）〔本全集第二十巻〕において詳しく述べられている。】

（37）【SA フロイトは「終わりのある分析と終わりのない分析」のⅥ節（GW-XVI 87-89）のなかで、マゾヒズムについて精神分析の治療に関連するかたちで再度論究している。】

エディプスコンプレクスの没落

（1）【SE 原語は Untergang. アーネスト・ジョーンズ（『フロイトの生涯と作品』第三巻、一九五七年）によれば、フェレンツィは、一九二四年三月二十四日付の書簡で、この語のもつ語気の強さに対して異議を唱え、これが「出産外傷」の重要性についてのランクの説に対する反発として選ばれたのではないかとの仄めかしを述べたようである。二日後フロイトは、これに答えて、表題の語がランクの新説について自分が抱いている感情に情動的に影響されたかもしれないことは認めつつも、論文そのものはそれとはまったくかかわりがないと言明している。指摘しておかねばならないのは、「エディプスコンプレクスの没落」というフレーズが、事実、ランクの仮説が出版される前に書かれた『自我とエス』のなかでフロイト自身によって二度(GW-XIII 260, 262)〔本巻二八、三〇頁〕使われている点である。同じ文脈でフロイトはまた、さらに語気の強い語「Zertrümmerung 瓦解」さえ使用している〔GW-XIII 260〕〔本巻二八頁〕。】

(2)【SA　この段落ならびに前段落でとられている考え方は、すでに「「子供がぶたれる」」のⅣ節(GW-XII 207-208)〔本全集第十六巻〕において、ほとんど同じ文言で説明されてもいる。】

(3)【SA　「幼児期の性器的編成」〔本巻所収〕を見よ。】

(4)【SA　『性理論のための三篇』(GW-V 90)〔本全集第六巻〕参照。】

(5)【SA　この論文が書き下ろされた頃〔一九二三年〕に、「ハンス坊や」の症例記述に採り入れられた原注(GW-VII 246)〔本全集第十巻〕参照。ここには、もうひとつの別離体験――出産時のそれ――についても言及されているが、そこでもフロイトは、この個所におけるのと同様に、これと去勢コンプレクスとのかかわりを否定している。ほかに、「幼児期の性器的編成」に付された原注(3)(GW-XIII 296)〔本巻二三七頁〕参照。】

(6)　以下の男性的態度と女性的態度についての叙述は、もちろん、あくまで男の子の場合が念頭に置かれている。これについては、『自我とエス』(GW-XIII 260-262)〔本巻二七―三一頁〕で論じられたエディプスコンプレクスと両性性の関係を参照されたい。なお、女の子の場合のエディプスコンプレクスの特徴については、このしばらくあとに論じられている。

(7)　フロイトの用語としての「関心 Interesse」は、はじめの頃、その欲動論において、性欲動のエネルギーとしてのリビードに対して、自我の自己保存欲動のエネルギーをさすものとして用いられた。

(8)【SA　『自我とエス』Ⅲ節(GW-XIII 256-257)〔本巻二三―二四頁〕参照。】

(9)　超自我がなお未形成の段階でのこうした「抑圧」をフロイトは「原抑圧 Urverdrängung」と名づけている。『制止、症状、不安』(GW-XIV 121)〔本全集第十九巻〕を参照。

(10)【SA　「女性の性について」Ⅰ節(GW-XIV 517-520)〔本全集第二十巻〕で、フロイトは、なぜこうしたことになったのかを

説明しようと試みている。】

(11)【SA「解剖学的な性差の若干の心的帰結」〔本全集第十九巻〕参照。以下に続く論の大部分がそこで詳論されている。次のナポレオンの言葉のもじりは、すでに「性愛生活が誰からも貶められることについて」(GW-VIII 90)〔本全集第十二巻〕にも見られる。】

(12)【SA「解剖学的な性差の若干の心的帰結」(GW-XIV 24)およびそこに付された原注参照。】

(13)【SA「欲動変転、特に肛門性愛の欲動変転について」〔本全集第十四巻〕および「解剖学的な性差の若干の心的帰結」(GW-XIV 27-28)参照。】

(14)【SA フロイトは、このテーマについて、「解剖学的な性差の若干の心的帰結」ならびに、「女性の性について」で、はるかに詳しく論じているが、その両方において、本論とは異なったかたちで女の子のエディプスコンプレクスを叙述している。】

(15) オットー・ランクは、最初期のころからのフロイトの弟子の一人であるが、やがて、出産のときの母親からの別離体験を重視しエディプスコンプレクスの中心的意義を否定するこの出産外傷説によって、フロイトのエディプスコンプレクス説に対立することになった。

(16)【SA フロイトはこの問題を、すぐあとに『制止、症状、不安』(GW-XIV 166)で再度とりあげている。】

神経症および精神病における現実喪失

(1)【SA「抑圧されたものの回帰」が「本来病」であるという考えは、すでに一八九六年一月一日付のフリース宛書簡の「草稿K」〔邦訳『フロイト　フリースへの手紙――一八八七―一九〇四年』一六五―一七二頁〕において述べられている。少し後、「防衛-神経精神症再論」(一八九六年)のII節(GW-I 385 ff.)〔本全集第三巻〕において、フロイトはこのことを「抑圧されたものの回帰」、そして、同じことを指す「防衛の不成功」という用語をもちいて再度述べている。】

(2)【SE「否認」については、「幼児期の性器的編成」〔本巻所収〕編注(4)参照。】

(3)【SE『ヒステリー研究』(GW-I 222, 234)〔本全集第二巻〕。これは、患者エリザベート・フォン・R嬢の言葉だが、それ

が一語一句正確に引用されているわけではない。】

（4）【SA 「マゾヒズムの経済論的問題」(GW-XIII 381)〔本巻二九七頁〕を見よ。】

（5）【SA これらの語はおそらくはフェレンツィに由来するが、彼は「ヒステリー的現実化の現象」(一九一九年)に関する研究においてこの語を使用し、そこでフロイトの用語だと記しているが、フロイト自身はこの個所以外では使用していないように思われる。】

（6）【SE そういいながらも、フロイト自身はいくつかの研究に着手している。パラノイアについての研究(「自伝的に記述されたパラノイアの一症例に関する精神分析的考察〔シュレーバー〕」(GW-VIII 306-308)〔本全集第十一巻〕)、および「パラフレニー」の症例についての研究(「ナルシシズムの導入にむけて」(GW-X 139, 152-153)〔本全集第十三巻〕、「無意識」(GW-X 301-303)〔本全集第十四巻〕、「夢学説へのメタサイコロジー的補遺」(GW-X 420-421)〔本全集第十四巻〕)を参照。】

（7）【SA 「心的生起の二原理に関する定式」(GW-VIII 234)〔本全集第十一巻〕およびそこに付された原注参照。】

「不思議のメモ帳」についての覚え書き

（1）【SA この着想は、『文化の中の居心地悪さ』III節(GW-XIV 444 ff.)〔本全集第二十巻〕でさらに展開される。】

（2）【SA (GW-II/III 544-545)〔本全集第五巻〕。フロイトが『快原理の彼岸』IV節の原注(GW-XIII 24)〔本全集第十七巻、七七頁〕で言及しているように、この区分はすでにブロイアーによってその『ヒステリー研究』の理論的部分の原注(GW-Nb 247-248)〔本全集第二巻〕でなされている。】

（3）【SA (GW-XIII 25)〔本全集第十七巻、七七頁〕。】

（4）【SA カバーシートのワックス板からの引き剥がし方は、現在の「不思議のメモ帳」では間にはさまれた軸の移動によるが、原理は変らない。】

（5）【SA (GW-XIII 26 ff.)〔本全集第十七巻、七九頁以下〕。】

（6）【SA しかしながら、フロイトはこの自分の考えをすでに『快原理の彼岸』(GW-XIII 26-27)〔本全集第十七巻、七九―八〇頁〕で言及している。それはまた「否定」に関する論文の最後の方（GW-XIV 14-15）〔本全集第十九巻〕で繰り返される。しかし、萌芽的にはすでに「心理学草案」第一部、一九節（「一次過程――睡眠と夢」）の末尾（GW-Nb 432）〔本全集第三巻〕に含まれている。】

（7）【SA　このことは、「備給されていない系の興奮不可能性という原理」と合致する。この原理については、「夢学説へのメタサイコロジー的補遺」（GW-X 417）〔本全集第十四巻〕を参照。】

（8）【SA　この着想は、『快原理の彼岸』（GW-XIII 27）〔本全集第十七巻、八〇頁〕でも述べられ、また、暗示的には「無意識」に関する論文（GW-X 285-286）〔本全集第十四巻〕にも見出される。それは「否定」論文（GW-XIV 14-15）において改めて言明されるが、ただしその際フロイトは触手の送出を自我に帰している。】

精神分析への抵抗

（1）【TB　フロイトは、一九三一年に「女性の性について」の中でこの点を補い、次のように述べている。「性的興奮を特定の科学的な物質の作用に還元するのを斥けることはできないので、生化学がいつの日にか、特定の物質について、これが作用すると男性の性的興奮が引き起こされ、あれが作用すると女性の性的興奮が引き起こされるといった具合に説明してくれるのではないかと、つい期待したくなる。しかしこのような希望も、顕微鏡の下でヒステリーや強迫神経症、メランコリーなどの病原体を見つけて分離してみようなどといった、今日では幸い克服された別の希望と、素朴さという点では変わらないと思われる。性化学では事がもう少し複雑なはずだ」（GW-XIV 533-534）〔本全集第二十巻〕。】

（2）【SE　十九世紀の前半、とくにドイツにおいて一世を風靡した汎神論的な見方で、主としてシェリングの名に結びつけられる。】

（3）contradictio in adjecto. ラテン語。

（4）【SE　フロイトは、後期の著作の中で何度かショーペンハウアーが性の重要性を強調したことに言及している。本文の該当個所の問題でもこれについて述べているほかに、「精神分析のある難しさ」（一九一七年）の最終段落（GW-XII 11-12）〔本全集第十六巻〕や『性理論のための三篇』の第四版に寄せた序文（一九二〇年執筆）（GW-V 32）〔本全集第六巻〕の中でも言及が見られる。さらに、この序文を執筆したのとほぼ同じ時期に推敲していた『快原理の彼岸』（一九二〇年）のVI節（GW-XIII 53）〔本全集第十七巻、一〇六頁〕、さらには『みずからを語る』（一九二五年）のV節の終わり近く（GW-XIV 86）〔本巻一二一頁〕でもこれがまた現れる。フロイトは、何度か「強い印象を与える一節」とか「忘れがたい印象的な言葉」といったことを言うのだが、一度も、その一節を引用したり、ショーペンハウアーの著作の中の該当個所を挙げたりすることはなかった。もっとも、以下にその一部を紹介する一節がフロイトの念頭にあった個所である可能性が高いので、これをここに収録することはおそらく有益かと思われる。この段落は『意志と表象としての世界』第四巻の補遺、第四二章「類の生命」の中にある。この個所の直前、ショーペンハウアーは性欲の性格について論じ、これが他のいかなる欲求とも異なると断じている。「それは、最も強い欲求であるだけでなく、特殊に、他のいかなる欲求よりも強力な類いの欲求なのだ」として、この力について古代で得られた認識の例を挙げ、次のように続けている。「これらはすべて、性関係が、人間世界の中で重要な役割を演じ、実際、あらゆる行為や振舞いの見えない中心点であり、それを覆うヴェールにもかかわらず至る所で顔を覗かせる、ということと軌を一にする。それは戦争の原因、講和の目標、真摯の基盤、冗談の目的、尽きることなき機知の源、一切の仄めかしを解く鍵、すべての密かな目配せや暗黙の申し出、盗み見の意味である。青年だけでなく、往々老人の日々の営々たる創意工夫、放蕩者の頭から片時も離れぬ想念、貞潔な男にあってもその意志に反して絶えず繰り返される夢、日夜、出る幕を窺う冗談の種なのだが、これもひとえに性関係の根底に深いふかい真摯が潜んでいるからだ。ところが、この万人の関心の中心が密かに執り行われ、表向きはできるだけ知らぬ振りを決め込むことになっているところにこの世の妙味と面白さとがある。実際のところ、人は、この関心事が、持ち前の無敵の力ゆえ生まれながらにしてこの世の本来の君主として代々玉座の上に君臨するのを眼にする。世の人々が、これを馴致し、閉じ込める、あるいは少なくとも制限し、できれば完全に隠しておくか、せいぜいただ人生のごく副次的な関心事として表れるように制御するためにさまざまの手段を講じても、そやつはこの玉座の高みから馬鹿にしたように見下ろしながら嘲笑しているのだ。――もっとも、これらのことすべては、性欲動が生への意志の核心であり、したがってあらゆる意欲の凝縮であるというのと軌を一にする。だからこそわたしは本文中で性器を意志の焦点と呼んだのである。まことに人間は性欲動の化身であると言える。人間の発生は交接行為であり、また人間の欲望中の欲望とは交接行為であり、またこの欲動だけが人間の現象全体を永続化させ纏め上げているからだ。生への意志は、なるほど、差し当たっては個体保存のための努力として表われる。しかし、それは類の保存に向けた努力への足がかりにすぎず、この努力は、類の生命が持続や広がり、その価値において個体の生命を凌駕するだけに、その分、激しいものとならざるをえない。それゆえ性欲動は生への意志の完璧な表出であり、この意志を最も明快に表現するその典型なのである。そして、個体が性欲動から発生することも、未開の人間ではこの欲動が他のあらゆる欲望よりも優先しているということも、これと完全に軌を一にしている」（『意思と表象としての世界』第二巻、ダルムシュタット、ヴィッセンシャフトリッヒェ・ブーフゲゼルシャフト、一九六一年、六五六頁以下）。】このショーペンハウアーの一節は白水社の『ショーペンハウアー全集』では、第七巻『意志と表象としての世界』・続編Ⅲ（有田潤・塩谷竹男共訳）、第四二章「種族の生命」八六―八七頁にあり、右の訳文を作成する上で参考にさせてもらった。――なお、SEは、この注がかなり長いので、これを本文の後に付された「補遺」に回し、該当ページでは、脚注でこの補遺を参照するように指示している。TBも同じ個所に編注を施し、内容的にはほぼそのままSEを踏襲しているが、体裁としては、それをすべて脚注として収録している。

解　題

本間直樹

本巻は、一九二二年夏ごろより一九二四年にかけてジークムント・フロイトが執筆した著作を収録している。

伝記事項

「ウィーン九区、ベルクガッセ十九番地」の住所が記されたフロイトの名刺には、電話番号が記載されていなかった。異様なほどの筆まめとして知られるフロイトは、文明の利器たる電話に抑えがたい嫌悪を抱いていたという。毎日の予約の連絡を受け、そして一九三八年六月四日、家政婦パウラ・フィヒトルが最後のタクシーを呼ぶことになる電話機は、フロイトの部屋から最も遠い食堂に置かれていた。

一九二〇年以降、この番地に設けられた診療室の寝椅子には、ますます多くのイギリスやアメリカからの患者が身を横たえるようになった。一九二〇年六月四日付のアブラハム宛書簡のなかでフロイトが記しているように、戦争後の混乱は長く尾を引き、この頃になっても紙に困窮するほどだった。診療による収入によって支えられていたフロイト家の財政を救ったのは、弟子たちから送られた物資と、毎日四時間から六時間にもおよぶ「連合国の人たち」に対する英語での分析であった。

一九二〇年代、精神分析の中心地はワイマール共和制下のベルリンであった。本巻に収録されている「M・アイティンゴン著『ベルリン精神分析診療所に関する報告』への序言」からも明らかなように、アイティンゴンがみずから出資した「診療所」で診療と教育分析が盛んに行われるようになっていた。精神分析に魅せられた人々が各国から集まり、カール・アブラハムのもとでは、エドワード・グローヴァー、ジェームズ・グローヴァー、ヘレーネ・ドイッチュ、メラニー・クライン、カレン・ホーナイ、アリックス・ストレイチらが分析を受けていた。その一方で、オーストリアでは社会民主党とキリスト教社会党の対立が絶えることはなく、フロイトもアイティンゴンからのベルリン移住の誘いに関心を示さざるをえなかった(一九二二年九月八日付ランク宛書簡より)。

一九二二年五月二十二日、そんなウィーンでも、ウィーン精神分析協会の要望により、「外来診療所」(Ambulatorium)と名づけられた診療所が開設される。ところが、日々の診療に追われるフロイトは開設に反対であった。朝八時から昼の一時、そして夕方から遅いときは夜の九時まで続く診療のため、フロイトは執筆のための時間を十分に確保するのも難しくなっていた。それをよそに、ロンドンやニューヨーク、そして少し遅れてベルリンでもウィーンでも、新聞やコーヒーハウスで精神分析が話題に上らない日はないほどであった。フロイトの名は各地で知れ渡り、精神分析を正しく伝える機会も増えることになった(本巻には、『みずからを語る』ほか、それに類する精神分析の歩みを詳述した著作二篇が収録されている。個々の著作の経緯については下記書誌事項を参照されたい)。

フロイトとその家族は夏の休暇を心待ちにしており、何カ月も前から旅の計画について話し合っていた。この期間、彼はすべての診療を断り、思索と執筆のために時間を割くほか、山歩き、温泉保養、イタリア旅行に出かけた。一九二二年の夏には、ドイツで出版される『性科学事典』のための精神分析の項目(「精神分析」と「リビード理論」)

や「夢解釈」に関する論文の執筆にとりかかり、また彼が参席する最後の機会となる秋の第七回国際精神分析学会での発表(「無意識についてひとこと」)を前に、フロイトは『自我とエス』の構想を練り始める。ところが八月四日、ランクはベルヒテスガーデン(ドイツ南部バイエルン地方の保養地)から不吉な知らせを受け取る。「しばらく前からどうも調子がよくない」。

さかのぼること数年、フロイトは、一九一七年頃から口蓋にできた腫脹に気づいていた。にもかかわらず、彼はこれを放置し、葉巻を止めることもなかった。しかし一九二三年二月にはこの腫脹がいよいよ放っておくことができなくなるほどに深刻化する。同年四月七日に、ついにはフロイトはドイッチュに腫瘍の診断を頼む。ドイッチュは一目見ただけで癌だと分かったが「たちの悪い白板症」だとのみ告げ、フロイトに喫煙をやめ、腫瘍を切除するよう言った。最初の手術を行ったのは鼻科医のマルクス・ハイエクであった(十六年後フロイトの最後を看取ることになるマックス・シュールは、この手術と術後の処置は適切なものではなかったと記している)。フロイトはこの手術について四月二十五日の書簡のなかでジョーンズに次のように伝えている。「私は二カ月前に右側のあごと口蓋に白板症(ロイコプラキア)様の腫瘍ができているのを見つけ、二十日にそれを切除しました。私はいまだに仕事をしておらず、食物を飲みこむこともできません。その腫瘍は悪性のものではないと保証されていますが、ご存知のように、それがもっと増えるようだとどういうことになるか誰にもうけあえないのです。私自身は上皮腫だと診断しましたが、受けつけられませんでした。喫煙がこの組織の障害の原因であると責められています」。

この手術後、フロイトは夏の休暇でバートガスタインとラヴァローネを訪れていた。しかし、ここでも痛みは続いていた。心配したアンナの勧めにより、ドイッチュがバートガスタインに呼ばれ、診断を乞われた。このときにもまたドイッチュは、愛するハイネレの死（一九二三年。本全集第十七巻「解題」参照）による悲しみの淵から抜け出していないフロイトに、真実を告げることができなかった。ドイッチュがフロイトに癌を告知できなかったことについて、ピーター・ゲイは「偉人に対する畏怖心とその偉人もいずれは死ぬ運命にあることをできれば認めたくないという願望」があったからだと評している。

同じころ、「委員会」はイタリアのカルドナッツォ湖ほとりサン・クリストーフォロに集まっていた。フロイトと娘アンナが滞在するラヴァローネはさらに六百メートルほどの高くに位置する。このとき「委員会」はメンバーのアーネスト・ジョーンズとオットー・ランクとの間に生じた亀裂の調停問題で紛糾していた。ジョーンズは『国際精神分析ジャーナル』を創刊したが、その運営をめぐってランクと衝突していたのである。ところが、「委員会」はこの紛糾のまっただ中で、さらに深刻な問題に直面する。それがフロイトの癌の知らせであった。

バートガスタインでのフロイトの診断のあと、ついにドイッチュはサン・クリストーフォロで「委員会」のメンバーにそれを打ち明けた。フロイトはこのあと、アンナとともにローマ旅行に行く予定にしている。フロイトは前からこの旅行を楽しみにしており、それを中止させることはできない、だが、手術は急いだほうがよい。結局、「委員会」の医師たち――アブラハム、アイティンゴン、ジョーンズの意見が勝って、病気の真相については告げず、イタリア旅行が終わり次第、ウィーンに戻って再度手術を受けるようにフロイトに進言することになった。会合の後のアンナを交えての夕食会では、フロイトの名が話題に上ったさいに、ランクが発作的でヒステリカルな笑い声をあげ、みなを驚かせた。夜になって、月明かりのなか、ドイッチュと一緒にラヴァローネに戻る道すがら、アンナはドイッチュから父の病状についての情報を聞き出そうとこう尋ねた、「もしローマがすごく楽しかったら、滞在をのばしてよいか」。絶対にそんなことはしないと約束してくれ、と強硬に反対するドイッチュの姿から、父の病気についての真相を察したアンナは、以後フロイトの側を離れることはなかった。

ローマ旅行からウィーンに帰ってきてから、フロイトはドイッチュの推薦したハンス・ピヒラーの手術を受ける。十月四日、局所麻酔のもとに外頸動脈が結紮され、顎下腺と頸静脈腺が広範囲にわたって切除された。そして、十二日には、右上顎の大部分、下顎、右軟口蓋、頬粘膜および舌粘膜の広範な部分の切除が行われた。二度の手術の後、フロイトは食べることも話すこともできなかった。大手術のため鼻腔と口腔がつながってしまい、その穴をうめる義上顎をはめなければならず、これは常に苦痛をともなうものであった。この義上顎をはめるのにもアンナとフロイトは半時間以上も苦労することがあった。以降、フロイトは人前で食事をしなくなるが、葉巻だけは最後まで止めなかった。

マックス・シュールやジョーンズによれば、「委員会」の画策も空しく、このころすでにフロイトはみずからの病の真相を察知し、事実を直視していたという。九月二十六日付のアイティンゴンへの書簡のなかでフロイトは次のように述べている、「私は第二回の手術、上顎の部分切除を受けなければならないことに決まりました。というのは、私の親愛な新生物がそこに再発したからです」。また、フロイトは二度の手術の後、十月三十日に息子マルティンに対して遺産を指示する手紙を送っている。本巻に収められた十二月十八日付ヴィッテルス宛の書簡でも「私は棺に片足をつっこんでいるのです」と告げている。

ところで「委員会」メンバー間の争いの火種であったランクは、一九二四年始めに『出産外傷』を出版した。当時まだフロイトのランクへの信頼は厚く、同年二月十五日の「委員」宛の回覧書簡のなかでも、『出産外傷』が意義ある仕事であることを認めつつ、ランクの主張する「子宮回帰の空想」の前に、近親相姦の障壁たる父親の権威が立ちふさがるであろうことを明記しながら、「私はこの問題を未解決のままにしておかねばなりません」と述べている。しかし、同年三月にフェレンツィとの間で交わされた往復書簡にて、フロイトは、同じ頃書かれた論文「エディプスコンプレクスの没落」の草稿のなかで、ランクの考えに対する反論を書いていることを告げ、その草稿をフェレンツィに送っている。しかし、出版された論文では、この反論の部分は削除され、ランクとの対決は避けられた。三月二十六日付の書簡では、シュペングラーの『西洋の没落』を想起させるタイトルにランクの影響があるのではないかと訝るフェレンツィに対し、読者にそのような印象を与えるつもりはないと答え、「この試論は出産外傷に関する議論を含めないで出版しようと思う」と書いている。フロイトがランクの離反を悟るのは一九二四年の末であった。さらにその一年後、フロイトはアブラハムを失うことになるとは予想だにしていなかった。

なお、フロイトに近しかった伝記作家が、この時期のフロイトの状況と思索の修正を関連づける試みを行っているが、こうした関連づけは、思索の理解を容易にするというよりは、むしろ、多くの要素をさらにつけくわえて理解を複雑にするようにも思われる。その当否については、本巻のフロイト自身の言葉に十分耳を傾けた読者のご判断におまかせしたい。

書誌事項

『自我とエス』

初版は、国際精神分析出版社（ライプツィヒ‐ウィーン‐チューリヒ）、一九二三年。

フロイトが本書の構想を練り始めたのは、少なくとも前年の七月頃であるが、本書が出版されたのは一九二三年四月の第三週である。一九二二年の九月二十六日、第七回国際精神分析学会がベルリンで開かれ、これがフロイトが参席する最後の会となった。彼は、そこで「無意識についてひとこと」と題された短い報告を読み上げ、そのなかで本書の内容を予描した。この報告の要旨が『国際精神分析雑誌』第八巻、第五号、一九二二年、四八六頁に掲載された(「無意識についてひとこと」(本全集第十七巻))。

本書では、『夢解釈』第七章(本全集第五巻)にて提示された「意識」、「前意識」、「無意識」の三つの系からなる「心の装置」の構造が新しく見直される。本書で正面から扱われる「自我」の構造と機能は、一八九五年の「心理学草案」(本全集第三巻)のなかですでに詳しく分析されていた。ところがフロイトは、その後約十五年間この問題に手をつけず、「無意識」や「欲動」概念の探究に集中する。フロイトが自我についてふたたび論じ始めるのは、一九一〇年頃であり、「精神分析的観点から見た心因性視覚障害」(本全集第十一巻)のなかで、抑圧と自己保存の機能を併せ持つ「自我欲動」が初めて論じられ、さらには一九〇九年に提案された「ナルシシズム」の仮説のもとに、自我とその機能はさまざまな関連で論じられるようになる(一九一〇年「レオナルド・ダ・ヴィンチの幼年期の想い出」、一九一一年「自伝的に記述されたパラノイアの一症例に関する精神分析的考察〔シュレーバー〕」、同年「心的生起の二原理に関する定式」(以上、本全集第十一巻)、一九一四年「ナルシシズムの導入にむけて」(本全集第十三巻)、一九一五年「無意識」(本全集第十四巻)など)。

本書にも示されているように、フロイトは、自己批判と「罪責感」の問題を追跡し、とりわけ「ナルシシズムの導入にむけて」のⅢ節において、現実の自我を見張り、それを「理想自我」を尺度に評価する「ある特別な心的審級」があるという考えに辿り着く。この歩みは続けられ、一九一五年「喪とメランコリー」(本全集第十四巻)では、自我の一部がほかの部分から分裂し、自身を対象として批判する審級となると述べられ、さらに、一九二一年『集団心理学と自我分析』では、この審級は「自我理想」と名づけられ、「子供の自我がその中で自足していた元来のナルシシズムの相続人」であるといわれる(本全集第十七巻、一七九頁)。この「自我理想」は、『自我とエス』のなかで「超自我」と等値であるとみなされてからは、急速に姿を消し、一九三二年の『続・精神分析入門講義』(本全集第二十一巻)第三一講にわずかに顔を覗かせているだけである。

他方で、「エス」に関しては事情は異なる。「エス」の提唱者として本書でも名をあげられているゲオルク・グロデックは、ドイツ南西部の保養地バーデン＝バーデンでサナトリウムを経営していたが、一九一七年以降急速にフロイトに接近し、フロイトから分析家として認められた。彼は、一九二〇年ハーグで開かれた国際精神分析学会にて「横暴な分析家」を自称して物議をかもすなど、協会のメンバーから鼻つまみ者扱いされていたが、フロイト自身は彼の発想の独自性と彼の心身医学の構想に関心を示していた。彼は、『魂の探究者』を一九二一年に出版した後、『自我とエス』のほんの数週間前に出されることになる『エスの本』(国際精神分析出版社、一九二三年)の草稿をフロイトに送り、フロイトはそれを大いに評価している。しかし、ピーター・ゲイも明示しているように、両者のエスに対する捉え方は厳密に同じではない。すでに一九二一年四月七日の時点で、フロイトはグロデック宛の書簡にて『自我とエス』に挿入される図の原案を示し、「自我の深い部分もかなり無意識的で、まだ抑圧されたものの核といっしょに流動しています」とみずからの考えを伝えている。グロデックは、エスが人間のすること、人間に起こることすべてを支配していると考え、(本書でも引用されているように)「人間はエスによって生きられている」ことこそが根本真理であるとみなしている。しかしフロイトが着目しているのは「生きられる」という自我の受動的な姿であり、彼はそれを「自我の依存性」という観点から詳細に見直している（V節）。本書に見られる有名な比喩のとおり、騎手は「馬の行こうとするところへ馬を導いてゆくほかないが、それと同じで、自我もまた通常は、あたかも自分の意志であるかのようにしてエスの意志を行動に移している」（本巻二〇頁）。同様に、グロデックの「エス」との相違は末尾ではっきりと示されている（本巻六二頁）。

『みずからを語る』
「『みずからを語る』補筆」
「『みずからを語る』その後――一九三五年」

初出は、L・R・グローテ編集『みずからによって語られた現在の医学』第四巻、フェーリクス・マイナー社（ライプツィヒ）、一九二五年、一―五二頁。「補筆」および「その後」の初出については、下記を参照のこと。

ドイツ語版『全集』（GW）の原題（»Selbstdarstellung«）には引用符が付されている。これは、表題がフロイト自身によってつけられたのではなく、グローテの選集のタイトルに由来していることを意味する。グローテは全八巻の選集『みずからによって語られた現在の医学』（一九二三―二九年）を編集し、この企画にフロイトを誘い、精神分析について執筆するよう依頼した。この選集のなかでは、著名な医師たちが、昨今の医学の歴史へのみずからの寄与について報告している（この選集に名を連ねている寄稿者には、ウラディーミル・ベヒテレフ、オーギュスト・フォレル、パウル・グラヴィッツ、サンティアゴ・ラモン・イ・カハル、シャルル・リシェがいる）。

アーネスト・ジョーンズによれば、フロイトが草稿を完成させたのは一九二四年の八月から九月である。同年の六月にフロイトはすでにその初稿をカール・アブラハムに見せていた。一九二五年二月の出版の後、フロイトは抜き刷りを友人や仲間に配布した。一九二八年にフロイトの『著作集成』の第十一巻に収録され、一九三四年にはフロイトが創設した国際精神分析出版社(ウィーン)から、『みずからを語る』という表題で単行本として出版された。

この作品の英訳版は、一九二七年にニューヨークの出版社ブレンターノから、ジェームズ・ストレイチの翻訳によって「自伝的研究」(An Autobiographical Study)という表題をつけられ、もう一つの論文(『素人分析の問題』一九二六年、本全集第十九巻)とともに単行本『素人分析の問題』として出された。その後、そのアメリカでの版権を譲り受けたニューヨークの別の出版社ノートンから、一九三五年に「自伝」(Autobiography)という表題で第二版が出された。その際、一九二五年以後十年の発展について補足してほしいとの依頼を受け、フロイトは、「補筆」と「その後」を書き加え、多数の脚注を付加した。これら(「補筆」と「その後」)を含む『みずからを語る』のドイツ語の完全版は、一九三六年にウィーンの国際精神分析出版社によって発行された。そして一九四六年に、本文は変わらないまま、いくつかの肖像画の付いた版がロンドンのイマーゴ出版社によって復刊された。

本書は、フロイトの生涯と著作に関する最も重要な源泉であり、フロイトによる最も詳細な自己描写である。もっとも、グローテの選集の元来の目的とフロイト自身の意向に沿って、むしろ本書では、フロイトの生涯についての語りというよりも、精神分析の発展と根本概念と技法についての包括的な叙述が展開され、精神分析がその成長とともに晒されることになる運命が記述されている(その内容は前年末に書かれた「精神分析梗概」(本巻所収)と大きく重なっている。また、精神的にも身体的にも危機を迎え、一時的であるにせよ余生が長くないと自覚したフロイトにとって、これらの著述はそれまでの研究人生の総括ともなっている)。他方、本書では、個々の私的な出来事に関する記載も充実している。例えば、ウィリアム・ジェームズとの出会いのエピソードやアメリカ旅行の諸印象の記載、癌の経過についての詳述、個々の著作と自らの天分についての判断などである。その他に、冒頭には、子供時代と青年時代、ならびに大学生活、ブリュッケとシャルコー師との出会いについても短いながら言及されている。

また、フロイト自身導入部ではっきりと述べているように、一九一四年に既に書かれた論文「精神分析運動の歴史のために」(本全集第十三巻)と本書は、かなりの程度で同じ内容を取り扱っている。二つの著作の違いは、フロイトの幼年期、青年期、初期の学生時代が語られていることにあるだけではない。本書では「精神分析運動の歴史のために」とは異なる点が強調されており、また後者に比べ叙述が落ち着いて冷静であるために、主観的な記述と客観的な記述が混じりあう割合も変化している。フロイトを驚かせたアルフレート・アードラーとC・G・ユングの離反は、かなり激しい憤怒をもって書かれた「精神分析運動の歴史のために」の執筆のきっかけとその主要テーマであったが、本書ではわずかしか触れられていない。

ところで本書においてフロイトに求められていたのは、精神分析の歴史へのフロイト自身の個人的な貢献をみずから語ることであった。その結果、本書の重点は世紀の変わり目となる十年間ほどに置かれている。その時期に、フロイトは孤軍奮闘しながらも、後年に彼と彼の協働者が作り上げていく発展の基礎を築いたのである。また、こうした叙述は、読者にとって精神分析への入門書にもなっている。欲動理論のさまざまな側面が順に示されることによって、リビード、抵抗、抑圧、退行、幼児性愛などの中心的概念を見渡すことができる。

グローテの選集の主旨からすれば、当然考えられたであろうが、フロイトは、自分の仕事についてその医学的な側面に限定して述べることに特に固執しなかった。確かに、フロイトは精神分析の医学的な原点と、神経症と精神病の理論と治療に対する彼の教説の重要性について何らの疑いも持っていなかったが、同時に精神分析は「精神病理学の補助学問」にとどまることなく、「新しい、しかもより基底的な心理学の端緒」と見なされうるのであって、この心理学は「正常人を理解するうえでも欠かすことのできない」ものであると述べられている。フロイトは、芸術や神話学、宗教、教育などの諸領域へとさまざまに応用可能であることを読者に示し、そして、精神分析が心理学の領域と同様の広がりを獲得することを説得的に述べている。

「「精神分析」と「リビード理論」」

初出は、M・マルクーゼ編『性科学事典——自然科学・文化科学的性知識の百科事典』（ボン、A・マークス＆E・ヴェーバーズ社）、一九二三年、二九六—二九八、三七七—三八三頁。

『著作集成』第十一巻の編者注記によれば、この二つの辞書項目は一九二二年の夏のあいだに執筆された。つまり、『自我とエス』においてフロイトが心の構造に関する自身の見解を最終的に練り直す直前の時期である。この新しい見解は、これら項目の文面には現われていないけれども、フロイトが執筆しているときには、すでに彼の念頭にはっきりとあったにちがいない。というのも、一九二二年の九月には、本項目のなかでも言及されているベルリンでの国際精神分析学会（本巻一六〇頁）にて、自我・超自我・エスという新しい定義による構想が公表されていたからである。その後まもなく執筆された一九二四年の論文「精神分析梗概」（本巻二六七頁）では、この新しい構想が取り入れられている。

「夢解釈の理論と実践についての見解」

初出は『国際精神分析雑誌』第九巻、第一号、一九二三年、一―一一頁。

本稿の内容は、フロイトによって一九二一年九月のハルツ山脈への旅行のあいだに彼の仲間（アブラハム、アイティンゴン、ランク、ザックス、ジョーンズ）に報告された。この旅行中に開かれた非公式の会合（いわゆる「秘密委員会」）では、「精神分析とテレパシー」と「嫉妬、パラノイア、同性愛に見られる若干の神経症的機制について」が読み上げられた（いずれも本全集第十七巻所収、同巻の書誌事項を参照されたい）。しかし、本稿が実際に執筆されたのは、一年後の一九二二年七月、バートガスタインにてであった（ジョーンズの著作では執筆の年が誤って「一九二三年」とされている）。本稿Ⅷ節とX節には、同年代に書かれた『快原理の彼岸』（一九二〇年）および『集団心理学と自我分析』（一九二一年、いずれも本全集第十七巻）にてそれぞれ論述されている「反復強迫」、そして「自我理想」の論証にフロイトの関心が向かっていたことが反映されている。

「十七世紀のある悪魔神経症」

初出は『イマーゴ』誌、第九巻、第一号、一九二三年、一―三四頁。

本稿は一九二二年十二月に書かれた。執筆のきっかけについては、Ⅰ節の冒頭にてフロイト自身が十分に説明している。フロイトは、魔術や憑依などの現象に長らく関心を向けていた。一八八五―八六年のサルペトリエールでの研修のときに彼はこうした現象に関する刺激を受けたと考えることもできる。事実、シャルコー自身、神経症の歴史的側面に相当の注意を払っており、そのことはフロイトのパリ訪問に関する報告「大学記念留学奨学金によるパリおよびベルリンへの研究旅行（一八八五年十月－一八八六年三月末）に関する報告書」（本全集第一巻）のなかでも触れられている。フロイトが翻訳したシャルコーの講義の第一六講の冒頭には十六世紀の憑依のケースに関する解説、同じくフロイト訳の『火曜講義』第七講にも中世の「悪魔つき《デモニオ・マニア》」のヒステリー的性格に関する考察がある。それに加え、追悼文「シャルコー」（一八九三年、本全集第一巻）のなかでも、フロイトは師シャルコーの仕事のこの側面を特に強調している。

一八九七年の一月十七日と二十四日付のフリース宛書簡では、魔女およびその悪魔との関係が論じられており、このテーマへのフロイトの関心が減じていないことがわかる。この書簡には、悪魔は父の代替像であるかもしれないという示唆がすでに見られ、また中世の魔女信仰において肛門に関する事柄が一定の役割を果たしていたことも主張されている。これらの論点は、「性格と肛門性愛」（一九〇八年、本全集第九巻）においても短いながら仄めかされている。ジョーンズによれば、一九〇九年一月二十七日に開かれたウィーン精神分析協会の席上で、フロイトは悪魔信仰がどのような心理学的構成をもつのかについて話し、それは本稿のⅢ節とほぼ同じ内容に沿ったものであったという。このⅢ節で、フロイトは、個々の事例や魔的な言説の問題を論じるにとどまることなく、男性が父親に対して女性的態度をとることに含まれているより大きな問題について考察を繰り広げている。この画家の症例はパラノイアの一つとして分類されているわけではないけれども、ここで彼は類似するものとしてシュレーバー博士の病歴を引き合いに出している。

「幼児期の性器的編成(性理論に関する追加)」

初出は、『国際精神分析雑誌』第九巻、第二号、一九二三年、一六八―一七一頁。

この論文は、一九二三年の二月に書かれ、副題が示しているように、『性理論のための三篇』(一九〇五年、本全集第六巻)に付加されるべき内容である。実際、『性理論』が『著作集成』第五巻(一九二四年)に収録されるさいに、本論で先に進められた論点をまとめた注が加えられた。本論の出発点は、主として同書第二篇に一九一五年に加えられたV節とVI節におかれている。しかしまた、本論では「強迫神経症の素因」(一九一三年、本全集第十三巻)の最後に見られるアイデアが取り上げられ、その内容はさらに「幼児の性理論について」(一九〇八年、本全集第九巻)まで遡ることができる。

「神経症と精神病」

初出は、『国際精神分析雑誌』第十巻、第一号、一九二四年、一―五頁。

これは一九二三年の秋の終わりごろに書かれた。『自我とエス』(本巻所収)において提示された新しい仮説(心的装置の新たな区分)を、神経症と精神病の発生に関わる相違という個別の問題に適用したものである。これと同じ考察が、数カ月後に書かれた「神経症および精神病における現実喪失」(一九二四年、本巻所収)においてさらに先に進められた。ここで扱われている問題の端緒は、すでに一八九四年の「防衛‐神経精神症」(本全集第一巻)のIII節にて論じられていた。

この論文の第二段落で、フロイトは、本論が「別の点で活発に進められてきた考察」に刺激を受けたと言っている。おそらく、ここで彼が言及しているのは、一九二二年のホローシュとフェレンツィの全身麻痺の精神分析に関する論文のことと思われる。この論文はちょうど発表されたばかりであり、理論的な項目はフェレンツィによって担当されていた。

「精神分析梗概」

初出は、英語で「心の秘奥を探る精神分析」(Psychoanalysis: Exploring the Hidden Recesses of the Mind)と題され『激動の年月――開拓者たちが語る二十世紀のはじまり』エンサイクロペディア・ブリタニカ社(ロンドン－ニューヨーク)、A・A・ブリル訳、一九二四年、第二巻、第七三章、五一－一二三頁に掲載された。

アーネスト・ジョーンズによれば、本論はアメリカの出版社の要請に応えて一九二三年の十月と十一月のあいだに執筆された。これは、二年ほど後に書かれた『エンサイクロペディア・ブリタニカ』のための文章「精神分析」(一九二六年、執筆は一九二五年、本全集第十九巻)と区別されるべきである。ドイツ語原文は、英語版に比べて面白みに欠けるタイトルのもとで一九二八年に出版された(『著作集成』第十一巻)。

「ルイス・ロペス＝バイィェステロス・イ・デ・トッレス宛書簡」

一九二三年五月七日付のこの書簡は、フロイトより彼の著作のスペイン語翻訳者に送られた。これは『S・フロイト教授全集』(マドリード、一九二三年)第四巻にスペイン語で印刷され、『著作集成』第十一巻に再録(一九二八年)、

『全集』第十三巻に収録された(一九四〇年)。ドイツ語原文は見当たらず、フロイトがみずから筆をとりスペイン語で書いたということもありえないことではない。ジョーンズの伝えるところによれば、彼はスペイン語を熟知していたという。

「フリッツ・ヴィッテルス宛書簡」

フリッツ・ヴィッテルス(一八八〇―一九五〇年)は、ウィーンの精神分析協会の初期のメンバーの一人であったが、どのような個人的な事情があったのか定かではないまま、一九一〇年にこの協会を去った。一九二四年、彼はフロイトの伝記(F・ヴィッテルス『ジークムント・フロイト――その人物像・学説・学派』E・P・タール社(ライプツィヒ―ウィーン―チューリヒ))を出版した。この本の新刊見本がフロイトのもとに送られたのは一九二三年の末であった。フロイトはその受領の通知を一九二三年十二月十八日付の本書簡にて行っている。その後、一九二四年、イーデン&シーダー・ポールによるこの本の英訳がアレン&アンウィン社から出版された。その前書として、「フロイトによる明確な認可のもとで」ヴィッテルス宛書簡からの抜粋が翻訳されて掲載されている。

この書簡のドイツ語原文は、『フロイト書簡集』(L・E・フロイト編、フィッシャー社、フランクフルト・アム・マイン、一九六〇年)にて初めて公けにされた。これに収録されているシュテーケルとフロイト自身の病についての行は、英訳では欠けている。さらに書簡に付された訂正のリストは上記の書簡集にも掲載されておらず、『全集』別巻(一九八七年)に初めて公表された。なお、ヴィッテルスは一九二七年にふたたびウィーンの精神分析協会に迎え入れられている。

「M・アイティンゴン著『ベルリン精神分析診療所に関する報告』への序言」

これは、M・アイティンゴン著『ベルリン精神分析診療所に関する報告（一九二〇年三月から一九二二年六月）』国際精神分析出版社（ライプツィヒ－ウィーン－チューリヒ）、一九二三年三月、において初めて公表され、『著作集成』第十一巻（一九二八年）、『全集』第十三巻（一九四〇年）にて再版された。数年後、フロイトは「冊子『ベルリン精神分析研究所の十年』への序言」（一九三〇年、本全集第二十巻）にても同じ主題を扱っている。

「フェレンツィ・シャーンドル博士（五十歳の誕生日に）」

これは、『国際精神分析雑誌』第九巻、第三号、一九二三年、二五七―二五九頁に、「監編者」の署名のもとでフェレンツィの五十歳を記念する特別号への序文として掲載された。

「雑誌『ル・ディスク・ヴェール』への寄稿」

これは、雑誌『ル・ディスク・ヴェール』の第二巻、第三号（六月）の三に含まれている。『ル・ディスク・ヴェール』は、フランツ・エレンス（フレデリック・ヴァン・エルマンゲムの筆名）がパリとブリュッセルで発行した雑誌で、本号は「フロイトと精神分析」という特別号として一九二四年に刊行された。この号は、二百ページ以上で、三十六人の寄稿者のさまざまな長さの論文が掲載された。この特別号の冒頭に、「一九二四年、二月二十六日、ウィーン」という日付の入ったフロイトのフランス語の手紙が載っていた。この特別号の内容の詳細な説明は、『国際精神分析雑誌』第十巻（一九二四年）の二〇六―二〇八頁に再録される。そこで、フロイトの手紙は、本文のように印刷されている。また、『著作集成』第十一巻（一九二八年）の二六六頁、『全集』第十三巻（一九四〇年）の四四六頁に再版された。ドイツ語のテクストは現存せず、おそらく原文はフランス語で書かれていた。

「マゾヒズムの経済論的問題」

初出は『国際精神分析雑誌』第十巻、第二号、一九二四年、一二一―一三三頁。

この論文は一九二四年一月二十一日に書き上げられ、四月に発表された。

この重要な論考において、フロイトはマゾヒズムという謎めいた現象についてもっとも詳しく解明している。これに先だって、フロイトはマゾヒズムについて幾度か論じているが、いずれもいくぶん試験的な性格のものである。一九〇五年『性理論のための三篇』、一九一五年のメタサイコロジー的論文「欲動と欲動運命」（本全集第十四巻）、そして一九一八年「「子供がぶたれる」」（本全集第十六巻）ではかなり詳細に論じられ、フロイト自身これをフェレンツィに宛てた書簡のなかで「マゾヒズムに関する論文」と呼んでいた。これらすべての論考において、マゾヒズムはそれに先行するサディズムから派生するとされ、一次マゾヒズムに該当するものは何も認められていない。しかしながら、フロイトは一九二〇年の『快原理の彼岸』において、「死の欲動」を導入し、「マゾヒズムはまた第一次的なものでもありうるだろう」（本全集第十七巻、一一三頁）という見解に至り、本論では、一次マゾヒズムの存在は確かなものとして扱われている。ここでは一次マゾヒズムの存在は、一年足らず前に出版された『自我とエス』のなかで吟味された二種類の欲動の「混合」と「分離」に基づいて主に説明されている。

「エディプスコンプレクスの没落」

初出は、『国際精神分析雑誌』第十巻、第三号、一九二四年、二四五―二五二頁。

この論文の主要な課題は、一九二四年の早い時期に書かれ、『自我とエス』の中のある一節(本巻二八頁)を練り直すことである。とくに関心がひかれるのは、少年と少女のあいだでは性の発展が異なる道筋をとることが初めて強調されている点である。この新たな思考の筋道はさらに延長され、およそ十八カ月後に「解剖学的な性差の若干の心的帰結」(一九二五年、本全集第十九巻)に辿り着く。


「神経症および精神病における現実喪失」

初出は、『国際精神分析雑誌』第十巻、第四号、一九二四年、三七四―三七九頁。

この論文は、一九二四年五月の終わりごろまでに書かれ、その月にアブラハムに見せられた。本論は、先立って書かれた「神経症と精神病」(一九二三年、本巻所収)にて開始された議論を引き継ぎ、それを拡大させながら訂正を加えている。この二つの論文で書かれている(神経症と精神病の)区別の妥当性については、後に「フェティシズム」(一九二七年、本全集第十九巻)にて論じられる。


「「不思議のメモ帳」についての覚え書き」

初出は、『国際精神分析雑誌』第十一巻、第一号、一九二五年、三七四―三七九頁。

この論文は、おそらく一九二四年の秋に執筆された。フロイトはその年の十一月に書き直しているとアブラハム宛書簡で報告している。フロイトは、『夢解釈』第七章（本全集第五巻）にて論じられている「知覚‐意識系」と、その下層に位置する「想起系」における想い出‐痕跡の「書き込み」という精妙な仕組みを考察するために「不思議のメモ帳」を喩えに用いている。この用具は一九六〇年代イギリスでもまだ簡単に入手可能であり、“Printator”という商標がつけられていた。

「精神分析への抵抗」

初出は、フランス語訳で『ユダヤ評論』誌、ジュネーヴ、一九二五年、三月、二〇九―二一九頁に掲載された。フロイトはこの定期刊行物の「編集委員」に名を連ねており、おそらく一九二四年九月に当時の編集長アルベルト・コーエンに頼まれてこの論文を寄稿した。ドイツ語原文は、一九二五年九月に『イマーゴ』誌、第十一巻、第三号、二二二―二三三頁、および『年鑑一九二六年』九―二一頁、においてほぼ同時に発表された。

「『国際精神分析雑誌』編者のことば」

これは『国際精神分析雑誌』第十巻、第四号、一九二四年、まえがきとして掲載された。

翻訳にあたっては、「凡例」にあげられる英訳、仏訳のほか、人文書院版『フロイト著作集』をはじめとする、各種邦訳を参照した。また、「解題」の「書誌事項」執筆にあたっては、「凡例」にあげられる各種校訂本、注釈本、翻訳本の書誌情報および編者注記をもとに作成し、必要に応じて加筆をおこなった。同じく「解題」の「伝記事項」執筆にあたっても、アーネスト・ジョーンズ『フロイトの生涯』(竹友安彦・藤井治彦訳、紀伊國屋書店、一九八〇年)、およびピーター・ゲイ『フロイト1・2』(鈴木晶訳、みすず書房、一九九七・二〇〇四年)、マックス・シュール『フロイト――生と死』(安田一郎・岸田秀訳、誠信フロイト選書、一九七九年)を参照させていただいた。ここに謝意を表明する。

＊ 本解題中にある雑誌名・出版社名の原語は以下のとおり。

・「国際精神分析出版社」Internationaler Psychoanalytischer Verlag
・『国際精神分析雑誌』*Internationale Zeitschrift für Psychoanalyse*
・「フェーリクス・マイナー社」Felix Meiner Verlag
・「ブレンターノ社」Brentano
・「ノートン社」Norton
・「イマーゴ出版社」Imago Publishing Company
・「A・マークス&E・ヴェーバーズ社」A. Marcus & E. Webers
・『イマーゴ』*Imago*
・「エンサイクロペディア・ブリタニカ社」Encyclopædia Britannica
・「E・P・タール社」E. P. Tal & Co. Verlag
・「アレン&アンウィン社」Allen & Unwin
・「フィッシャー社」Fischer Verlag
・『ル・ディスク・ヴェール』*Le Disque Vert*
・『ユダヤ評論』*La Revue Juive*

■岩波オンデマンドブックス■

フロイト全集 18
1922-24 年——自我とエス みずからを語る
本間直樹 責任編集

2007 年 8 月 8 日 第 1 刷発行
2024 年 10月10日 オンデマンド版発行

訳 者 本間直樹《ほんまなおき》 家高《いえたか》 洋《ひろし》 太寿堂《たいじゅどう》 真《まこと》
三谷研爾《みたにけんじ》 道籏泰三《みちはたたいぞう》 吉田耕太郎《よしだこうたろう》

発行者 坂本政謙

発行所 株式会社 岩波書店
〒 101-8002 東京都千代田区一ツ橋 2-5-5
電話案内 03-5210-4000
https://www.iwanami.co.jp/

印刷／製本・法令印刷

ISBN 978-4-00-731487-2 Printed in Japan